Cadernos do cárcere

Obras de Antonio Gramsci

Editor: Carlos Nelson Coutinho
Coeditores: Luiz Sérgio Henriques e Marco Aurélio Nogueira

Cadernos do cárcere (6 vols.)

1. Introdução ao estudo da filosofia. A filosofia de Benedetto Croce
2. Os intelectuais. O princípio educativo. Jornalismo
3. Maquiavel. Notas sobre o Estado e a política
4. Temas de cultura. Ação católica. Americanismo e fordismo
5. O *Risorgimento*. Notas sobre a história da Itália
6. Literatura. Folclore. Gramática. Apêndices: variantes e índices

Escritos políticos (2 vols.)

1. Escritos políticos 1910-1920
2. Escritos políticos 1921-1926

Cartas do cárcere (2 vols.)

Antonio Gramsci

Cadernos do cárcere

Volume 1:
Introdução ao estudo da filosofia.
A filosofia de Benedetto Croce

Introdução e tradução de
Carlos Nelson Coutinho

17ª edição

CIVILIZAÇÃO BRASILEIRA

Rio de Janeiro
2024

Capa: Rodrigo Moreira
Imagem de capa: Laski Diffusion / Getty Images

Texto revisado segundo o novo Acordo Ortográfico da Língua Portuguesa.

Direitos desta tradução adquiridos pela
EDITORA CIVILIZAÇÃO BRASILEIRA
Um selo da
EDITORA JOSÉ OLYMPIO LTDA.
Rua Argentina, 171 — Rio de Janeiro, RJ — 20921-380 — Tel.: (21) 2585-2000.

CIP-BRASIL. CATALOGAÇÃO NA PUBLICAÇÃO
SINDICATO NACIONAL DOS EDITORES DE LIVROS, RJ

G773c Gramsci, Antonio, 1891-1937
17. ed. Cadernos do cárcere, volume 1 / Antonio Gramsci ; [tradução Carlos Nelson Coutinho]. – 17. ed. – Rio de Janeiro : Civilização Brasileira, 2024.

Tradução de: Quaderni del carcere
ISBN 9786558020240

1. Croce, Benedetto, 1866-1952. 2. Filosofia. 3. História – Filosofia. 4. Materialismo histórico. I. Coutinho, Carlos Nelson. II. Título.

21-71826 CDD: 335.4119
CDU: 330.85

Meri Gleice Rodrigues de Souza – Bibliotecária – CRB-7/6439

Impresso no Brasil
2024

SUMÁRIO

Introdução de Carlos Nelson Coutinho 7
Agradecimentos 45
Cronologia da vida de Antonio Gramsci 47

CADERNOS DO CÁRCERE
VOLUME 1

Projetos de Gramsci para os Cadernos 77

I. INTRODUÇÃO AO ESTUDO DA FILOSOFIA

1. Caderno 11 (1932-1933)
Introdução ao estudo da filosofia 83
[ADVERTÊNCIA] 85
Apontamentos e referências de caráter histórico-crítico 85
Apontamentos para uma introdução e um encaminhamento ao estudo da filosofia e da história da cultura 93
I. Alguns pontos preliminares de referência 93
II. Observações e notas críticas sobre uma tentativa de "Ensaio popular de sociologia" 114
III. A ciência e as ideologias científicas 169
IV. Os instrumentos lógicos do pensamento 178
V. Tradutibilidade das linguagens científicas e filosóficas 186
VI. Apontamentos miscelâneos 192

2. Dos cadernos miscelâneos 229
Caderno 1 (1929-1930) 231
Caderno 3 (1930) 232

Caderno 4 (1930-1932) 233
Caderno 5 (1930-1932) 235
Caderno 6 (1930-1932) 236
Caderno 7 (1930-1931) 237
Caderno 8 (1931-1932) 252
Caderno 9 (1932) 257
Caderno 14 (1932-1935) 258
Caderno 15 (1933) 261
Caderno 17 (1933-1935) 267

II. A FILOSOFIA DE BENEDETTO CROCE

1. Caderno 10 (1932-1935)
A filosofia de Benedetto Croce 279
[PARTE I]
Pontos de referência para um ensaio sobre B. Croce 281
[PARTE II]
A filosofia de Benedetto Croce 311

2. Dos cadernos miscelâneos 433
Caderno 4 (1930-1932) 435
Caderno 6 (1930-1932) 435
Caderno 7 (1930-1931) 441
Caderno 8 (1931-1932) 446
Caderno 15 (1933) 449

Notas ao texto 455
Índice onomástico 483

INTRODUÇÃO

Quando foi preso pelo fascismo, em 8 de novembro de 1926, aos 35 anos de idade, Antonio Gramsci era secretário-geral do Partido Comunista da Itália e deputado ao Parlamento italiano.* Sua obra como escritor era ainda muito pouco conhecida. Decerto, já havia escrito uma enorme quantidade de artigos para a imprensa operária, um bom número de informes para serem discutidos pelo seu Partido, várias cartas privadas sobre questões de estratégia revolucionária e, pelo menos, um ensaio mais denso, dedicado a *Alguns temas da questão meridional*, no qual ainda trabalhava no momento da sua prisão. Mas nada disso havia sido publicado em livro. Convidado por um editor amigo, antes da prisão, para reunir em coletânea alguns desses artigos, Gramsci se recusou a fazê-lo, alegando que, tendo sido escritos "para o dia a dia", tais artigos eram destinados a morrer "tão logo se encerrasse o dia".

Contudo, pouco tempo depois de preso, numa carta à cunhada Tatiana Schucht, de 19 de março de 1927,** Gramsci comunica-lhe um programa de trabalho intelectual a ser desenvolvido no cárcere, um trabalho que — diversamente de sua produção pré-carcerária, voltada para o "dia a dia" — ele pretendia que viesse a ser agora algo "desinteressado", *für ewig*, ou seja, "para sempre". Concebe esse trabalho sobretudo como um meio privilegiado para enfrentar e superar o desgaste material e moral a ser gerado pela vida carcerária, que ele já previa de longa duração.

---

* Para maiores detalhes biográficos, cf. "Cronologia da vida de Gramsci", no presente volume, infra.

** A. Gramsci, *Lettere dal carcere*, ed. por A. A. Santucci, Palermo, Sellerio, 1996, p. 55.

Quando morreu, em 27 de abril de 1937, Gramsci não podia ter a menor ideia de que esses apontamentos carcerários, que ocupam cerca de 2.500 páginas impressas, tornar-se-iam uma das obras mais influentes, comentadas e discutidas do século XX. Nenhuma área do pensamento social — da filosofia à crítica literária, da política à sociologia, da antropologia à pedagogia — ficou imune ao desafio posto pela publicação póstuma dessa obra de Gramsci. Traduzidos em inúmeras línguas, os chamados *Cadernos do cárcere* deram lugar a uma imensa literatura secundária, que de resto cresce cada vez mais, igualmente difundida em múltiplos idiomas.* Como consequência da publicação dos *Cadernos*, também sua obra pré-carcerária foi finalmente reunida e editada em vários volumes, despertando igualmente intensos debates.**

Como Gramsci não publicou em vida nenhum livro, pode-se dizer que, de certo modo, toda sua obra é uma obra póstuma. Isso significa que o modo pelo qual os textos de Gramsci foram lidos e tiveram influência — sobretudo no caso dos *Cadernos do cárcere* — dependeu não apenas do conteúdo dos mesmos, mas também, em grande medida, da forma pela qual foram tornados públicos pelos seus vários editores.*** Desse modo, conhecer a história das edições dos apontamentos carcerários de Gramsci é condição necessária para compreender adequadamente a sua fortuna crítica. Mas, antes de recordar a história dessas edições (e, em particular, de apresentar e justificar aquela que agora propomos ao leitor brasileiro), cabe fornecer a esse leitor uma descrição do formato com que chegaram até nós os famosos *Cadernos do cárcere*.

---

* Cf. J. M. Cammett, *Bibliografia gramsciana 1922-1988*, Roma, Riuniti, 1991; J. M. Cammett e M. L. Righi, *Bibliografia gramsciana. Supplement updated to 1993*, Roma, Fondazione Istituto Gramsci, 1995. Em conjunto, esses volumes registram mais de 10.000 títulos sobre Gramsci, publicados em cerca de 30 línguas. A bibliografia Cammett, sempre atualizada, pode também ser consultada na internet: cf. *http://www.soc.qc.edu/gramsci/index.html*

** No quadro da presente edição brasileira das "Obras de Antonio Gramsci", da qual a publicação dos *Cadernos* constitui o primeiro momento, estão previstos também — além de uma edição completa das *Cartas do cárcere* — dois volumes contendo os textos mais importantes do período pré-carcerário de Gramsci (1910-1926).

*** Guido Liguori, "Le edizioni dei *Quaderni* di Gramsci tra filologia e politica", in G. Baratta e G. Liguori (orgs.), *Gramsci da un secolo all'altro*, Roma, Riuniti, 1999, p. 217 e ss.

1. UMA DESCRIÇÃO DOS *CADERNOS*

Somente no início de 1929, ou seja, mais de dois anos depois de preso, quando já fora encaminhado para o cárcere de Túri, na província de Bári, Gramsci obteve autorização para dispor em sua cela do material necessário para escrever. A partir de então e até abril de 1935, ou seja, enquanto suas condições de saúde lhe permitiram continuar trabalhando, Gramsci utilizou 33 cadernos escolares, todos de capa dura, que lhe iam sendo fornecidos à medida que os requisitava ao diretor do presídio. Alguns desses cadernos (sobretudo os primeiros) foram inteiramente preenchidos, enquanto outros (os mais tardios) contêm — em maior ou menor medida — várias partes em branco. Praticamente todos eles têm o timbre da diretoria do cárcere, condição para que Gramsci pudesse utilizá-los.* Também por determinação dos seus carcereiros, Gramsci podia dispor apenas, em sua cela, de no máximo três cadernos de cada vez.

Quatro desses cadernos são inteiramente dedicados a exercícios de tradução, sobretudo do alemão e do inglês, nos quais Gramsci verteu autores como Marx, Goethe e os irmãos Grimm, além de muitos artigos de revista. Esses exercícios de tradução se iniciam já em 1929 (Gramsci os pratica antes mesmo de começar a redação de suas notas) e são interrompidos em 1932, a partir de quando ele se dedica apenas à redação ou revisão de seus próprios apontamentos. Na notável edição crítica de Valentino Gerratana,** que reproduz apenas poucos fragmentos de traduções gramscianas de Marx, tais cadernos são designados e datados como A (1929), B (1929-1931), C (1929-1931) e D (1932). Há também

---

* Cf. infra, neste volume, o encarte fotográfico.

** A. Gramsci, *Quaderni dei carcere*, ed. crítica de V. Gerratana, Turim, Einaudi, 1975 (a seguir citada como *QC*). Para os critérios utilizados na elaboração dessa edição crítica e para uma descrição dos cadernos, cf. V. Gerratana, "Sulla preparazione di un'edizione critica dei *"Quaderni del carcere"*, in F. Ferri (ed.), *Gramsci e la cultura contemporanea*, Roma, Riuniti, 1969, vol. 2, p. 455-476; e, sobretudo, Id., *QC*, "Prefazione", p. XI-XLII, e "Descrizione dei Quaderni", p. 2.367-2.442. Também é de grande utilidade a leitura de Joseph A. Buttigieg, "Introduction", in A. Gramsci, *Prison Notebooks*, ed. by J. A. Buttigieg, Nova York, Columbia University Press, 1992, vol. 1, p. 1-64.

exercícios de tradução ocupando partes dos cadernos de apontamentos 7 e 9. Segundo Gerratana, tais exercícios de tradução não teriam maior significação teórica, razão pela qual — com as poucas exceções mencionadas — ele os excluiu de sua edição. Contudo, o próprio Gerratana registrou a presença, em tais traduções, de pelo menos um ponto de indiscutível valor teórico: quando Gramsci verte o termo marxiano "*bürgerliche Gesellschaft*", usa a expressão "sociedade burguesa" e não o consagrado termo "sociedade civil", indicando com isso, provavelmente, a percepção de que seu próprio conceito de "sociedade civil" tinha uma acepção diversa daquela que possuía em Marx.*

Os demais 29 cadernos (com exceção, como vimos, das partes do 7 e do 9 dedicadas a traduções, de alguns rascunhos de cartas ou de elencos dos livros de que dispunha no cárcere) são inteiramente dedicados a apontamentos da autoria do próprio Gramsci. A numeração com que esses cadernos são hoje internacionalmente conhecidos (e que é utilizada também em nossa presente edição) — ou seja, de 1 a 29, em função da ordem cronológica — é da responsabilidade de Valentino Gerratana, o qual, com rigorosos critérios filológicos, empenhou-se em encontrar para eles uma datação o mais possível exata. (Logo após a morte de Gramsci, sua cunhada Tatiana Schucht, sem nenhuma preocupação cronológica, numerara os cadernos com algarismos romanos, de I a XXXIII, incluindo nessa série os cadernos de traduções. Essa numeração é utilizada nos índices da velha edição temática, sobre a qual falaremos mais adiante.) Gerratana observa que a sua própria datação dos cadernos é, em alguns casos, problemática: Gramsci escrevia em diferentes cadernos ao mesmo tempo, o que torna praticamente impossível estabelecer a ordem cronológica de suas várias notas, já que essa ordem nem sempre coincide com a ordem material com que as notas se sucedem nos cadernos. Tais notas, separadas entre

---

* V. Gerratana, in Franco Ferri (ed.), *Gramsci e la cultura contemporanea*, cit., vol. 1., p. 169-173. Para a distinção entre os conceitos de "sociedade civil" em Marx e em Gramsci, bem como para uma introdução geral aos principais conceitos gramscianos, sobretudo aqueles elaborados nos *Cadernos*, remeto o leitor a C. N. Coutinho, *Gramsci. Um estudo sobre seu pensamento político*, Rio de Janeiro, Civilização Brasileira, 1999, 320 p.

si por um espaço maior, são quase sempre introduzidas por Gramsci com um sinal de §. Em sua edição, Gerratana numerou tais parágrafos, caderno a caderno, seguindo quase sempre a ordem material na qual estão dispostos nos vários cadernos.* Além disso, a edição Gerratana usa a data provável da primeira nota de cada caderno para estabelecer a numeração progressiva dos mesmos. Ambos os critérios foram adotados na presente edição brasileira.

Os 29 cadernos temáticos são divididos por Gerratana, seguindo indicações explícitas do próprio Gramsci, em dois tipos: "cadernos miscelâneos" (1, 2, 3, 4, 5, 6, 7, 8, 9, 14, 15 e 17) e "cadernos especiais" (10, 11, 12, 13, 16, 18, 19, 20, 21, 22, 23, 24, 25, 26, 27, 28 e 29).** Nos "cadernos miscelâneos", Gramsci redige notas sobre variados temas, muitas das quais iniciadas por títulos idênticos ou semelhantes ("Passado e presente", "Noções enciclopédicas", "Introdução ao estudo da filosofia", "Intelectuais italianos", "Jornalismo", "Lorianismo", "Os filhotes do Padre Bresciani", etc., etc.), títulos que se repetem tanto no interior de cada caderno quanto ao longo dos mesmos. Já os "cadernos especiais" reúnem apontamentos sobre assuntos específicos, razão pela qual, com duas únicas exceções (as do 11 e do 19), eles têm títulos dados pelo próprio Gramsci. (Também recebem títulos dados por Gramsci os seguintes cadernos miscelâneos: 1, "Primeiro caderno"; 2, "Miscelânea I"; e 17, "Miscelânea". Os demais cadernos têm títulos dados por Gerratana, nesse caso sempre entre colchetes, critério que também seguimos em nossa presente edição.)

Articulada com essa divisão entre cadernos "miscelâneos" e "especiais", Gerratana propôs também, em sua edição crítica, uma outra

* A principal exceção encontra-se no caderno 10, que Gramsci dividiu em duas partes. Gerratana supõe que a segunda parte foi escrita antes da primeira; por isso, não só inverte a ordem de apresentação das mesmas, mas também atribui numeração própria aos parágrafos de cada uma das partes.

** Com efeito, no início do caderno 15, que é um "caderno miscelâneo" situado entre "cadernos especiais", o próprio Gramsci observa: "Caderno iniciado em 1933 e escrito sem levar em conta as divisões de matéria e os agrupamentos de notas em cadernos especiais." Como ele intitulou os cadernos 2 e 17 como "Miscelânea", essa observação serviu como base para a divisão proposta por Gerratana.

importantíssima distinção: a que divide as notas gramscianas entre o que ele chama de textos A, B e C. Os textos A são os que Gramsci redigiu nos "cadernos miscelâneos" e depois retomou ou reagrupou (literalmente ou com modificações, maiores ou menores) em textos C, todos eles — com a exceção de três notas presentes no caderno 14 — contidos nos "cadernos especiais"; os textos B, por sua vez, são aqueles de redação única, que aparecem sobretudo nos "cadernos miscelâneos", mas também, em um número menor de casos, em alguns "cadernos especiais". Essa distinção nos permite perceber que os "cadernos especiais", todos mais tardios, são em sua esmagadora maioria elaborados a partir de uma retomada de materiais já presentes nos "cadernos miscelâneos", ou seja, de uma conversão de textos A em textos C.*

Gramsci inicia a redação de seus cadernos em 8 de fevereiro de 1929, data registrada na primeira página daquele que ele próprio intitula como "Primeiro caderno" e que contém 158 notas de natureza miscelânea. Esse caderno é concluído em 1930. Antes de concluí-lo, porém, Gramsci — seguindo um procedimento que será repetido em quase todos os demais cadernos — já havia iniciado a redação do caderno 2, por ele mesmo chamado de "Miscelânea", e que só será definitivamente completado em 1933. O caderno 3, ao contrário, é iniciado e completado num mesmo ano, em 1930. Todos esses primeiros cadernos, assim como o 5 e o 6, iniciados em 1930 mas concluídos somente em 1932, são inteiramente "miscelâneos", contendo notas sobre variadíssimos temas, muitas das quais de comentários a artigos de revistas ou a livros que encomendava e recebia no cárcere; há notas que simplesmente registram os títulos desses livros ou artigos. Como já observamos, porém, várias dessas notas apresentam

* Duas importantes exceções são a parte II do caderno 10 (onde quase todas as notas são de tipo B) e o caderno 29 (todo ele formado por notas B). Sempre que se valia de um texto A para a elaboração de um texto C, Gramsci cancelava o primeiro com finos riscos diagonais, que não impedem de modo algum a leitura do texto cancelado. Para uma visualização desse aspecto dos *Cadernos*, cf. o encarte de fotos contido na presente edição, infra.

títulos semelhantes ou análogos, o que indica que Gramsci, através da diversidade dos temas que aborda, já tinha a intenção — desde o início de seu trabalho carcerário — de perseguir em sua investigação alguns eixos temáticos ou "especiais".

No caderno 4, redigido entre 1930 e 1932, já aparece uma primeira novidade: tal caderno é dividido pelo próprio Gramsci em três partes. Enquanto uma delas continua formada por notas miscelâneas, as duas outras já se apresentam como partes "especiais". Com efeito, sob o título "O canto décimo do Inferno", Gramsci redige nesse caderno dez notas (todas de redação única, ou textos B) dedicadas à análise de um episódio do poema de Dante. Ele supunha haver formulado uma interpretação original dessa parte da *Divina comédia*; e, para confirmar sua suposição, entra em contato com Umberto Cosmo, seu antigo professor na Universidade de Turim e especialista em Dante, a fim de submeter-lhe sua proposta de interpretação, que Cosmo — numa gentil carta dirigida a seu ex-aluno — estimula Gramsci a desenvolver. Em outra parte "especial" do caderno 4, desta feita sob o título geral "Apontamentos de filosofia. Materialismo e idealismo. Primeira série", Gramsci redige 47 notas, que serão depois retomadas em diferentes cadernos especiais, sobretudo no 11. Com o mesmo título geral, ou seja, "Apontamentos de filosofia. Materialismo e idealismo", mas com a especificação "Segunda série" e "Terceira série", novas partes "especiais" (formadas majoritariamente por textos A, mas também por alguns textos B) reaparecem nos cadernos 7 (1930-1931) e 8 (1931-1932), cadernos que continuam a conter também novas notas "miscelâneas". O caderno 8, além dessa parte "especial" sobre "Apontamentos de filosofia", apresenta ainda a seguinte peculiaridade: é iniciado por Gramsci com uma nova proposta de sumário — bem mais ampla e especificada do que aquela presente no início do caderno 1 — dos temas já contidos (ou a serem desenvolvidos) na obra carcerária.* Também o caderno 9, redigido em 1932, contém, ao lado de uma

* Para essas duas propostas, cf. infra, no presente volume, "Projetos de Gramsci para os *Cadernos*".

parte miscelânea, as primeiras redações — sob o título "Notas sobre o *Risorgimento* italiano" — do que viria a ser, mais tarde, o caderno especial 19 (1934-1935), inteiramente dedicado ao movimento que levou à unificação estatal da Itália.

Observa-se assim que o período que vai do início de 1929 até agosto de 1931, quando Gramsci sofre sua primeira séria crise de saúde,* é um dos mais fecundos de sua produção carcerária: com efeito, ele redige então a quase totalidade de dez cadernos, sete dos quais miscelâneos (quase todos preenchidos na íntegra) e três dedicados a exercícios de tradução. Suas condições de saúde o impedem de trabalhar até o final de 1931, ocasião em que — malgrado persistam e até se agravem seus males físicos — ele recomeça com ritmo intenso o trabalho de redação dos seus apontamentos. Até final de 1933, quando finalmente será transferido do cárcere de Túri para a clínica de Fórmia, ainda como prisioneiro, Gramsci redige mais dez cadernos, quase todos de importância central em sua obra carcerária. Com efeito, é nessa fase que ele inicia a redação dos já mencionados "cadernos especiais", que doravante passam a concentrar cada vez mais sua atenção, ainda que ele continue a produzir — mas em número bem mais reduzido — novos "cadernos miscelâneos".

O primeiro dos "cadernos especiais", o 10, recebe do próprio Gramsci o título "A filosofia de Benedetto Croce": iniciado em 1932, só é concluído, contudo, em 1935, sendo provavelmente (segundo Gerratana) o depositário das últimas notas carcerárias redigidas por nosso autor. Embora se trate de um "caderno especial" — já que recebe titulação própria e tem a maioria de suas notas referidas direta ou indiretamente a um único tema, precisamente a obra de Croce —, esse caderno 10 mantém ainda, ao mesmo tempo, várias características de um "caderno miscelâneo". Com efeito, além de notas sistemáticas sobre

* "À uma hora da manhã do dia 3 de agosto, dei inesperadamente uma golfada de sangue. [...] Isso durou até mais ou menos quatro horas e, nesse meio-tempo, vomitei 250-300 gramas de sangue." (A. Gramsci, Carta a Tatiana Schucht, 17.9.1931, in Id., *Lettere dal carcere*, cit., p. 487).

"a filosofia de Benedetto Croce", designação que lhe serve de título geral, Gramsci também introduz nele um bom número de apontamentos esparsos não só sobre teoria econômica (com títulos como "Breves notas de economia", "Pontos de meditação para o estudo da economia", etc.), mas também vários parágrafos intitulados "Introdução ao estudo da filosofia", contendo temas análogos àqueles também abordados no "caderno especial" 11 (redigido entre 1931 e 1932). Como comprovação do caráter relativamente misto desse caderno 10, pode-se registrar o fato — incomum nos "cadernos especiais" — de que Gramsci alterna nele 22 textos C (pelos quais é constituída a esmagadora maioria dos demais "cadernos especiais") com 57 textos B (que, juntamente com textos A, formam a totalidade dos "cadernos miscelâneos"). De resto — caso único em "cadernos especiais" —, o 10 contém um texto A, retomado num texto C do caderno 11.

O caderno 11 (1932-1933), ainda que Gramsci só lhe dê título indiretamente,* é talvez o caso mais emblemático de um "caderno especial". É certamente o mais longo dos "especiais" e aquele que apresenta uma estruturação interna mais sistemática: com efeito, além de ser quase inteiramente constituído por notas de tipo C (apenas 7 textos em 74 são de tipo B), Gramsci o subdivide em várias partes e subpartes, sempre com titulação própria (o que não ocorre em nenhum outro caderno especial, salvo o 10). O eixo central desse caderno é dado pela discussão de temas "filosóficos"** e, em particular, da "filosofia da práxis" (que, quando da redação dos textos A, antes de

* O título não aparece na primeira página do caderno, como ocorre nos demais cadernos titulados pelo próprio Gramsci. Contudo, no caderno 10, II, § 60, ele remete a uma nota contida no caderno 11 e o chama explicitamente de "Introdução ao estudo da filosofia". Apesar disso, ao designá-lo em sua edição, Gerratana manteve os colchetes, que foram suprimidos na nossa.

** Ponho "filosóficos" entre aspas porque seria um erro supor que Gramsci dividiu os seus temas enquadrando-os na divisão científica do trabalho hoje consagrada pela Universidade. Como tentei demonstrar em meu *Gramsci* (ed. cit., p. 2), "a política é o ponto focal de onde Gramsci analisa a totalidade da vida social, os problemas da cultura, da filosofia, etc.". Sobre isso, cf. também C. N. Coutinho, "Gramsci, o marxismo e as ciências sociais", in Id., *Marxismo e política*, São Paulo, Cortez, 1996, p. 91-120.

sua conversão em textos C, Gramsci designava explicitamente com a expressão "materialismo histórico"); uma de suas subdivisões é constituída por notas críticas ao *Tratado de materialismo histórico* de Nikolai Bukharin, nas quais nosso autor contrapõe sua criativa leitura de Marx à interpretação vulgar que já então começava a predominar no chamado "marxismo soviético".

Já o caderno 12, iniciado e concluído em 1932, é de dimensões bem mais modestas, sendo formado apenas por duas longas notas de tipo C, uma sobre a questão dos intelectuais e outra sobre o princípio educativo, e por um pequeno apontamento (também de tipo C) que complementa o texto sobre os intelectuais. Enquanto o caderno 11 retoma a maior parte das notas de tema "filosófico", pode-se observar que Gramsci deixa como textos B, ou seja, de redação única, um enorme número de notas sobre os intelectuais, sem retomá-las nesse caderno 12. O mesmo pode ser dito do caderno 13 (1932-1934), que, embora intitulado "Breves notas sobre a política de Maquiavel", trata também e sobretudo de temas relativos ao Estado e à política em geral: ainda que seja mais extenso do que o 12 (ele é formado por 39 notas de tipo C e uma de tipo B), não foi retomada em tal caderno a maioria das notas sobre questões estritamente políticas, que permaneceram assim como textos B. (Também é interessante observar que, na última fase de sua produção carcerária, já em 1934, Gramsci iniciou um novo caderno especial, o 18, intitulado "Nicolau Maquiavel II", mas que contém apenas três pequenas notas de tipo C.) São ainda dessa segunda fase de Túri (final de 1931-final de 1933), além dos "cadernos especiais" 10, 11 e 12, a íntegra do "caderno miscelâneo" 15 (1932) e partes dos "cadernos especiais" 13 e 16 (1933-1934) e dos "miscelâneos" 14 (1932-1935) e 17 (1933-1935).

Na última fase de sua produção carcerária, que vai do final de 1933 (quando é transferido do cárcere de Túri para a clínica de Fórmia) até cerca de abril de 1935, Gramsci redigiu mais 12 cadernos, quase todos de pequena dimensão, deixados incompletos e contendo um número relativamente reduzido de notas. Nenhum deles tem, nem de longe, o tamanho, por exemplo, do caderno 11. Além do caderno 18, dedicado a

Maquiavel e já mencionado acima, esses cadernos mais tardios tratam dos seguintes temas: "*Risorgimento* italiano" [caderno 19 (1934-1935)], "Ação católica" [20 (1934-1935)], "Problemas da cultura nacional italiana" [21 (1934-1935)], "Americanismo e fordismo" [22 (1934)], "Crítica literária" [23 (1934)], "Jornalismo" [24 (1934)], "História dos grupos sociais subalternos" [25 (1934)], "Temas de cultura 2" [26 (1935)], "Folclore" [27 (1935)], "Lorianismo" [28 (1935)] e "Gramática" [29 (1935)]. Pode-se facilmente observar que, em função da crescente deterioração de suas condições físicas, o ritmo de trabalho de Gramsci se torna cada vez mais lento e menos criativo. Todos os cadernos redigidos nesse último período são "cadernos especiais", de dimensões reduzidas, onde Gramsci se limita a recopiar textos A, praticamente sem nenhuma modificação ou acréscimo. As poucas notas criativas desse período são incluídas, em sua maioria, em cadernos iniciados no período anterior. A única exceção é o caderno 29, intitulado "Notas para a introdução ao estudo da gramática", formado por 9 notas, relativamente breves, todas de tipo B, nas quais Gramsci retoma preocupações próprias dos anos em que frequentou a Universidade, quando pretendia graduar-se em linguística. É como se, no ocaso de sua breve mas intensa vida, Gramsci resolvesse prestar uma homenagem aos seus antigos interesses e projetos juvenis.

Quando do processo que condenou Gramsci à prisão, o promotor teria dito: "É preciso fazer com que esse cérebro deixe de funcionar por 20 anos." Os *Cadernos do cárcere* revelam que — para o bem da cultura universal — isso felizmente não ocorreu. Mas o fato é que as duras condições do cárcere fascista terminaram por minar definitivamente as resistências físicas de Gramsci. Somente o "otimismo da vontade" que ele sempre propugnou permitiu-lhe, em tão difíceis condições, legar aos pósteros uma obra certamente *für ewig*, formada pelos 29 cadernos escritos entre fevereiro de 1929 e meados de 1935. Gramsci viveu ainda mais dois anos, em regime de liberdade condicional, internado na clínica "Quisisana" (cuja tradução seria: "aqui se fica curado") de Roma. Nesses dois últimos anos, porém, afligido por vários males, não pôde mais retomar o trabalho nos cadernos. Alimentou ainda a tênue esperança de emigrar para Moscou a fim de reencontrar a família, sua mulher e seus dois filhos, ou de retornar à sua amada Sardenha. Morreu sem saber o destino do trabalho solitário que o ocupou no cárcere, um trabalho que — graças sobretudo à ação de sua cunhada Tatiana Schucht e de seu camarada Palmiro Togliatti — faria dele um dos maiores pensadores do século XX.

2. AS EDIÇÕES ITALIANAS

Morto Gramsci, Tatiana dedicou-se com empenho à tarefa de preservar e salvar os cadernos: recolheu-os da clínica "Quisisana", numerou-os com algarismos romanos para poder ordená-los melhor e começou a pensar no modo mais idôneo de publicá-los. Gramsci lhe havia declarado que queria que os mesmos fossem remetidos à sua mulher, que residia em Moscou. Antes de providenciar tal remessa, porém, Tatiana consultou o economista Piero Sraffa, velho amigo de Gramsci desde os tempos de Turim e, ao mesmo tempo, interlocutor permanente dos dirigentes do Partido Comunista Italiano, em particular de Palmiro Togliatti, que então residia em Moscou.* Tatiana pede que o economista examine os cadernos para sugerir um modo de editá-los. Sraffa, porém, seguindo instruções de Togliatti, a quem consultara, recomenda a Tatiana que cumpra os desejos de Gramsci e envie os cadernos a Moscou. Tratava-se, naturalmente, do melhor modo de fazer com que eles chegassem também às mãos de Togliatti. Assim, já

* Sabe-se hoje que Sraffa foi também um interlocutor importante, ainda que oculto, da correspondência carcerária de Gramsci, a quem visitou pessoalmente algumas vezes. Com efeito, Tatiana copiava e enviava a Sraffa (que então morava na Inglaterra) as cartas que Gramsci endereçava a ela; também através de Tatiana, Sraffa enviava a Gramsci sugestões para pesquisas e discutia algumas questões teóricas levantadas por seu amigo. Por meio de Sraffa, de resto, notícias sobre Gramsci chegavam à direção do PCI, sobretudo a Togliatti, com quem Sraffa se mantinha em estreito contato. Sobre isso, cf. Piero Sraffa, *Lettere a Tania per Gramsci*, ed. por Valentino Gerratana, Roma, Riuniti, 1991; e Luciano Fausti, *Intelletti in dialogo. Antonio Gramsci e Piero Sraffa*, Celleno (VT), Fondazione Guido Piccini, 1998.

em 6 de julho de 1937, Tatiana — que era cidadã russa — entrega os cadernos à embaixada soviética em Roma; mas eles só chegarão em Moscou um ano depois, em julho de 1938. Tudo indica que a demora se deve ao fato de que foi preciso negociar com o governo fascista para que esse autorizasse o envio da remessa, que envolvia ainda outros pertences de Gramsci, entre os quais a pequena biblioteca de que ele dispunha na prisão.*

Togliatti, então em Moscou, rapidamente assume a tarefa de encaminhar as providências necessárias para o resgate dos *Cadernos*, tendo em vista a sua posterior edição. Embora já conhecesse o conteúdo de muitas das cartas que Gramsci redigira na prisão (pois as cópias feitas por Tatiana e enviadas a Sraffa lhe eram reexpedidas), Togliatti — no momento da morte de Gramsci — nada sabia do conteúdo dos apontamentos carcerários. Com efeito, numa carta a Sraffa de 20 de maio de 1937, ele pergunta: "Não tenho nenhuma ideia, sequer aproximativa, deles [dos cadernos]. De que se trata? Foram redigidos de modo que seja possível uma publicação sua em prazo relativamente breve? A que tipo de trabalho deverão ser submetidos?"** Apesar desse desconhecimento, Togliatti não hesita em assumir a responsabilidade de promover a sua edição junto aos órgãos dirigentes da Internacional Comunista (IC), dos quais fazia parte. Assim, numa carta a D. Z. Manuílski, dirigente da IC, de 11 de junho de 1937, afirma: "Você já sabe que nosso falecido camarada Gramsci trabalhou muito no cárcere. Existem 30 cadernos por ele escritos, que contêm uma representação materialista da história da Itália. Esses cadernos estão hoje em mãos da camarada Tatiana Schucht, que está em contato com a embaixada soviética em Roma e, com toda probabilidade, já salvaguardou tais cadernos, depositando-os no prédio da embaixada. Para nosso Partido e para a IC, é da máxima importância que tais cadernos cheguem

* Para informações detalhadas e atualizadas sobre as vicissitudes dos *Cadernos* antes e depois da chegada deles em Moscou, cf. Giuseppe Vacca, "Togliatti editore delle *Lettere* e dei *Quaderni*", in Id., *Appuntamenti con Gramsci*, Roma, Carocci, 1999, p. 107-149.

** Cf. Paolo Spriano, *Gramsci in carcere e il partito*, Roma, Riuniti, 1977, p. 161.

a nossas mãos intatos e o mais breve possível. Peço-lhe assim que o Ministério do Exterior dirija-se ao embaixador soviético em Roma, de modo que se faça todo o esforço possível para que seja expedida até aqui, para a IC, pelo caminho mais seguro, essa herança literária de Gramsci."*

Transferindo-se para a Espanha em 1938, como delegado da IC junto ao PC daquele país, empenhado na guerra civil contra o franquismo, Togliatti não pôde assumir de imediato a tarefa da edição dos *Cadernos*. De resto, ao regressar da Espanha em 1939, num dos períodos mais duros do regime stalinista, viu-se envolvido num clima de suspeitas. Num informe secreto, que só recentemente veio à tona, Togliatti é acusado, entre outras coisas bem mais graves, "de não ter tomado qualquer iniciativa para a utilização da herança literária de Gramsci e para a popularização de seu nome". A acusação é atribuída "à viúva do falecido dirigente do Partido Italiano". Tudo indica que se travava naquele momento uma batalha entre Togliatti e a família de Gramsci (à qual já se reintegrara Tatiana, retornada da Itália em 1938) pelo controle da herança literária do pensador revolucionário italiano.** A direção da Internacional Comunista resolve assumir diretamente o encargo da edição de Gramsci, não só nomeando uma comissão específica para isso (da qual faziam parte tanto Togliatti quanto um membro da família de Gramsci), mas também requisitando para seu arquivo central todo o material gramsciano então sob a posse

* A carta a Manuílski, em alemão, foi encontrada no arquivo central do PCUS; é reproduzida em G. Vacca, "Togliatti editore delle *Lettere* e dei *Quaderni*", cit., p. 122.

** Muitos autores, aos quais se alinhou recentemente G. Vacca (cf. *Appuntamenti con Gramsci*, cit.), afirmam que Gramsci teria instruído Tatiana no sentido de evitar que Togliatti tivesse acesso à sua "herança literária". Fundamentam essa opinião com base na profunda divergência que se estabeleceu entre os dois amigos em outubro de 1926, quando da troca de cartas a respeito das lutas de fração que então tinham lugar na direção do PC soviético, divergência que teria sido posteriormente acentuada pela crescente desconfiança que Gramsci alimentou em face de uma carta que lhe fora enviada de Moscou quando já estava na prisão, aguardando o processo. (Para uma breve alusão a tais fatos, cf. infra, "Cronologia da vida de Gramsci".) Não se trata, porém, de modo algum, de uma opinião unânime. Para uma posição oposta, cf., entre outros, Paolo Spriano, *Gramsci in carcere e il partito*, cit.

dos Schucht. É confiada a Togliatti, nessa mesma resolução — com a aquiescência, ao que parece, da família —, a utilização da "herança literária" de Gramsci.*

De qualquer modo, a família manifesta o desejo de conservar consigo, pelo menos, uma fotocópia integral dos manuscritos de Gramsci. Togliatti se opõe a tal desejo, escrevendo uma carta a G. Dimítrov, então secretário-geral da IC, com data de 25 de abril de 1941, onde afirma: "Meus argumentos são os seguintes: a) não é correto que sejam assim constituídos dois arquivos de materiais referentes a Gramsci; b) os cadernos de Gramsci, que já estudei cuidadosamente em quase sua totalidade, contêm materiais que só podem ser utilizados depois de uma cuidadosa elaboração. Sem esse tratamento, o material não pode ser utilizado, e, aliás, *algumas partes do mesmo, se forem utilizadas na forma em que se encontram atualmente, poderiam ser não úteis ao partido*. Por isso, penso que esse material deva permanecer em nosso arquivo, para ser aqui elaborado. [É uma questão de] segurança organizativa — para hoje e para o futuro — que tudo seja utilizado conforme à finalidade e do modo como é necessário."** Descoberta recentemente nos arquivos da ex-União Soviética, essa carta é, sem dúvida, de grande significado. Por um lado, indica que Togliatti não só havia estudado acuradamente os *Cadernos*, já em 1941, mas que tinha tomado plena consciência do seu caráter "heterodoxo", ou seja, da incompatibilidade entre o marxismo criador de Gramsci e a vulgata "marxista-leninista" que se havia tornado a doutrina oficial dos partidos ligados à IC. Por outro, revela que, malgrado isso, ele continuava disposto a publicá-los, ainda que submetendo-os a uma "cuidadosa elaboração". Decerto, tal carta põe sob suspeição o trabalho editorial que Togliatti dedicou, nos anos seguintes, ao legado literário de Gramsci.

Contudo, antes de discutirmos se tal suspeição tem ou não fundamento, cabe recordar as iniciativas que se situam entre a mencionada

---

* G. Vacca, "Togliatti editore", cit., p. 126.

** Ibid., p. 130-131.

carta de Togliatti a Dimítrov, de 1941, e a primeira edição dos *Cadernos*, iniciada na Itália em 1948. Com a eclosão da Segunda Guerra Mundial, são evidentemente suspensas todas as iniciativas de edição seja dos *Cadernos*, seja das *Cartas do cárcere*, das quais, ao que parece, já havia uma versão datilografada, mais ou menos pronta para publicação, desde 1939. Contudo, tão logo Togliatti retorna ao sul da Itália, "libertado" por tropas anglo-americanas, aonde chega em 27 de março de 1944, pouco mais de um ano antes da completa libertação do seu país da ocupação nazista, volta a se empenhar — malgrado todos os seus inúmeros compromissos políticos — numa tarefa que lhe parece ser muito cara: a edição das obras do seu antigo companheiro de lutas. Com efeito, num artigo publicado no jornal *Unità* de Nápoles, com o título "A herança literária de Gramsci", em 30 de abril de 1944, já se fornece uma descrição sumária dos *Cadernos* e se afirma que "sua publicação será iniciada em breve"; embora o artigo não seja assinado, tudo indica que foi escrito pelo recém-chegado Togliatti, que era provavelmente o único a conhecer então, na Itália, o conteúdo da obra gramsciana. Além disso, poucos dias depois da libertação de Roma, quando o norte da Itália ainda se encontrava sob ocupação nazista, constitui-se uma editora, "La Nuova Biblioteca", que — num catálogo com data de 7 de junho de 1944 — anuncia a próxima publicação de *Tutti gli scritti di Gramsci*, "aos cuidados de Palmiro Togliatti". O projeto de edição, que (segundo o catálogo) deveria ter também a colaboração de Felice Platone, um intelectual comunista muito ligado a Togliatti e que conhecera Gramsci em Turim, era previsto para cinco volumes, dois dos quais dedicados aos "Escritos do cárcere". Contudo, a editora não teve longa vida e, por isso, esse projeto inicial não foi concretizado.*

Togliatti, porém, não desiste da sua intenção de publicar os textos carcerários de nosso autor. Antes de mais nada, toma a decisão de publicá-los não pelas editoras do PCI (Rinascita e Cultura Sociale,

* Cf. V. Gerratana, "Prefazione" a *QC*, p. XXXII.

que depois se fundiriam nos Editori Riuniti), criadas logo após a Libertação, mas sim pela editora Einaudi; embora pertencesse a um conhecido militante comunista, Giulio Einaudi, tratava-se de uma editora pluralista, que já desempenhara um importante papel de oposição cultural nos últimos anos do regime mussoliniano, publicando autores antifascistas pertencentes a um amplo leque de opções ideológicas. Com isso, provavelmente, Togliatti visava a obter para a obra de Gramsci um raio de influência mais amplo do que aquele do seu próprio Partido. Dessa decisão político-cultural parece resultar também a sua opção de iniciar a publicação das "Opere di Gramsci", assumida pela Einaudi, não com os *Cadernos*, mas sim com a edição, em 1947, das *Lettere dal carcere*. Essa primeira edição das *Cartas* continha 218 missivas, constituindo apenas uma seleção do epistolário de que já então se dispunha;* nela, além disso, algumas cartas apresentam pontos de suspensão, que indicam cortes censórios realizados pelo seu editor (que permanece anônimo, mas que todos sabiam tratar-se de Togliatti).** As *Lettere*, para além de sua dimensão política, foram consideradas um documento de extraordinário valor humano e moral (até o liberal Benedetto Croce escreveu sobre elas uma resenha extremamente simpática, dizendo que, "como homem de espírito, Gramsci foi um dos nossos"); essa primeira edição das *Lettere* mereceu, ainda em 1947, o Prêmio Viareggio, um dos mais importantes prêmios literários italianos.

Restava, porém, a tarefa — certamente mais complexa — de editar os *Cadernos*. Depois de consultar vários especialistas e de responsa-

---

* Aos cuidados de Sergio Caprioglio e Eisa Fubini, foi posteriormente publicada uma nova edição (*Lettere dal carcere*, Turim, Einaudi, 1965), com 428 cartas. A mais recente e praticamente definitiva edição das epístolas (*Lettere dal carcere*, ed. por A. A. Santucci, cit.) acrescenta mais 66, descobertas nos últimos anos.

** Tais cortes se referem sobretudo às referências feitas por Gramsci a Amadeo Bordiga, seu companheiro de confinamento em Ústica, com quem nosso autor continuou a manter — apesar de fundas divergências políticas — relações de fraterna amizade. Bordiga fora expulso do PCI em 1929 e, depois da queda do fascismo, fundara um partido comunista alternativo, o que, ao que parece, justificava para os editores dessa primeira edição das *Lettere* a exclusão do seu nome.

bilizar Felice Platone pelo cuidado direto da edição,* Togliatti tomou uma importante decisão: a de publicar os apontamentos carcerários gramscianos não na ordem em que eles haviam sido redigidos, mas sim agrupando-os por temas, os quais, de resto, como já vimos, haviam sido de certo modo sugeridos pelo próprio Gramsci. Dessa decisão resultaram seis volumes temáticos, com títulos dados pelos editores anônimos, ou seja: *O materialismo histórico e a filosofia de Benedetto Croce* (1948), *Os intelectuais e a organização da cultura* (1949), *O Risorgimento* (1949), *Notas sobre Maquiavel, a política e o Estado moderno* (1949), *Literatura e vida nacional* (1950) e *Passado e presente* (1951). Estivessem ou não conscientes disso os seus editores anônimos (mas, na verdade, Togliatti e Platone), essa primeira edição induzia o leitor a supor que Gramsci havia se ocupado sistematicamente dos temas "particulares" em que está dividido o pensamento teórico na área das ciências humanas. Malgrado a advertência, no prefácio e nos sumários, de que aqueles volumes haviam sido organizados a partir de diferentes cadernos, era inescapável a impressão de que Gramsci encaminhara a redação de seis diferentes "livros" sobre variados temas de ciências sociais, indo da filosofia à crítica literária, da política à história, do folclore à gramática.

Por outro lado, é curioso observar que essa primeira edição dos *Cadernos* (conhecida doravante como "edição temática") traz certamente o nome da casa editora (Einaudi), mas — tal como as *Cartas* — não contém o nome do organizador ou do responsável pela edição. Todos os volumes contêm um prefácio sem assinatura, que, no caso do *Materialismo histórico*, o primeiro volume da série, fornece uma sumária descrição dos cadernos e uma breve explicação do critério adotado para a edição. Mas há também, nesse prefácio

* Platone é o autor da primeira descrição detalhada dos cadernos gramscianos, onde já revela uma capacidade bastante aproximativa de situá-los em ordem cronológica: cf. Felice Platone, "Relazione sui quaderni del carcere. Per una storia degli intellettuali italiani", in *Rinascita*, ano 3, n. 1-2, janeiro-fevereiro de 1946, p. 81-90. É interessante observar como, já no subtítulo do seu ensaio, Platone atribui uma discutível centralidade, na descrição dos cadernos, à questão dos intelectuais.

ao primeiro volume, uma clara tentativa de orientar o leitor a ler os textos gramscianos segundo uma perspectiva "oficial", sem levar em conta que — como Togliatti já o sabia desde 1941, conforme vimos em sua supracitada carta a Dimítrov — eles contêm coisas que "poderiam ser não úteis ao partido". Assim, para prevenir uma provável leitura "heterodoxa" dos *Cadernos*, o prefaciador anônimo adverte: "Estes escritos de Gramsci não poderiam ser compreendidos e avaliados, em seu justo significado, se não se dessem por adquiridos os progressos realizados pela concepção marxista nas primeiras três décadas deste século, graças à atividade teórica e prática de Lenin e de Stalin. O marxismo de Gramsci é marxismo-leninismo."* Pode-se assim supor que o anonimato tenha sido um modo encontrado por Togliatti ou para evitar assumir a responsabilidade direta por aquilo que Gramsci dizia (e que ele já sabia não ter nada a ver com Stalin e com o "marxismo-leninismo"), ou para tornar a sua edição, desde o início, "responsabilidade de todos", comprometendo assim o conjunto do PCI com as "heresias" gramscianas.

Tudo isso tem provocado legítimas críticas a essa primeira edição togliattiana. Em tais críticas, contudo, não é difícil enxergar muitas vezes um viés mesquinhamente "político": considerado liquidatoriamente como "stalinista", Togliatti tem sido *post festum* desqualificado, entre outras coisas, como editor de Gramsci. Não se trata aqui de aprofundar a discussão sobre os eventuais limites da interpretação togliattiana de Gramsci, os quais, certamente, condicionaram o seu trabalho como editor.** Trata-se de tentar analisar tal trabalho do modo

---

* "Prefazione" a A. Gramsci, *Il materialismo storico e la filosofia di Benedetto Croce*, Turim, Einaudi, 1948, p. XVI. Na verdade, não se pode falar de nenhuma séria "censura" ideológica nessa primeira edição dos *Cadernos:* com exceção de um pequeno trecho no qual Gramsci critica o *Anti-Duhring* de Engels, considerando-o responsável por alguns dos "desvios" de Bukharin, e da supressão de uma nota autobiográfica bastante pessimista, nenhum dos poucos textos B e C excluídos da "edição temática" parece tê-lo sido feito por motivos ideológicos.

** Para uma ampla discussão dessa interpretação togliattiana, bem como para a história geral da fortuna crítica de Gramsci na Itália, cf. o excelente livro de Guido Liguori, *Gramsci conteso. Storia di un dibattito 1922-1996*, Roma, Riuniti, 1996.

mais objetivo possível, contextualizando-o historicamente: malgrado todos os indiscutíveis limites da "edição temática", parece ser hoje majoritária a opinião — entre os estudiosos de Gramsci — de que ela foi responsável por uma enorme difusão do pensamento de nosso autor, tanto na Itália como no mundo. É possível contestar muitos dos critérios adotados então por Togliatti, mas não certamente negar o seu empenho em difundir o pensamento de seu amigo e companheiro. Sem esse empenho, talvez Gramsci fosse até hoje conhecido apenas como um mártir na luta contra o fascismo, mas não como um dos mais lúcidos pensadores do século XX. Sobre isso, é muito significativo que Valentino Gerratana, no prefácio à sua edição crítica dos *Cadernos* (que representa, como veremos, um ponto de inflexão na leitura de Gramsci), tenha feito a seguinte observação: "Não seria de modo algum razoável subestimar a importância e os méritos da primeira edição dos *Cadernos do cárcere*. A escolha então realizada — aquela de agrupar as notas gramscianas segundo temas homogêneos e de organizar tais agrupamentos em volumes independentes — era certamente o meio mais adequado para assegurar a mais ampla circulação para o conteúdo dos *Cadernos*. Por outro lado, o caráter fragmentário com que se apresenta o material nos manuscritos originais, bem como as sucessivas tentativas do próprio Gramsci de reordenar suas notas segundo um critério temático, pareciam autorizar a solução editorial escolhida. [...] Era, no fundo, uma escolha possível, que o próprio Gramsci poderia fazer se tivesse decidido dar uma forma sistemática ao seu trabalho."*

Contudo, apesar do indiscutível valor histórico da "edição temática", vários estudiosos gramscianos começaram rapidamente a chamar a atenção para a necessidade de uma nova edição dos *Cadernos*, que os reproduzisse na ordem em que haviam sido escritos, que indicasse claramente (na medida do possível) o seu ordenamento

* V. Gerratana, "Prefazione" a *QC*, p. XXXIII. Mas, como que justificando sua própria edição, Gerratana prossegue: "Mas essa escolha Gramsci não a fez; e isso não pode deixar de ser levado em conta na leitura e na interpretação dos cadernos."

cronológico e que contivesse um aparato crítico que situasse com precisão os interlocutores de Gramsci e definisse o contexto em que haviam sido redigidos os seus apontamentos. Essa exigência já se manifesta no primeiro grande simpósio de estudos gramscianos, realizado em Roma entre 11 e 13 de janeiro de 1958, sob o patrocínio do Instituto Gramsci, um organismo cultural criado nos anos 1950 pelo Partido Comunista Italiano.* Providências nesse sentido, ainda em vida de Togliatti, falecido em 1964, devem ter sido tomadas logo em seguida; com efeito, já em 22 de outubro de 1962, Franco Ferri — então diretor do Instituto Gramsci — escreve ao editor Einaudi: "O nosso Instituto projetou há algum tempo uma edição crítica dos *Cadernos* de Gramsci; deveremos agora encaminhar a realização do projeto. Trata-se de retomar o texto dos *Cadernos*, depois de estabelecida sua sucessão cronológica, sem intervir na ordenação da matéria, sem omitir os trechos que aparecem em diferentes elaborações, etc. Essa edição crítica fornecerá novos elementos para o estudo do pensamento de Gramsci nos anos do cárcere, segundo os dados de uma biografia intelectual que podem ser extraídos da originária disposição dos escritos."**

Esse novo projeto de publicação dos *Cadernos* — do qual foi encarregado, pelo Instituto Gramsci, o conhecido estudioso Valentino Gerratana, que contou para tanto com a colaboração de uma ampla equipe de pesquisadores — só foi efetivamente concluído em 1975, quando finalmente veio à luz, sempre pela editora Einaudi, a chamada "edição crítica". Ela se compõe de 4 volumes. Os três primeiros (que

* As atas desse simpósio estão reproduzidas em Istituto Gramsci (ed.), *Studi gramsciani*, Roma, Riuniti, 1958. Sobre a necessidade de uma edição crítica de Gramsci, cf. particularmente a intervenção de Gastone Manacorda: "Faço votos para que se prepare em breve uma nova edição, que reflita fielmente a ordem cronológica dos cadernos, na medida em que isso for possível, e respeite a colocação que os fragmentos singulares têm em cada caderno." (Ibid., p. 512-513.)

** G. Vacca, "Togliatti editore", cit., p. 145. Cinco anos depois, Valentino Gerratana já apresenta publicamente os "Punti di riferimento per un'edizione critica dei *Quaderni del carcere*", in Vários autores, *Prassi rivoluzionaria e storicismo in Gramsci*, Critica Marxista, Quaderni n. 3, Roma, 1967, p. 240-259.

compreendem cerca de 2.400 páginas) reproduzem os 29 cadernos gramscianos, segundo os critérios já mencionados acima, quando descrevemos o formato com que eles nos foram legados. O quarto volume (com cerca de 1.000 páginas) é inteiramente dedicado ao aparato crítico; nele encontramos as indicações das fontes que Gramsci utilizou para redigir seus apontamentos, informações sobre fatos e autores que ele cita, um cuidadoso e detalhado índice analítico e onomástico, etc., além de uma utilíssima tábua de correspondências entre a antiga edição temática e a nova edição crítica.

A "edição Gerratana" — como ficou internacionalmente conhecida — tornou-se, desde a sua publicação, absolutamente imprescindível para todos os que queiram estudar com maior profundidade o pensamento de Gramsci; ela nos permite ver, por assim dizer, o "laboratório" no qual o pensador italiano desenvolveu suas pesquisas. A numeração dos cadernos e dos parágrafos proposta nessa edição tornou-se um padrão para referências, permitindo ao leitor identificar, com rapidez e facilidade, o texto a que se referem os trabalhos sobre Gramsci, independentemente da língua em que são escritos. Com sua publicação, de resto, os estudos gramscianos assumiram uma nova dimensão, não só quantitativa mas sobretudo qualitativa: com efeito, datam dos anos sucessivos a 1975 alguns dos mais significativos estudos de conjunto sobre os *Cadernos*, que valorizam não mais apenas a sua contribuição tópica a domínios específicos das ciências sociais (sociologia dos intelectuais, teoria das ideologias, crítica literária, etc., etc.), mas o fato de que eles contêm a mais lúcida reflexão marxista de conjunto sobre o século XX. De resto, essa edição vem se tornando, cada vez mais, a base para novas traduções de Gramsci em diferentes línguas, como o francês, o inglês, o alemão, o espanhol e o japonês.

Porém, assim como a velha "edição temática" dos *Cadernos* foi de certo modo superada pela "edição Gerratana", essa última também já começa a ser posta em questão por novas propostas. A principal delas é a do filólogo Gianni Francioni, apresentada por ocasião das discussões sobre uma "edição nacional" de todas as obras de Gramsci, a ser patrocinada pelo governo italiano.* Antes de mais nada, com base numa acurada análise histórico-filológica, Francioni propõe uma nova ordem cronológica para os apontamentos gramscianos, diversa daquela adotada na edição Gerratana; em função disso, mesmo mantendo a numeração geral proposta nessa edição, Francioni desdobra os vários cadernos em diferentes subpartes ([a], [b], [c], etc.), sempre em função da presumível data da redação de cada bloco de notas. Sugere, além disso, que uma nova edição crítica deveria incluir também a totalidade dos cadernos que contêm "exercícios de tradução". Para justificar tal inclusão, Francioni argumenta que essas traduções não só fazem parte do "legado literário" de Gramsci, mas também apresentam em muitos casos — ao contrário do que sustenta Gerratana — um evidente interesse teórico: assim, por exemplo, com base em pesquisas de Lucia Borghese, ele dá o exemplo das versões gramscianas das fábulas dos irmãos Grimm, que apresentariam notáveis variações em face do original alemão, revelando que Gramsci fez das mesmas, mais do que uma tradução, uma "leitura" própria. Finalmente — o que é mais importante —, Francioni propõe que os "cadernos miscelâneos" e os "cadernos especiais" sejam claramente separados, postos em diferentes seções dessa eventual nova edição. Desse modo, com base na proposta de inclusão da íntegra dos cadernos de tradução e de uma subdivisão dos demais cadernos em função de um novo ordenamento cronológico, Francioni recomenda que, na nova "edição nacional", os *Cadernos* sejam divididos em três partes e sigam a seguinte sequência: I) *cadernos de tradução* (1929-1932): A [a b], B [a],

* Na verdade, já antes do projeto da "edição nacional" de Gramsci, Gianni Francioni formulara objeções à "edição Gerratana", relativas sobretudo ao ordenamento cronológico nela proposto (cf. G. Francioni, *L'officina gramsciana. Ipotesi sulla struttura dei "Quaderni del carcere"*, Nápoles, Bibliopolis, 1984, p. 15-46). Posteriormente, porém, ele radicalizou suas objeções, chegando até mesmo à explícita proposição, por ocasião da discussão sobre a "edição nacional", de uma nova edição dos *Cadernos* substancialmente diversa daquela de Gerratana: cf. G. Francioni, "Proposta per una nuova edizione dei *Quaderni del carcere* (seconda stesura)", in *IG Informazioni*, Roma, Fondazione Istituto Gramsci, n. 2, 1992, *Materiali per l'edizione nazionale delle opere di Antonio Gramsci*, p. 85-186. As informações sobre a proposta de Francioni que resumimos a seguir são extraídas desse texto. A resposta de Gerratana está em "Osservazioni sulle proposte di Gianni Francioni", ibid., p. 63-68.

C [a b], 9 [a], B [b], C [c], C [d], 7 [a], D; II) *cadernos miscelâneos* (1929-1935): 1, 2, 4 [a], 4 [b], 3, 5, 4 [c], 7 [b], 6, 8 [a], 7 [c], 8 [b], 8 [c], 8 [d], 9 [b], 9 [c], 4 [d], 9 [d], 14, 15, 17; III) *cadernos especiais* (1932-1935): 10, 12, 13, 11, 16, 18, 19, 20, 21, 22, 23, 24, 25, 26, 27, 28, 29.*

Certamente, podem ser questionados não só os novos critérios filológicos e cronológicos sugeridos por Francioni, mas sobretudo a validade de sua proposta de uma "nova edição" crítica dos *Cadernos*, bastante diversa daquela de Gerratana.** Contudo, a simples formulação dessa proposta indica um fato básico: malgrado o indiscutível valor da "edição Gerratana", que se tornou um marco na história da recepção italiana e mundial de Gramsci, não estamos diante da única edição crítica possível dos *Cadernos*. A "edição Gerratana" — na medida em que nos apresenta os apontamentos na ordem em que Gramsci os redigiu, em que numera os cadernos segundo uma ordem cronológica (ainda que topicamente discutível), em que estabelece uma numeração para seus vários parágrafos, em que recoloca à disposição do leitor a totalidade dos textos A (suprimidos na edição temática) e em que fornece um aparato crítico hoje insubstituível (ainda que certamente não definitivo)*** — tornou-se certamente um ponto de partida ineludível para qualquer nova edição da obra carcerária de Gramsci. Mas a proposta Francioni contém também sugestões importantes, como aquela de adotar como eixo articulador da apresentação dos *Cadernos* a divisão entre "cadernos miscelâneos" e "cadernos especiais", uma divisão que nos parece fundamental para melhor compreender o processo de trabalho utilizado por Gramsci em seus apontamentos.

* Para os critérios de subdivisão dos cadernos e de datação de suas subpartes, cf. Francioni, "Proposte per una nuova edizione", cit., em particular p. 144-147.

** Ao que parece, na última reunião do comitê designado pelo Ministério da Cultura italiano para discutir sobre a "edição nacional" de Gramsci, que teve lugar em junho de 1998, encaminhou-se a decisão de promover não uma "nova edição" dos *Cadernos*, mas um "melhoramento" da "edição Gerratana", aproveitando-se para isso algumas sugestões de Francioni. Cf., sobre isso, Guido Liguori, "Il 'cantiere Gramsci' riapre i battenti", in *International Gramsci Society. Newsletter*, n. 9, março de 1999, p. 58-60.

*** Embora parta do aparato crítico de Gerratana, a notável edição norte-americana dos *Cadernos*, organizada por J. A. Buttigieg (A. Gramsci, *Prison Notebooks*, cit.), infelizmente ainda incompleta, demonstra como tal aparato pode ser desenvolvido com eficiência, sobretudo para contemplar as necessidades de um público não italiano.

Desse modo, embora tome certamente como base a edição Gerratana, a presente edição brasileira incorpora, como veremos melhor em seguida, não só critérios adotados na velha "edição temática", mas também algumas das sugestões propostas por Francioni. Mas, antes de expor os critérios da nossa proposta, parece-me importante recordar a história das edições dos *Cadernos* no Brasil.

3. A PRIMEIRA EDIÇÃO BRASILEIRA

Até o início dos anos 1960, Gramsci era praticamente desconhecido no Brasil. Salvo breves referências a seu nome na imprensa socialista, quase sempre alusivas ao seu martírio nas prisões fascistas, ele jamais fora até então citado enquanto pensador por autores brasileiros.* É assim surpreendente que, já em 19 de outubro de 1962, Franco Ferri — diretor do Instituto Gramsci (IG), que então detinha os direitos de edição de nosso autor — tenha enviado a Ênio Silveira, diretor da Editora Civilização Brasileira (ECB), a seguinte carta: "Dando continuidade às conversações que o senhor teve com Renzo Trivelli, relativas à tradução em língua portuguesa das obras de Gramsci, temos o prazer de lhe dar, com a presente, o direito de opção. Agradeceríamos se o senhor nos comunicasse, o mais rápido possível, a sua proposta de contrato. Continuamos à sua disposição para qualquer conselho e ajuda necessários à eventual edição em português ou para sugerir uma seleção para uma antologia."** Essa carta (a primeira das dez entre a ECB e o IG

---

* Para a recepção de Gramsci no Brasil, antes e depois de 1960, cf. C. N. Coutinho, *Gramsci*, cit., p. 279-305; Marco Aurélio Nogueira, "Gramsci, a questão democrática e a esquerda no Brasil", in C. N. Coutinho e M. A. Nogueira (orgs.), *Gramsci e a América Latina*, Rio de Janeiro, Paz e Terra, 1988, p. 129-152; e Ivette Simionatto, *Gramsci: sua teoria, incidência no Brasil, influência no Serviço Social*, São Paulo-Florianópolis, Cortez-Editora da UFSC, 1995, p. 95-174.

** Esta e as demais cartas a seguir referidas estão nos arquivos da Fondazione Istituto Gramsci, Roma, na pasta *Corrispondenza con gli editori*. Agradeço a Donatella di Benedetto, pesquisadora do IG, a gentileza de ter posto à minha disposição fotocópias das mesmas, e a Giuseppe Vacca, na época diretor do IG, a autorização para utilizá-las. Essa correspondência, à qual só tive acesso no início de 1999, traz novas luzes sobre a primeira edição brasileira de Gramsci.

conservadas nos arquivos do IG) faz supor que Ênio Silveira, por meio de Renzo Trivelli — provavelmente um comunista que havia visitado o Brasil na época —, enviara ao IG uma primeira solicitação, ainda pouco especificada (tanto que Ferri fala numa possível antologia), de opção para a publicação de Gramsci em nosso país.

Não nos foi possível precisar se a decisão de solicitar os direitos da edição de Gramsci resultou de uma iniciativa do próprio Ênio Silveira, que certamente dispunha de um amplo conhecimento da literatura marxista internacional, ou se o nome do pensador italiano lhe foi sugerido por algum dos seus muitos consultores formais ou informais. Numa carta de 19 de outubro de 1964, dirigida ao IG e escrita em francês (como todas as cinco de sua autoria de que dispomos) — e na qual a solicitação dos direitos de edição de Gramsci volta a ser feita, já agora em termos formais e mais concretos (nela se fala especificamente dos volumes *O materialismo histórico, Os intelectuais* e *Notas sobre Maquiavel*) —, Ênio menciona o nome de Mario Fiorani, jornalista italiano que vivia então no Brasil e que acabara de publicar um livro sobre o fascismo pela Civilização Brasileira, no qual Gramsci é mencionado várias vezes.* Assim, não é de excluir que tenha sido Mario Fiorani o primeiro a chamar a atenção de Ênio para a importância da obra de Gramsci.

De qualquer modo, a iniciativa de 1962 parece não ter tido imediata continuidade. Somente em 19 de outubro de 1964, exatamente dois anos depois da carta que recebera de Ferri, registra-se uma nova tentativa de contato da parte de Ênio Silveira, precisamente na carta anteriormente mencionada, na qual fala de Fiorani. Nessa carta, Ênio informa ao IG que a editora Einaudi, por ele contactada, embora lhe tenha enviado exemplares da edição temática dos *Cadernos*,

---

* Mario Fiorani, *Breve história do fascismo*, Rio de Janeiro, Civilização Brasileira, 1963. Na mencionada carta, Ênio diz o seguinte: "Discutindo a questão com um de nossos amigos, o escritor e jornalista Mario Fiorani, que vive no Rio há muito tempo [...], ele nos informou que vocês lhe disseram que tais livros [de Gramsci] estariam disponíveis e que todas as facilidades seriam concedidas ao editor brasileiro que os quisesse publicar em português."

comunicara-lhe que os direitos de tradução de Gramsci pertenciam ao IG. Depois de confirmar seu interesse em publicar Gramsci e de indagar sobre quais seriam as "melhores condições" oferecidas para tanto, Ênio afirma: "Encontramo-nos, como editores e como cidadãos, engajados no quadro das forças nacionalistas em luta contra o imperialismo americano e seus servidores locais, os membros da oligarquia reacionária que tomaram temporariamente o poder em consequência do golpe militar de 1º de abril. A publicação das obras de Gramsci em português representa, em nossa opinião, uma contribuição muito importante para a formação de um novo espírito revolucionário nos quadros da esquerda brasileira."

Também aqui, coloca-se uma questão: o que teria motivado Ênio a retomar, poucos meses depois do golpe (que, com seu generoso otimismo, ele considerava "temporário"), os seus contatos com a Einaudi e com o IG em vista da publicação de Gramsci no Brasil? Qualquer que seja a resposta, deve-se recordar que Ênio era um editor que se cercava de muitos assessores informais e que ouvia sugestões de pessoas amigas e de colaboradores. Assim, não lhe deve ter sido indiferente saber que, logo depois do golpe, Leandro Konder, Luiz Mário Gazzaneo e C. N. Coutinho, reunidos no Rio, haviam conversado sobre a necessidade e a urgência de publicar Gramsci no Brasil e, sem que tivessem nenhum conhecimento de que Ênio já iniciara contatos nesse sentido, resolveram sugerir-lhe a publicação das obras do nosso autor. É possível, assim, que essa sugestão tenha motivado Ênio a retomar os contatos com o IG, interrompidos, como vimos, desde 1962.

Depois da disponibilidade novamente revelada pela direção do IG, numa carta de 25 de novembro de 1964, Ênio Silveira — já em 1º de dezembro do mesmo ano — comunica o seu interesse na publicação de quatro livros de Gramsci (*O materialismo histórico, Os intelectuais, Notas sobre Maquiavel* e *Cartas do cárcere*) e apresenta a sua proposta de contrato (250 dólares pelos primeiros 4.000 exemplares e mais 75 dólares por cada 1.000 exemplares subsequentes), proposta aceita sem discussão por Franco Ferri, em nome do IG, em carta de 30 de janeiro de 1965. Com isso, iniciam-se efetivamente as providências para a edição brasileira de Gramsci. Na verdade, cabe registrar que foi o próprio Ênio quem assumiu — se não formalmente, pelo menos na prática — a tarefa de coordenar essa edição: foi ele quem escolheu os tradutores e prefaciadores dos primeiros volumes selecionados para edição, *O materialismo histórico* e *Cartas do cárcere*; e também foi ele quem determinou que *Il materialismo storico* tivesse no Brasil o título *Concepção dialética da história* e que a edição brasileira das *Cartas* não fosse integral, mas constituísse apenas uma seleção da então recém-publicada edição Caprioglio-Fubini. (Quando os primeiros contatos para a edição foram feitos, tinha-se uma edição das *Cartas* com 255 páginas; a edição Caprioglio-Fubini, publicada precisamente em 1965, no momento em que se inicia a tradução brasileira, tem mais de 900.)

Numa nova carta, de 25 de maio de 1967, na qual comunica ao IG a publicação desses dois primeiros volumes, editados em 1966, Ênio informa ainda que pretende publicar mais dois volumes das obras de Gramsci, ou seja, as *Notas sobre Maquiavel* e uma edição de *Os intelectuais*, "que pensamos publicar no próximo ano, num volume que compreenda igualmente alguns fragmentos de *Literatura e vida nacional*". Na verdade, *Os intelectuais* e *Literatura e vida nacional*, por insistência do seu tradutor, saíram em edições separadas (fato que Ênio comunica a Ferri em carta de 17 de julho de 1967, a última de que dispomos), mas com o segundo desses volumes contendo — também por sugestão do tradutor — apenas uma seleção da edição original, com cortes sobretudo na parte "Crônicas teatrais", que reúne textos gramscianos anteriores aos *Cadernos*, publicados entre 1916 e 1920. Os tradutores e apresentadores de *Os intelectuais* e de *Literatura*, bem como de *Maquiavel*, todos publicados em 1968, foram igualmente escolhidos por Ênio Silveira.

O epistolário Ênio Silveira-Franco Ferri revela um outro fato significativo: não havia consenso, certamente por falta de informação, entre o projeto editorial da Civilização Brasileira (que, como vimos, previa apenas quatro volumes das obras de Gramsci, sendo um deles uma miscelânea de *Os intelectuais* e de *Literatura e vida nacional*) e a expectativa daqueles que assumiram a tarefa de traduzir e apresentar tais obras. Com efeito, no final da "Nota sobre Antonio Gramsci", que introduz o primeiro volume publicado, pode-se ler: "O livro ora lançado por esta Editora, e ao qual se seguirão as demais obras de Gramsci [...]."* Pela correspondência com Franco Ferri, agora conhecida, pode-se ver que a Civilização Brasileira (ou, mais precisamente, Ênio Silveira) não parece ter tido na época a intenção, pelo menos de modo explícito, de publicar as obras completas de Gramsci, e nem mesmo uma edição integral dos *Cadernos*.

Não se trata, naturalmente, ao fazer tal constatação, de diminuir a relevância desse trabalho pioneiro de Ênio Silveira, que foi certamente o mais lúcido editor brasileiro. Muito ao contrário: o simples fato de que ele tenha tomado a iniciativa, já em 1962, de publicar Gramsci no Brasil, e de que tenha assegurado a nosso leitor o acesso a cinco volumes do pensador italiano, é mais uma comprovação dessa sua lucidez como editor, como militante político e como homem de cultura. Graças sobretudo ao seu empenho, foram publicados naquele momento, ou seja, entre 1966 e 1968, não apenas quatro dos seis volumes extraídos da edição temática dos *Cadernos* (*Concepção dialética da história; Os intelectuais e a organização da cultura; Maquiavel, a política e o Estado moderno*; e uma seleção de *Literatura e vida nacional*), mas também uma significativa antologia das *Cartas do cárcere*.

Várias razões — entre as quais a radicalização da ditadura militar depois do Ato Institucional nº 5 — motivaram o fracasso inicial dessa corajosa iniciativa editorial.** Os primeiros volumes brasileiros de Gramsci terminaram vendidos em estantes de saldo, a preço de banana. Somente na segunda metade dos anos 70, entre outras coisas por causa da atmosfera de relativa "abertura" política que então se iniciava, foi que a Civilização Brasileira pôde empreender a reedição

---

* C. N. Coutinho e Leandro Konder, "Nota sobre Antonio Gramsci", in A. Gramsci, *Concepção dialética da história*, Rio de Janeiro, Civilização Brasileira, 1966, p. 7.

** Sobre as razões desse relativo fracasso, cf. C. N. Coutinho, *Gramsci*, cit., p. 287 e ss.

— inalterada, embora naquele momento já estivesse sendo publicada na Itália a "edição Gerratana" — dos volumes publicados na década anterior, muitos dos quais encontram-se hoje em décima edição. O que parecia assim, no final dos anos 1960, um verdadeiro fracasso comercial e político revelou-se, ao contrário, uma das mais bem-sucedidas iniciativas editoriais no campo do pensamento social em nosso país: graças a essa velha edição, Gramsci tornou-se um dos pensadores estrangeiros mais influentes na vida cultural brasileira. Pode-se dizer, sem hesitação, que nove em cada dez pesquisadores brasileiros que hoje citam e utilizam Gramsci em suas investigações — e não são poucos esses pesquisadores! — conheceram nosso autor através dessa velha edição. E tampouco se deve esquecer que, no final dos anos 1960, quando tais volumes foram publicados no Brasil, não havia ainda em nenhuma língua além do italiano — com exceção do espanhol, graças ao empenho do comunista argentino Héctor P. Agosti* — uma massa de textos gramscianos equivalente àquela de que já então dispúnhamos em português.

Decerto, essa velha edição brasileira não era isenta de problemas.** Por temor da censura ditatorial, Ênio Silveira substituiu o título do primeiro volume temático dos *Cadernos* — que, em italiano, como se sabe, chama-se *Il materialismo storico e la filosofia di Benedetto Croce* — por um outro considerado por ele menos "subversivo", ou seja, *Concepção dialética da história*. Mas essa alteração, como é evidente,

* Já em 1950, o leitor latino-americano de língua espanhola dispunha de uma edição das *Cartas desde la cárcel* (Buenos Aires, Lautaro). Entre 1958 e 1962, a mesma editora publicou *El materialismo histórico, Los intelectuales, Literatura y vida nacional* e *Notas sobre Maquiavelo*. Nos anos 70, a editora Granica (também de Buenos Aires) completou a edição temática, publicando *El Risorgimento* e *Pasado y presente*. O espanhol foi assim a única língua em que foi traduzida, na íntegra, a velha edição temática. Mais tarde, uma outra editora argentina (Nueva Visión) reproduziu alguns dos volumes publicados pela Lautaro, que foram também republicados no México, pela editora Juan Pablos.

** O que, certamente, não justifica muitas das críticas mesquinhas que tal edição tem merecido. Uma delas, por exemplo, é a de que essa primeira edição brasileira foi baseada na "edição temática" e não na "edição Gerratana", como se fosse possível traduzir na segunda metade dos anos 1960 uma edição que só seria publicada em 1975!

não prejudicou em nada a leitura de Gramsci entre nós. Bem mais grave, sem dúvida, foi o fato de que a Civilização Brasileira suprimiu das edições então publicadas (e depois várias vezes reproduzidas) os prefácios aos velhos volumes da edição temática, nos quais se dizia claramente que aqueles volumes agrupavam as notas carcerárias de Gramsci segundo uma base temática, ou seja, segundo critérios que não haviam sido estabelecidos pelo próprio Gramsci (ainda que tivessem sido mais ou menos sugeridos por ele) e com títulos escolhidos pelos editores e não pelo próprio autor. E isso apesar de todos os prefácios terem sido devidamente traduzidos na época. Além do mais, foram também suprimidos dessa velha edição brasileira os longos índices da primeira edição italiana, nos quais se fixava a origem das diversas notas contidas nesses volumes temáticos nos 29 cadernos (ainda referidos segundo a numeração romana de Tatiana) que Gramsci escrevera no cárcere. Tudo isso contribuiu para reforçar ainda mais no leitor brasileiro a falsa impressão que a velha edição temática já havia provocado no leitor italiano: a de que Gramsci escrevera "livros" mais ou menos sistemáticos, tratando de temas próprios das várias áreas das "ciências sociais particulares". Acentua os limites dessa primeira edição brasileira o fato de que tenham restado inéditos dois dos volumes "temáticos" dos *Cadernos*, aqueles intitulados *Il Risorgimento* e *Passato e presente.*

4. OS CRITÉRIOS DA PRESENTE EDIÇÃO

Tais problemas se tornaram certamente intoleráveis à medida que esses velhos volumes brasileiros continuavam a ser reeditados, inalterados, sem sequer menção das datas de sua primeira edição e de suas apresentações originais, durante cerca de trinta anos, e sem que fosse possível a seus antigos tradutores e apresentadores (por razões contratuais) controlá-los ou revisá-los. Assim, com o objetivo não só de sanar tais problemas, mas também de ampliar a massa dos textos gramscianos postos à disposição do leitor de língua portuguesa, apresentamos à Editora Civilização Brasileira (agora sob nova gestão) a proposta de uma nova edição brasileira das obras de Gramsci, proposta que foi prontamente aceita. Já que, nesse meio-tempo, fora finalmente publicada a edição crítica dos *Cadernos*, ou "edição Gerratana", que certamente revolucionou os estudos gramscianos, a nova edição brasileira não mais poderia se basear na velha edição temática "togliattiana", malgrado o indiscutível papel positivo por ela desempenhado no sentido de promover em todo o mundo (sobretudo na Itália, mas também no Brasil) o encaminhamento inicial ao estudo de Gramsci.

A presente edição brasileira dos *Cadernos do cárcere*, portanto, não é simplesmente uma retomada da antiga "edição temática", apenas complementada com os volumes ainda inéditos no Brasil. Trata-se da execução de um projeto original, que recolhe sugestões não só da velha edição togliattiana, mas também da proposta de Gianni Francioni acima comentada e, sobretudo, da "edição Gerratana", que se tornou, a partir de sua publicação, a base de qualquer edição doravante séria dos textos gramscianos. Da proposta de Francioni, adotamos sobretudo a sugestão de uma clara divisão entre "cadernos miscelâneos" e "cadernos especiais", divisão que julgamos dar conta do método de trabalho adotado por Gramsci; com efeito, tal como Marx, nosso autor parece adotar também, embora tacitamente, a distinção-articulação entre "método de pesquisa" (expresso nos "cadernos miscelâneos") e "método de exposição" (tentado nos "cadernos especiais").* Por conseguinte, os seis volumes de nossa edição terão sempre como eixos articuladores os "cadernos especiais", aqueles nos quais Gramsci retomou e reescreveu segundo temas orgânicos os seus apontamentos de pesquisa, buscando assim apresentá-los de acordo com o "método de exposição". Pelo andamento do trabalho de Gramsci, que buscamos resumir acima, pode-se supor que — se houvesse disposto de mais tempo para concluir sua obra — ele teria convertido todas as suas

* Para a distinção entre "método de pesquisa" e "método de exposição", cf. K. Marx, *O Capital*, Rio de Janeiro, Civilização Brasileira, Livro 1, vol. 1, 1998, p. 28.

notas em textos C, ou seja, teria transformado todos os seus "cadernos miscelâneos" em "cadernos especiais".

É precisamente essa suposição que adotamos como base da atual edição brasileira. Por isso, nela, todos os "cadernos especiais" serão reproduzidos tal como se encontram na edição Gerratana; mas, diferentemente dessa edição, os "cadernos miscelâneos" não serão apresentados na ordem material em que nos foram legados por Gramsci, mas terão suas várias notas desagregadas e alocadas tematicamente após cada "caderno especial". Mais precisamente: em nossa edição, os "cadernos especiais" serão sempre seguidos por uma seção intitulada "Dos cadernos miscelâneos", na qual estarão contidas as notas de tipo B relacionadas com o tema do "caderno especial" em questão, mas que Gramsci não transformou (talvez por não ter tido o tempo de fazê-lo) em notas de tipo C. Decerto, tal como na velha "edição temática", a adoção desse critério implica o risco de alguma dose de arbítrio na alocação de cada nota "miscelânea" a um tema "especial". Esse risco inexiste, naturalmente, quando a nota presente nos "cadernos miscelâneos" apresenta um título igual ou aproximado àquele do "caderno especial" (é o caso, por exemplo, das notas sobre "introdução à filosofia", "intelectuais", "jornalismo", "literatura", "lorianismo", etc.); mas certamente se manifesta no caso daquelas notas que têm títulos variados ou que, mesmo apresentando títulos comuns (como "Passado e presente" ou "Noções enciclopédicas"), tratam de diferentes assuntos. De resto, ao contrário da edição temática, as notas contidas nas partes "miscelâneas" de nossa edição serão dispostas em ordem cronológica, com a clara indicação de sua proveniência nos respectivos cadernos de Gramsci, sempre numerados e datados — as notas e os cadernos — com base na "edição Gerratana".

Também seguindo um critério utilizado na edição temática, serão excluídos da nova edição brasileira os textos que Gerratana chamou de A, ou seja, os que foram copiados ou reescritos por Gramsci nos textos C. A inclusão dos textos A ampliaria quantitativamente nossa edição — tornando-a assim menos acessível a um público que pretendemos o mais amplo possível —, mas sem acrescentar-lhe em troca, a nosso ver, maiores méritos científicos. Com efeito, em sua esmagadora maioria, os textos A não contêm diferenças substantivas em relação aos textos de segunda redação, nos quais ou são reproduzidos literalmente (como é quase sempre o caso nos "cadernos especiais" mais tardios) ou apenas recebem novos desenvolvimentos (que são integralmente registrados nos textos C de nossa edição). Contudo, nos pouquíssimos casos em que os textos A (que constituem cerca de 15 a 20% das notas manuscritas de Gramsci)* apresentam diferenças substantivas em relação aos textos C, isso será registrado nas "Notas ao texto" incluídas no final de cada um de nossos volumes. Cabe registrar, outrossim, que essas "Notas ao texto" formam, juntamente com o "Índice dos Cadernos" e o "Índice temático", a serem incluídos no vol. 6, o "aparato crítico" — certamente modesto, se comparado àquele da edição Gerratana e, sobretudo, da edição norte-americana de Buttigieg — da presente edição brasileira.** Além da integralidade dos textos C, contidos nos "cadernos especiais", nossa edição reproduz também todos os textos B, ou seja, os de redação única, quase sempre contidos nos "cadernos miscelâneos". Para acentuar o caráter unitário da obra gramsciana e para deixar bem clara a diferença entre esta nossa nova edição e a velha edição temática, adotamos para todos os seus seis volumes o título geral *Cadernos do cárcere* (vols. 1, 2, 3, etc.), seguido de subtítulos meramente indicativos, embora elaborados com base nos títulos atribuídos pelo próprio Gramsci aos "cadernos especiais".

---

* Se excluirmos as poucas notas não numeradas por Gerratana, os 29 cadernos contêm 2.061 parágrafos, de tamanho muito diferenciado, 488 dos quais são textos de tipo A. Já que as versões C de um texto A, como seria de prever, são ou do mesmo tamanho ou mais amplas do que o original, isso nos permite calcular — aproximativamente — que os textos A ocupam de 15 a 20% da versão manuscrita dos *Cadernos*.

** Ainda que mais reduzido e contendo notas originais, nosso "aparato crítico" toma como base os aparatos incluídos nas citadas edições de V. Gerratana e de J. A. Buttigieg, mas não se limita a eles; vale-se também de outras edições e antologias gramscianas, em particular as de Franco Consiglio e Fabio Frosini (A. Gramsci, *Scritti di economia politica*, Turim, Bollati Boringhieri, 1994; e Id., *Filosofia e politica. Antologia dei "Quaderni del carcere"*, Florença, La Nuova Italia, 1997). Levamos sempre em conta, quando da redação de nossas "Notas ao texto", as necessidades específicas do leitor brasileiro. As chamadas para tais notas são colocadas entre colchetes ([]) ao longo do texto de Gramsci.

A presente edição se vale das antigas traduções brasileiras dos textos dos *Cadernos*. Porém, com o objetivo não só de tentar superar anteriores soluções que se revelam hoje problemáticas, mas sobretudo de levar em conta o texto filologicamente estabelecido pela "edição Gerratana", essas traduções foram submetidas a uma cuidadosíssima revisão, do que resultou quase sempre um texto em português praticamente novo. Além disso, para esta nova edição, foram traduzidas cerca de 700 novas páginas de textos ainda inéditos em nosso idioma. É preciso dizer com clareza: não é fácil traduzir Gramsci. Os seus apontamentos carcerários não foram redigidos tendo em vista sua publicação, mas foram concebidos — nas palavras do próprio Gramsci — como notas "escritas ao correr da pena, como rápidos apontamentos para ajudar a memória". Por isso, nem sempre apresentam a forma estilisticamente mais adequada, aquela própria de textos "definitivos". Alguns poucos erros de sintaxe e de regência são advertidos por Gerratana, que os corrige; seguimos as suas indicações e não julgamos necessário registrar tais correções na presente edição. Optamos por tentar conservar, em nossas traduções, na medida do possível, a letra dos textos gramscianos. Evitamos quase sempre a tentação de "copidescar" tais textos, salvo quando isso nos apareceu como condição indispensável para impedir que eles se tornassem obscuros ou incompreensíveis. O editor e os coeditores desta edição dividiram entre si a responsabilidade pela fixação do texto definitivo dos diferentes volumes, o que será indicado na folha de rosto de cada um deles; apesar disso, as muitas dúvidas de tradução que enfrentamos foram sempre coletivamente discutidas e resolvidas.

Como vimos, a "edição Gerratana" é agora imprescindível para todos os que queiram estudar de modo aprofundado o pensamento de Gramsci. Mas essa edição não cancela o valor de algumas das soluções encontradas pelos organizadores da velha "edição temática": com efeito, essa última faz com que seja mais fácil, para o leitor que lê Gramsci pela primeira vez, uma recepção menos fragmentária de suas reflexões. É por isso que esta nova edição brasileira, embora reproduza os "cadernos especiais" tal como se encontram na edição Gerratana e empregue os critérios de numeração dos cadernos e das notas por essa adotados, vale-se ao mesmo tempo de algumas soluções adotadas na velha edição temática, ou seja: 1) os "cadernos especiais" serão agrupados mais ou menos tematicamente em cada volume (mas numerados sempre segundo a edição Gerratana, o que permitirá ao leitor perceber facilmente a sua ordem cronológica); 2) e as notas "miscelâneas" serão agrupadas conforme o tema tratado em cada "caderno especial" (mas também elas serão dispostas em ordem cronológica, com a indicação do número do caderno e do parágrafo de onde provêm, sempre segundo a edição Gerratana).* No volume 6 da nossa edição dos *Cadernos*, o último deles, além de um índice analítico dos principais conceitos gramscianos, o leitor encontrará um sumário detalhado de todos os cadernos, que elencará também os textos A e indicará o parágrafo em que eles foram retomados como textos C. Com isso, o leitor poderá fazer, se assim o desejar, uma releitura dos *Cadernos* segundo a ordem com que estes se apresentam nos manuscritos de Gramsci e na edição Gerratana.

Acreditamos que a solução encontrada para a nova edição brasileira dos *Cadernos* oferece ao leitor de língua portuguesa a junção dos elementos positivos das duas edições italianas: da velha edição temática, conserva as vantagens de uma maior acessibilidade imediata aos textos gramscianos; mas, ao mesmo tempo, coloca à sua disposição os ins-

---

* No interior de cada volume, os "cadernos especiais" serão apresentados progressivamente, em ordem cronológica, segundo sua numeração. A única exceção se encontra no presente vol. 1, no qual o caderno 11 (iniciado em junho de 1932 e concluído no início de 1933) antecede o caderno 10 (iniciado em abril de 1932, mas concluído somente em 1935). Em função da data da conclusão, mas também do caráter "misto" do caderno 10, preferimos situá-lo depois do 11, o qual, como já observamos, é o caso mais emblemático de um "caderno especial". Cabe também advertir o leitor de que, com apenas três exceções, todos os parágrafos contidos nas seções "Dos cadernos miscelâneos" de nossa edição são textos B; as exceções serão indicadas com (C) no final do parágrafo. A grande maioria dos parágrafos presentes nos "cadernos especiais", por sua vez, é formada por textos C. Mas, sempre que um parágrafo presente num "caderno especial" for um texto B, isso será registrado no final do respectivo parágrafo, com a seguinte indicação: {B}; os que não contiverem tal indicação, portanto, são textos C.

trumentos que lhe permitem desfrutar do rigor filológico próprio da edição Gerratana. Enquanto o leitor mais exigente poderá recompor, com facilidade, todo o percurso cronológico seguido por Gramsci na elaboração dos seus *Cadernos*, o leitor iniciante terá os meios de não se perder no labirinto das anotações carcerárias de nosso autor, já que poderá perceber mais rapidamente os eixos temáticos que lhe serviram de fio condutor.

Mas, sobretudo, temos a esperança de que essa nova edição brasileira de Gramsci provoque no leitor, seja ele "exigente" ou "iniciante", a certeza de que está diante de uma das mais lúcidas reflexões sobre o nosso tempo. Gramsci nunca hesitou em registrar as imensas dificuldades com que se defrontava o projeto pelo qual batalhou antes de ser preso e ao qual dedicou sua reflexão carcerária, ou seja, o da construção de uma nova ordem social, de uma sociedade comunista, que ele chamava (com um belo pseudônimo) de "sociedade regulada"; mas, ao mesmo tempo, ele sabia que só lutando para realizar tal projeto seria possível ter razões para esperança. Daí o seu mote, reiteradamente repetido nestes *Cadernos*: pessimismo da inteligência, otimismo da vontade.

CARLOS NELSON COUTINHO

AGRADECIMENTOS

A presente edição das Obras de Gramsci (que se inicia agora com o primeiro volume dos *Cadernos do cárcere*) é fruto de um trabalho rigorosamente coletivo. Coube-me formular a proposta e a solução editorial aceitas pela Editora Civilização Brasileira. Mas o trabalho não teria tido desenvolvimento sem a colaboração de Luiz Sérgio Henriques e de Marco Aurélio Nogueira, gramscianos de velha data, que me ajudaram a conceber a presente edição e dividiram comigo a tarefa de executá-la. Mais do que colaboradores, somos cúmplices na aventura de levar a cabo essa edição. Merecemos em conjunto os elogios e as críticas de que ela for objeto.

Minha mulher, Andréa de Paula Teixeira, além da paciência com que enfrentou e continua a enfrentar minhas obsessões durante a realização desta edição, tem assumido a tarefa de remontar os vários volumes no computador, de cotejar todas as notas, de descobrir aquelas que nos escaparam numa primeira seleção, etc. Sem ela, nosso trabalho editorial teria sido certamente bem mais penoso.

Além do saudoso Ênio Silveira, duas pessoas merecem um registro especial, pela grande participação que tiveram na primeira edição brasileira de Gramsci: Leandro Konder e Luiz Mário Gazzaneo. Sem eles, é muito provável que Gramsci continuasse a ser um desconhecido em nosso país.

Alguns amigos estrangeiros discutiram conosco o formato de nossa edição, formulando em alguns casos críticas ao nosso projeto, mas sempre sugerindo modos de enriquecê-lo. Além de Joseph A. Buttigieg, secretário da International Gramsci Society (IGS) e editor da versão inglesa dos *Cadernos*, que sempre concordou com nosso projeto e aceitou redigir a "orelha" do volume 1 desta edição brasileira, cabe lembrar também a interlocução que tivemos com Guido Liguori, redator-chefe de *Crítica Marxista* e profundo conhecedor de Gramsci e de suas edições. Liguori, defensor radical da "edição Gerratana", foi sempre contrário à nossa proposta, mas contribuiu decisivamente, com suas críticas fraternas, para que a melhorássemos. Também agradecemos a Lea Durante e a Fabio Frosini suas oportunas sugestões.

Luciana Villas-Boas, atual editora da Civilização Brasileira, aceitou imediatamente nossa proposta de uma nova edição de Gramsci e continua a defendê-la e a implementá-la. Sem o seu apoio, esta edição seria inviável. Para a execução prática da mesma, contamos ainda com o trabalho editorial de Fernanda Abreu, num primeiro momento, e, agora, com o de Ana Paula Costa. São elas que fazem o milagre de transformar mudos disquetes em belos livros.

C.N.C.

CRONOLOGIA
da vida de Antonio Gramsci*

1891

22 de janeiro. Nasce em Ales (Cagliari, Sardenha), filho de Francesco e Giuseppina Marcias, quarto de sete filhos (Gennaro, Grazietta, Emma, Antonio, Mario, Teresina, Carlo). O pai, filho de um coronel da polícia militar, nascera em Gaeta em 1860, descendente de uma família de origem albanesa. Concluído o ginásio, Francesco passa a trabalhar no cartório de Ghilarza, em 1881. Em 1883, casa-se com Giuseppina Marcias e, pouco tempo depois, transfere-se para Ales. A mãe, nascida em Ghilarza em 1861, era sarda por parte de pai e mãe e tinha parentesco com famílias ricas de sua cidade.

1894-96

Antonio tem saúde frágil. Aos quatro anos, cai dos braços de uma babá, fato que será depois relacionado com seu defeito físico (ele era corcunda). Pesquisas mais recentes atribuem esse defeito à doença de Pott, uma espécie de tuberculose óssea, diagnosticada somente no cárcere, mas que Antonio teria contraído desde a infância.

1897-98

O pai é afastado do emprego e, depois, preso e condenado, acusado de irregularidades administrativas. A mãe, com os sete filhos, volta

* Esta cronologia é uma versão levemente abreviada, mas que introduz também novas informações úteis ao leitor brasileiro, daquela contida em A. Gramsci, Quaderni del carcere, ed. Crítica de Valentino Guerrata, Turim, Einaud, 1975, p. XLIII - LXVIII.

a morar em Ghilarza. Antonio (cujo apelido familiar era "Nino") frequenta a escola primária.

1903-05

Concluído o curso primário, em 1902, é obrigado, pelas difíceis condições econômicas da família, a trabalhar por dois anos no cartório de Ghilarza. Estuda em casa.

1905-08

Graças à ajuda da mãe e das irmãs, retoma os estudos e frequenta os três últimos anos do ginásio em Santu Lussurgiu, a 15 quilômetros de Ghilarza. Em torno de 1905, começa a ler a imprensa socialista, sobretudo o jornal *Avanti!*, enviado pelo irmão mais velho, Gennaro, que prestava serviço militar em Turim.

1908-11

Concluído o ginásio em Oristano, ingressa no curso colegial em Cagliari. Vive com o irmão Gennaro, que trabalhava numa fábrica de gelo e era tesoureiro da Câmara do Trabalho local e, mais tarde, secretário de seção do Partido Socialista Italiano (PSI). Gramsci frequenta o movimento socialista e participa ativamente dos grupos juvenis que discutem os problemas econômicos e sociais da Sardenha. Manifesta-se nele um profundo sentimento de rebelião contra os ricos, marcado pelo orgulho regionalista. Em 1910, publica em *L'Unione Sarda* o seu primeiro artigo. Remontam também a esses anos suas primeiras leituras de Marx, feitas — como ele dirá depois — "por curiosidade intelectual". Durante as férias, para ajudar nos gastos com a escola, faz trabalhos de contabilidade e dá lições particulares.

1911

No verão, conclui o segundo grau. Para poder inscrever-se na Universidade, decide concorrer a uma bolsa de estudos para alunos pobres do antigo Reino da Sardenha, uma bolsa de baixo valor, concedida apenas por dez meses ao ano. Em outubro, parte para Turim, onde presta o concurso (no qual também se inscreve Palmiro Togliatti) e obtém a bolsa. No mês seguinte, inscreve-se na Faculdade de Letras. Mora durante algum tempo com Angelo Tasca, companheiro de estudos e dirigente do movimento juvenil socialista.

1912

Nos primeiros meses como estudante universitário, vive isolado, sofrendo graves dificuldades materiais e padecendo de um esgotamento nervoso. Interessa-se particularmente pelos estudos de linguística, realizando algumas pesquisas sobre o dialeto sardo. Frequenta também o curso de literatura italiana ministrado por Umberto Cosmo. Nessa época, conhece Togliatti, de quem se torna amigo. Pouco tempo depois, fazem juntos uma pesquisa sobre a estrutura social da Sardenha.

1913

Estuda bastante, frequentando no ano letivo 1912-1913 vários cursos nas Faculdades de Letras e de Direito. Contudo, por causa das precárias condições de saúde, não consegue prestar nenhum exame.

Outubro. Estando em Ghilarza, Gramsci adere ao "Grupo de ação e propaganda antiprotecionista", adesão registrada em *La Voce*, de 9 de outubro. Assiste na Sardenha à campanha eleitoral para as primeiras eleições italianas realizadas com sufrágio universal. Nos meses subsequentes, estabelece seu primeiro contato com o movimento socialista de Turim, em particular com sua seção juvenil. É provável que remonte a essa época a inscrição de Gramsci na seção socialista de Turim.

1914

Lê assiduamente *La Voce* e *L'Unità*, periódicos dirigidos respectivamente por Giuseppe Prezzolini e Gaetano Salvemini, importantes intelectuais italianos da época. Com alguns amigos, projeta fundar uma revista socialista. Gramsci se põe ao lado dos grupos mais radicais de operários e estudantes (socialistas, libertários, etc.), que formam em Turim a fração da esquerda revolucionária.

Outubro. Intervém no debate sobre a posição do PSI diante da guerra, com o artigo "Neutralidade ativa e operante" (*Il Grido del Popolo*, 31 de outubro), polemizando com o amigo Angelo Tasca, que era favorável à "neutralidade absoluta". Um dos seus professores informa à fundação que lhe concede a bolsa que "o jovem sofre periodicamente de crises nervosas que o impedem de cumprir plenamente suas tarefas acadêmicas".

1915

No inverno de 1914-15, segue um curso de filosofia teórica ministrado por Annibale Pastore, do qual recebe também aulas particulares. Em abril, presta exames de literatura italiana; depois disso, abandona a Universidade, embora — pelo menos até 1918 — pareça continuar afirmando sua intenção de graduar-se em linguística.

No outono, volta a colaborar em *Il Grido del Popolo* semanário socialista, com uma série de notas e artigos de tema social e literário. Em dezembro, passa a fazer parte da redação turinense do *Avanti!*, o cotidiano do PSI.

1916

Dedica-se a uma intensa atividade jornalística, como cronista teatral, redator de notas sobre costumes e polemista na coluna "*Sotto la Mole*" do *Avanti!* Um dos seus principais alvos é a retórica nacionalista. Pronuncia conferências nos círculos operários de Turim, tratando de temas como Romain Rolland, a Comuna de Paris, a Revolução Francesa, Marx, etc.

1917

Fevereiro. Quando ainda era (como dirá depois nos *Cadernos*) "sobretudo tendencialmente crociano", organiza e redige o número único de *La Città Futura*, uma publicação da Federação Juvenil Socialista do Piemonte, na qual publica os artigos "Três princípios, três ordens", "Indiferentes", "A disciplina" e "Margens", bem como escritos de Benedetto Croce e Salvemini.

Em alguns artigos e notas publicados em *Il Grido del Popolo*, em abril e julho, exalta a figura de Lenin e chama a atenção para o caráter socialista da Revolução Russa.

Setembro. Depois da rebelião operária de 23-26 de agosto e da prisão de quase todos os dirigentes socialistas de Turim, Gramsci se torna secretário da Comissão Executiva Provisória da seção turinense do PSI e assume, de fato, a direção de *Il Grido del Popolo*, ao qual dedica, até outubro de 1918, "boa parte de seu tempo e da sua frequentemente tumultuada atividade".

18-19 de novembro. Participa em Florença da reunião clandestina da "fração intransigente revolucionária" do PSI, constituída no mês de agosto. Estão presentes a essa reunião, entre outros, Giacinto Menotti Serrati (principal líder da corrente maximalista, majoritária, do PSI) e Amadeo Bordiga (líder da fração maximalista abstencionista, e que seria depois um dos fundadores do Partido Comunista da Itália, PCI). Gramsci concorda com Bordiga sobre a necessidade de uma intervenção ativa do proletariado na crise provocada pela guerra.

Dezembro. Propõe a criação em Turim de uma associação proletária de cultura e afirma a necessidade de complementar a ação política e econômica dos socialistas com um organismo de atividade cultural. Com alguns jovens, funda um "Clube de vida moral", sobre o qual consulta o pedagogo idealista Giuseppe Lombardo Radice.

Nesse mesmo mês, trata da tomada do poder na Rússia pelos bolcheviques no famoso artigo "A revolução contra *O Capital*", publicado no *Avanti!* de Milão, em 24 de dezembro. Nos meses seguintes, sobretudo em *Il Grido del Popolo*, trava uma batalha pela renovação ideológica e cultural do movimento socialista, ao mesmo tempo em que publica comentários, notícias e documentos sobre a revolução na Rússia.

1918

12 de janeiro. Acusado de "voluntarismo", polemiza com Claudio Treves, um expoente da corrente reformista do PSI, no artigo "A crítica crítica", publicado em *Il Grido del Popolo*.

Abril-junho. O nome de Gramsci figura com frequência nos relatórios da polícia, junto dos dirigentes socialistas ligados à "fração intransigente revolucionária". Para comemorar o centenário de Marx, publica em *Il Grido del Popolo* (de 4 de maio) o artigo "O nosso Marx".

19 de outubro. *Il Grido del Popolo* deixa de ser publicado, substituído pela edição turinense do *Avanti!*, que, em poucos meses, eleva sua tiragem de 16.000 para 50.000 exemplares. Gramsci, Togliatti e Alfonso Leonetti estão entre os redatores do novo jornal.

1919

Em abril, Gramsci, Tasca, Togliatti e Umberto Terracini decidem criar a revista *L'Ordine Nuovo* [A Nova Ordem], com o subtítulo "Resenha semanal de cultura socialista". Gramsci é o secretário de redação. Em 1º de maio, sai o primeiro número da revista, que, ao lado do título, traz a seguinte palavra de ordem: "Instruí-vos, porque precisamos da vossa inteligência. Agitai-vos, porque precisamos do vosso entusiasmo. Organizai-vos, porque carecemos de toda a vossa força." Embora seja difundida quase somente em Turim e no Piemonte, a revista passa, em um ano, de 3.000 leitores e 300 assinantes para, respectivamente, 5.000 e 1.100. Em maio, Gramsci é eleito para a Comissão Executiva turinense do PSI.

Junho. Com o artigo "Democracia operária" (*L'Ordine Nuovo*, 21 de junho), Gramsci coloca o problema das comissões internas de fábrica como "centros de vida proletária" e futuros "órgãos de poder proletário". Além disso, traduz e publica na revista textos de Lenin, Zinoviev, Béla Kun, Barbusse, Romain Rolland, Górki, etc.

Julho. Gramsci é preso por alguns dias, durante a greve política de solidariedade às repúblicas comunistas da Rússia e da Hungria. Em 26 de julho, *L'Ordine Nuovo* publica o "Programa da fração comunista", o primeiro documento oficial da fração comunista abstencionista do PSI, dirigida por Bordiga. O texto já havia sido publicado em *Il Soviet*, o jornal do grupo bordiguiano.

Na discussão que antecede o congresso do PSI em Bolonha (5-8 de outubro), o grupo de *L'Ordine Nuovo* declara-se a favor da tese "maximalista eleitoralista" de Serrati, que obtém a maioria dos votos. O Congresso de Bolonha delibera pela adesão à Internacional Comunista (IC).

Novembro. A assembleia da seção turinense da FIOM (Federação Italiana dos Operários Metalúrgicos) aprova o princípio da constituição dos conselhos de fábrica tal como fora sugerido por *L'Ordine Nuovo*. A proposta dos conselhos é também aprovada pelo diretório municipal do PSI e pela Câmara do Trabalho de Turim, tornando-se tema de acesos debates entre as várias correntes socialistas. Participam dos debates os jornais dirigidos por Bordiga, por Serrati e pela CGL (a central sindical ligada ao PSI). Até mesmo Georges Sorel, sempre atento às questões italianas, considera "o pequeno semanário de Turim, *L'Ordine Nuovo*", muito mais interessante do que *Critica Sociale*, revista teórica oficial do PSI.

1920

Janeiro-fevereiro. Gramsci publica em *L'Ordine Nuovo* o "Programa de ação da seção socialista de Turim", para cuja Comissão Executiva é reeleito, junto com Togliatti. Participa das atividades da "escola de cultura", promovida pela revista a partir de novembro de 1919, dando algumas lições sobre a Revolução Russa. Cria em Turim, com outros companheiros, o círculo socialista sardo.

28 de março. Tomando como pretexto a chamada "greve dos ponteiros" (através da qual os trabalhadores protestavam contra a

decretação do horário de verão), os industriais turinenses decidem pelo locaute dos estabelecimentos metalúrgicos e põem como condição para a retomada do trabalho que as comissões internas renunciem ao método das eleições através dos comissários de seção.

13 de abril. É proclamada a greve geral, à qual aderem mais de 200 mil trabalhadores de Turim, mas o movimento não se amplia em escala nacional.

24 de abril. A greve se esgota, com uma vitória substancial dos patrões. A regulamentação da disciplina interna da fábrica volta a ser assumida pela direção das empresas. A greve de abril, apoiada por Gramsci e pelo grupo de *L'Ordine Nuovo*, é desaprovada pela CGL e pela direção nacional do PSI.

8 de maio. *L'Ordine Nuovo* publica a moção "Para uma renovação do Partido Socialista", elaborada por Gramsci e apresentada no Conselho Nacional do PSI pelos representantes da seção socialista de Turim.

8-9 de maio. Participa em Florença, como observador, da conferência da fração abstencionista de Bordiga, o qual, durante esses meses, vai fortalecendo sua própria organização em escala nacional. Mesmo mantendo relações estreitas com a fração, Gramsci pensa que o Partido Comunista não pode ser constituído apenas com base no abstencionismo eleitoral. Convidado por um grupo de estudantes e operários florentinos, faz uma conferência na Universidade Popular.

Junho-julho. Aprofunda-se o conflito entre Gramsci e Tasca sobre o problema da função e da autonomia dos conselhos de fábrica. Gramsci e *L'Ordine Nuovo* apoiam a iniciativa para a constituição em Turim dos "grupos comunistas de fábrica", base do futuro Partido Comunista (cf. Gramsci, "Os grupos comunistas", in *L'Ordine Nuovo*, 17 de julho).

O II Congresso da Internacional Comunista (IC), realizado entre 19 de julho e 7 de agosto em Moscou, fixa as condições para a aceitação dos partidos nacionais (os chamados "21 pontos"). Esse congresso convida o PSI a expulsar os reformistas e se pronuncia a favor da "utilização das instituições burguesas de governo tendo em vista a sua destruição". Bordiga expõe a posição do grupo de *L'Ordine Nuovo*, não representado no Congresso. Lenin, apesar da discordância da delegação italiana, define a moção de Gramsci, "Para uma renovação do Partido Socialista", como "plenamente correspondente aos princípios da Internacional Comunista".

Agosto. Gramsci se afasta de Togliatti e Terracini, e não aceita ingressar na fração comunista eleitoralista da seção socialista de Turim, agrupando em torno de si um pequeno grupo de "Educação comunista", que se aproxima dos abstencionistas bordiguianos.

Setembro. Participa do movimento de ocupação das fábricas. Numa série de artigos publicados na edição turinense do *Avanti!*, adverte os operários contra a ilusão de que a ocupação pura e simples das fábricas resolva por si só o problema do poder; sublinha a necessidade de criar uma defesa militar operária.

Outubro. Empenha-se na fusão dos diversos grupos (abstencionista, comunista eleitoralista e de "Educação comunista") da seção socialista de Turim. Participa em Milão da reunião dos diversos grupos comunistas que aceitam os "21 pontos" da IC.

28-29 de novembro. Participa do congresso de Ímola, onde é constituída oficialmente a fração comunista do PSI (conhecida como "fração de Ímola").

24 de dezembro. Sai o último número de *L'Ordine Nuovo* semanal. A edição turinense do *Avanti!* assume o nome *L'Ordine Nuovo*; a direção do novo jornal, que se torna órgão dos comunistas de Turim, é confiada a Gramsci.

1921

1º de janeiro. Sai em Turim o primeiro número de *L'Ordine Nuovo* diário (na primeira página, o dito de Lassalle: "Dizer a verdade é revolucionário"). Na redação, entre outros, estavam Togliatti e Alfonso Leonetti. Entre os colaboradores, encarregado da crítica teatral, destaca-se o nome de Piero Gobetti, o jovem revolucionário liberal de quem Gramsci era amigo.

15-21 de janeiro. Participa em Livorno no XVII Congresso do PSI. A tese do grupo de Ímola ("comunista pura"), defendida por Terracini,

Bordiga e os delegados da IC, obtém 58.783 votos. A tese de Florença ("comunista unitária"), representada por Serrati, obtém a maioria dos votos: 98.028; a de Reggio Emilia (reformista), 14.695. Em 21 de janeiro, os delegados da fração comunista decidem constituir o "Partido Comunista da Itália. Seção italiana da Internacional Comunista". Gramsci faz parte do Comitê Central do novo Partido.

Na polêmica jornalística do período, Gramsci ataca tanto os "mandarins" do sindicato e os reformistas quanto o centrismo maximalista do PSI. Numa série de artigos, começa a analisar o conteúdo de classe do movimento fascista.

Nas eleições de 15 de maio, é pela primeira vez candidato a deputado pelo PCI, na província de Turim, mas não é eleito.

Outubro. No XVIII Congresso do PSI, a corrente maximalista de Serrati reafirma sua adesão à Internacional Comunista.

Dezembro. O Executivo da IC defende a "frente única operária", voltada para "a conquista da maioria do proletariado". Nos dias 18, 19 e 20, Gramsci participa em Roma da reunião ampliada do Comitê Central do PCI e é responsável, junto com Bordiga e outros, pelo informe sobre as questões agrária e sindical e sobre a tática, a ser proposto no II Congresso do Partido.

1922

20-24 de março. Participa em Roma do II Congresso do PCI, que aprova por grande maioria (31.089 votos contra 4.151) as chamadas "teses de Roma", que polemizam implicitamente contra a tática da "frente única" proposta por Lenin e pela IC. Gramsci crê que a tática da "frente única" pode ser aplicada no terreno sindical, mas não naquele das alianças políticas. No Congresso, surge uma minoria alinhada com as posições da IC (da qual participa, entre outros, Angelo Tasca), que depois seria conhecida como "fração de direita". Gramsci é indicado para representar o Partido em Moscou, junto ao Comitê Executivo da IC.

26 de maio. Em difíceis condições de saúde, parte para Moscou, com Bordiga e Antonio Graziadei.

Junho. Chega a Moscou e logo participa da Segunda Conferência do Executivo Ampliado da IC. Passa a fazer parte do Executivo da IC. Depois da Conferência, é internado durante alguns meses numa clínica para doenças nervosas perto de Moscou. Lá conhece Julia Schucht, que se tornaria sua mulher.

Setembro. Convidado por Trotski, escreve uma nota sobre o futurismo italiano, que será publicada por este último como apêndice a seu livro *Literatura e revolução* (1923).

1-4 de outubro. O XIX Congresso do PSI resolve expulsar a corrente reformista e reafirma sua adesão à IC.

28 de outubro. Com a "marcha sobre Roma", que pressiona a monarquia, os fascistas chegam ao governo, com a nomeação de Mussolini para a chefia do gabinete. Começa para o PCI um período de ilegalidade de fato. No Partido, como Trotski recordará em 1932, ninguém admitia a possibilidade de uma ditadura fascista, "salvo Gramsci".

Novembro-dezembro. No IV Congresso da IC, decide-se pela fusão do PCI com o PSI. Gramsci faz parte da comissão encarregada de encaminhar a fusão, que termina por não se realizar, já que essa proposta da IC era contestada tanto pela maioria do PCI quanto pela direção do PSI.

1923

Fevereiro. Enquanto Gramsci estava em Moscou, a polícia prende na Itália vários membros do Comitê Executivo do PCI (entre os quais Bordiga) e muitos dirigentes regionais. Uma ordem de prisão é emitida também contra Gramsci. Isso condiciona uma mudança na composição do Comitê Executivo do Partido, do qual passa a fazer parte, entre outros, Togliatti.

Abril-maio. Da prisão, Bordiga manda um comunicado à direção do Partido, criticando a ação da IC em favor da unidade com o PSI. O apelo, inicialmente aceito (ainda que com alguma perplexidade) por Togliatti, Terracini, Scoccimarro e outros, tem a oposição de Gramsci, que se recusa a assiná-lo. Terracini se transfere para Moscou e a direção do PCI na Itália é assumida por Togliatti.

12-23 de junho. Com Terracini, Tasca e Scoccimarro, Gramsci participa dos trabalhos da Terceira Conferência do Executivo Ampliado da IC e pronuncia um discurso sobre a "questão italiana". Terracini assume em Moscou o lugar de Gramsci, que é designado para Viena.

Agosto. Bordiga se demite do Comitê Central do PCI.

12 de setembro. Numa carta ao Comitê Executivo do Partido, Gramsci comunica a decisão do Executivo da IC de publicar um novo jornal operário com a colaboração do grupo dos "terceiristas" (assim conhecidos por defenderem, no interior do PSI, a adesão à Terceira Internacional ou Internacional Comunista). Propõe que o jornal tenha como título *L'Unità*. Nessa carta, pela primeira vez, Gramsci enuncia o tema da aliança entre os estratos mais pobres da classe operária do Norte e as massas camponesas do Sul.

Setembro-outubro. Em Milão, a polícia prende os membros do novo Comitê Executivo do PCI. Denunciados por conspiração contra o Estado, são liberados depois de três meses de prisão. O processo contra Bordiga, Ruggiero Grieco e outros dirigentes comunistas se conclui com uma absolvição geral.

Novembro. É tomada a decisão de transferir Gramsci para Viena, com a tarefa de manter a ligação com o PCI e com outros partidos comunistas europeus.

3 de dezembro. Gramsci chega a Viena. Inicia uma intensa correspondência com Terracini, Togliatti, Leonetti, Mauro Scoccimarro e Pietro Tresso. Entre final de 1923 e princípio de 1924, retoma — com o pseudônimo de G. Masci — a colaboração em *La Correspondance Internationale*, órgão da IC, onde publica alguns artigos sobre a situação italiana e o fascismo.

1924

Janeiro. Projeta fundar uma revista trimestral de estudos marxistas e de cultura política, com o título *Critica Proletaria*. Projeta também uma nova série de *L'Ordine Nuovo*. Pede a colaboração de Piero Sraffa e de Zino Zini, ao qual propõe também a tradução de uma antologia de Marx e Engels sobre o materialismo histórico.

9 de fevereiro. Numa carta a Togliatti e Terracini, expõe pela primeira vez, de modo amplo, sua concepção do Partido no quadro nacional e internacional e anuncia o propósito de trabalhar pela criação de um novo grupo dirigente comunista, alinhado com as posições da IC. Reconfirma sua recusa de assinar o apelo de Bordiga.

12 de fevereiro. Sai em Milão o primeiro número de *L'Unità. Quotidiano degli operai e dei contadini*, o qual, a partir de 12 de agosto, com o ingresso dos "terceiristas" no PCI, passa a ter como subtítulo *Organo del PCd'I* e a ser dirigido por Alfonso Leonetti. A tiragem oscila de um máximo de 60-70 mil exemplares, no período da crise Matteotti, a um mínimo de 20-30 mil exemplares. No número de 22 de fevereiro, aparece o artigo "O problema de Milão", no qual Gramsci coloca o "problema nacional" da conquista do proletariado social-democrata milanês.

1º de março. Preparado em grande parte por Gramsci, sai em Roma o primeiro número do quinzenário *L'Ordine Nuovo. Rassegna di politica e di cultura operaia*, III série. No cabeçalho, lê-se: "*L'Ordine Nuovo* se propõe a suscitar nas massas dos operários e camponeses uma vanguarda revolucionária, capaz de criar o Estado dos conselhos de operários e camponeses e de fundar as condições para o advento e a estabilidade da sociedade comunista." O editorial de Gramsci, intitulado "Líder", é dedicado a Lenin, recém-falecido. No segundo número, de 15 de março, publica o artigo "Contra o pessimismo". Em *La Correspondance Internationale* de 12 de março, aparece um seu artigo sobre "Le Vatican".

6 de abril. É eleito deputado pelo distrito do Vêneto, obtendo 1.856 votos dos 32.383 dados ao PCI.

12 de maio. Regressa à Itália depois de dois anos de ausência. Na segunda metade de maio, participa da I Conferência Nacional do PCI, que se reúne clandestinamente perto de Como. O informe político é apresentado por Togliatti. Gramsci critica a linha política de Bordiga, mas a grande maioria dos quadros partidários continua ligada às posições da esquerda bordiguiana. Gramsci entra no Comitê Executivo do Partido.

Junho. Transfere-se para Roma, onde mora na Via Vesalio, na casa da família Passarge, que o considera "um professor muito sério". Togliatti substitui Gramsci como delegado ao V Congresso da IC.

10 junho. Giacomo Matteotti, deputado socialista, é assassinado depois de pronunciar na Câmara um duro discurso contra o governo fascista. Esse crime, evidentemente cometido pelos fascistas, abre na Itália uma intensa crise política. Gramsci, na condição de deputado, participa das reuniões das oposições parlamentares ("Comitê dos 16"): propõe um apelo às massas e à greve geral política. Nas semanas seguintes, trava uma batalha contra a passividade e o legalismo do "Aventino" (nome com o qual se torna conhecido o grupo dos parlamentares de oposição que abandonam o Parlamento dominado pelos fascistas e se reúnem à parte) e em favor da unidade de todas as forças operárias.

Em Moscou, o V Congresso da IC (17 de junho-8 de julho) lança a campanha pela "bolchevização" dos vários partidos comunistas e confirma a tática da "frente única" e a palavra de ordem do "governo operário e camponês". Togliatti e Bordiga são eleitos para o Executivo da IC.

Julho. Na primeira quinzena de julho, Gramsci intervém no Comitê Central sobre a política do PCI e das oposições antifascistas diante da crise do fascismo.

Agosto. A fração dos "terceiristas", liderada por Serrati, dissolve-se e ingressa no PCI. Gramsci torna-se secretário-geral do Partido. Em 13-14 de agosto, apresenta um informe ao Comitê Central sobre "As tarefas do Partido Comunista diante da crise da sociedade capitalista italiana", publicado depois em *L'Ordine Nuovo*, com o título "A crise italiana" (1º de setembro). Participa de reuniões do Partido em Turim e em Milão. Em Moscou, Julia dá à luz o primeiro filho de Gramsci, Delio.

Setembro. Encaminha a transformação da estrutura organizativa do Partido com base em "células". Participa do congresso regional de Nápoles, onde apresenta o informe do Comitê Central em polêmica com Bordiga.

Outubro. Participa de diversos congressos regionais que devem se pronunciar sobre a nova orientação do Partido. Em 19-22 de outubro, em Roma, apresenta numa reunião do Comitê Central um informe sobre a situação política italiana, tendo em vista a retomada do trabalho parlamentar.

20 de outubro. O grupo parlamentar comunista propõe às oposições "aventinianas" a constituição do Parlamento das Oposições (Antiparlamento). A proposta é recusada. Em final de outubro, Gramsci vai à Sardenha. Entra em contato com o Partido Sardo de Ação. Passa alguns dias com sua família em Ghilarza.

12 de novembro. Quando da reabertura da Câmara, o deputado comunista Luigi Repossi apresenta-se sozinho no plenário e lê uma declaração antifascista. Na sessão de 26 de novembro, todo o grupo parlamentar comunista volta ao plenário, abandonando o chamado "Aventino".

Dezembro. Gramsci se transfere, por algumas semanas, para Milão.

1925

Janeiro. Nos primeiros dias de janeiro, participa da reunião clandestina do Comitê Executivo realizada em Capanna Mara.

Fevereiro. Colabora na criação de uma escola de partido por correspondência, encarregando-se da redação das apostilas. Em Roma, conhece Tatiana ("Tania") Schucht, irmã de Julia.

Março-abril. Vai a Moscou para participar dos trabalhos da V Sessão do Executivo Ampliado da IC (21 de março-6 de abril), onde intervém sobre o trabalho de agitação e propaganda.

16 de maio. Pronuncia na Câmara dos Deputados o seu único discurso parlamentar, dirigido contra o projeto de lei sobre as associações secretas, apresentado por Mussolini e Alfredo Rocco. Na segunda quinzena de maio, num informe ao Comitê Central, coloca o problema da "bolchevização" do Partido e abre o debate preparatório ao III Congresso Nacional.

Junho. Numa carta datada de 1º de junho, Bordiga e alguns membros da direção anunciam a constituição de um "comitê de entendimentos" entre os integrantes da esquerda do Partido. Gramsci, em 7 de junho, inicia a polêmica contra a proposta de Bordiga.

1º de julho. Gramsci apresenta um informe ao Comitê Central para examinar a iniciativa da corrente bordiguiana. Considerando-a uma atividade fracionista, a IC determina a dissolução do "comitê de entendimentos". Nos meses de julho e de agosto, Gramsci participa por toda a Itália de numerosas reuniões para discutir a situação interna do Partido. Em agosto, em Nápoles, encontra-se com Bordiga e tem com ele uma longa discussão, na presença de dirigentes comunistas locais. É decidida numa reunião, com a participação de Jules Humbert-Droz (delegado da IC) e de representantes do grupo bordiguiano, a dissolução do "comitê de entendimentos".

Agosto-setembro. Elabora, em colaboração com Togliatti, as teses a serem apresentadas ao III Congresso do PCI, depois conhecidas como "Teses de Lyon".

Outono. Julia chega a Roma, com Delio, para encontrar-se com Gramsci; mora em Via Trapani, com as irmãs Tatiana e Genia.

24 de outubro. A polícia revista o quarto que Gramsci ocupa na residência da família Passarge.

1926

Janeiro. Participa, na cidade francesa de Lyon (escolhida como local do encontro para evitar a ação repressiva do governo fascista), do III Congresso Nacional do PCI (23-26 de janeiro), no qual apresenta o informe sobre a situação política geral, que seria conhecido como

"Teses de Lyon". O resultado do Congresso constitui uma esmagadora afirmação do novo grupo dirigente comunista liderado por Gramsci: a nova direção obtém 90,8% dos votos, enquanto a esquerda bordiguiana obtém apenas 9,2% (18,9% estiveram ausentes ou não foram consultados). Passam a fazer parte do novo Comitê Executivo, entre outros, Gramsci, Togliatti, Scoccimarro e Camilla Ravera.

Fevereiro-maio. Prepara um relatório sobre o Congresso de Lyon, "Cinco anos de vida do Partido", que será publicado em *L'Unità* de 24 de fevereiro. Publica no mesmo jornal, em 14 de maio, o necrológio de Serrati, o velho dirigente maximalista que havia ingressado no PCI junto com os "terceiristas". Nas semanas seguintes, *L'Unità* propõe uma subscrição em favor dos mineiros ingleses, empenhados numa grande greve.

Agosto. Nos dias 2-3, apresenta à direção do Partido um informe sobre a crise econômica e sobre a posição a adotar diante das massas operárias e das camadas médias. Desfruta de alguns dias de férias com o filho Delio em Trafòi (Bolzano). Julia, grávida, volta a Moscou, onde pouco depois nasce Giuliano, o segundo filho de Gramsci, que ele jamais conheceu.

14 de setembro. A Conferência Agrária do Partido, realizada clandestinamente em Bári, aprova as "teses sobre o trabalho camponês", diretamente inspiradas em Gramsci. Na segunda metade de setembro, a direção aprova uma resolução sobre "A situação política e as tarefas do PCI", redigida por Scoccimarro em colaboração com Gramsci.

Outubro. Em 14 de outubro, em nome do Birô Político do PCI, envia uma carta ao Comitê Central do PC russo, tratando das lutas de fração no seio do partido bolchevique, que opunham Stalin e Bukharin, por um lado, a Trotski e Zinoviev, por outro. Nessa carta, entre outras coisas, Gramsci chama a atenção para o perigo de que tais lutas terminem por anular "a função dirigente que o Partido Comunista da URSS conquistara sob o impulso de Lenin". A carta foi retida por Togliatti e comunicada apenas a Bukharin. Diante das críticas que Togliatti lhe dirige, Gramsci reafirma seus argumentos numa segunda carta, acusando o amigo de "burocratismo". No mesmo mês, redige o ensaio, que restou inacabado, "Alguns temas da questão meridional". Diante da política repressiva do Estado contra as oposições, a direção do PCI se preocupa com a segurança pessoal de Gramsci e organiza um plano que prevê sua transferência clandestina para a Suíça. Gramsci, ao que parece, não concordou com o plano.

Novembro. Entre os dias 1 e 3 de novembro, realiza-se uma reunião clandestina do Comitê Central em Valpocevera, perto de Gênova. Participou dessa reunião J. Humbert-Droz, encarregado pela IC de dar esclarecimentos sobre a luta em curso no partido bolchevique entre a maioria (Stalin, Bukharin) e a oposição (Trotski, Zinoviev, Kamenev). Gramsci, ao dirigir-se para a reunião, é abordado pela polícia e obrigado a voltar para Roma.

8 de novembro. Em consequência das "medidas excepcionais" adotadas pelo regime fascista depois de um obscuro atentado contra Mussolini ocorrido em Bolonha, Gramsci — apesar de desfrutar de imunidades parlamentares — é preso junto com outros deputados comunistas e recolhido ao cárcere de Regina Coeli, em isolamento absoluto e rigoroso. Na sessão do dia seguinte, a Câmara dominada pelos fascistas cassa os mandatos não só dos deputados da oposição "aventiniana", mas também dos parlamentares comunistas, embora esses houvessem regressado à Câmara.

18 de novembro. Com base na Lei de Segurança Pública, Gramsci é condenado ao confinamento por cinco anos, sob controle policial. A decisão lhe é comunicada no dia 19. Num primeiro momento, parece que seu destino seja a Somália, então colônia da Itália. Alguns dias depois, porém, é informado de que será confinado numa ilha italiana.

25 de novembro. Deixa a prisão de Regina Coeli, em regime de "transferência ordinária", junto com outros deputados comunistas. Passa duas noites numa prisão em Nápoles. Em Palermo, onde permanece por oito dias, fica sabendo do seu exato destino: a pequena ilha de Ústica, situada no mar Tirreno, ao norte da Sicília.

7 de dezembro. Chega a Ústica, quinto dos confinados políticos. Durante sua breve permanência na ilha, mora numa casa particular,

em companhia de Bordiga e de outros confinados. Com alguns companheiros e amigos, organiza uma escola para os confinados: Gramsci dirige a seção histórico-literária, enquanto Bordiga se encarrega da seção científica. O amigo Piero Sraffa — futuro autor de *Produção de mercadorias por meio de mercadorias*, um dos mais importantes textos de economia publicados no século XX — envia-lhe livros. Sabe-se hoje que, através de Tatiana Schucht, que lhe retransmitia as cartas, Sraffa foi um importante interlocutor da correspondência carcerária de Gramsci.

1927

14 de janeiro. O Tribunal Militar de Milão, por ordem do promotor Enrico Macis, emite um mandado de prisão contra Gramsci. Poucos dias depois, em 1º de fevereiro, começa a funcionar o Tribunal Especial para a Defesa do Estado.

20 de janeiro. Gramsci deixa Ústica, tendo como destino o cárcere de Milão. A viagem, novamente em "transferência ordinária", dura dezenove dias, com estadas nas prisões e nos quartéis de Palermo, Nápoles, Cajanello, Isérnia, Sulmona, Castellamare Adriático, Ancona, Bolonha.

7 de fevereiro. Chega a Milão, sendo encarcerado na Prisão de San Vittore. Ocupa uma cela paga, mas é submetido a regime de isolamento nos primeiros tempos. Em 9 de fevereiro, é interrogado pelo promotor Macis. É autorizado a ler alguns jornais e faz uma dupla assinatura na biblioteca da prisão, com direito a oito livros por semana. Recebe também livros e revistas de fora. Pode escrever duas cartas por semana.

Março. Comunica por carta a Tatiana o seu plano de estudos. Pensa em quatro temas: uma pesquisa sobre a história dos intelectuais italianos, um estudo de linguística comparada, um estudo sobre o teatro de Pirandello e um ensaio sobre os romances de folhetim. "Estou atormentado [...] por esta ideia: de que é preciso fazer algo *für ewig* [para sempre]..." Pede — mas num primeiro momento não obtém — autorização para ter na cela o necessário para escrever. Decide retomar o estudo de línguas. Em 20 de março, é novamente interrogado pelo promotor Macis.

Abril. É transferido para uma nova cela. Sofre de insônia e não dorme mais do que três horas por noite. Durante o "passeio", encontra Ezio Riboldi, deputado comunista, ex-"terceirista".

Maio. Para assistir Gramsci de perto, a cunhada Tatiana se transfere de Roma para Milão.

2 de junho. Gramsci é novamente interrogado pelo promotor Macis.

Agosto-setembro. É visitado em agosto pelo irmão Mario. Algum tempo depois, recebe a visita de Sraffa. Em setembro, renuncia momentaneamente à leitura de jornais e passa as tardes conversando na cela com um jovem prisioneiro de Monza. De setembro de 1927 a janeiro de 1928, tem frequentes encontros com Tatiana.

Outubro. Encomenda livros e revistas de tema sardo. Pede à mãe e a Tatiana que lhe enviem o *Breviario de neolinguistica* de Bertoni e Bartoli. Toma conhecimento da doença nervosa da mulher Julia.

Novembro. Gramsci tem como companheiro de cela Enrico Tulli, ex-redator de *L'Unità*. Encomenda as obras de Maquiavel (o amigo Sraffa lhe abrira uma conta numa livraria, do que ele se valerá para solicitar livros e revistas durante todo o período carcerário). Parece que o processo terá lugar em fim de janeiro ou princípio de fevereiro de 1928. No final do ano, é visitado pelo médico-chefe da prisão.

1928

13 de fevereiro. Manda uma carta ao promotor Macis, denunciando as intrigas de um tal Melani, agente provocador da polícia.

Março. Recebe no cárcere uma carta enviada de Moscou, com data de 10 de fevereiro, assinada por "Ruggiero" (Ruggiero Grieco, dirigente do PCI no exílio), com manifestações de solidariedade e informações políticas. Seu interrogador, o promotor Macis, insinua-lhe malevolamente que "ele tem amigos que querem prejudicá-lo". Gramsci, que já num primeiro momento considera a carta "estranha", aumenta as suas desconfianças à medida que se passam os anos de prisão. Em 5 de dezembro de 1932, numa carta a Tatiana, chega mesmo a dizer: "Lendo-me algumas passagens da carta, o promotor observou que ela podia ser [...] catastrófica para mim [...]. Tratou-se de um ato celerado, ou de uma leviandade irresponsável? É difícil dizer; podem ter sido as duas coisas ao mesmo tempo. Pode ser que quem escreveu fosse só irresponsavelmente estúpido e que um outro, menos estúpido, o tenha induzido a escrever." Com base na dura polêmica epistolar que Gramsci travara em 1926 com Togliatti, acerca das lutas de fração no PC russo, alguns autores supõem que, quando fala de um provável "ato celerado" de alguém "menos estúpido", ele poderia estar se referindo a Togliatti.

19 de março. É comunicada a Gramsci a decisão de submetê-lo a processo, decisão tomada pela promotoria do Tribunal Especial. Indica para sua defesa o advogado Giovanni Ariis, de Milão.

3 de abril. Envia um memorial ao presidente do Tribunal Especial. No fim do mês, toma conhecimento da data do processo: 28 de maio. Prevê uma condenação de 14 a 17 anos de prisão. Tem um encontro com o advogado Ariis.

11 de maio. Parte para Roma em regime de "transferência extraordinária" (mas num vagão-cela), junto com outros companheiros. No dia seguinte, é preso em Regina Coeli, numa cela partilhada com Terracini e Scoccimarro.

28 de maio. Começa no Tribunal Especial o chamado "processão" contra Gramsci e o grupo dirigente do PCI (Terracini, Roveda, Scoccimarro, etc.). Em relação a Gramsci, o promotor Michele Isgrò afirma: "Devemos impedir esse cérebro de funcionar durante vinte anos."

4 de junho. Gramsci é condenado a 20 anos, 4 meses e 5 dias de reclusão.

22 de junho. Destinado num primeiro momento à penitenciária de Portolongone, Gramsci é submetido a uma visita médica especial: sofre de uricemia crônica e, por isso, é tomada a decisão de enviá-lo para a Casa Penal Especial de Túri, na província de Bári.

8 de julho. Deixa Roma em regime de "transferência ordinária". A viagem dura doze dias, com longas paradas em Caserta, Benevento, Foggia.

19 de julho. Chega a Túri, onde recebe o número de matrícula 7047. É colocado numa cela com outros cinco presos políticos. Pode escrever aos familiares a cada quinze dias. O irmão Carlo encaminha uma petição para que lhe seja concedida uma cela individual e a permissão de escrever.

Agosto. Gramsci obtém uma cela individual. Fica ao lado do posto de guarda e, por isso, é continuamente vigiado pelos carcereiros. Nos primeiros tempos de sua permanência em Túri, como recordam os companheiros, recebe frequentes visitas do pároco local.

Dezembro. Sofre um ataque de uricemia, proveniente do excesso de ácido úrico no sangue, que lhe provoca crises de gota. Durante cerca de três meses, passa as horas do "passeio" sentado ou apoiado no braço de outro prisioneiro. Tatiana passa alguns dias em Túri e tem alguns encontros com Gramsci.

1929

Janeiro. Obtém permissão para escrever na cela. Projeta fazer leituras sistemáticas e aprofundar certos temas, encomendando livros. Começa a fazer traduções.

Fevereiro. Começa a redigir notas, apontamentos, etc., no primeiro dos *Cadernos do cárcere*, em cuja primeira linha está escrita, pelo próprio Gramsci, a data de 8 de fevereiro de 1929. Até o momento de sua transferência para a prisão de Civitavecchia, em novembro de 1933, ele já terá completado ou iniciado a redação de 21 cadernos.

Março. Especifica a Tatiana o seu plano de estudos: a história italiana do século XIX e, em particular, a formação e o desenvolvimento dos grupos intelectuais; a teoria e a história da historiografia; o americanismo e o fordismo.

Abril. Recebe uma visita de Tatiana.

Julho. Pede notícias a Tatiana sobre os resultados do recurso encaminhado por Terracini à Suprema Corte, depois da sentença do Tribunal Especial. Pede também as atas parlamentares com o texto taquigráfico das discussões sobre a Concordata, ou seja, o acordo entre o governo fascista e a Igreja Católica, que levaria, entre outras coisas, à criação do Estado do Vaticano e à regulamentação do ensino religioso nas escolas públicas italianas.

Agosto. Projeta um estudo sobre o Canto Décimo do Inferno, de Dante, que depois ocupará uma parte do Caderno 4.

Novembro. Recebe uma visita do irmão Carlo. Traduz do alemão e se propõe a estudar o russo a fundo.

Dezembro. Tatiana transfere-se para Túri, onde permanece até julho de 1930. Tem diversos encontros com Gramsci.

1930

Fevereiro. Gramsci pede a Carlo que lhe consiga uma cópia da sentença de 4 de junho de 1928 do Tribunal Especial, que chegará às suas mãos em abril.

Junho. Recebe na prisão a visita de Tatiana e do irmão Gennaro, enviado por Togliatti para pô-lo a par dos conflitos internos do grupo dirigente do PCI, que culminaram na expulsão de Leonetti, Tresso e Ravazzoli.

Julho. Gramsci se beneficia do indulto de 1 ano, 4 meses e 5 dias. Fica sabendo que a mulher Julia foi internada numa casa de saúde. Tem um novo encontro com o irmão Gennaro.

Agosto. Encarrega Carlo de fazer uma petição para que seja autorizado a ler, entre outros, os livros escritos por Trotski depois de sua expulsão da União Soviética. A carta é retida pelo diretor da prisão.

Setembro. Envia outra petição solicitando autorização para ler alguns dos livros já indicados ao irmão. A petição é deferida. Entre o final de setembro e o início de outubro, recebe nova visita de Carlo.

Novembro. Sofre de insônia, devida em parte às condições de vida na prisão (rumores noturnos, etc.).

Novembro-dezembro. Por volta do fim do ano, com a chegada a Túri de alguns companheiros de partido (E. Tulli, E. Riboldi, A. Lisa, etc.), Gramsci — que, nos meses anteriores, iniciara conversações políticas com outros companheiros durante o "passeio" — começa um ciclo orgânico de discussões sobre os seguintes temas: os intelectuais e o partido, o problema militar e o partido, a Constituinte. Em 1928-29, a Internacional Comunista abandonou a tática da frente única, anunciou o fim da estabilização relativa do capitalismo e identificou na social-democracia uma ponta avançada da reação (a teoria do "social-fascismo"). O PCI aderiu a essas posições e, em particular, previu para a Itália uma radicalização da luta de classes e a crise iminente do regime fascista. Em oposição a isso, Gramsci — dando seguimento à política que defendera na época da crise Matteotti — continuou a prever uma fase "democrática" e a sugerir a palavra de ordem de uma Assembleia Constituinte. Essas posições provocaram a reação de alguns companheiros de prisão. Em face disso, Gramsci resolveu suspender as discussões.

1931

Abril-maio. Em abril, numa localidade alemã entre Colônia e Düsseldorf, tem lugar o IV Congresso do PCI. Em conversas com os companheiros sobre a possibilidade de uma revolução comunista na Itália, Gramsci reafirma a necessidade de uma fase democrática, "capaz de operar em profundidade nas estruturas do Estado monárquico e de abalar até os fundamentos as velhas instituições" (segundo o testemunho de E. Riboldi).

Junho. Recebe algumas obras de Marx, na tradução francesa publicada pelas edições Costes, de Paris, bem como o suplemento do *Economist* sobre o primeiro plano quinquenal soviético.

Julho. É autorizado a escrever aos familiares não mais de quinze em quinze dias, mas toda semana.

Agosto. Gramsci sofre uma primeira grave crise. "À uma da manhã de 3 de agosto [...], dei inesperadamente uma golfada de sangue." É visitado pelo irmão Carlo. Também o amigo Sraffa vai a Túri, mas não consegue autorização para visitar Gramsci.

Setembro. Transmite a Tatiana, para que o faça chegar a seu antigo professor Umberto Cosmo, com quem já tentara se comunicar em fevereiro, o esquema para o ensaio sobre o Canto Décimo do Inferno.

Outubro. Envia uma petição a Mussolini, enquanto Chefe de Governo, solicitando permissão para continuar a ler as revistas das quais tem assinatura. Em dezembro, a petição é parcialmente aceita.

1932

No curso do ano, é projetada uma troca de prisioneiros políticos entre a União Soviética e a Itália, na qual Gramsci seria envolvido. O projeto tem sua aprovação, mas não chega a se concretizar.

Agosto. Tatiana sugere a Gramsci a visita de um médico de confiança. Em carta a Tatiana (29 de agosto), escreve: "Cheguei a tal ponto que minhas forças de resistência estão para entrar em completo colapso, não sei com que consequências."

15 de setembro. Tatiana apresenta ao Chefe de Governo, sem que Gramsci o saiba, uma petição para que o preso receba no cárcere a visita de um médico de confiança. Em outubro, é visitado pelo médico da prisão.

Novembro. Depois das medidas de anistia decorrentes da comemoração dos primeiros dez anos de regime fascista, a condenação de Gramsci é reduzida para 12 anos e 4 meses. Com base nessa nova condição jurídica, Piero Sraffa se empenha nos meses seguintes para que seja concedida a Gramsci liberdade condicional. As autoridades insistem para que Gramsci apresente um pedido de graça. Em Túri, por ordem do Ministério, os presos políticos são submetidos ao regime de isolamento. Com a cumplicidade de alguns carcereiros, Gramsci evita a proibição e retoma contato com os companheiros (entre os quais o socialista Sandro Pertini, que viria a ser, nos anos 80, presidente da República italiana).

30 de dezembro. Morre em Ghilarza a mãe de Gramsci, mas este só saberá da notícia muito tempo depois.

1933

Janeiro. Tatiana se muda para Túri, onde permanece, salvo breves viagens a Roma, até meados do ano. Encontra-se frequentemente com Gramsci.

Fevereiro. O Ministério acolhe a petição de Tatiana e autoriza que Gramsci seja visitado na prisão por um médico de confiança.

7 de março. Tem uma segunda grave crise. ("Na terça-feira passada, de manhã cedo, quando me levantava da cama, caí no chão e não mais consegui me erguer sozinho.") Durante duas semanas, dia e noite, em turnos de 12 horas, é assistido por um companheiro de Bolonha, Gustavo Trombetti, e por um operário de Grosseto. Tatiana visita Gramsci, que a informa de seu projeto de transferência para a enfermaria de uma outra prisão. G. Trombetti passa a viver na cela de Gramsci, como seu assistente ("plantonista"), até novembro. É retirada de Gramsci, por um certo tempo, a autorização de ter consigo o necessário para escrever.

20 de março. Recebe na prisão a visita do professor Umberto Arcangeli. Arcangeli sugere a necessidade de um pedido de graça, mas — diante da oposição de Gramsci e por solicitação de Tatiana e de Sraffa — a menção a isso é retirada do relatório do médico. Neste, Arcangeli declara: "Gramsci não poderá sobreviver por muito tempo nas atuais condições; considero ser necessária sua transferência para um hospital civil ou para uma clínica, a não ser que seja possível conceder-lhe a liberdade condicional."

18 de abril. Recebe a visita do professor Filippo Saporito, inspetor médico.

Maio-junho. A declaração do professor Arcangeli é publicada em *L'Humanité* (maio) e no *Socorso Rosso* (junho). Em Paris, é criado um comitê para a libertação de Gramsci e das vítimas do fascismo, do qual fazem parte, entre outros, os famosos escritores Romain Rolland e Henri Barbusse. *Azione Antifascista* dedica grande parte do número de junho à figura de Gramsci. Os cadernos de *Giustizia e Libertà*, órgão dos liberal-socialistas, publicam um ensaio assinado por "Fabrizio" (U. Colosso) sobre "Gramsci e *L'Ordine Nuovo*" (agosto).

Julho. Pede a Tatiana que encaminhe com urgência uma petição para que seja transferido para a enfermaria de outra prisão. É visitado pelo inspetor da administração carcerária. Consegue ser transferido para outra cela, longe do barulho.

Agosto. Carlo e Tatiana encontram-se várias vezes com Gramsci em Túri. Carlo se ocupa das petições para obter sua transferência de Túri.

Outubro. É finalmente aceita a petição para a transferência de Gramsci. A chefatura de polícia escolhe a clínica do Dr. Giuseppe Cusumano, em Fórmia. O Tribunal Especial recusa a petição relativa à aplicação do decreto de indulto de novembro de 1932.

19 de novembro. Gramsci deixa a penitenciária de Túri e é transitoriamente transferido para a enfermaria da prisão de Civitavecchia, onde tem um encontro com Tatiana.

7 de dezembro. É transferido da prisão de Civitavecchia para a clínica do Dr. Cusumano, em Fórmia, onde é internado ainda na condição de prisioneiro. Tatiana vai encontrá-lo todas as semanas. Durante sua permanência em Fórmia, é visitado pelo irmão Carlo e pelo amigo Sraffa. Volta a ler, mas suas condições de saúde lhe impedem por algum tempo de escrever.

1934

Julho. Em 22 de julho, é visitado pelo professor Vittorio Puccinelli, de Roma. Em 15 de julho, renova a petição para ser transferido para outra clínica, tendo em vista também a necessidade de uma operação de hérnia.

Setembro. É retomada vigorosamente no exterior a campanha pela libertação de Gramsci: Romain Rolland publica um opúsculo sobre ele.

Outubro. Gramsci apresenta o pedido de liberdade condicional, com base no Código Penal e nos Regulamentos carcerários (24 de setembro). Em 25 de outubro, é promulgado o decreto que concede liberdade condicional a Gramsci. Dois dias depois, acompanhado pela cunhada Tatiana, sai pela primeira vez da clínica Cusumano para passear pelas ruas de Fórmia, mas ainda sob vigilância policial.

1935

Abril. Pede para ser transferido para a clínica "Poggio Sereno", de Fiésole.

Junho. Sofre uma nova crise. Renova o pedido para ser transferido da clínica Cusumano.

24 de agosto. Deixa a clínica Cusumano, acompanhado pelo professor Puccinelli, para ser internado na clínica "Quisisana" de Roma. Nos meses seguintes, é assistido pela cunhada Tatiana e visitado frequentemente por Carlo. Durante a permanência na clínica, é também visitado por Piero Sraffa.

1936

Retoma a correspondência com a mulher e os filhos.

1937

Abril. Encerra-se o período de liberdade condicional. Gramsci readquire a plena liberdade. Projeta voltar à Sardenha para se restabelecer. Na noite de 25 de abril, tem uma crise imprevista: sofre um derrame cerebral. Tatiana o assiste. Gramsci morre dois dias depois, no início da manhã de 27 de abril. Os funerais têm lugar na tarde do dia 28. As cinzas de Gramsci, depositadas numa urna, são sepultadas no cemitério de Verano, nas tumbas da prefeitura. Depois da Libertação, serão transferidas para o Cemitério dos Ingleses, em Roma. No exterior, os companheiros do PCI e todas as correntes antifascistas prestam homenagem à memória de Antonio Gramsci.

CADERNOS DO CÁRCERE

VOLUME 1

PROJETOS DE GRAMSCI
para os *Cadernos*

1. Carta a Tatiana Schucht, 19 de março de 1927

[...] Estou atormentado [...] por esta ideia: de que é preciso fazer algo "*für ewig*". [...] Em suma, gostaria, segundo um plano preestabelecido, de ocupar-me intensa e sistematicamente de algum tema que me absorvesse e centralizasse minha vida interior. Pensei em quatro temas até agora, e já isso é um indicador de que não consigo me concentrar. São eles: 1) Uma pesquisa sobre a formação do espírito público na Itália no século passado; em outras palavras, uma pesquisa sobre os intelectuais italianos, suas origens, seus agrupamentos segundo as correntes culturais, seus diversos modos de pensar, etc., etc. Tema bastante sugestivo, que eu naturalmente poderei apenas esboçar em suas grandes linhas, dada a absoluta impossibilidade de ter à disposição a imensa quantidade de material que seria necessária. Você se recorda do meu rapidíssimo e superficialíssimo escrito sobre a Itália meridional e sobre a importância de B. Croce? [1]. Pois bem: gostaria de desenvolver amplamente a tese que tinha então esboçado, de um ponto de vista desinteressado, "*für ewig*". — 2) Um estudo de linguística comparada! Nada menos que isso. Mas o que poderia ser mais "desinteressado" e *für ewig* do que esse tema? Tratar-se-ia, naturalmente, de abordar apenas a parte metodológica e puramente teórica do assunto, que jamais foi tratado de modo completo e sistemático do novo ponto de vista dos neolinguistas contra os neogramáticos [...]. 3) Um estudo sobre o teatro de Pirandello e sobre a transformação do gosto teatral italiano que Pirandello representou e contribuiu para determinar [...]. 4) Um ensaio sobre os romances de folhetim e o gosto popular na literatura [...]. No fundo, para quem observar bem, entre esses quatro temas existe homogeneidade: o espírito popular criador, em suas diversas fases e graus de desenvolvimento, está na base deles em igual medida [...].

2. Carta a Tatiana Schucht, 24 de fevereiro de 1929

[...] Os livros solicitados entram no plano intelectual que eu mesmo quero construir. Decidi ocupar-me predominantemente e tomar notas sobre os três assuntos seguintes: — 1º A história italiana no século XIX, com especial referência à formação e ao desenvolvimento dos grupos intelectuais; — 2º A teoria da história e da historiografia; — 3º O americanismo e o fordismo. [...]

3. Caderno 1 (8 de fevereiro de 1929)

Notas e apontamentos

Temas principais:

1) *Teoria da história e da historiografia*
2) *Desenvolvimento da burguesia italiana até 1870*
3) *Formação dos grupos intelectuais italianos:* desenvolvimento, atitudes
4) *A literatura popular dos romances de folhetim e as razões de sua permanente influência*
5) *Cavalcante Cavalcanti:* a sua posição na estrutura e na arte da Divina comédia
6) *Origens e desenvolvimento da Ação Católica na Itália e na Europa*
7) *O conceito de folclore*
8) *Experiências da vida no cárcere*
9) *A "questão meridional" e a questão das ilhas*
10) *Observações sobre a população italiana:* sua composição, função da emigração
11) *Americanismo e fordismo*

12) *A questão da língua na Itália:* Manzoni e G. I. Ascoli
13) *O senso comum* (cf. 7)
14) *Tipos de revista:* teórica, crítico-histórica, de cultura geral (divulgação)
15) *Neogramáticos e neolinguistas* ("essa mesa redonda é quadrada")
16) *Os filhotes do Padre Bresciani*

4. Caderno 8 (1931)

Notas esparsas e apontamentos
para uma história dos intelectuais italianos

1º Caráter provisório — de ajuda à memória — destas notas e apontamentos; 2º Delas poderão resultar ensaios independentes, não um trabalho orgânico de conjunto; 3º Não pode haver ainda uma distinção entre a parte principal e as partes secundárias da exposição, entre o que seria o "texto" e o que deveriam ser as "notas"; 4º Trata-se, frequentemente, de afirmações não verificadas, que poderiam ser definidas como de "primeira aproximação": algumas delas, nas ulteriores pesquisas, poderiam ser abandonadas e talvez a afirmação oposta poderia demonstrar ser a exata; 5º Não devem causar uma má impressão a vastidão e a incerteza dos limites do tema, por causa do que dissemos acima: não têm absolutamente a intenção de compilar uma mixórdia confusa sobre os intelectuais, [de ser] uma compilação enciclopédica que queira preencher todas as "lacunas" possíveis e imagináveis.

Ensaios principais: Introdução geral. Desenvolvimento dos intelectuais italianos até 1870: diversos períodos. — A literatura popular dos romances de folhetim. — Folclore e senso comum. — A questão da língua literária e dos dialetos. — Os filhotes do Padre Bresciani. — Reforma e Renascimento. — Maquiavel. A escola e a educação nacional. — A posição de B. Croce na cultura italiana até a guerra mundial. — O *Risorgimento* e o Partido de Ação. — Ugo Foscolo na formação da retórica nacional. — O teatro italiano. — História da Ação Católica: católicos integristas, jesuítas, modernistas. — A Comuna medieval, fase econômico-corporativa do Estado. — Função cosmopolita dos intelectuais italianos até o século XVIII. — Reações à ausência de um caráter popular-nacional da cultura na Itália: os futuristas. A escola única e o que ela significa para toda a organização da cultura nacional. — O "lorianismo" como uma das características dos intelectuais italianos. — A ausência de "jacobinismo" no *Risorgimento* italiano. — Maquiavel como técnico da política ou como político integral ou em ato.

Apêndices: Americanismo e fordismo

Agrupamentos de matéria:

1º *Intelectuais. Questões escolares*
2º *Maquiavel*
3º *Noções enciclopédicas e temas de cultura*
4º *Introdução ao estudo da filosofia e notas críticas a um ensaio popular de sociologia*
5º *História da Ação Católica. Católicos integristas — jesuítas — modernistas*
6º *Miscelânea de notas variadas de erudição* (*Passado e presente*)
7º Risorgimento *italiano* (no sentido da *Età del Risorgimento italiano* de Omodeo, mas insistindo sobre os motivos mais estritamente italianos)
8º *Os filhotes do Padre Bresciani. A literatura popular* (Notas de literatura)
9º *Lorianismo*
10º *Apontamentos sobre jornalismo*

I.

INTRODUÇÃO AO ESTUDO DA FILOSOFIA

1. Caderno 11

(1932-1933)

Introdução ao estudo da filosofia

[ADVERTÊNCIA]

As notas contidas neste caderno, como nos demais, foram escritas ao correr da pena, como rápidos apontamentos para ajudar a memória. Todas devem ser revistas e verificadas minuciosamente, já que certamente contêm inexatidões, falsas aproximações, anacronismos. Escritas sem ter presentes os livros a que se referem, é possível que, depois da verificação, tenham de ser radicalmente corrigidas, precisamente porque o contrário do que foi escrito é que é verdadeiro.

APONTAMENTOS E REFERÊNCIAS DE CARÁTER HISTÓRICO--CRÍTICO

§ 1. *Antonio Labriola.* Para construir um ensaio completo sobre Antonio Labriola, é preciso levar em conta, além de seus escritos, que são escassos e com frequência apenas alusivos ou extremamente sintéticos, também os elementos e os fragmentos de conversação referidos pelos seus amigos e alunos (Labriola deixou a lembrança de excepcional "conversador"). Nos livros de B. Croce, de modo disperso, podem-se recolher vários desses elementos e fragmentos. Assim, nas *Conversazioni critiche* (*Seconda Serie*), p. 60-61: "'O que o senhor faria para educar moralmente um papuano?', perguntou um de nós, alunos, há muitos anos, ao professor Labriola, numa de suas lições de Pedagogia, objetando contra a eficácia da Pedagogia. 'Provisoriamente (respondeu com aspereza à moda de Vico e de Hegel o professor herbartiano), provisoriamente eu faria dele um escravo; e essa seria a pedagogia adequada à circunstância, deixando para depois saber se, com seus netos e bisnetos, seria possível começar a usar algo da pedagogia moderna.'" Essa resposta de Labriola deve ser aproximada da entrevista que ele deu sobre a questão colonial (Líbia), por volta de 1903, republicada no volume dos *Scritti vari di filosofia e politica* [1]. Deve ser aproximada também do modo de pensar de Gentile no que se refere ao ensino religioso nas escolas primárias [2]. Trata-se, ao que parece, de um pseudo-historicismo, de um mecanicismo bastante empírico e muito próximo do evolucionismo vulgar. Poder-se-ia recordar o que disse Bertrando Spaventa [3] sobre aqueles que gostariam de ver os homens sempre no berço (ou seja, no momento da autoridade, que, não obstante, educa para a liberdade os povos imaturos) e pensam que toda a vida (dos outros) se passa num berço. Ao que me parece, o problema deve ser colocado historicamente de outro modo: ou seja, se uma nação ou um grupo social que atingiu um grau superior de civilização pode (e, portanto, deve) "acelerar" o processo de educação dos povos e dos grupos sociais mais atrasados, universalizando e traduzindo de modo adequado a sua nova experiência. Assim, quando os ingleses recrutam soldados entre os povos primitivos, que jamais viram um fuzil moderno, não instruem esses recrutas no emprego do arco, do boomerang e da zarabatana, mas os instruem precisamente no manejo do fuzil, ainda que as normas de instrução sejam necessariamente adaptadas à mentalidade daquele determinado povo primitivo. O modo de pensar implícito na resposta de Labriola, portanto, não parece dialético e progressista, mas antes mecânico e reacionário, tal como o "pedagógico-religioso" de Gentile, que não é mais do que uma derivação do conceito de que "a religião é boa para o povo" (povo = criança = fase primitiva do pensamento ao qual corresponde a religião, etc.), ou seja, a renúncia (tendenciosa) a educar o povo. Com efeito, pode muito bem ocorrer que seja "necessário escravizar os papuanos" para educá-los, mas não é menos necessário que alguém afirme que isso é necessário contingentemente, dada a existência de determinadas condições, ou seja, que isso é uma necessidade "histórica" e não absoluta: é necessário, ao contrário, que exista uma luta a respeito, e essa luta é precisamente a condição para que os netos e bisnetos do papuano sejam libertados da escravidão e sejam educados segundo a pedagogia moderna. Que exista quem afirme enfaticamente que a escravidão dos papuanos é apenas uma necessidade momentânea e se rebele contra essa necessidade é também um fato filosófico-histórico: 1) porque contribuirá para reduzir ao tempo necessário o período de escravidão; 2) porque induzirá os próprios papuanos a refletirem sobre si mesmos, a autoeducarem-se, na medida em que se sentirão apoiados por homens de civilização superior; 3) porque só essa resistência mostra que se está realmente num período superior de civilização e de pensamento, etc. O historicismo de Labriola e de Gentile é de um tipo muito inferior: é o historicismo dos juristas, para os quais um cnute não é um cnute quando é um cnute "histórico" [4]. De resto, trata-se de um modo de pensar muito nebuloso e confuso. Que nas escolas primárias seja necessária uma exposição "dogmática" das noções científicas, ou seja necessária uma "mitologia", não significa que o dogma deva ser o dogma religioso ou a mitologia aquela determinada mitologia. Que um povo ou um grupo social atrasado tenha necessidade de uma disciplina exterior coercitiva, a fim de ser educado civilizadamente, não significa que deva ser escravizado, a não ser que se pense que toda coerção estatal é escravidão. Há uma coerção de tipo militar também para o trabalho, que pode ser aplicada também à classe dominante, e que não é "escravidão", mas sim a expressão adequada da pedagogia moderna voltada para a educação de um elemento imaturo (que é certamente imaturo, mas é tal na proximidade de elementos mais maduros, ao passo que a escravidão é expressão orgânica de condições universalmente imaturas) [5]. Spaventa, que se punha do ponto de vista da burguesia liberal contra os "sofismas" historicistas das classes reacionárias, expressava sarcasticamente uma concepção bem mais progressista e dialética do que a de Labriola e Gentile.

§ 2. *Alessandro Levi.* Devem-se pesquisar os seus escritos de filosofia e de história. Como Rodolfo Mondolfo, Levi é de origem positivista (da escola padana de R. Ardigò). Como ponto de referência da maneira de pensar própria de Levi, é interessante esta passagem de seu estudo sobre "Giuseppe Ferrari" (*Nuova Rivista Storica*, 1931, p. 387): "Não, não me parece que em Ferrari exista um 'certo' e, nem mesmo..., um 'incerto' materialismo histórico. Ao contrário, parece-me existir precisamente um abismo entre a concepção ferrariana da história e sua pretensa filosofia da história e o materialismo histórico, compreendido corretamente, isto é, não como mero *economicismo* (e, mesmo deste, na verdade, existem em Ferrari traços bem mais vagos do que na história concreta de um Carlo Cattaneo), mas sim como aquela dialética real, que compreende a história superando-a com a ação, e que não separa história e filosofia, mas — colocando os homens sobre seus pés — faz destes os artífices conscientes da história, e não os joguetes da fatalidade, na medida em que os seus princípios, isto é, os seus ideais, centelhas que brotam das lutas sociais, são precisamente estímulos à práxis que, mediante a sua ação, se subverte. Conhecedor superficial da lógica hegeliana, Ferrari era um crítico muito precipitado da dialética ideal para conseguir superá-la pela dialética real do materialismo histórico."

§ 3. *Alessandro Chiappelli* (morto em novembro de 1931). Por volta da metade do decênio 1890-1900, quando saíram os ensaios de Antonio Labriola e de B. Croce, Chiappelli escreveu sobre a filosofia da práxis. Deve existir um livro ou um ensaio de Chiappelli sobre *As premissas filosóficas do socialismo*; deve-se ver a bibliografia.

§ 4. *Lucien Herr.* Um "Rapport sur l'état des études hégéliennes en France", de A. Koyré, é reproduzido nos *Verhandlungen des ersten Hegelskongresses,* vom 22 bis 25 abril 1930, ed. Haag-Mohr, Tübingen, 1931, *in*-8º gr., 243 p. Koyré, entre outros, fala de Lucien Herr, que passou vinte e cinco anos de sua vida estudando o pensamento hegeliano e que morreu sem ter podido escrever o livro que se propunha, o qual se colocaria ao lado dos de Delbos e de Xavier Léon; todavia, deixou um esboço destes seus estudos no artigo sobre Hegel publicado na *Grande Encyclopédie*, notável pela lucidez e penetração. Uma "Vie de Lucien Herr" foi publicada por Charles Andler, em *Europe* de 10 de outubro de 1931 e ss. Escreve Andler: "Lucien Herr está presente em todo o trabalho científico francês há quarenta anos; e sua ação foi decisiva na formação do socialismo na França" [6].

§ 5. *Antonio Labriola* (cf., acima, § 1) [7]. Hegel afirmara que a servidão é o berço da liberdade. Para Hegel, como para Maquiavel, o "principado novo" (ou seja, o período ditatorial que caracteriza os inícios de todo tipo novo de Estado) e a servidão que disso resulta são justificados somente como educação e disciplina do homem não ainda livre. Mas B. Spaventa (*Principii di etica,* Apêndice, Nápoles, 1914) comenta oportunamente: "Mas o berço não é a vida. Alguns gostariam que ficássemos sempre no berço."

(Um exemplo típico do berço que dura por toda a vida é oferecido pelo protecionismo alfandegário, que é sempre defendido e justificado como "berço", mas que tende a tornar-se um berço eterno.)

§ 6. *Giovanni Gentile.* Sobre a filosofia de Gentile, deve-se conferir o artigo da *Civiltà Cattolica* ("Cultura e filosofia dell'ignoto", 16 de agosto de 1930) que é interessante para ver como a lógica formal escolástica pode ser adequada na crítica dos banais sofismas do idealismo atual [8], que pretende ser a perfeição da dialética. E, de fato, por que a dialética "formal" deveria ser superior à lógica "formal"? Trata-se apenas de instrumentos lógicos; e um bom utensílio velho pode ser melhor do que um utensílio defeituoso mais moderno; um bom veleiro é superior a uma lancha a motor quebrada. De qualquer modo, é interessante ler as críticas dos neoescolásticos ao pensamento de Gentile (livros do padre Chiocchetti, etc.).

Gentile, junto com o seu séquito de Volpicelli, Spirito, etc. (deve-se ver o grupo de colaboradores do *Giornale critico della filosofia italiana*), instaurou — podemos dizer — um verdadeiro "maneirismo" literário, já que, na filosofia, as astúcias e as frases feitas substituem o pensamento. Todavia, a comparação deste grupo com o de Bauer, satirizado na *Sagrada Família*, é o mais adequado e literariamente mais fecundo de desenvolvimentos (os *Nuovi Studi* oferecem muitos e variados pontos para tal desenvolvimento).

§ 7. *A. Rosmini.* Deve-se ver o seu *Saggio sul comunismo e sul socialismo*, publicado aos cuidados e com um prefácio de A. Canaletti-Gaudenti, *in*-16°, 85 p., Roma, Signorelli, 6 liras. Comparar com as encíclicas papais emanadas antes de 1848 e citadas no *Sillabo* [9], para servir de comentário histórico italiano ao primeiro parágrafo do *Manifesto: cf.* também o capítulo bibliográfico no *Mazzini* de "Rerum Scriptor" [10].

§ 8. Antonino Lovecchio, *Filosofia della prassi e filosofia dello spirito*, Palmi, Zapone, 1928, 112 p., 7 liras. Da resenha aparecida na *Italia che scrive* e escrita por Giuseppe Tarozzi (junho de 1928), extraem-se as seguintes indicações: o livro consta de duas partes, uma sobre a filosofia da práxis, outra sobre o pensamento de B. Croce, ligadas entre si pela contribuição de Croce à crítica da filosofia da práxis. A parte conclusiva se intitula "Marx e Croce". Discute as teses sobre a filosofia da práxis, notadamente as de Antonio Labriola, Croce, Gentile, Rodolfo Mondolfo, Adelchi Baratono, Alfredo Poggi. Trata-se de um crociano (ao que parece, muito ignorante criticamente). Tarozzi diz que o livrinho é um esboço, cheio de muitos e graves defeitos de forma. (Lovecchio é um médico de Palmi.)

§ 9. *Ettore Ciccotti.* Seu volume *Confronti storici*, Biblioteca della "Nuova Rivista Storica", n. 10, Società Ed. Dante Alighieri, 1929, XXXIX-262 p., foi resenhado favoravelmente por Guido De Ruggiero, na *Critica* de janeiro de 1930, e, ao contrário, com muita cautela e no fundo desfavoravelmente, por Mario de Bernardi, na *Riforma sociale* (cf.). Um capítulo do livro de Ciccotti (talvez a introdução geral) foi publicado na *Rivista d'Italia* de 15 de junho-15 de julho de 1927, com o título "Elementos de 'verdade' e de 'certeza' na tradição histórica romana"; aqui nos referimos apenas a esse capítulo. Ciccotti examina e combate uma série de deformações profissionais da historiografia romana e muitas de suas observações são justas negativamente: é em relação às afirmações positivas que subsistem dúvidas e são necessárias muitas cautelas. A resenha de De Ruggiero é muito superficial: ele justifica o método "analógico" de Ciccotti como um reconhecimento da identidade fundamental do espírito humano, mas assim se vai muito longe, até mesmo à justificação do evolucionismo vulgar e das leis sociológicas abstratas, as quais também se fundam, a seu modo, com uma linguagem particular, na hipótese da identidade fundamental do espírito humano.

Um dos erros teóricos mais graves de Ciccotti parece consistir na interpretação errada do princípio de Vico segundo o qual "o certo se converte no verdadeiro". A história não pode ir além da certeza (com a aproximação da investigação da "certeza"). A conversão do "certo" no "verdadeiro" pode dar lugar a construções filosóficas (da chamada história eterna) que têm apenas pouco em comum com a história "efetiva"; mas a história deve ser "efetiva" e não romanceada: a sua certeza deve ser, antes de mais nada, certeza dos documentos históricos (ainda que a história não se esgote *inteiramente* nos documentos históricos, cuja noção, de resto, é tão complexa e extensa que pode dar lugar a conceitos sempre novos tanto de certeza quanto de verdade). A parte sofística da metodologia de Ciccotti aparece de modo muito claro quando ele afirma que a história é drama, já que isso não significa que toda representação dramática de um dado período histórico seja aquela "efetiva", ainda que viva, artisticamente perfeita, etc. O sofisma de Ciccotti leva a que se dê um valor excessivo à beletrística histórica como reação à erudição pedante e petulante: das pequenas "conjecturas" filológicas passa-se às grandiosas "conjecturas" sociológicas, com poucos ganhos para a historiografia.

Num exame da atividade histórica de Ciccotti, é preciso levar muito em conta esse livro. A "filosofia da práxis" de Ciccotti é muito superficial: é a concepção de Guglielmo Ferrero e de C. Barbagallo, ou seja, um aspecto da sociologia positivista, temperada com alguma dignidade viquiana. A metodologia de Ciccotti deu lugar, precisamente, às histórias do tipo Ferrero e às curiosas elucubrações de Barbagallo, que termina por perder o conceito de distinção e de concreticidade "individual" de cada momento do desenvolvimento histórico e por descobrir duas originais dignidades: que "todo o mundo é igual à nossa aldeia" e que, "quanto mais tudo muda, tanto mais fica parecido".

§ 10. *Giuseppe Rensi*. Exame de todo o seu desenvolvimento político-intelectual. Foi colaborador da *Critica Sociale* (também esteve exilado na Suíça depois de 1898). Sua atual atitude moralista e lacrimosa (cf. seus artigos na *Nuova Rivista Storica* de alguns anos atrás) deve ser cotejada com suas manifestações literárias e jornalísticas de 1921-22-23, nas quais justifica um retorno à escravidão e propõe uma interpretação estupidamente cínica de Maquiavel. Recordar sua polêmica com Gentile em *Il popolo d'Italia*, depois do Congresso dos filósofos sediado em Milão, em 1926: deve ter assinado o chamado Manifesto dos Intelectuais redigido por Croce [11].

§ 11. *Corrado Barbagallo*. Seu livro *L'oro e il fuoco* deve ser examinado, levando-se em conta a intenção prévia do autor de encontrar na Antiguidade o que é essencialmente moderno, como o capitalismo, a grande indústria e as manifestações que lhes são correlatas. É preciso examinar sobretudo suas conclusões a propósito das corporações profissionais e de suas funções, confrontando-as com as investigações dos estudiosos do mundo clássico e da Idade Média. Cf. as conclusões de Mommsen e de Marquardt sobre os *collegia opificum et artificum*; para Marquardt, eles eram instituições de caráter fazendário e serviam à economia e às finanças do Estado em sentido estrito, sendo apenas pouco, ou mesmo não sendo de modo algum, instituições sociais (cf. o *mir* russo). E isso para não falar na observação de que, em todos os casos, o sindicalismo moderno deveria corresponder às instituições próprias dos escravos do mundo clássico. Desse ponto de vista, o que caracteriza o mundo moderno é que, abaixo dos proletários, não existe nenhuma classe à qual seja proibido organizar-se, como ocorria na Idade Média e também, com toda probabilidade, no mundo clássico; o artesão romano podia utilizar escravos como trabalhadores e eles certamente não pertenciam aos *collegia*; e não se exclui que, na própria plebe, alguma categoria não servil fosse excluída da organização.

APONTAMENTOS PARA UMA INTRODUÇÃO E UM ENCAMINHAMENTO AO ESTUDO DA FILOSOFIA E DA HISTÓRIA DA CULTURA

I. Alguns pontos preliminares de referência

§ 12. É preciso destruir o preconceito, muito difundido, de que a filosofia é algo muito difícil pelo fato de ser a atividade intelectual própria de uma determinada categoria de cientistas especializados ou de filósofos profissionais e sistemáticos. É preciso, portanto, demonstrar preliminarmente que todos os homens são "filósofos", definindo os limites e as características desta "filosofia espontânea", peculiar a "todo o mundo", isto é, da filosofia que está contida: 1) na própria linguagem, que é um conjunto de noções e de conceitos determinados e não, simplesmente, de palavras gramaticalmente vazias de conteúdo; 2) no senso comum e no bom senso; 3) na religião popular e, consequentemente, em todo o sistema de crenças, superstições, opiniões, modos de ver e de agir que se manifestam naquilo que geralmente se conhece por "folclore".

Após demonstrar que todos são filósofos, ainda que a seu modo, inconscientemente — já que, até mesmo na mais simples manifestação de uma atividade intelectual qualquer, na "linguagem", está contida uma determinada concepção do mundo —, passa-se ao segundo momento, ao momento da crítica e da consciência, ou seja, ao seguinte problema: é preferível "pensar" sem disto ter consciência crítica, de uma maneira desagregada e ocasional, isto é, "participar" de uma concepção do mundo "imposta" mecanicamente pelo ambiente exterior, ou seja, por um dos muitos grupos sociais nos quais todos estão automaticamente envolvidos desde sua entrada no mundo consciente (e que pode ser a própria aldeia ou a província, pode se originar na paróquia e na "atividade intelectual" do vigário ou do velho patriarca, cuja "sabedoria" dita leis, na mulher que herdou a sabedoria das bruxas ou no pequeno intelectual avinagrado pela própria estupidez e pela impotência para a ação), ou é preferível elaborar a própria concepção do mundo de uma maneira consciente e crítica e, portanto, em ligação com este trabalho do próprio cérebro, escolher a própria esfera de atividade, participar ativamente na produção da história do mundo, ser o guia de si mesmo e não mais aceitar do exterior, passiva e servilmente, a marca da própria personalidade?

Nota I. Pela própria concepção do mundo, pertencemos sempre a um determinado grupo, precisamente o de todos os elementos sociais que compartilham um mesmo modo de pensar e de agir. Somos conformistas de algum conformismo, somos sempre homens-massa ou homens-coletivos. O problema é o seguinte: qual é o tipo histórico de conformismo, de homem-massa do qual fazemos parte? Quando a concepção do mundo não é crítica e coerente, mas ocasional e desagregada, pertencemos simultaneamente a uma multiplicidade de homens-massa, nossa própria personalidade é compósita, de uma maneira bizarra: nela se encontram elementos dos homens das cavernas e princípios da ciência mais moderna e progressista, preconceitos de todas as fases históricas passadas estreitamente localistas e intuições de uma futura filosofia que será própria do gênero humano mundialmente unificado. Criticar a própria concepção do mundo, portanto, significa torná-la unitária e coerente e elevá-la até o ponto atingido pelo pensamento mundial mais evoluído. Significa também, portanto, criticar toda a filosofia até hoje existente, na medida em que ela deixou estratificações consolidadas na filosofia popular. O início da elaboração crítica é a consciência daquilo que é realmente, isto é, um "conhece-te a ti mesmo" como produto do processo histórico até hoje desenvolvido, que deixou em ti uma infinidade de traços acolhidos sem análise crítica. Deve-se fazer, inicialmente, essa análise.

Nota II. Não se pode separar a filosofia da história da filosofia, nem a cultura da história da cultura. No sentido mais imediato e determinado, não se pode ser filósofo — isto é, ter uma concepção do mundo criticamente coerente — sem a consciência da própria historicidade, da fase de desenvolvimento por ela representada e do fato de que ela está em contradição com outras concepções ou com elementos de outras concepções. A própria concepção do mundo responde a determinados problemas colocados pela realidade, que são bem determinados e "originais" em sua atualidade. Como é possível pensar o presente, e um presente bem determinado, com um pensamento elaborado em face de problemas de um passado frequentemente bastante remoto e superado? Se isto ocorre, significa que somos "anacrônicos" em face da época em que vivemos, que somos fósseis e não seres que vivem de modo moderno. Ou, pelo menos, que somos bizarramente "compósitos". E ocorre, de fato, que grupos sociais que, em determinados aspectos, exprimem a mais desenvolvida modernidade, em outros manifestam-se atrasados com relação à sua posição social, sendo, portanto, incapazes de completa autonomia histórica.

Nota III. Se é verdade que toda linguagem contém os elementos de uma concepção do mundo e de uma cultura, será igualmente verdade que, a partir da linguagem de cada um, é possível julgar a maior ou menor complexidade da sua concepção do mundo. Quem fala somente o dialeto ou compreende a língua nacional em graus diversos participa necessariamente de uma intuição do mundo mais ou menos restrita e provinciana, fossilizada, anacrônica em relação às grandes correntes de pensamento que dominam a história mundial. Seus interesses serão restritos, mais ou menos corporativistas ou economicistas, não universais. Se nem sempre é possível aprender outras línguas estrangeiras a fim de colocar-se em contato com vidas culturais diversas, deve-se pelo menos conhecer bem a língua nacional. Uma grande cultura pode traduzir-se na língua de outra grande cultura, isto é, uma grande língua nacional historicamente rica e complexa pode traduzir qualquer outra grande cultura, ou seja, ser uma expressão mundial. Mas, com um dialeto, não é possível fazer a mesma coisa.

Nota IV. Criar uma nova cultura não significa apenas fazer individualmente descobertas "originais"; significa também, e sobretudo, difundir criticamente verdades já descobertas, "socializá-las" por assim dizer; e, portanto, transformá-las em base de ações vitais, em elemento de coordenação e de ordem intelectual e moral. O fato de que uma multidão de homens seja conduzida a pensar coerentemente e de maneira unitária a realidade presente é um fato "filosófico" bem mais importante e "original" do que a descoberta, por parte de um "gênio" filosófico, de uma nova verdade que permaneça como patrimônio de pequenos grupos intelectuais.

Conexão entre o senso comum, a religião e a filosofia. A filosofia é uma ordem intelectual, o que nem a religião nem o senso comum podem ser. Ver como, na realidade, tampouco coincidem religião e senso comum, mas a religião é um elemento do senso comum desagregado. Ademais, "senso comum" é um nome coletivo, como "religião": não existe um único senso comum, pois também ele é um produto e um devir histórico. A filosofia é a crítica e a superação da religião e do senso comum e, nesse sentido, coincide com o "bom senso", que se contrapõe ao senso comum.

Relações entre ciência-religião-senso comum. A religião e o senso comum não podem constituir uma ordem intelectual porque não podem reduzir-se à unidade e à coerência nem mesmo na consciência individual, para não falar na consciência coletiva: não podem reduzir-se à unidade e à coerência "livremente", já que "autoritariamente" isto poderia ocorrer, como de fato ocorreu, dentro de certos limites, no passado. O problema da religião, entendida não no sentido confessional, mas no laico, de unidade de fé entre uma concepção do mundo e uma norma de conduta adequada a ela: mas por que chamar esta unidade de fé de "religião", e não de "ideologia" ou, mesmo, de "política"? [12]

Com efeito, não existe filosofia em geral: existem diversas filosofias ou concepções do mundo, e sempre se faz uma escolha entre elas. Como ocorre esta escolha? É esta escolha um fato puramente intelectual, ou é um fato mais complexo? E não ocorre frequentemente que entre o fato intelectual e a norma de conduta exista uma contradição? Qual será, então, a verdadeira concepção do mundo: a que é logicamente afirmada como fato intelectual, ou a que resulta da atividade real de cada um, que está implícita na sua ação? E, já que a ação é sempre uma ação política, não se pode dizer que a verdadeira filosofia de cada um se acha inteiramente contida na sua política? Este contraste entre o pensar e o agir, isto é, a coexistência de duas concepções do mundo, uma afirmada por palavras e a outra manifestando-se na ação efetiva, nem sempre se deve à má-fé. A má-fé pode ser uma explicação satisfatória para alguns indivíduos considerados isoladamente, ou até mesmo para grupos mais ou menos numerosos, mas não é satisfatória quando o contraste se verifica nas manifestações vitais de amplas massas: neste caso, ela não pode deixar de ser a expressão de contrastes mais profundos de natureza histórico-social. Isto significa que um grupo social, que tem sua própria concepção do mundo, ainda que embrionária, que se manifesta na ação e, portanto, de modo descontínuo e ocasional — isto é, quando tal grupo se movimenta como um conjunto orgânico —, toma emprestado a outro grupo social, por razões de submissão e subordinação intelectual, uma concepção que não é a sua, e a afirma verbalmente, e também acredita segui-la, já que a segue em "épocas normais", ou seja, quando a conduta não é independente e autônoma, mas sim submissa e subordinada. É por isso, portanto, que não se pode separar a filosofia da política; ao contrário, pode-se demonstrar que a escolha e a crítica de uma concepção do mundo são, também elas, fatos políticos.

Deve-se, portanto, explicar como ocorre que em cada época coexistam muitos sistemas e correntes de filosofia, como nascem, como se difundem, por que nessa difusão seguem certas linhas de separação e certas direções, etc. Isto mostra o quanto é necessário sistematizar crítica e coerentemente as próprias intuições do mundo e da vida, fixando com exatidão o que se deve entender por "sistema", a fim de evitar compreendê-lo num sentido pedante e professoral. Mas esta elaboração deve ser feita, e somente pode ser feita, no quadro da história da filosofia, que mostra qual foi a elaboração que o pensamento sofreu no curso dos séculos e qual foi o esforço coletivo necessário para que existisse o nosso atual modo de pensar, que resume e compendia toda esta história passada, mesmo em seus erros e em seus delírios, os quais, de resto, não obstante terem sido cometidos no passado e terem sido corrigidos, podem ainda se reproduzir no presente e exigir novamente a sua correção.

Qual é a ideia que o povo faz da filosofia? Pode-se reconstruí-la através das expressões da linguagem comum. Uma das mais difundidas é a de "tomar as coisas com filosofia", a qual, analisada, não tem por que ser inteiramente afastada. É verdade que nela se contém um convite implícito à resignação e à paciência, mas parece que o ponto mais importante seja, ao contrário, o convite à reflexão, à tomada de consciência de que aquilo que acontece é, no fundo, racional, e que assim deve ser enfrentado, concentrando as próprias forças racionais e não se deixando levar pelos impulsos instintivos e violentos. Essas expressões populares poderiam ser agrupadas com as expressões similares dos escritores de caráter popular (recolhidas dos grandes dicionários) nas quais entrem os termos "filosofia" e "filosoficamente"; e assim se poderá perceber que tais expressões têm um significado muito preciso, a saber, o da superação das paixões bestiais e elementares numa concepção da necessidade que fornece à própria ação uma direção consciente. Este é o núcleo sadio do senso comum, que poderia precisamente ser chamado de bom senso e que merece ser desenvolvido e transformado em algo unitário e coerente. Torna-se evidente, assim, por que não é possível a separação entre a chamada filosofia "científica" e a filosofia "vulgar" e popular, que é apenas um conjunto desagregado de ideias e de opiniões.

Mas, nesse ponto, coloca-se o problema fundamental de toda concepção do mundo, de toda filosofia que se transformou em um movimento cultural, em uma "religião", em uma "fé", ou seja, que produziu uma atividade prática e uma vontade nas quais ela esteja contida como "premissa" teórica implícita (uma "ideologia", pode-se dizer, desde que se dê ao termo "ideologia" o significado mais alto de uma concepção do mundo, que se manifesta implicitamente na arte, no direito, na atividade econômica, em todas as manifestações de vida individuais e coletivas) — isto é, o problema de conservar a unidade ideológica em todo o bloco social que está cimentado e unificado justamente por aquela determinada ideologia. A força das religiões, e notadamente da Igreja Católica, consistiu e consiste no seguinte: elas sentem intensamente a necessidade de união doutrinária de toda a massa "religiosa" e lutam para que os estratos intelectualmente superiores não se destaquem dos inferiores. A Igreja romana foi sempre a mais tenaz na luta para impedir que se formassem "oficialmente" duas religiões, a dos "intelectuais" e a das "almas simples". Esta luta não foi travada sem que ocorressem graves inconvenientes para a própria Igreja, mas estes inconvenientes estão ligados ao processo histórico que transforma a totalidade da sociedade civil e que contém, em bloco, uma crítica corrosiva das religiões. E isto faz ressaltar ainda mais a capacidade organizativa do clero na esfera da cultura, bem como a relação abstratamente racional e justa que a Igreja, em seu âmbito, soube estabelecer entre intelectuais e pessoas simples. Os jesuítas foram, indubitavelmente, os maiores artífices deste equilíbrio e, para conservá-lo, eles imprimiram à Igreja um movimento progressivo que tende a satisfazer parcialmente as exigências da ciência e da filosofia, mas com um ritmo tão lento e metódico que as modificações não são percebidas pela massa dos simples, embora apareçam como "revolucionárias" e demagógicas aos olhos dos "integristas".

Uma das maiores debilidades das filosofias imanentistas em geral consiste precisamente em não terem sabido criar uma unidade ideológica entre o baixo e o alto, entre os "simples" e os intelectuais. Na história da civilização ocidental, o fato verificou-se em escala europeia, com o fracasso imediato do Renascimento e, parcialmente, também da Reforma em face da Igreja Católica. Esta debilidade manifesta-se na questão da escola, na medida em que, a partir das filosofias imanentistas, nem mesmo se tentou construir uma concepção que pudesse substituir a religião na educação infantil, do que resultou o sofisma, pseudo-historicista, defendido por pedagogos a-religiosos (aconfessionais), realmente ateus, que permite o ensino da religião porque ela é a filosofia da infância da humanidade, que se renova em toda infância não metafórica. O idealismo também se manifestou contrário aos movimentos culturais de "ida ao povo", expressos nas chamadas Universidades populares e instituições similares, e não apenas pelos seus aspectos equivocados, já que nesse caso deveriam somente ter procurado fazer melhor. Todavia, estes movimentos eram dignos de interesse e mereciam ser estudados: eles tiveram êxito, no sentido em que revelaram, da parte dos "simples", um sincero entusiasmo e um forte desejo de elevação a uma forma superior de cultura e de concepção do mundo. Faltava-lhes, porém, qualquer organicidade, seja de pensamento filosófico, seja de solidez organizativa e de centralização cultural; tinha-se a impressão de que se assemelhavam aos primeiros contatos entre os mercadores ingleses e os negros africanos: trocavam-se coisas sem valor por pepitas de ouro. De resto, a organicidade de pensamento e a solidez cultural só poderiam ocorrer se entre os intelectuais e os simples se verificasse a mesma unidade que deve existir entre teoria e prática, isto é, se os intelectuais tivessem sido organicamente os intelectuais daquelas massas, ou seja, se tivessem elaborado e tornado coerentes os princípios e os problemas que aquelas massas colocavam com a sua atividade prática, constituindo assim um bloco cultural e social. Tratava-se, pois, da mesma questão já assinalada: um movimento filosófico só merece este nome na medida em que busca desenvolver uma cultura especializada para restritos grupos de intelectuais ou, ao contrário, merece-o na medida em que, no trabalho de elaboração de um pensamento superior ao senso comum e cientificamente coerente, jamais se esquece de permanecer em contato com os "simples" e, melhor dizendo, encontra neste contato a fonte dos problemas que devem ser estudados e resolvidos? Só através deste contato é que uma filosofia se torna "histórica", depura-se dos elementos intelectualistas de natureza individual e se transforma em "vida".

(Talvez seja útil distinguir "praticamente" entre a filosofia e o senso comum, para melhor indicar a passagem de um momento para o outro. Na filosofia, destacam-se notadamente as características de elaboração individual do pensamento; no senso comum, ao contrário, destacam-se as características difusas e dispersas de um pensamento genérico de uma certa época em um certo ambiente popular. Mas toda filosofia tende a se tornar senso comum de um ambiente, ainda que restrito (de todos os intelectuais). Trata-se, portanto, de elaborar uma filosofia que — tendo já uma difusão ou possibilidade de difusão, pois ligada à vida prática e implícita nela — se torne um senso comum renovado com a coerência e o vigor das filosofias individuais. E isto não pode ocorrer se não se sente, permanentemente, a exigência do contato cultural com os "simples".)

Uma filosofia da práxis só pode apresentar-se, inicialmente, em atitude polêmica e crítica, como superação da maneira de pensar precedente e do pensamento concreto existente (ou mundo cultural existente). E portanto, antes de tudo, como crítica do "senso comum" (e isto após basear-se sobre o senso comum para demonstrar que "todos" são filósofos e que não se trata de introduzir *ex novo* uma ciência na vida individual de "todos", mas de inovar e tornar "crítica" uma atividade já existente); e, posteriormente, como crítica da filosofia dos intelectuais, que deu origem à história da filosofia e que, enquanto individual (e, de fato, ela se desenvolve essencialmente na atividade de indivíduos singulares particularmente dotados), pode ser considerada como "culminâncias" de progresso do senso comum, pelo menos do senso comum dos estratos mais cultos da sociedade e, através desses, também do senso comum popular. É assim, portanto, que uma introdução ao estudo da filosofia deve expor sinteticamente os problemas nascidos no processo de desenvolvimento da cultura geral, que só parcialmente se reflete na história da filosofia, a qual, todavia, na ausência de uma história do senso comum (impossível de ser elaborada pela ausência de material documental), permanece a fonte máxima de referência para criticá-los, demonstrar o seu valor real (se ainda o tiverem) ou o significado que tiveram como elos superados de uma cadeia e fixar os problemas novos e atuais ou a colocação atual dos velhos problemas.

A relação entre filosofia "superior" e senso comum é assegurada pela "política", do mesmo modo como é assegurada pela política a relação entre o catolicismo dos intelectuais e o dos "simples". As diferenças entre os dois casos são, todavia, fundamentais. O fato de que a Igreja deva enfrentar um problema dos "simples" significa, justamente, que existiu uma ruptura na comunidade dos "fiéis", ruptura que não pode ser eliminada pela elevação dos "simples" ao nível dos intelectuais (a Igreja nem sequer se propõe esta tarefa ideal e economicamente desproporcional em relação às suas forças atuais), mas mediante uma disciplina de ferro sobre os intelectuais para que eles não ultrapassem certos limites nesta separação, tornando-a catastrófica e irreparável. No passado, essas "rupturas" na comunidade dos fiéis eram remediadas por fortes movimentos de massa, que determinavam ou eram absorvidos na formação de novas ordens religiosas em torno a fortes personalidades (Domingos, Francisco). (Os movimentos heréticos da Idade Média — que surgiram como reação simultânea à politicagem da Igreja e à filosofia escolástica que foi uma sua expressão, e que se baseavam nos conflitos sociais determinados pelo nascimento das Comunas — foram uma ruptura entre massa e intelectuais no interior da Igreja, ruptura "corrigida" pelo nascimento de movimentos populares religiosos reabsorvidos pela Igreja, através da formação das ordens mendicantes e de uma nova unidade religiosa.) Mas a Contrarreforma esterilizou este pulular de forças populares: a Companhia de Jesus é a última grande ordem religiosa, de origem reacionária e autoritária, com caráter repressivo e "diplomático", que assinalou, com seu nascimento, o endurecimento do organismo católico. As novas ordens surgidas posteriormente têm um pequeníssimo significado "religioso" e um grande significado "disciplinar" sobre a massa dos fiéis: são ramificações e tentáculos da Companhia de Jesus (ou se tornaram isso), instrumentos de "resistência" para conservar as posições políticas adquiridas, não forças renovadoras de desenvolvimento. O catolicismo se transformou em "jesuitismo". O modernismo não criou "ordens religiosas", mas sim um partido político: a democracia cristã. (Recordar a anedota, narrada por Steed em suas *Memórias*, do cardeal que explica ao protestante inglês filocatólico que os milagres de São Genaro são úteis para o populacho napolitano mas não para os intelectuais, que também nos Evangelhos existem "exageros", etc. E à pergunta: "Mas nós não somos cristãos?", responde: "Nós somos 'prelados', isto é, 'políticos' da Igreja de Roma.")

A posição da filosofia da práxis é antitética a esta posição católica: a filosofia da práxis não busca manter os "simples" na sua filosofia primitiva do senso comum, mas busca, ao contrário, conduzi-los a uma concepção de vida superior. Se ela afirma a exigência do contato entre os intelectuais e os simples não é para limitar a atividade científica e para manter uma unidade no nível inferior das massas, mas justamente para forjar um bloco intelectual-moral que torne politicamente possível um progresso intelectual de massa e não apenas de pequenos grupos intelectuais.

O homem ativo de massa atua praticamente, mas não tem uma clara consciência teórica desta sua ação, a qual, não obstante, é um conhecimento do mundo na medida em que o transforma. Pode ocorrer, aliás, que sua consciência teórica esteja historicamente em contradição com o seu agir. É quase possível dizer que ele tem duas consciências teóricas (ou uma consciência contraditória): uma, implícita na sua ação, e que realmente o une a todos os seus colaboradores na transformação prática da realidade; e outra, superficialmente explícita ou verbal, que ele herdou do passado e acolheu sem crítica. Todavia, esta concepção "verbal" não é inconsequente: ela liga a um grupo social determinado, influi sobre a conduta moral, sobre a direção da vontade, de uma maneira mais ou menos intensa, que pode até mesmo atingir um ponto no qual a contraditoriedade da consciência não permita nenhuma ação, nenhuma escolha e produza um estado de passividade moral e política. A compreensão crítica de si mesmo é obtida, portanto, através de uma luta de "hegemonias" políticas, de direções contrastantes, primeiro no campo da ética, depois no da política, atingindo, finalmente, uma elaboração superior da própria concepção do real. A consciência de fazer parte de uma determinada força hegemônica (isto é, a consciência política) é a primeira fase de uma ulterior e progressiva autoconsciência, na qual teoria e prática finalmente se unificam. Portanto, também a unidade de teoria e prática não é um dado de fato mecânico, mas um devir histórico, que tem a sua fase elementar e primitiva no sentimento de "distinção", de "separação", de independência quase instintiva, e progride até a aquisição real e completa de uma concepção do mundo coerente e unitária. É por isso que se deve chamar a atenção para o fato de que o desenvolvimento político do conceito de hegemonia representa, para além do progresso político-prático, um grande progresso filosófico, já que implica e supõe necessariamente uma unidade intelectual e uma ética adequada a uma concepção do real que superou o senso comum e tornou-se crítica, mesmo que dentro de limites ainda restritos.

Todavia, nos mais recentes desenvolvimentos da filosofia da práxis, o aprofundamento do conceito de unidade entre a teoria e a prática permanece ainda numa fase inicial: subsistem ainda resíduos de mecanicismo, já que se fala da teoria como "complemento" e "acessório" da prática, da teoria como serva da prática. Parece justo que também este problema deva ser colocado historicamente, isto é, como um aspecto da questão política dos intelectuais. Autoconsciência crítica significa, histórica e politicamente, criação de uma elite de intelectuais: uma massa humana não se "distingue" e não se torna independente "para si" sem organizar-se (em sentido lato); e não existe organização sem intelectuais, isto é, sem organizadores e dirigentes, ou seja, sem que o aspecto teórico da ligação teoria-prática se distinga concretamente em um estrato de pessoas "especializadas" na elaboração conceitual e filosófica. Mas este processo de criação dos intelectuais é longo, difícil, cheio de contradições, de avanços e de recuos, de debandadas e de reagrupamentos; e, neste processo, a "fidelidade" da massa (e a fidelidade e a disciplina são inicialmente a forma que assume a adesão da massa e a sua colaboração no desenvolvimento do fenômeno cultural como um todo) é submetida a duras provas. O processo de desenvolvimento está ligado a uma dialética intelectuais-massa; o estrato dos intelectuais se desenvolve quantitativa e qualitativamente, mas todo progresso para uma nova "amplitude" e complexidade do estrato dos intelectuais está ligado a um movimento análogo da massa dos simples, que se eleva a níveis superiores de cultura e amplia simultaneamente o seu círculo de influência, com a passagem de indivíduos, ou mesmo de grupos mais ou menos importantes, para o estrato dos intelectuais especializados. No processo, porém, repetem-se continuamente momentos nos quais entre a massa e os intelectuais (ou alguns deles, ou um grupo deles) se produz uma separação, uma perda de contato, e, portanto, a impressão de "acessório", de complementar, de subordinado. A insistência sobre o elemento "prático" da ligação teoria-prática — após se ter cindido, separado e não apenas distinguido os dois elementos (o que é uma operação meramente mecânica e convencional) — significa que se está atravessando uma fase histórica relativamente primitiva, uma fase ainda econômico-corporativa, na qual se transforma quantitativamente o quadro geral da "estrutura" e a qualidade-superestrutura adequada está em vias de surgir, mas não está ainda organicamente formada. Deve-se sublinhar a importância e o significado que têm os partidos políticos, no mundo moderno, na elaboração e difusão das concepções do mundo, na medida em que elaboram essencialmente a ética e a política adequadas a elas, isto é, em que funcionam quase como "experimentadores" históricos de tais concepções. Os partidos selecionam individualmente a massa atuante, e esta seleção opera-se simultaneamente nos campos prático e teórico, com uma relação tão mais estreita entre teoria e prática quanto mais seja a concepção vitalmente e radicalmente inovadora e antagônica aos antigos modos de pensar. Por isso, pode-se dizer que os partidos são os elaboradores das novas intelectualidades integrais e totalitárias [13], isto é, o crisol da unificação de teoria e prática entendida como processo histórico real; e compreende-se, assim, como seja necessária que a sua formação se realize através da adesão individual e não ao modo "laborista", já que — se se trata de dirigir organicamente "toda a massa economicamente ativa" — deve-se dirigi-la não segundo velhos esquemas, mas inovando; e esta inovação só pode tornar-se de massa, em seus primeiros estágios, por intermédio de uma elite na qual a concepção implícita na atividade humana já se tenha tornado, em certa medida, consciência atual coerente e sistemática e vontade precisa e decidida. Uma destas fases pode ser estudada na discussão através da qual se verificaram os mais recentes desenvolvimentos da filosofia da práxis, discussão resumida em um artigo de D. S. Mirski, colaborador da *Cultura* [14]. Pode-se ver como ocorreu a passagem de uma concepção mecanicista e puramente exterior para uma concepção ativista, que está mais próxima, como observamos, de uma justa compreensão da unidade entre teoria e prática, se bem que ainda não lhe tenha captado todo o significado sintético. Pode-se observar como o elemento determinista, fatalista, mecânico, tenha sido um "aroma" ideológico imediato da filosofia da práxis, uma forma de religião e de excitante (mas ao modo dos narcóticos), tornada necessária e justificada historicamente pelo caráter "subalterno" de determinados estratos sociais. Quando não se tem a iniciativa na luta e a própria luta termina assim por identificar-se com uma série de derrotas, o determinismo mecânico transforma-se em uma formidável força de resistência moral, de coesão, de perseverança paciente e obstinada. "Eu estou momentaneamente derrotado, mas a força das coisas trabalha por mim a longo prazo, etc." A vontade real se disfarça em um ato de fé, numa certa racionalidade da história, numa forma empírica e primitiva de finalismo apaixonado, que surge como um substituto da predestinação, da providência, etc., próprias das religiões confessionais. Deve-se insistir sobre o fato de que, também nesse caso, existe realmente uma forte atividade volitiva, uma intervenção direta sobre a "força das coisas", mas de uma maneira implícita, velada, que se envergonha de si mesma; portanto, a consciência é contraditória, carece de unidade crítica, etc. Mas, quando o "subalterno" se torna dirigente e responsável pela atividade econômica de massa, o mecanicismo revela-se num certo ponto como um perigo iminente;

opera-se, então, uma revisão de todo o modo de pensar, já que ocorreu uma modificação no modo social de ser. Os limites e o domínio da "força das coisas" se restringiram. Por quê? Porque, no fundo, se o subalterno era ontem uma coisa, hoje não o é mais: tornou-se uma pessoa histórica, um protagonista; se ontem era irresponsável, já que era "resistente" a uma vontade estranha, hoje sente-se responsável, já que não é mais resistente, mas sim agente e necessariamente ativo e empreendedor. Mas, mesmo ontem, será que ele era apenas simples "resistência", simples "coisa", simples "irresponsabilidade"? Não, por certo; deve-se, aliás, sublinhar que o fatalismo é apenas a maneira pela qual os fracos se revestem de uma vontade ativa e real. É por isso que se torna necessário demonstrar sempre a futilidade do determinismo mecânico, o qual, explicável como filosofia ingênua da massa e, somente enquanto tal, elemento intrínseco de força, torna-se causa de passividade, de imbecil autossuficiência, quando é elevado a filosofia reflexiva e coerente por parte dos intelectuais; e isto sem esperar que o subalterno torne-se dirigente e responsável. Uma parte da massa, ainda que subalterna, é sempre dirigente e responsável, e a filosofia da parte precede sempre a filosofia do todo, não só como antecipação teórica, mas também como necessidade atual.

O fato de que a concepção mecanicista tenha sido uma religião de subalternos é revelado por uma análise do desenvolvimento da religião cristã, que — em um certo período histórico e em condições históricas determinadas — foi e continua a ser uma "necessidade", uma forma necessária da vontade das massas populares, uma forma determinada de racionalidade do mundo e da vida, fornecendo os quadros gerais para a atividade prática real. Neste trecho de um artigo da *Civilità Cattolica* ("Individualismo pagano e individualismo cristiano", fascículo de 5 de março de 1932), parece-me bem explícita esta função do cristianismo: "A fé em um porvir seguro, na imortalidade da alma destinada à beatitude, na certeza de poder atingir o eterno gozo, foi a mola propulsora para um trabalho de intenso aperfeiçoamento interno e de elevação espiritual. O verdadeiro individualismo cristão encontrou nisso o impulso para as suas vitórias. Todas as forças do cristão foram concentradas em torno a este nobre fim. Libertado das flutuações especulativas que lançam a alma na dúvida, e iluminado por princípios imortais, o homem sentiu renascer as esperanças; certo de que uma força superior o sustentava na luta contra o mal, ele fez violência a si mesmo e venceu o mundo." Mas, também neste caso, trata-se do cristianismo ingênuo, não do cristianismo jesuitizado, transformado em simples ópio para as massas populares.

Mas a posição do calvinismo, com a sua férrea concepção da predestinação e da graça, que determina uma vasta expansão do espírito de iniciativa (ou torna-se a forma deste movimento), é ainda mais expressiva e significativa. (Sobre este assunto, consulte-se Max Weber, *A ética protestante e o espírito do capitalismo*, publicado nos *Nuovi Studi*, fascículos de 1931 e ss.; bem como o livro de Groethuysen sobre as origens religiosas da burguesia na França [15].)

Por que e como se difundem, tornando-se populares, as novas concepções do mundo? Neste processo de difusão (que é, simultaneamente, de substituição do velho e, muito frequentemente, de combinação entre o novo e o velho), influem (e como e em que medida) a forma racional em que a nova concepção é exposta e apresentada, a autoridade (na medida em que é reconhecida e apreciada, pelo menos genericamente) do expositor e dos pensadores e cientistas nos quais o expositor se apoia, a participação na mesma organização daquele que sustenta a nova concepção (após ter entrado na organização, mas por outro motivo que não aquele de partilhar da nova concepção)? Na realidade, estes elementos variam de acordo com o grupo social e com o nível cultural do referido grupo. Mas a pesquisa é interessante, sobretudo, no que diz respeito às massas populares, que mais dificilmente mudam de concepção e que, em todo caso, jamais a mudam aceitando a nova concepção em sua forma "pura", por assim dizer, mas — apenas e sempre — como combinação mais ou menos heteróclita e bizarra. A forma racional, logicamente coerente, a perfeição do raciocínio que não esquece nenhum argumento positivo ou negativo de certo peso, têm a sua importância, mas está bem longe de ser decisiva; ela pode ser decisiva apenas secundariamente, quando determinada pessoa já se encontra em crise intelectual, oscila entre o velho e o novo, perdeu a confiança no velho e ainda não se decidiu pelo novo, etc. O mesmo pode ser dito com relação à autoridade dos pensadores e cientistas. Ela é muito grande no povo. Mas, de fato, toda concepção tem pensadores e cientistas a seu favor e a autoridade é dividida; além disso, é possível, com relação a todo pensador, distinguir, colocar em dúvida que haja dito as coisas precisamente dessa maneira, etc. Pode-se concluir que o processo de difusão das novas concepções ocorre por razões políticas, isto é, em última instância, sociais, mas que o elemento formal (a coerência lógica), o elemento de autoridade e o elemento organizativo têm uma função muito grande neste processo tão logo tenha tido lugar a orientação geral, tanto em indivíduos singulares como em grupos numerosos. Disto se conclui, entretanto, que, nas massas como tais, a filosofia não pode ser vivida senão como uma fé. Que se pense, ademais, na posição intelectual de um homem do povo; ele elaborou para si opiniões, convicções, critérios de discriminação e normas de conduta. Todo aquele que sustenta um ponto de vista contrário ao seu, enquanto é intelectualmente superior, sabe argumentar as suas razões melhor do que ele e, logicamente, o derrota na discussão. Deveria, por isso, o homem do povo mudar de convicções? E apenas porque, na discussão imediata, não sabe se impor? Se fosse assim, poderia acontecer que ele devesse mudar uma vez por dia, isto é, todas as vezes que encontrasse um adversário ideológico intelectualmente superior. Em que elementos baseia-se, então, a sua filosofia? E, especialmente, a sua filosofia na forma que tem para ele maior importância, isto é, como norma de conduta? O elemento mais importante, indubitavelmente, é de caráter não racional: é um elemento de fé. Mas de fé em quem e em quê? Sobretudo no grupo social ao qual pertence, na medida em que este pensa as coisas também difusamente, como ele: o homem do povo pensa que tantos não podem se equivocar tão radicalmente, como o adversário argumentador queria fazer crer; que ele próprio, é verdade, não é capaz de sustentar e desenvolver as suas razões como o adversário faz com as dele, mas que, em seu grupo, existe quem poderia fazer isto, certamente ainda melhor do que o referido adversário; e, de fato, ele se recorda de ter ouvido alguém expor, longa e coerentemente, de maneira a convencê-lo, as razões da sua fé. Ele não se recorda concretamente das razões apresentadas e não saberia repeti-las, mas sabe que elas existem, já que ele as ouviu expor e ficou convencido delas. O fato de ter sido convencido uma vez, de maneira fulminante, é a razão da permanente persistência na convicção, ainda que não se saiba mais argumentar.

Estas considerações, contudo, conduzem à conclusão de que as novas convicções das massas populares são extremamente débeis, notadamente quando estas novas convicções estão em contradição com as convicções (igualmente novas) ortodoxas, socialmente conformistas de acordo com os interesses das classes dominantes. Isso pode ser visto quando refletimos sobre os destinos das religiões e das igrejas. A religião, e uma Igreja determinada, mantém a sua comunidade de fiéis (dentro de certos limites, das necessidades do desenvolvimento histórico global) na medida em que mantém permanente e organizadamente a própria fé, repetindo infatigavelmente a sua apologética, lutando sempre e em cada momento com argumentos similares, e mantendo uma hierarquia de intelectuais que emprestem à fé pelo menos a aparência da dignidade do pensamento. Todas as vezes em que a continuidade das relações entre Igreja e fiéis foi interrompida violentamente, por razões políticas, como ocorreu durante a Revolução Francesa, as perdas sofridas pela Igreja foram incalculáveis; e, se as condições que dificultavam o exercício das práticas habituais tivessem excedido certos limites de tempo, é de se supor que tais perdas teriam sido definitivas e uma nova religião teria surgido, o que, aliás, ocorreu na França, em combinação com o velho catolicismo. Disto se deduzem determinadas necessidades para todo movimento cultural que pretenda substituir o senso comum e as velhas concepções do mundo em geral, a saber: 1) não se cansar jamais de repetir os próprios argumentos (variando literariamente a sua forma): a repetição é o meio didático mais eficaz para agir sobre a mentalidade popular; 2) trabalhar de modo incessante para elevar intelectualmente camadas populares cada vez mais vastas, isto é, para dar personalidade ao amorfo elemento de massa, o que significa trabalhar na criação de elites de intelectuais de novo tipo, que surjam diretamente da massa e que permaneçam em contato com ela para se tornarem seus "espartilhos". Esta segunda necessidade, quando satisfeita, é a que realmente modifica o "panorama ideológico" de uma época. Ademais, estas elites não podem constituir-se e desenvolver-se sem que, no seu interior, se verifique uma hierarquização de autoridade e de competência intelectual, que pode culminar em um grande filósofo individual, se este for capaz de reviver concretamente as exigências do conjunto da comunidade ideológica, de compreender que ela não pode ter a rapidez de movimento própria de um cérebro individual e, portanto, de conseguir elaborar formalmente a doutrina coletiva de maneira mais aderente e adequada aos modos de pensar do que um pensador coletivo.

É evidente que uma construção de massa desta espécie não pode ocorrer "arbitrariamente", em torno a uma ideologia qualquer, pela vontade formalmente construtiva de uma personalidade ou de um grupo que se proponha esta tarefa pelo fanatismo das suas próprias convicções filosóficas ou religiosas. A adesão ou não adesão de massas a uma ideologia é o modo pelo qual se verifica a crítica real da racionalidade e historicidade dos modos de pensar. As construções arbitrárias são mais ou menos rapidamente eliminadas pela competição histórica, ainda que por vezes, graças a uma combinação de circunstâncias imediatas favoráveis, consigam gozar de certa popularidade; já as construções que correspondem às exigências de um período histórico complexo e orgânico terminam sempre por se impor e prevalecer, ainda que atravessem muitas fases intermediárias nas quais a sua afirmação ocorre apenas em combinações mais ou menos bizarras e heteróclitas.

Estes desenvolvimentos colocam inúmeros problemas, sendo os mais importantes os que se resumem no modo e na qualidade das relações entre as várias camadas intelectuais qualificadas, isto é, na importância e na função que deve e pode ter a contribuição criadora dos grupos superiores, em ligação com a capacidade orgânica de discussão e de desenvolvimento de novos conceitos críticos por parte das camadas intelectualmente subordinadas. Em outras palavras, trata-se de fixar os limites da liberdade de discussão e de propaganda, liberdade que não deve ser entendida no sentido administrativo e policial, mas no sentido de autolimitação que os dirigentes põem à sua própria atividade; ou seja, mais precisamente, trata-se da fixação de uma orientação de política cultural. Em suma: quem fixará os "direitos da ciência" e os limites da pesquisa científica? Poderão esses direitos e esses limites ser realmente fixados? Parece-me necessário que o trabalho de pesquisa de novas verdades e de melhores, mais coerentes e claras formulações das próprias verdades seja deixado à livre iniciativa dos cientistas individuais, ainda que eles reponham continuamente em discussão os próprios princípios que parecem mais essenciais. Por outro lado, não será difícil perceber quando estas iniciativas de discussão tiverem motivos interessados e não de natureza científica. Também não é impossível pensar que as iniciativas individuais possam ser disciplinadas e ordenadas, de maneira que passem pelo crivo de academias ou institutos culturais de natureza diversa, tornando-se públicas somente após um processo de seleção, etc.

Seria interessante estudar concretamente, em um determinado país, a organização cultural que movimenta o mundo ideológico e examinar seu funcionamento prático. Um estudo da relação numérica entre o pessoal que está ligado profissionalmente ao trabalho cultural ativo e a população de cada país seria igualmente útil, com um cálculo aproximativo das forças livres. A escola — em todos os seus níveis — e a Igreja são as duas maiores organizações culturais em todos os países, graças ao número de pessoas que utilizam. Os jornais, as revistas e a atividade editorial, as instituições escolares privadas, tanto as que integram a escola de Estado quanto as instituições de cultura do tipo das universidades populares. Outras profissões incorporam em sua atividade especializada uma fração cultural não desprezível, como a dos médicos, dos oficiais do exército, da magistratura. Entretanto, deve-se notar que em todos os países, ainda que em graus diversos, existe uma grande cisão entre as massas populares e os grupos intelectuais, inclusive os mais numerosos e mais próximos à periferia nacional, como os professores e os padres. E isso ocorre porque o Estado, ainda que os governantes digam o contrário, não tem uma concepção unitária, coerente e homogênea, razão pela qual os grupos intelectuais estão desagregados em vários estratos e no interior de um mesmo estrato. A Universidade, com exceção de alguns países, não exerce nenhuma função unificadora; um livre-pensador, frequentemente, tem mais influência do que toda a instituição universitária, etc.

Nota I. Com respeito à função histórica desempenhada pela concepção fatalista da filosofia da práxis, pode-se fazer o seu elogio fúnebre, reivindicando a sua utilidade para um certo período histórico, mas, justamente por isso, sustentando a necessidade de sepultá-la com todas as honras cabíveis. É possível, na verdade, comparar a sua função à da teoria da graça e da predestinação nos inícios do mundo moderno, teoria que posteriormente, porém, culminou na filosofia clássica alemã e na sua concepção da liberdade como consciência da necessidade. Ela foi um sucedâneo popular do grito "Deus assim o quer"; todavia, mesmo neste plano primitivo e elementar, era o início de uma concepção mais moderna e fecunda do que a contida no "Deus assim o quer" ou na teoria da graça. Será possível que uma nova concepção se apresente "formalmente" em outra roupagem que não na rústica e desordenada da plebe? Todavia, o historiador — com toda a necessária distância — consegue fixar e compreender que os inícios de um novo mundo, sempre ásperos e pedregosos, são superiores à decadência de um mundo em agonia e aos cantos de cisne que ele produz. O desaparecimento do "fatalismo" e do "mecanicismo" indica uma grande reviravolta histórica; daí a profunda impressão causada pela resenha de Mirski. Que se pense no que ela provocou. Que se pense na discussão com Mario Trozzi, em Florença, em novembro de 1917, e a primeira menção a bergsonismo, voluntarismo, etc. [16]. Poder-se-ia fazer um quadro semissério de como realmente se apresentava esta concepção. Que se pense, também, na discussão com o professor Presutti, em Roma, em junho de 1924. Comparação com o capitão Giulietti, feita por G. M. Serrati, que para ele foi decisiva e de condenação total. Para Serrati, Giulietti era como o confuciano para o taoista, como o chinês do sul, mercador ativo e operante, para o literato mandarim do norte, que olhava com supremo desprezo de iluminado e de sábio, para quem a vida já não tem mistérios, estes homenzinhos do sul que acreditavam poder "abrir caminho" com os seus irrequietos movimentos de formiga. Discurso de Cláudio Treves sobre a expiação [17]. Havia neste discurso um certo espírito de profeta bíblico: quem quisera e fizera a guerra, quem abalara o mundo em suas bases e, portanto, era responsável pela desordem do pós-guerra, deveria expiar e carregar a responsabilidade desta desordem. Tinham cometido o pecado do "voluntarismo": deviam ser punidos pelo seu pecado, etc. Havia uma certa grandeza sacerdotal neste discurso, um grito de maldições que deveriam petrificar de espanto e, ao contrário, foram um grande consolo, já que indicavam que o coveiro ainda não estava preparado e que Lázaro podia ressuscitar.

II. Observações e notas críticas sobre uma tentativa de "Ensaio popular de sociologia"

§ 13. Um trabalho como o *Ensaio popular* [18], destinado essencialmente a uma comunidade de leitores que não são intelectuais de profissão, deveria partir da análise crítica da filosofia do senso comum, que é a "filosofia dos não filósofos", isto é, a concepção do mundo absorvida acriticamente pelos vários ambientes sociais e culturais nos quais se desenvolve a individualidade moral do homem médio. O senso comum não é uma concepção única, idêntica no tempo e no espaço: é o "folclore" da filosofia e, como o folclore, apresenta-se em inumeráveis formas; seu traço fundamental e mais característico é o de ser uma concepção (inclusive nos cérebros individuais) desagregada, incoerente, inconsequente, conforme à posição social e cultural das multidões das quais ele é a filosofia. Quando na história se elabora um grupo social homogêneo, elabora-se também, contra o senso comum, uma filosofia homogênea, isto é, coerente e sistemática. O *Ensaio popular* se equivoca ao partir (implicitamente) do pressuposto de que, a esta elaboração de uma filosofia original das massas populares, oponham-se os grandes sistemas das filosofias tradicionais e a religião do alto clero, isto é, a concepção do mundo dos intelectuais e da alta cultura. Na realidade, estes sistemas são desconhecidos pelas multidões, não tendo eficácia direta sobre o seu modo de pensar e de agir. Isto não significa, por certo, que eles sejam desprovidos inteiramente de eficácia histórica: mas esta eficácia é de outra natureza. Estes sistemas influem sobre as massas populares como força política externa, como elemento de força coesiva das classes dirigentes, e, portanto, como elemento de subordinação a uma hegemonia exterior, que limita o pensamento original das massas populares de uma maneira negativa, sem influir positivamente sobre elas, como fermento vital de transformação interna do que as massas pensam, embrionária e caoticamente, sobre o mundo e a vida. Os elementos principais do senso comum são fornecidos pelas religiões e, consequentemente, a relação entre senso comum e religião é muito mais íntima do que a relação entre senso comum e sistemas filosóficos dos intelectuais. Mas, também com relação à religião, é necessário distinguir criticamente. Toda religião, inclusive a católica (ou antes, sobretudo a católica, precisamente pelos seus esforços de permanecer "superficialmente" unitária, a fim de não fragmentar-se em igrejas nacionais e em estratificações sociais), é na realidade uma multiplicidade de religiões distintas e frequentemente contraditórias: há um catolicismo dos camponeses, um catolicismo dos pequenos burgueses e dos operários urbanos, um catolicismo das mulheres e um catolicismo dos intelectuais, também este variado e desconexo. Sobre o senso comum, entretanto, influem não só as formas mais toscas e menos elaboradas destes vários catolicismos, atualmente existentes, como influíram também e são componentes do atual senso comum as religiões precedentes e as formas precedentes do atual catolicismo, os movimentos heréticos populares, as superstições científicas ligadas às religiões passadas, etc.

Predominam no senso comum os elementos "realistas", materialistas, isto é, o produto imediato da sensação bruta, o que, de resto, não está em contradição com o elemento religioso, ao contrário; mas estes elementos são "supersticiosos", acríticos. Eis, portanto, um perigo representado pelo *Ensaio popular*: ele confirma frequentemente estes elementos acríticos, graças aos quais o senso comum é ainda ptolomaico, antropomórfico, antropocêntrico, ao invés de criticá-los cientificamente. O que se disse acima sobre o *Ensaio popular*, a saber, que ele critica as filosofias sistemáticas ao invés de partir da crítica do senso comum, deve ser entendido como observação metodológica, dentro de certos limites. Por certo, isto não quer dizer que se deva esquecer a crítica às filosofias sistemáticas dos intelectuais. Quando, individualmente, um elemento da massa supera criticamente o senso comum, ele aceita, por este mesmo fato, uma filosofia nova: daí, portanto, a necessidade, numa exposição da filosofia da práxis, da polêmica com as filosofias tradicionais. Aliás, por este seu caráter tendencial de filosofia de massa, a filosofia da práxis só pode ser concebida em forma polêmica, de luta perpétua. Todavia, o ponto de partida deve ser sempre o senso comum, que é espontaneamente a filosofia das multidões, as quais se trata de tornar ideologicamente homogêneas.

Na literatura filosófica francesa, existem mais estudos sobre o "senso comum" do que em outras literaturas nacionais: isto se deve à natureza mais estritamente "popular-nacional" da cultura francesa, isto é, ao fato de que os intelectuais tendem, mais do que em outras partes, por causa de determinadas condições tradicionais, a aproximar-se do povo para guiá-lo ideologicamente e mantê-lo ligado ao grupo dirigente. Por isso, é possível encontrar na literatura francesa muito material sobre o senso comum, que deve ser utilizado e elaborado; a atitude da cultura francesa para com o senso comum, aliás, pode oferecer um modelo de construção ideológica hegemônica. Também as culturas inglesa e americana podem oferecer muitos estímulos, mas não de modo tão completo e orgânico como a francesa. O "senso comum" foi considerado de várias maneiras: ou diretamente como base da filosofia, ou criticado do ponto de vista de uma outra filosofia. Na realidade, em todos os casos, o resultado foi a superação de um determinado senso comum para a criação de um outro, mais adequado à concepção do mundo do grupo dirigente. Nas *Nouvelles Littéraires* de 17 de outubro de 1931, num artigo de Henri Gouhier sobre Léon Brunschvicg, falando da filosofia de Brunschvicg, afirma-se: "Há apenas um único e mesmo movimento de espiritualização, quer se trate de matemática, física, biologia, filosofia ou moral: é o esforço pelo qual o espírito se liberta do senso comum e de sua metafísica espontânea, que põe um mundo de coisas sensíveis reais e o homem no meio desse mundo." [19] Obras de Léon Brunschvicg: *Les étapes de la philosophie mathématique, L'expérience humaine et la causalité physique, Le progrès de la conscience dans la philosophie occidentale, La connaissance de soi, Introduction à la vie de l'esprit.*

A atitude de Croce em face do "senso comum" não parece clara. Em Croce, a proposição de que todo homem é um filósofo pesa muito sobre o juízo acerca do senso comum. Ao que parece, Croce frequentemente se compraz com o fato de que determinadas proposições filosóficas são compartilhadas pelo senso comum; mas que significa isto concretamente? O senso comum é um agregado caótico de concepções disparatadas e nele se pode encontrar tudo o que se queira. Por outro lado, esta atitude de Croce em face do senso comum não conduziu a uma concepção da cultura fecunda do ponto de vista nacional-popular, isto é, a uma concepção mais concretamente historicista da filosofia, o que, de resto, só pode ocorrer na filosofia da práxis.

Quanto a Gentile, deve-se ver seu artigo "La concezione umanistica del mondo" (na *Nuova Antologia* de 1º de junho de 1931). Escreve Gentile: "A filosofia pode ser definida como um grande esforço realizado pelo pensamento reflexivo, visando a conquistar a certeza crítica das verdades do senso comum e da consciência ingênua, daquelas verdades que todo homem pode dizer que sente naturalmente e que constituem a estrutura sólida da mentalidade da qual ele se utiliza para viver." Este parece um outro exemplo da rusticidade sem temperos do pensamento gentiliano: a afirmação, ao que parece, é derivada "ingenuamente" das afirmações de Croce, segundo as quais o modo de pensar do povo é a prova da verdade de determinadas proposições filosóficas. Mais adiante, escreve Gentile: "O homem sadio acredita em Deus e na liberdade do seu espírito." Assim, já nestas duas proposições de Gentile, observamos: 1) uma "natureza humana" extra-histórica, que não se sabe exatamente o que seja; 2) a natureza humana do homem sadio; 3) o senso comum do homem sadio e, por isto, também um senso comum do homem não sadio. E o que significará homem sadio? Sadio fisicamente, não louco? Ou, então, que pensa sadiamente, bem-pensante, filisteu, etc.? E que significa "verdade do senso comum"? A filosofia de Gentile, por exemplo, é inteiramente contrária ao senso comum, seja este entendido como a filosofia ingênua do povo, que repudia qualquer modalidade de idealismo subjetivo, seja entendido como bom senso, como atitude de desprezo pelas obscuridades e artificiosidades de certas exposições científicas e filosóficas. Este flerte de Gentile com o senso comum é algo muito bizarro.

Nossas afirmações anteriores não significam a inexistência de verdades no senso comum. Significam que o senso comum é um conceito equívoco, contraditório, multiforme, e que referir-se ao senso comum como prova de verdade é um contrassenso. É possível dizer corretamente que uma verdade determinada tornou-se senso comum visando a indicar que se difundiu para além do círculo dos grupos intelectuais, mas, neste caso, nada mais se faz do que uma constatação de caráter histórico e uma afirmação de racionalidade histórica; neste sentido, contanto que seja empregado com sobriedade, o argumento tem o seu valor, precisamente porque o senso comum é grosseiramente misoneísta e conservador, e ter conseguido inserir nele uma nova verdade é prova de que tal verdade tem uma grande força de expansividade e de evidência.

Recordar o epigrama de Giusti: "Jaz na escola ora sem vida — O bom senso, outrora professor; — A ciência, sua filha preferida, — Matou-o para ver-lhe o interior." Ele pode servir para indicar como são empregados de uma maneira equívoca os termos bom senso e senso comum: como "filosofia", como determinado modo de pensar com um certo conteúdo de crenças e opiniões, e também como atitude benevolamente indulgente, em seu desprezo pelo obscuro e pelo artificial. Era necessário, por isto, que a ciência assassinasse um determinado bom senso tradicional, a fim de criar um "novo" bom senso.

Referências ao senso comum e à solidez de suas crenças encontram-se frequentemente em Marx [20]. Contudo, trata-se de referências não à validez do conteúdo de tais crenças, mas sim à sua solidez formal e, consequentemente, à sua imperatividade quando produzem normas de conduta. Aliás, em tais referências, está implícita a afirmação da necessidade de novas crenças populares, isto é, de um novo senso comum e, portanto, de uma nova cultura e de uma nova filosofia, que se enraízem na consciência popular com a mesma solidez e imperatividade das crenças tradicionais.

Nota I. Deve-se acrescentar, a respeito das proposições de Gentile sobre o senso comum, que a linguagem do escritor é voluntariamente equívoca, graças a um oportunismo ideológico pouco louvável. Quando Gentile escreve: "O homem sadio acredita em Deus e na liberdade do seu espírito", como exemplo de uma daquelas verdades do senso comum das quais o pensamento reflexivo elabora a certeza crítica, quer nos fazer acreditar que sua filosofia é a conquista da certeza crítica das verdades do catolicismo, mas os católicos não mordem a isca e sustentam que o idealismo gentiliano é mero paganismo, etc., etc. Todavia, Gentile insiste e mantém um equívoco que não deixa de ter consequências na criação de um ambiente de cultura *demi-monde*, no qual todos os gatos são pardos: a religião se abraça com o ateísmo, a imanência flerta com a transcendência, e Antônio Bruers fica inteiramente feliz, já que, quanto mais se estabelece a confusão e o pensamento se obscurece, tanto mais ele reconhece ter tido razão em seu "sincretismo" macarrônico. (Em outra nota, cito um trecho de Bruers típico da mais cômica chicana filosófica [21].) Se as palavras de Gentile tivessem um significado literal, o idealismo atual se teria convertido em "*servo* da teologia".

Nota II. No ensino da filosofia dedicado não a informar historicamente o aluno sobre o desenvolvimento da filosofia passada, mas a formá-lo culturalmente, para ajudá-lo a elaborar criticamente o próprio pensamento e assim participar de uma comunidade ideológica e cultural, é necessário partir do que o aluno já conhece, da sua experiência filosófica (após lhe ter demonstrado que ele tem uma tal experiência, que é um "filósofo" sem o saber). E, já que se pressupõe uma certa média intelectual e cultural nos alunos, que provavelmente não tiveram ainda mais do que informações soltas e fragmentárias, carecendo de qualquer preparação metodológica e crítica, não é possível deixar de partir do "senso comum", em primeiro lugar, da religião, em segundo, e, só numa terceira etapa, dos sistemas filosóficos elaborados pelos grupos intelectuais tradicionais.

§ 14. *Sobre a metafísica.* Pode-se extrair do *Ensaio popular* uma crítica da metafísica e da filosofia especulativa? Deve-se dizer que escapa ao autor o próprio conceito de metafísica, na medida em que lhe escapam os conceitos de movimento histórico, de devir e, consequentemente, da própria dialética. Pensar uma afirmação filosófica como sendo verdadeira em determinado período histórico, isto é, como expressão necessária e inseparável de uma determinada ação histórica, de uma determinada práxis, mas superada e "esvaziada" em um período posterior, sem porém cair no ceticismo e no relativismo moral e ideológico, ou seja, conceber a filosofia como historicidade, é operação mental um pouco árdua e difícil. Ao invés disso, o autor incide plenamente no dogmatismo e, por isso, numa forma, ainda que ingênua, de metafísica; isto é evidente desde o início, desde a colocação do problema, desde a vontade de construir uma "sociologia" sistemática a partir da filosofia da práxis: sociologia, neste caso, significa precisamente metafísica ingênua. No parágrafo final da introdução, o autor não sabe responder às objeções de alguns críticos que sustentam que a filosofia da práxis só pode viver em obras concretas de história. Ele não consegue elaborar o conceito de filosofia da práxis como "metodologia histórica" e esta como "filosofia", como a única filosofia concreta; isto é, não consegue colocar e resolver, do ponto de vista da dialética real, o problema que Croce colocou e procurou resolver do ponto de vista especulativo. Ao invés de uma metodologia histórica, de uma filosofia, ele constrói uma casuística de questões particulares, concebidas e resolvidas dogmaticamente, quando não resolvidas de modo puramente verbal, através de paralogismos tão ingênuos quanto pretensiosos. Esta casuística poderia, inclusive, ser útil e interessante, contanto que se apresentasse como tal, sem outra pretensão além daquela de fornecer esquemas aproximativos de caráter empírico, úteis para a prática imediata. Ademais, é compreensível que assim ocorra já que, no *Ensaio popular*, a filosofia da práxis não é uma filosofia autônoma e original, mas a "sociologia" do materialismo metafísico. Para ele, metafísica significa apenas uma determinada formulação filosófica, aquela especulativa do idealismo, e não qualquer formulação sistemática que se afirme como verdade extra-histórica, como um universal abstrato fora do tempo e do espaço.

A filosofia do *Ensaio popular* (que lhe é implícita) pode ser chamada de um aristotelismo positivista, de uma adaptação da lógica formal aos métodos das ciências físicas e naturais. A lei de causalidade, a pesquisa da regularidade, da normalidade, da uniformidade, substituem a dialética histórica. Mas como, a partir deste modo de conceber, é possível deduzir a superação, a "subversão da práxis"? [22] O efeito, mecanicamente, jamais pode superar a causa ou o sistema de causas; por isso, não pode haver outro desenvolvimento que não aquele monótono e vulgar do evolucionismo.

Se o "idealismo especulativo" é a ciência das categorias e da síntese *a priori* do espírito, isto é, uma forma de abstração anti-historicista, a filosofia implícita no *Ensaio popular* é um idealismo invertido, no sentido de que conceitos e classificações empíricas substituem as categorias especulativas, tão abstratas e anti-históricas quanto estas.

§ 15. *O conceito de "ciência"*. Colocar o problema como uma pesquisa de leis, de linhas constantes, regulares, uniformes, esta atitude está ligada a uma exigência, concebida de maneira um pouco pueril e ingênua, de resolver peremptoriamente o problema prático da previsibilidade dos acontecimentos históricos. Já que "parece", por uma estranha inversão de perspectivas, que as ciências naturais fornecem a capacidade de prever a evolução dos processos naturais, a metodologia histórica foi concebida como sendo "científica" apenas se, e na medida em que, habilita abstratamente a "prever" o futuro da sociedade. Daí a busca das causas essenciais, ou melhor, da "causa primeira", da "causa das causas". Contudo, as *Teses sobre Feuerbach* já haviam criticado antecipadamente esta concepção simplista. Na realidade, é possível prever "cientificamente" apenas a luta, mas não os momentos concretos dela, que não podem deixar de ser resultados de forças contrastantes em contínuo movimento, sempre irredutíveis a quantidades fixas, já que nelas a quantidade transforma-se continuamente em qualidade. Na realidade, pode-se "prever" na medida em que se atua, em que se aplica um esforço voluntário e, desta forma, contribui-se concretamente para criar o resultado "previsto". A previsão revela-se, portanto, não como um ato científico de conhecimento, mas como a expressão abstrata do esforço que se faz, o modo prático de criar uma vontade coletiva.

E como poderia a previsão ser um ato de conhecimento? Conhece-se o que foi ou é, não o que será, que é um "não existente" e, portanto, incognoscível por definição. Por isso, prever é tão somente um ato prático, que não pode — enquanto não é uma futilidade ou uma perda de tempo — ter outra explicação que a acima exposta. É necessário colocar corretamente o problema da previsibilidade dos acontecimentos históricos para estar em condições de criticar exaustivamente a concepção do causalismo mecânico, para esvaziá-la de qualquer prestígio científico e reduzi-la a puro mito, que talvez tenha sido útil no passado, em um período atrasado de desenvolvimento de certos grupos sociais subalternos (cf. uma nota anterior, § 12).

Mas é o próprio conceito de "ciência", tal como resulta do *Ensaio popular*, que deve ser criticamente destruído; ele é pura e simplesmente recolhido das ciências naturais, como se estas fossem a única ciência, ou a ciência por excelência, tal como acreditava o positivismo. No *Ensaio popular*, contudo, o termo ciência é empregado em muitos significados, alguns explícitos, outros subentendidos ou apenas mencionados. O sentido explícito é o que "ciência" tem nas investigações físicas. Outras vezes, contudo, parece indicar o método. Mas existe um método em geral? E, se existe, significará outra coisa que não a filosofia? Outras vezes, poderia significar nada mais do que a lógica formal; mas é possível chamar esta de método ou ciência? Deve-se deixar estabelecido que toda investigação tem seu método determinado e constrói uma ciência determinada, e que o método desenvolveu-se e foi elaborado conjuntamente ao desenvolvimento e à elaboração daquela determinada investigação e ciência, formando com ela um todo único. Acreditar que se pode fazer progredir uma investigação científica aplicando-lhe um método tipo, escolhido porque deu bons resultados em outra investigação ao qual estava relacionado, é um equívoco estranho que nada tem em comum com a ciência. Contudo, existem também critérios gerais que, digamos, constituem a consciência crítica de todo cientista, não importa qual seja a sua "especialização", e que devem estar sempre espontaneamente ativos em seu trabalho. Desta forma, pode-se dizer que não é cientista quem demonstre escassa segurança em seus critérios particulares, quem não tenha uma plena inteligência dos conceitos utilizados, quem tenha escassa informação e conhecimento do estágio precedente dos problemas tratados, quem não seja muito cauteloso em suas afirmações, quem não progrida de uma maneira necessária, mas sim arbitrária e sem concatenação, quem não saiba levar em conta as lacunas que existem nos conhecimentos já atingidos, mas as ignore e se contente com soluções ou nexos puramente verbais, ao invés de declarar que se trata de posições provisórias que poderão ser retomadas e desenvolvidas, etc. (Cada um desses pontos pode ser desenvolvido, com as oportunas exemplificações.)

Uma observação que se pode fazer a muitas referências polêmicas do *Ensaio* é o desconhecimento sistemático da possibilidade de erro por parte dos autores individuais citados, razão pela qual se atribuem a um grupo social, do qual os cientistas seriam sempre os representantes, as mais disparatadas opiniões e as mais contraditórias vontades. Esta observação liga-se a um critério metodológico mais geral, a saber: não é muito "científico" (ou, mais simplesmente, "muito sério") escolher os adversários entre os mais estúpidos e medíocres; ou, ainda, escolher entre as opiniões dos próprios adversários as menos essenciais e as mais ocasionais, presumindo assim ter "destruído" "todo" o adversário porque se destruiu uma sua opinião secundária e acidental, ou ter destruído uma ideologia ou uma doutrina porque se demonstrou a insuficiência teórica de seus defensores de terceira ou quarta categoria. E mais: "deve-se ser justo com os adversários", no sentido de que é necessário esforçar-se para compreender o que eles realmente quiseram dizer, e não fixar-se maliciosamente nos significados superficiais e imediatos das suas expressões. Isto é válido sempre que o fim proposto seja o de elevar o tom e o nível intelectual dos próprios seguidores, e não o fim imediato de criar um deserto em torno de si a qualquer custo. Deve-se assumir o seguinte ponto de vista: que o próprio seguidor deve discutir e sustentar o próprio ponto de vista em discussões com adversários capazes e inteligentes, e não apenas com pessoas rústicas e despreparadas, que se convençam "por autoridade" ou por via "emocional". A possibilidade do erro deve ser afirmada e justificada, sem com isso abandonar a própria concepção, já que o importante não é a opinião de Fulano, Beltrano ou Sicrano, mas o conjunto de opiniões que se tornaram coletivas, um elemento e uma força social: estas devem ser refutadas em seus expoentes teóricos mais representativos e dignos de respeito pela elevação do pensamento, bem como pelo "desinteresse" imediato, sem pensar ter com isso "destruído" o elemento e a força social correspondente (o que seria puro racionalismo iluminista), mas somente ter contribuído: 1) para manter e reforçar no próprio campo o espírito de diferenciação e de cisão; 2) para criar o terreno que permita ao próprio campo absorver e vivificar uma doutrina original própria, correspondente às condições de vida próprias.

Deve-se observar que muitas deficiências do *Ensaio popular* estão ligadas à "oratória". O autor recorda, no prefácio, quase como uma honraria, a origem "falada" de sua obra. Mas, como Macaulay já observou a propósito das discussões orais entre os gregos, é precisamente às "demonstrações orais" e à mentalidade dos oradores que se ligam as mais surpreendentes superficialidades lógicas e de argumentação [23]. De resto, isso não diminui a responsabilidade dos autores que não revejam, antes de imprimi-las, as exposições orais, frequentemente improvisadas, nas quais a associação casual e mecânica das ideias substitui muitas vezes o vigor lógico. O pior é quando, nesta prática oratória, a mentalidade preguiçosa se solidifica e os freios críticos não mais funcionam. Seria possível fazer uma lista das *ignorantiae* e *mutationes elenchi* do *Ensaio popular*, devidas provavelmente ao "ardor" oratório. Um exemplo típico parece-me ser o parágrafo dedicado ao professor Stammler, dos mais superficiais e sofísticos.

§ 16. *Questões de nomenclatura e de conteúdo.* Uma das características dos intelectuais como categoria social cristalizada (isto é, que concebe a si mesma como continuação ininterrupta na história e, portanto, independentemente da luta dos grupos e não como expressão de um processo dialético, pelo qual todo grupo social dominante elabora uma categoria de intelectuais própria) é, precisamente, a de relacionarem-se, na esfera ideológica, com uma categoria intelectual precedente, através de uma idêntica nomenclatura de conceitos. Todo novo organismo histórico (tipo de sociedade) cria uma nova superestrutura, cujos representantes especializados e porta-vozes (os intelectuais) só podem ser concebidos também como "novos" intelectuais, surgidos da nova situação, e não como a continuação da intelectualidade precedente. Se os "novos" intelectuais se colocam como continuação direta da *intelligentsia* precedente, não são verdadeiramente "novos", isto é, não são ligados ao novo grupo social que representa organicamente a nova situação histórica, mas são um rebotalho conservador e fossilizado do grupo social historicamente superado (o que, de resto, é o mesmo que dizer que a nova situação histórica ainda não atingiu o grau de desenvolvimento necessário para ter a capacidade de criar novas superestruturas, mas vive ainda no invólucro carcomido da velha história).

Todavia, deve-se levar em conta que nenhuma nova situação histórica, mesmo a derivada da mudança mais radical, transforma completamente a linguagem, pelo menos em seu aspecto exterior, formal. Mas o conteúdo da linguagem deveria ter mudado, ainda que seja difícil, de imediato, ter consciência exata desta modificação. Por outro lado, o fenômeno é historicamente complexo e se complica graças à existência de diversas culturas típicas nos diversos estratos do novo grupo social, alguns dos quais, no terreno ideológico, ainda estão imersos na cultura de situações históricas que precedem, às vezes, até mesmo aquela que foi superada mais recentemente. Uma classe, embora alguns de seus estratos ainda permaneçam na concepção ptolomaica do mundo, pode ser a representante de uma situação histórica muito avançada; atrasados ideologicamente (ou, pelo menos, em alguns setores da concepção do mundo, que neles é ainda desagregada e ingênua), estes estratos são, contudo, avançadíssimos praticamente, isto é, como função econômica e política. Se a tarefa dos intelectuais é determinar e organizar a reforma moral e intelectual, isto é, adequar a cultura à função prática, torna-se evidente que os intelectuais "cristalizados" são conservadores e reacionários. Isto porque, enquanto o novo grupo social sente pelo menos que é distinto e separado do precedente, tais intelectuais não sentem nem mesmo esta distinção, mas acreditam poder se ligar ao passado.

Por outro lado, não se diz que toda a herança do passado deva ser afastada: existem "valores instrumentais" que não podem deixar de ser acolhidos inteiramente, a fim de serem elaborados e refinados.

Mas como distinguir o valor instrumental do valor filosófico caduco, que deve ser afastado? Ocorre frequentemente que, por se ter aceito um valor filosófico caduco de uma determinada tendência passada, rechaça-se depois um valor instrumental de outra tendência, já que contrastante com a primeira, ainda que tal valor instrumental seja útil para expressar o novo conteúdo histórico-cultural.

Assim, viu-se como o termo "materialismo" foi acolhido com o conteúdo passado e, ao contrário, como o termo "imanência" foi rejeitado por ter tido, no passado, um determinado conteúdo histórico-cultural. A dificuldade de adequar a expressão literária ao conteúdo conceitual, bem como a confusão entre as questões de terminologia e as de substância e vice-versa, são características do diletantismo filosófico, da falta de senso histórico na apreensão dos diversos momentos de um processo de desenvolvimento cultural, ou seja, são características de uma concepção antidialética, dogmática, prisioneira dos esquemas abstratos da lógica formal.

O termo "materialismo", na primeira metade do século XIX, deve ser entendido não só em sua significação técnico-filosófica estrita, mas também na significação mais ampla que foi assumindo polemicamente nas discussões surgidas na Europa com o surgimento e o desenvolvimento vitorioso da cultura moderna. Chamou-se de materialismo toda doutrina filosófica que excluísse a transcendência do domínio do pensamento e, consequentemente, ganharam de fato tal designação não só o panteísmo e o imanentismo, mas também foi chamada de materialismo qualquer atitude prática inspirada no realismo político, isto é, que se opusesse a algumas correntes deterioradas do romantismo político, como as doutrinas de Mazzini popularizadas e que só falavam de "missões", de "ideais" e de outras vagas nebulosidades e sentimentalismos abstratos desta espécie. Também nas atuais polêmicas dos católicos, o termo materialismo é frequentemente usado neste sentido; materialismo é o oposto de espiritualismo em sentido estrito, isto é, de espiritualismo religioso, incluindo-se no materialismo, portanto, todo o hegelianismo e a filosofia clássica alemã em geral, bem como o sensualismo e o iluminismo franceses. Assim, nos termos do senso comum, chama-se de materialismo tudo o que tende a encontrar nesta terra, e não no paraíso, a finalidade da vida. Qualquer atividade econômica que saísse dos limites da produção medieval era "materialismo", porque parecia um "fim em si mesma", a economia pela economia, a atividade pela atividade, assim como hoje a América é "materialista" para o europeu médio, já que o emprego das máquinas e o volume das empresas e dos negócios excedem um certo limite que o europeu médio considera como o "justo", ou seja, um limite dentro do qual as exigências "espirituais" não sejam destruídas. Assim, a utilização polêmica da cultura feudal contra a burguesia em desenvolvimento é assumida hoje pela cultura burguesa europeia contra um capitalismo mais desenvolvido do que o europeu, por um lado; e, por outro, contra a atividade prática dos grupos sociais subalternos para os quais — inicialmente e durante uma inteira época histórica, isto é, até o momento em que estes ainda não tiverem criado uma economia e uma estrutura social próprias — a atividade não pode deixar de ser predominantemente econômica ou, pelo menos, expressar-se em termos econômicos e de estrutura. Traços desta concepção do materialismo permanecem na linguagem: *geistlich* em alemão significa também "clerical", próprio do clero, da mesma forma que *dukhoviez* em russo. E que esta concepção seja a predominante é o que podemos deduzir de muitos escritores da filosofia da práxis, para os quais a religião, o teísmo, etc. são precisamente os pontos de referência para reconhecer os "materialistas consequentes".

Uma das razões, talvez a predominante, da redução do materialismo histórico ao materialismo metafísico tradicional deve ser buscada no fato de que o materialismo histórico não podia deixar de ser uma fase predominantemente crítica e polêmica da filosofia, enquanto se tinha necessidade de um sistema já completo e perfeito. Mas os sistemas completos e perfeitos são sempre obra de filósofos individuais; nesses sistemas, ao lado da parte historicamente atual, isto é, correspondente às atuais condições de vida, existe sempre uma parte abstrata, "a-histórica", no sentido de que está ligada às filosofias precedentes e corresponde a necessidades exteriores e pedantes de arquitetura do sistema ou, então, se deve a idiossincrasias pessoais. Por isso, a filosofia de uma época não pode ser nenhum sistema individual ou de tendência: ela é o conjunto de todas as filosofias individuais e de tendência, mais as opiniões científicas, mais a religião, mais o senso comum. Pode-se formar um sistema deste gênero artificialmente? Através da obra de grupos e de indivíduos? A atividade crítica é a única possível, notadamente no sentido de colocar e resolver criticamente os problemas que se apresentam como expressões do desenvolvimento histórico. Mas o primeiro destes problemas a colocar e compreender é o seguinte: a nova filosofia não pode coincidir com nenhum sistema do passado, não importa qual seja o seu nome. Identidade de termos não significa identidade de conceitos.

Um livro a estudar sobre esse assunto é a *História do Materialismo*, de Lange. A obra talvez esteja mais ou menos superada pelos estudos ulteriores sobre filósofos materialistas individuais, mas sua importância cultural permanece intacta do seguinte ponto de vista: nela se basearam, para informar-se sobre os precedentes e para obter os conceitos fundamentais do materialismo, toda uma série de seguidores do materialismo histórico. Pode-se afirmar, esquematicamente, que ocorreu o seguinte: partiu-se do pressuposto dogmático de que o materialismo histórico não é nada mais do que o materialismo tradicional um pouco revisto e corrigido (corrigido pela "dialética", que é considerada assim como um capítulo da lógica formal e não como sendo ela mesma uma lógica, isto é, uma teoria do conhecimento); estudou-se em Lange o que era o materialismo tradicional e os conceitos deste foram reapresentados como conceitos do materialismo histórico. Desta forma, pode-se dizer que, para a maior parte do corpo de conceitos que se apresenta sob a etiqueta do materialismo histórico, o corifeu e fundador foi Lange e ninguém mais. Eis porque o estudo desta obra apresenta um grande interesse cultural e crítico, tanto mais que Lange é um historiador consciencioso e agudo, que tem do materialismo um conceito bastante preciso, definido e limitado; por isso, para grande espanto e quase desdém de alguns (como Plekhanov), ele não considera materialistas nem o materialismo histórico nem a filosofia de Feuerbach. É possível ver também aqui como a terminologia é convencional, mas tem sua importância na determinação de erros e desvios que ocorrem quando não se leva em conta que é sempre necessário recorrer às fontes culturais para determinar o valor exato dos conceitos, já que, sob um mesmo chapéu, podem estar diferentes cabeças. É notório, por outro lado, que o fundador da filosofia da práxis [24] jamais chamou sua concepção de "materialismo" e que, falando do materialismo francês, criticou-o, afirmando que a crítica deveria ser mais exaustiva. Assim, jamais usou a fórmula "dialética materialista", mas sim "racional", em contraposição a "mística", o que dá ao termo "racional" uma significação bastante precisa.

Sobre esta questão, deve-se rever o que escreve Antonio Labriola em seus ensaios. Da *História* de Lange, havia sido anunciada uma tradução italiana pela Editora Athena, de Milão; foi publicada recentemente uma outra, pela Editora Monani, também de Milão.

§ 17. *A chamada "realidade do mundo exterior"*. Toda a polêmica contra a concepção subjetivista da realidade, com a "terrível" questão da "realidade objetiva do mundo exterior", está mal colocada, conduzida ainda pior, sendo em grande parte fútil e ociosa (refiro-me também à memória apresentada ao Congresso de História das Ciências, realizado em Londres, em junho-julho de 1931) [25]. Do ponto de vista de um "ensaio popular", todo tratamento do problema corresponde mais a um prurido de pedantismo intelectual do que a uma necessidade lógica. O público popular não acredita sequer que se possa colocar um tal problema, ou seja, se o mundo exterior existe objetivamente. Basta enunciar o problema desta maneira para ouvir uma irrefreável e gargantuesca explosão de hilaridade. O público "crê" que o mundo exterior seja objetivamente real, mas precisamente aqui surge o problema: qual é a origem desta "crença" e que valor crítico tem "objetivamente"? De fato, esta crença é de origem religiosa, mesmo se quem dela partilha é religiosamente indiferente. Dado que todas as religiões ensinaram e ensinam que o mundo, a natureza, o universo, foi criado por Deus antes da criação do homem e, portanto, que o homem já encontrou o mundo pronto e acabado, catalogado e definido de uma vez por todas, esta crença tornou-se um dado férreo do "senso comum", vivendo com a mesma solidez ainda quando o sentimento religioso está apagado e adormecido. Daí que, portanto, fundar-se nesta experiência do senso comum para destruir com a "comicidade" a concepção subjetivista é algo que tem uma significação sobretudo "reacionária", de retorno implícito ao sentimento religioso; de fato, os escritores e os oradores católicos recorrem ao mesmo meio para obter o mesmo efeito de ridículo corrosivo.

Na memória apresentada ao Congresso de Londres, o autor do *Ensaio popular* responde implicitamente a esta crítica (que de resto é de caráter exterior, embora tenha a sua importância), observando que Berkeley, a quem se deve a primeira enunciação completa da concepção subjetivista, era um arcebispo (portanto, ao que parece, deve-se deduzir a origem religiosa da teoria), e dizendo, posteriormente, que só um "Adão", que se encontre pela primeira vez no mundo, pode pensar que este existe apenas porque ele o pensa (e, também aqui, se insinua a origem religiosa da teoria, mas sem muito ou nenhum vigor de convicção).

O problema, ao contrário, parece-me ser o seguinte: como é possível explicar que uma tal concepção, que não é certamente uma futilidade, mesmo para um filósofo da práxis, quando é hoje exposta ao público provoque apenas o riso e a ironia? Parece-me ser este o caso mais típico da distância que se vem formando entre ciência e vida, entre certos grupos de intelectuais — que, não obstante, estão na direção "central" da alta cultura — e as grandes massas populares; e também de como a linguagem da filosofia se tornou um jargão que obtém o mesmo efeito que o de Arlequim. Mas, se o "senso comum" se diverte, mesmo assim o filósofo da práxis deveria buscar uma explicação, tanto do real significado que tem a concepção e do porquê do seu nascimento e da sua difusão entre os intelectuais, quanto do porquê ela faz rir o senso comum. É certo que a concepção subjetivista é própria da filosofia moderna em sua forma mais completa e avançada, se foi dela e como sua superação que nasceu o materialismo histórico, o qual, na teoria das superestruturas, coloca em linguagem realista e historicista o que a filosofia tradicional expressava em forma especulativa. A demonstração dessa afirmação, aqui apenas mencionada, teria a maior importância cultural, já que poria termo a uma série de discussões tão fúteis quanto ociosas e permitiria um desenvolvimento orgânico da filosofia da práxis, até transformá-la no expoente hegemônico da alta cultura. É surpreendente que o nexo entre a afirmação idealista de que a realidade do mundo é uma criação do espírito humano e a afirmação da historicidade e da caducidade de todas as ideologias feita pela filosofia da práxis, a partir do fato de que as ideologias são expressões da estrutura e se modificam com a modificação desta, não tenha jamais sido afirmado e convenientemente desenvolvido.

A questão está estreitamente ligada, o que é compreensível, à questão do valor das ciências chamadas exatas ou físicas, bem como à posição que elas têm assumido no quadro da filosofia da práxis, posição de um quase fetichismo ou, melhor, de única e verdadeira filosofia ou conhecimento do mundo.

Mas que devemos entender por concepção subjetivista da realidade? É possível aceitar alguma das muitas teorias subjetivistas elucubradas por toda uma série de filósofos e professores, inclusive as solipsistas? É evidente que a filosofia da práxis, também neste caso, pode ser relacionada apenas com o hegelianismo, que representa a forma mais completa e genial desta concepção, e que, das teorias posteriores, deverão ser tomados em consideração somente alguns aspectos parciais e os valores instrumentais. Será necessário, também, investigar as formas bizarras assumidas pela concepção, tanto nos discípulos quanto nos críticos mais ou menos inteligentes. Assim, deve-se recordar o que Tolstoi escreve em suas *Memórias da infância e da juventude*; Tolstoi conta que tinha sido tão influenciado pela concepção subjetivista da realidade que frequentemente tinha vertigens, porque se voltava para trás, persuadido de poder surpreender o momento no qual não veria nada, pois seu espírito não poderia ter tido tempo de "criar" a realidade (ou qualquer coisa de similar; a passagem de Tolstoi é muito característica e literariamente interessante). Assim, em suas *Linee di filosofia critica* (p. 159), Bernardino Varisco escreve: "Abro um jornal para informar-me das notícias; pretendeis sustentar que as notícias foram criadas por mim, ao abrir o jornal?" É possível explicar o fato de Tolstoi ter dado à proposição subjetivista um significado tão imediato e mecânico. Mas não é surpreendente que Varisco possa ter escrito deste modo, ele que, ainda que hoje se tenha voltado para a religião e para o dualismo transcendente, é um estudioso sério, que deveria conhecer a matéria de sua especialidade? A crítica de Varisco é a do senso comum; é notável que precisamente esta crítica seja esquecida pelos filósofos idealistas, mesmo sendo de extrema importância para impedir a difusão de um modo de pensar e de uma cultura. Pode-se recordar um artigo de Mario Missiroli, na *Italia Letteraria*, onde ele afirma que ficaria muito embaraçado se tivesse de sustentar, diante de um público comum e em polêmica com um neoescolástico, por exemplo, o ponto de vista subjetivista; Missiroli observa, portanto, como o catolicismo tende, em concorrência com a filosofia idealista, a apropriar-se das ciências físicas e naturais. Em outro local, Missiroli previu um período de decadência da filosofia especulativa e uma cada vez maior difusão das ciências experimentais e "realistas" (neste segundo escrito, porém, publicado pelo *Saggiatore*, ele prevê também uma onda de anticlericalismo, isto é, não mais parece crer na conquista das ciências por parte do catolicismo). Assim, deve-se recordar, no volume dos *Scritti vari* de Roberto Ardigò, coletado e organizado por G. Marchesini (Lemonnier, 1922), a "polêmica da abóbora": num jornaleco clerical de província, um escritor (um padre da cúria episcopal), visando a desqualificar Ardigò em face do público popular, chamou-o de "um daqueles filósofos que afirmam que a catedral (de Mântua ou de outra cidade) existe só porque eles a pensam e, quando eles não mais a pensam, a catedral desaparece, etc.", o que causou um profundo ressentimento em Ardigò, que era positivista e estava de acordo com os católicos na maneira de conceber a realidade exterior.

Deve-se demonstrar que a concepção "subjetivista" — após ter servido para criticar a filosofia da transcendência, por um lado, e a metafísica ingênua do senso comum e do materialismo filosófico, por outro — só pode encontrar a sua realização e a sua interpretação historicista na concepção das superestruturas, ao passo que, em sua forma especulativa, ela nada mais é do que um mero romance filosófico. Um esboço para uma interpretação um pouco mais realista do subjetivismo na filosofia clássica alemã pode ser encontrado numa resenha de G. De Ruggiero aos escritos póstumos (cartas, ao que me parece) de B. Constant, publicados na *Critica* há alguns anos.

A crítica que se deve fazer ao *Ensaio popular* é a de ter apresentado a concepção subjetivista tal como ela se manifesta na crítica do senso comum, bem como a de ter acolhido a concepção da realidade objetiva do mundo exterior em sua forma mais trivial e acrítica, sem nem sequer suspeitar que se pode mover contra ela a objeção de misticismo, como ocorreu de fato. (Na memória apresentada ao Congresso de Londres, o autor do *Ensaio popular* refere-se à acusação de misticismo, atribuindo-a a Sombart e afastando-a com desprezo; Sombart, certamente, tomou a acusação de Croce.) Só que, analisando esta concepção, não resulta fácil justificar um ponto de vista de objetividade exterior entendida tão mecanicamente. Pode existir uma objetividade extra-histórica e extra-humana? Mas quem julgará esta objetividade? Quem poderá colocar-se nesta espécie de "ponto de vista do cosmo em-si", e que significaria um tal ponto de vista? Pode-se muito bem sustentar que se trata de um resíduo do conceito de Deus, precisamente em sua concepção mística de um Deus desconhecido. A formulação de Engels, segundo a qual "a unidade do mundo consiste em sua materialidade, demonstrada... pelo longo e trabalhoso desenvolvimento da filosofia e das ciências naturais", contém precisamente o germe da concepção justa, já que se recorre à história e ao homem para demonstrar a realidade objetiva. Objetivo significa sempre "humanamente objetivo", o que pode corresponder exatamente a "historicamente subjetivo", isto é, objetivo significaria "universal subjetivo". O homem conhece objetivamente na medida em que o conhecimento é real para todo o gênero humano *historicamente* unificado em um sistema cultural unitário; mas este processo de unificação histórica ocorre com o desaparecimento das contradições internas que dilaceram a sociedade humana, contradições que são a condição da formação dos grupos e do nascimento das ideologias não universal-concretas, mas que envelhecem imediatamente, por causa da origem prática da sua substância. Há, portanto, uma luta pela objetividade (para libertar-se das ideologias parciais e falazes) e esta luta é a própria luta pela unificação cultural do gênero humano. O que os idealistas chamam de "espírito" não é um ponto de partida, mas de chegada: o conjunto das superestruturas em devir rumo à unificação concreta e objetivamente universal, e não um pressuposto unitário, etc.

A ciência experimental foi (ofereceu), até agora, o terreno no qual uma tal unidade atingiu o máximo de extensão: ela foi o elemento de conhecimento que mais contribuiu para unificar o "espírito", para fazê-lo se tornar mais universal; ela é a subjetividade mais objetivada e universalizada concretamente.

O conceito de "objetivo" do materialismo metafísico parece querer significar uma objetividade que existe também fora do homem; mas, quando se afirma que uma realidade existiria ainda que não existisse o homem, ou se faz uma metáfora ou se cai numa forma de misticismo. Conhecemos a realidade apenas em relação ao homem e, como o homem é um devir histórico, também o conhecimento e a realidade são um devir, também a objetividade é um devir, etc.

§ 18. *Juízo sobre as filosofias passadas.* A superficial crítica ao subjetivismo no *Ensaio popular* insere-se numa questão mais geral, a saber, a da atitude em face das filosofias e dos filósofos do passado. Julgar todo o passado filosófico como um delírio e uma loucura não é apenas um erro de anti-historicismo, já que contém a anacrônica pretensão de que no passado se devesse pensar como hoje, mas é um verdadeiro resíduo de metafísica, já que supõe um pensamento dogmático válido em todos os tempos e em todos os países, através do qual se julga todo o passado. O anti-historicismo metodológico não é senão a metafísica. O fato de que os sistemas filosóficos passados tenham sido superados não exclui a possibilidade de terem sido válidos historicamente e de terem desempenhado uma função necessária: sua caducidade deve ser considerada do ponto de vista do desenvolvimento histórico global e da dialética real; que eles fossem *dignos* de perecer não é um juízo moral ou de profilaxia do pensamento, emitido de um ponto de vista "objetivo", mas um juízo dialético-histórico. Pode-se comparar com a apresentação feita por Engels da proposição hegeliana segundo a qual "tudo o que é racional é real e o que é real é racional", proposição que será válida também para o passado [26]. No *Ensaio*, o passado é julgado como "irracional" e "monstruoso" e a história da filosofia se transforma num tratado histórico de teratologia, já que se parte de um ponto de vista metafísico. (No *Manifesto*, ao contrário, está contido o mais alto elogio ao mundo moribundo.) Se este modo de julgar o passado é um erro teórico, um desvio da filosofia da práxis, poderá ter ao menos algum significado educativo, será inspirador de energias? Não parece, pois então a questão se reduziria a presumir que se é alguma coisa tão só porque se nasceu no presente e não em um dos séculos passados. Mas, em qualquer tempo, houve um passado e uma contemporaneidade; ser "contemporâneo" é um mérito apenas para as piadas. (Conta-se a anedota de um burguesinho francês que estampou em seu cartão de visitas, precisamente, a expressão "contemporâneo": acreditava não ser nada e descobriu um dia, ao contrário, que era alguma coisa, exatamente um "contemporâneo".)

§ 19. *Sobre a arte.* No capítulo dedicado à arte, afirma-se que mesmo as mais recentes obras sobre a estética colocam a identidade de forma e conteúdo. Isto pode ser considerado como um dos mais evidentes exemplos da incapacidade crítica em estabelecer a história dos conceitos e em determinar o real significado dos próprios conceitos segundo as diversas teorias. De fato, a identificação de conteúdo e forma é afirmada pela estética idealista (Croce), mas com base em pressupostos idealistas e com terminologia idealista. "Conteúdo" e "forma", portanto, não têm o significado que o *Ensaio* supõe. O fato de que forma e conteúdo se identifiquem significa que, na arte, o conteúdo não é o "tema abstrato", isto é, a intriga romanesca e a massa particular de sentimentos genéricos, mas a própria arte; uma categoria filosófica, um momento "distinto" do espírito, etc. Tampouco forma significa "técnica", como o *Ensaio* supõe. Todos os temas e referências de estética e de crítica de arte contidos no *Ensaio* devem ser compilados e analisados. Enquanto isso, pode servir de exemplo o parágrafo dedicado ao *Prometeu* de Goethe. O juízo dado é superficial e extremamente genérico. O autor, ao que parece, não conhece nem a exata história desta ode de Goethe, nem a história do mito de Prometeu na literatura mundial antes de Goethe e, especialmente, no período precedente e contemporâneo à atividade literária de Goethe. Mas é possível emitir um juízo, como o emitido no *Ensaio,* sem conhecer precisamente estes elementos? Porque, de outro modo, como distinguir o que é mais estritamente pessoal de Goethe do que é representativo de uma época e de um grupo social? Juízos deste gênero são justificados precisamente na medida em que não são generalidades vazias, nas quais podem penetrar as coisas mais disparatadas, mas quando são precisos, demonstrados, peremptórios; de outra forma, destinam-se tão só a difamar uma teoria e a suscitar um modo superficial de tratar as questões (deve-se recordar sempre a frase de Engels contida na carta a um estudante publicada no *Sozialistische Akademiker*) [27].

§ 20. *Objetividade e realidade do mundo exterior.* O neo-escolástico Casotti (Mario Casotti, *Maestro e scolaro,* p. 49) escreve: "As investigações dos naturalistas e dos biólogos pressupõem como já existentes a vida e o organismo real", expressão que se aproxima à de Engels do *Anti-Dühring.*

Acordo do catolicismo com o aristotelismo na questão da objetividade do real.

Para compreender exatamente as significações que pode ter o problema da realidade do mundo exterior, pode ser oportuno desenvolver o exemplo das noções de "Oriente" e "Ocidente" que não deixam de ser "objetivamente reais", ainda que, quando analisadas, demonstrem ser nada mais do que uma "construção" convencional, isto é, "histórico-cultural" (frequentemente os termos "artificial" e "convencional" indicam fatos "históricos", produzidos pelo desenvolvimento da civilização, e não construções racionalisticamente arbitrárias ou individualmente artificiosas). Deve-se recordar também o exemplo contido em um pequeno livro de Bertrand Russell (*Os problemas da filosofia*, tradução italiana, nº 5 da Coleção Científica Sonzogno). Russell diz, mais ou menos, o seguinte: "Nós não podemos pensar, sem a existência do homem sobre a terra, na existência de Londres e de Edimburgo; mas podemos pensar na existência de dois pontos no espaço, onde hoje são Londres e Edimburgo, um ao Norte e outro ao Sul." Pode-se objetar que, sem pensar na existência do homem, é impossível pensar em "pensar"; não é possível pensar, de um modo geral, em nenhum fato ou relação que só existem enquanto o homem existe. Que significaria Norte-Sul, Leste-Oeste, sem o homem? Elas são relações reais e, contudo, não existiriam sem o homem e sem o desenvolvimento da civilização. É evidente que Leste e Oeste são construções arbitrárias, convencionais, isto é, históricas, já que fora da história real qualquer ponto da terra é simultaneamente Leste e Oeste. Isto pode ser visto mais claramente pelo fato de que estes termos se cristalizaram, não a partir do ponto de vista de um hipotético e melancólico homem em geral, mas do ponto de vista das classes cultas europeias, que, através de sua hegemonia mundial, fizeram com que fossem aceitos por toda parte. O Japão é Extremo Oriente não só para a Europa, mas talvez também para o americano da Califórnia e para o próprio japonês, o qual, através da cultura política inglesa, poderá chamar o Egito de Oriente Próximo. Assim, através do conteúdo histórico que se anexou ao termo geográfico, as expressões Oriente e Ocidente terminaram por indicar determinadas relações entre conjuntos de civilizações diversas.

Assim, falando do Marrocos, os italianos frequentemente o apontarão como um país "oriental" para se referirem à civilização muçulmana e árabe. Contudo, estas relações são reais, correspondem a fatos reais, permitem viajar por terra e por mar e chegar precisamente aonde se pretendia chegar; permitem prever o futuro, objetivar a realidade, compreender a objetividade do mundo exterior. Racional e real se identificam. Sem ter compreendido esta relação, ao que parece, é impossível compreender a filosofia da práxis, sua posição em face do idealismo e do materialismo mecânico, a importância e a significação da doutrina das superestruturas. Não é exato que, na filosofia da práxis, a "ideia" hegeliana tenha sido substituída pelo "conceito" de estrutura, como afirma Croce. A "ideia" hegeliana se resolve tanto na estrutura quanto nas superestruturas e toda a maneira de conceber a filosofia foi "historicizada", isto é, iniciou-se o nascimento de um novo modo de filosofar, mais concreto e mais histórico do que os precedentes.

§ 21. *A ciência e os instrumentos científicos.* Afirma-se, no *Ensaio popular*, que os progressos da ciência dependem, como o efeito da causa, do desenvolvimento dos instrumentos científicos. Este é um corolário do princípio geral, aceito pelo *Ensaio*, que tem origem em Loria [28], sobre a função histórica do "instrumento de produção e de trabalho", que substitui o conjunto das relações sociais de produção. Contudo, na ciência geológica, não se emprega outro instrumento além do martelo, e os progressos técnicos do martelo não são certamente comparáveis aos progressos da geologia. Se é possível reduzir-se, de acordo com o *Ensaio*, a história das ciências à história dos seus instrumentos particulares, como será possível construir-se uma história da geologia? Nem vale dizer que a geologia se baseia também nos progressos de um conjunto de outras ciências, pelo que a história dos instrumentos destas serviria para indicar o desenvolvimento da geologia; e isso porque, com esta escapatória, terminar-se-ia por afirmar uma generalidade vazia e por remeter a movimentos cada vez mais amplos até as relações de produção. É justo que, para a geologia, o lema seja: *mente et malleo.*

Pode-se dizer, em geral, que o progresso das ciências não pode ser documentado *materialmente*; a história das ciências só pode ser revivida na recordação, o que nem vale para todas, mediante a descrição do progressivo aperfeiçoamento dos instrumentos, que foram um dos meios de progresso, e mediante a descrição das máquinas, que foram a aplicação das próprias ciências. Os principais "instrumentos" do progresso científico são de natureza intelectual (bem como política), metodológica; e Engels, com justeza, escreveu que os "instrumentos intelectuais" não nasceram do nada, não são inatos no homem, mas são adquiridos e se desenvolveram e desenvolvem historicamente. Quanto contribuiu para o progresso das ciências a expulsão da autoridade de Aristóteles e da Bíblia no campo científico? E esta expulsão não se deveu ao progresso geral da sociedade moderna? Recordar o exemplo das teorias sobre a origem dos mananciais. A primeira formulação exata da maneira pela qual se produzem os mananciais encontra-se na *Enciclopédia* de Diderot, etc. Enquanto é possível demonstrar que os homens do povo, mesmo antes, tinham opiniões exatas a respeito, no campo dos cientistas se sucediam as arbitrárias e bizarras teorias, tendentes a colocar a Bíblia e Aristóteles de acordo com as observações experimentais do bom senso.

Uma outra questão é a seguinte: se fosse verdadeira a afirmação do *Ensaio*, em que se distinguiria a história das ciências da história da tecnologia? Com o desenvolvimento dos instrumentos "materiais" científicos, que se inicia historicamente com o advento do método experimental, desenvolveu-se uma ciência particular, a ciência dos instrumentos, estreitamente ligada ao desenvolvimento geral da produção e da tecnologia. (Sobre este assunto, deve-se consultar: G. Boffito, *Gli strumenti della scienza e la scienza degli strumenti*, Libreria Internazionale Sceber, Florença, 1929.)

O quanto é superficial a afirmação do *Ensaio* é o que pode ser visto pelo exemplo das ciências matemáticas, que não têm necessidade de nenhum instrumento material (não creio que se possa argumentar com o desenvolvimento do ábaco), sendo elas mesmas "instrumento" de todas as ciências naturais.

§ 22. *Questões gerais*. I. Não é tratado este ponto fundamental: como nasce o movimento histórico com base na estrutura. Não obstante, este problema é pelo menos mencionado nas *Questões fundamentais* de Plekhanov [29] e podia ser desenvolvido. Ademais, este é o ponto crucial de todas as questões nascidas em torno da filosofia da práxis e, sem tê-lo resolvido, é impossível resolver o outro, o das relações entre a sociedade e a "natureza", ao qual é dedicado um capítulo especial no *Ensaio*. As duas proposições do prefácio à *Crítica da economia política* — 1) A humanidade só se coloca sempre tarefas que pode resolver; a própria tarefa só surge quando as condições materiais da sua resolução já existem ou, pelo menos, já estão em vias de existir; 2) Uma formação social não desaparece antes que se tenham desenvolvido todas as forças produtivas que ela ainda comporta; e novas e superiores relações de produção não tomam o seu lugar antes que as condições materiais de existência destas novas relações já tenham sido geradas no próprio seio da velha sociedade [30] — estas proposições deveriam ter sido analisadas em toda a sua importância e consequências. Apenas nesse terreno é possível eliminar qualquer mecanicismo e qualquer traço de superstição "milagrosa"; apenas nele deve ser colocado o problema da formação dos grupos políticos ativos e, em última instância, também o problema da função das grandes personalidades na história.

II. Dever-se-ia compilar um registro "ponderado" dos cientistas cujas opiniões são citadas ou combatidas com alguma amplitude, fazendo acompanhar cada nome com anotações sobre a sua significação e importância científica (incluindo também os defensores da filosofia da práxis, que são citados não certamente em proporção à sua originalidade e significação). Na realidade, são brevíssimas as referências aos grandes intelectuais. Coloca-se a questão: não seria necessário, ao contrário, referir-se apenas aos grandes intelectuais adversários, deixando de lado os secundários, os repetidores de frases feitas? Tem-se a impressão, precisamente, de que se pretende combater apenas contra os mais débeis e, até mesmo, contra as posições mais débeis (ou mais inadequadamente sustentadas pelos mais débeis), a fim de obter fáceis vitórias verbais (já que é impossível falar de vitórias reais). Cria-se a ilusão de que existe uma semelhança qualquer (que não formal e metafórica) entre uma frente ideológica e uma frente político-militar. Na luta política e militar, pode ser conveniente a tática de penetrar nos pontos de menor resistência para ganhar condições de investir sobre o ponto mais forte com o máximo de forças, colocadas à disposição precisamente por causa da eliminação dos auxiliares mais débeis, etc. As vitórias políticas e militares, dentro de certos limites, têm um valor permanente e universal, podendo o fim estratégico ser alcançado de uma maneira decisiva com efeitos gerais para todos. Na frente ideológica, ao contrário, a derrota dos auxiliares e dos seguidores menores tem uma importância quase insignificante; nela, é preciso lutar contra os mais eminentes. Se não for assim, confunde-se o jornal com o livro, a pequena polêmica cotidiana com o trabalho científico; os menores devem ser abandonados à casuística infinita da polêmica jornalística.

Uma nova ciência alcança a prova da sua eficiência e fecunda vitalidade quando demonstra saber enfrentar os grandes campeões das tendências opostas, quando resolve com os próprios instrumentos as questões vitais colocadas por estas tendências ou quando demonstra peremptoriamente que tais questões são falsos problemas.

É verdade que uma época histórica e uma determinada sociedade são representadas sobretudo pela média dos intelectuais e, consequentemente, pelos medíocres; mas a ideologia difusa, de massa, deve ser diferenciada das obras científicas, das grandes sínteses filosóficas, que são, ademais, as suas verdadeiras culminações, as quais devem ser nitidamente superadas, ou negativamente, demonstrando-lhes a falta de fundamento, ou positivamente, contrapondo-lhes sínteses filosóficas de maior importância e significação. Lendo o *Ensaio*, temos a impressão de alguém que não pode dormir por causa da claridade da lua e que se esforça por matar a maior quantidade possível de vaga-lumes, convencido de que assim a claridade diminuirá ou desaparecerá.

III. É possível escrever um livro elementar, um manual, um "ensaio popular" de uma doutrina que está ainda na fase da discussão, da polêmica, da elaboração? Um manual popular só pode ser concebido como a exposição formalmente dogmática, estilisticamente fechada, cientificamente serena, de um determinado assunto; só pode ser uma introdução ao estudo científico, jamais a exposição de pesquisas científicas originais; deve ser destinado aos jovens ou a um público que, do ponto de vista da disciplina científica, está nas condições preliminares da idade juvenil e que, por isso, tem imediatamente a necessidade de "certezas", de opiniões que se apresentem como verídicas e indiscutíveis, pelo menos formalmente. Se uma determinada doutrina ainda não atingiu esta fase "clássica" do seu desenvolvimento, qualquer tentativa de "manualizá-la" deve fracassar necessariamente, sua sistematização lógica é apenas aparente e ilusória; tratar-se-á não de um manual, mas, ao contrário, como é o caso do *Ensaio,* de uma mecânica justaposição de elementos desconexos, que permanecem inexoravelmente desconexos e desligados, não obstante o verniz unitário fornecido pelo seu tratamento literário. Por que, então, não colocar a questão em seus justos termos teóricos e históricos e contentar-se com um livro no qual a série dos problemas essenciais da doutrina seja exposta monograficamente? Seria mais sério e mais "científico". Contudo, acredita-se vulgarmente que ciência queira absolutamente dizer "sistema" e, por isso, constroem-se sistemas de qualquer maneira, que do sistema não têm a coerência íntima e necessária, mas somente a mecânica exterioridade.

IV. No *Ensaio*, inexiste qualquer tratamento da dialética. A dialética é pressuposta, muito superficialmente, mas não exposta, o que é absurdo num manual que deveria conter os elementos essenciais da doutrina tratada e cujas referências bibliográficas deveriam ser destinadas a estimular o estudo para ampliar e aprofundar o assunto e não para substituir o próprio manual. A ausência de um tratamento da dialética pode ter duas origens. A primeira pode ser constituída pelo fato de se supor que a filosofia da práxis esteja cindida em dois elementos: uma teoria da história e da política entendida como sociologia, isto é, a ser construída segundo o método das ciências naturais (experimental no sentido vulgarmente positivista), e uma filosofia propriamente dita, que seria o materialismo filosófico ou metafísico ou mecânico (vulgar).

(Mesmo após a grande discussão ocorrida contra o mecanicismo, o autor do *Ensaio* não parece ter mudado muito a colocação do problema filosófico. Como se revela na memória apresentada ao Congresso de História da Ciência realizado em Londres, ele continua a considerar que a filosofia da práxis seja cindida em duas: a doutrina da história e da política e a filosofia, que ele diz, porém, ser o materialismo dialético, não mais o velho materialismo filosófico.)

Colocada assim a questão, não mais se compreende a importância e o significado da dialética, que, de doutrina do conhecimento e substância medular da historiografia e da ciência política, é degradada a uma subespécie de lógica formal, a uma escolástica elementar. A função e o significado da dialética só podem ser concebidos em toda a sua fundamentalidade se a filosofia da práxis for concebida como uma filosofia integral e original, que inicia uma nova fase na história e no desenvolvimento mundial do pensamento, na medida em que supera (e, superando, integra em si os seus elementos vitais) tanto o idealismo quanto o materialismo tradicionais, expressões das velhas sociedades. Se a filosofia da práxis é pensada apenas como subordinada a uma outra filosofia, é impossível conceber a nova dialética, na qual, precisamente, aquela superação se efetua e se expressa.

A segunda origem, ao que parece, é de caráter psicológico. Sente-se que a dialética é algo muito árduo e difícil, na medida em que pensar dialeticamente vai de encontro ao vulgar senso comum, que é dogmático, ávido de certezas peremptórias, tendo a lógica formal como expressão. Para compreender melhor, pode-se pensar no que ocorreria se, nas escolas primárias e secundárias, as ciências naturais e físicas fossem ensinadas com base no relativismo de Einstein e fazendo acompanhar a noção tradicional de "lei da natureza" pela de lei estatística ou dos grandes números. Os rapazes não compreenderiam nada de nada e o choque entre o ensino escolar e a vida familiar e popular seria de tal ordem que a escola se tornaria objeto de escárnio e de ceticismo caricatural.

Este motivo, ao que me parece, é um freio psicológico para o autor do *Ensaio*; ele realmente capitula diante do senso comum e do pensamento vulgar, já que não se colocou o problema nos termos teóricos exatos, pelo que está praticamente desarmado e impotente. O ambiente não educado e rústico dominou o educador, o vulgar senso comum se impôs à ciência e não vice-versa; se o ambiente é o educador, ele deve ser por sua vez educado: mas o *Ensaio* não compreendeu esta dialética revolucionária. A raiz de todos os erros do *Ensaio* e do seu autor (cuja posição não mudou, mesmo após a grande discussão em consequência da qual, ao que parece, ele repudiou o seu livro, como se revela na memória apresentada ao Congresso de Londres) [31] consiste precisamente nesta pretensão de dividir a filosofia da práxis em duas partes: uma "sociologia" e uma filosofia sistemática. Destacada da teoria da história e da política, a filosofia não pode deixar de ser metafísica, ao passo que a grande conquista da história do pensamento moderno, representada pela filosofia da práxis, é precisamente a historicização concreta da filosofia e sua identificação com a história.

§ 23. *A teleologia.* Na concepção de "missão histórica", não seria possível descobrir-se uma raiz teleológica? E, de fato, em muitos casos, essa concepção assume um significado equívoco e místico. Mas, em outros casos, tem um significado que, após o conceito kantiano da teleologia, pode ser definido e justificado pela filosofia da práxis.

§ 24. *A linguagem e as metáforas.* Em alguns pontos do *Ensaio*, afirma-se assim, sem maiores explicações, que os primeiros escritores da filosofia da práxis empregam os termos "imanência" e "imanente" só em sentido metafórico, como se essa pura afirmação fosse em si mesma exaustiva. Mas a questão entre a linguagem e as metáforas não é simples, muito pelo contrário. A linguagem é sempre metafórica. Talvez não se possa dizer exatamente que todo discurso seja metafórico com relação à coisa ou ao objeto material e sensível referido (ou ao conceito abstrato), a fim de não ampliar demasiadamente o conceito de metáfora; contudo, pode-se dizer que a linguagem atual é metafórica com relação aos significados e ao conteúdo ideológico que as palavras tiveram nos períodos anteriores da civilização. Um tratado de semântica — o de Michel Bréal, por exemplo — pode fornecer um catálogo, histórica e criticamente reconstruído, das mutações semânticas de determinados grupos de palavras [32]. Por não se levar em conta este fato, isto é, por não se ter um conceito crítico e historicista do fenômeno linguístico, decorrem muitos erros, tanto no campo da ciência como no campo prático: 1) Um erro de caráter estético, que hoje se corrige cada vez mais, mas que no passado foi doutrina dominante, é o de considerar como "belas" em si determinadas expressões e não outras, na medida em que aquelas são metáforas cristalizadas; os retóricos e os gramáticos se derretem por certas palavrinhas, nas quais descobrem não se sabe quais virtudes e essencialidades artísticas abstratas. Confunde-se a "alegria" inteiramente livresca do filólogo, que entra em êxtase com o resultado de algumas de suas análises etimológicas ou semânticas, com o prazer propriamente artístico; recentemente, ocorreu o caso patológico do escrito *Linguaggio e poesia*, de Giulio Bertoni [33]. 2) Um erro poético, que tem muitos seguidores, é a utopia das línguas fixas e universais. 3) Uma tendência arbitrária para o neolalismo, que nasce da questão colocada por Pareto e pelos pragmatistas sobre a "linguagem como causa de erro". Pareto, como os pragmatistas — na medida em que acreditam ter dado origem a uma nova concepção do mundo ou, pelo menos, ter inovado uma determinada ciência (e ter, consequentemente, dado às palavras um novo significado ou, pelo menos, um novo matiz, ou ter criado novos conceitos) —, encontram-se diante do fato de que as palavras tradicionais, sobretudo no uso comum, mas também no uso da classe culta (e mesmo no uso da seção de especialistas que trabalham com a própria ciência), continuam a manter o velho significado, não obstante a inovação de conteúdo, e reagem contra isso. Pareto cria um "dicionário" próprio, manifestando a tendência de criar uma sua língua pessoal "pura" ou "matemática" [34]. Os pragmatistas teorizam abstratamente sobre a linguagem como causa de erro (ver o pequeno livro de G. Prezzolini). Mas é possível afastar da linguagem as suas significações metafóricas e extensivas? Não, não é possível. A linguagem se transforma com a transformação de toda a civilização, com o florescimento de novas classes para a cultura, com a hegemonia exercida por uma língua nacional sobre as outras, etc., assumindo precisamente, de modo metafórico, as palavras das civilizações e das culturas precedentes. Hoje, ninguém pensa que a palavra "desastre" esteja ligada à astrologia, nem tampouco isso o induz a erro sobre as opiniões de quem a usa; da mesma forma, também um ateu pode falar de "desgraça", sem ser considerado partidário da predestinação, etc. O novo significado metafórico se amplia com a ampliação da nova cultura, que, de resto, cria palavras totalmente novas e as toma emprestadas de outras línguas, com um significado preciso, isto é, sem a aura extensiva que tinham na língua original. Assim, é provável que o termo "imanência" seja conhecido, compreendido e usado por muitos, pela primeira vez, apenas em seu novo significado "metafórico" fornecido pela filosofia da práxis.

§ 25. *Redução da filosofia da práxis a uma sociologia.* Essa redução representou a cristalização da tendência deteriorada, já criticada por Engels (nas cartas a dois estudantes, publicadas no *Sozialistische Akademiker*), e que consiste em reduzir uma concepção do mundo a um formulário mecânico, que dá a impressão de poder colocar toda a história no bolso. Ela foi o maior incentivo para as fáceis improvisações jornalísticas dos "genialoides". A experiência sobre a qual se baseia a filosofia da práxis não pode ser esquematizada; ela é a própria história em sua infinita variedade e multiplicidade, cujo estudo pode dar lugar ao nascimento da "filologia" como método de erudição na verificação dos fatos particulares e ao nascimento da filosofia entendida como metodologia geral da história. Talvez tenha sido isto o que pretenderam dizer os escritores que, como muito apressadamente afirma o *Ensaio* no primeiro capítulo, negam a possibilidade de construir uma sociologia a partir da filosofia da práxis e afirmam que a filosofia da práxis só vive nos ensaios históricos particulares (a afirmação, assim nua e crua, é certamente errônea e seria uma curiosa nova forma de nominalismo e de ceticismo filosófico). Negar que se possa construir uma sociologia, entendida como ciência da sociedade, isto é, como ciência da história e da política, que seja algo diverso da filosofia da práxis, não significa que não se possa construir uma compilação empírica de observações práticas que ampliem a esfera da filologia, tal como esta é entendida tradicionalmente. Se a filologia é a expressão metodológica da importância que tem a verificação e a determinação dos fatos particulares em sua inconfundível "individualidade", é impossível excluir a utilidade prática da identificação de determinadas "leis de tendência" mais gerais, que correspondem, na política, às leis estatísticas ou dos grandes números, que contribuíram para o progresso de algumas ciências naturais. Mas não se deu importância ao fato de que a lei estatística pode ser empregada na ciência e na arte política somente enquanto as massas da população permanecerem essencialmente passivas — com relação às questões que interessam ao historiador e ao político — ou enquanto se supõe que permaneçam passivas. Por outro lado, a extensão da lei estatística à ciência e à arte política pode ter consequências muito graves se dela nos utilizarmos para construir perspectivas e programas de ação; se, nas ciências naturais, a lei pode determinar apenas despropósitos e asneiras, que poderão ser facilmente corrigidos por novas investigações (e, de qualquer modo, apenas tornam ridículo o cientista individual que a utilizou), na ciência e na arte política ela pode ter como resultado verdadeiras catástrofes, cujos "frios" prejuízos jamais poderão ser ressarcidos. De fato, na política, a utilização da lei estatística como lei essencial, operando de modo fatalista, não é apenas um erro científico, mas torna-se também um erro prático, em ato; por outro lado, ela favorece a preguiça mental e a superficialidade programática. Deve-se observar que a ação política tende, precisamente, a fazer com que as multidões saiam da passividade, isto é, a destruir a lei dos grandes números. Como, então, considerá-la uma lei sociológica? Se observarmos bem, veremos que a própria reivindicação de uma economia planificada ou dirigida é destinada a destruir a lei estatística mecanicamente entendida, isto é, produzida pela mescla casual de infinitos atos arbitrários individuais, se bem que esta planificação terá que se basear na estatística, o que, contudo, não significa a mesma coisa: na realidade, a "espontaneidade" naturalista é substituída pela consciência humana. Outro elemento que conduz, na arte política, ao abalo dos velhos esquemas naturalistas é a substituição, na função dirigente, dos indivíduos singulares, dos chefes individuais (ou carismáticos, como diz Michels), por organismos coletivos (os partidos). Com o crescimento dos partidos de massa e com a sua adesão orgânica à vida mais íntima (econômico-produtiva) da própria massa, o processo de estandardização dos sentimentos populares, que era mecânico e casual (isto é, produzido pela existência ambiente de condições e pressões similares), torna-se consciente e crítico. O conhecimento e o julgamento da importância de tais sentimentos jamais ocorrem, por parte dos chefes, através de intuições baseadas na identificação de leis estatísticas, isto é, por via racional e intelectual, frequentemente ilusórias — que o chefe traduz em ideias-forças, em palavras-forças —, mas ocorre, por parte do organismo coletivo, através da "coparticipação ativa e consciente", da "copassionalidade", da experiência dos detalhes imediatos, de um sistema que se poderia chamar de "filologia viva". Assim, forma-se uma estreita ligação entre grande massa, partido e grupo dirigente; e todo o conjunto, bem articulado, pode se movimentar como um "homem-coletivo".

Se o livro de Henri De Man tem algum valor, tem-no precisamente neste sentido: o de que incita a "informar-se" particularizadamente dos sentimentos reais e não dos sentimentos supostos, segundo leis sociológicas, dos grupos e dos indivíduos [35]. Mas De Man não fez nenhuma nova descoberta, nem tampouco encontrou um princípio original que pudesse superar a filosofia da práxis ou demonstrar que ela é cientificamente errada e estéril: elevou a princípio científico um critério empírico de arte política, já conhecido e aplicado, se bem que talvez insuficientemente definido e desenvolvido. De Man não soube nem mesmo limitar precisamente o seu critério, já que terminou por criar uma nova lei estatística e, inconscientemente, com outro nome, um novo método de matemática social e de classificação exterior, uma nova sociologia abstrata.

§ 26. *Questões gerais.* Uma das observações preliminares é a seguinte: o título não corresponde ao conteúdo do livro [36]. "Teoria da filosofia da práxis" deveria significar uma sistematização lógica e coerente dos conceitos filosóficos que são difusamente conhecidos sob o nome de filosofia da práxis (e que são frequentemente espúrios, de derivação estranha e, como tais, deveriam ser criticados e expurgados). Nos primeiros capítulos, deveriam ser tratadas as seguintes questões: Que é a filosofia? Em que sentido uma concepção do mundo pode se chamar filosofia? Como tem sido concebida, até nossos dias, a filosofia? A filosofia da práxis inova esta concepção? Que significa uma filosofia "especulativa"? A filosofia da práxis poderá algum dia ter uma forma especulativa? Que relações existem entre as ideologias, as concepções do mundo e as filosofias? Quais são, ou devem ser, as relações entre teoria e prática? Como são concebidas estas relações pelas filosofias tradicionais?, etc., etc. A resposta a estas e a outras perguntas constitui a "teoria" da filosofia da práxis.

No *Ensaio popular*, nem sequer está justificada coerentemente a premissa implícita na exposição e referida explicitamente em algum lugar, de modo casual, segundo a qual a *verdadeira* filosofia é o materialismo filosófico e a filosofia da práxis é uma pura "sociologia". Que significa, realmente, esta afirmação? Se ela fosse verdadeira, significaria que a teoria da filosofia da práxis seria o materialismo filosófico. Mas, neste caso, que significa a afirmação de que a filosofia da práxis é uma sociologia? E que seria esta sociologia? Uma ciência da política e da historiografia? Ou, então, uma coletânea sistemática e classificada segundo uma certa ordem de observações puramente empíricas sobre a arte política e de cânones externos de investigação histórica? Não se encontram, no livro, respostas a estas perguntas; não obstante, somente elas constituiriam uma teoria. Desta forma, não se justifica o nexo entre o título geral *Teoria*, etc. e o subtítulo *Ensaio popular*. O subtítulo seria o título mais exato se se desse ao termo "sociologia" um significado muito restrito. De fato, coloca-se a questão do que seja a "sociologia". Não é ela uma tentativa de elaborar uma chamada ciência exata (isto é, positivista) dos fatos sociais, ou seja, da política e da história? Ou seja, um embrião de filosofia? Não terá a sociologia se proposto realizar algo semelhante à filosofia da práxis? Contudo, entendamo-nos: a filosofia da práxis nasceu sob a forma de aforismos e de critérios práticos por um mero acaso, a saber, porque o seu fundador dedicou sistematicamente as suas forças intelectuais a outros problemas, notadamente econômicos; nestes critérios práticos e nestes aforismos, contudo, está implícita toda uma concepção do mundo, uma filosofia. A sociologia foi uma tentativa de criar um método para a ciência histórico-política, na dependência de um sistema filosófico já elaborado, o positivismo evolucionista, sobre o qual a sociologia reagiu, mas apenas parcialmente. Por isto, a sociologia se tornou uma tendência em si, tornou-se a filosofia dos não filósofos, uma tentativa de descrever e classificar esquematicamente fatos históricos e políticos, a partir de critérios construídos com base no modelo das ciências naturais. A sociologia é, portanto, uma tentativa de extrair "experimentalmente" as leis de evolução da sociedade humana, de maneira a "prever" o futuro com a mesma certeza com que se prevê que de uma semente nascerá uma árvore. O evolucionismo vulgar está na base da sociologia, que não pode conhecer o princípio dialético da passagem da quantidade à qualidade, passagem que perturba toda evolução e toda lei de uniformidade entendida em sentido vulgarmente evolucionista. De qualquer modo, toda sociologia pressupõe uma filosofia, uma concepção do mundo, da qual é um momento subordinado. Não deve ser confundida com a teoria geral, isto é, com a filosofia; a particular "lógica" interna das diversas sociologias, lógica pela qual elas adquirem uma coerência mecânica. Isto não significa, naturalmente, que a investigação das "leis" de uniformidade não seja útil e interessante e que um tratado de observações imediatas sobre a arte da política não tenha a sua razão de ser; mas deve-se chamar o pão de pão e apresentar os tratados desta natureza como aquilo que são.

Todos estes são problemas "teóricos", não os que o autor do *Ensaio* apresenta como tais. As questões que ele coloca são questões de natureza imediata, política, ideológica (entendida a ideologia como fase intermediária entre a filosofia e a prática cotidiana), são reflexões sobre fatos singulares histórico-políticos, desconectados e casuais. Uma questão teórica se apresenta ao autor desde o início, quando ele se refere a uma tendência que nega a possibilidade de construir uma sociologia a partir da filosofia da práxis e sustenta que esta só pode se expressar em trabalhos históricos concretos. A objeção, que é importantíssima, só é resolvida pelo autor verbalmente. Por certo, a filosofia da práxis se realiza no estudo concreto da história passada e na atividade atual de criação de uma nova história. Mas é possível elaborar a teoria da história e da política, já que, se os fatos são sempre individuais e mutáveis no fluxo do movimento histórico, os conceitos podem ser teorizados; de outro modo, nem mesmo se poderia saber o que é o movimento ou a dialética, e se cairia numa nova forma de nominalismo. (Foi o não ter definido com exatidão a questão do que é a "teoria" que impediu a colocação do problema do que é a religião, impedindo também um juízo histórico realista sobre as filosofias passadas, todas elas apresentadas como se fossem delírio e loucura.)

Nota I. As chamadas leis sociológicas, que são assumidas como causa — tal fato ocorre graças a tal lei, etc. —, não têm a menor importância causal; elas são, quase sempre, tautologias e paralogismos. Frequentemente, não passam de uma duplicação do próprio fato observado. Descreve-se o fato ou uma série de fatos, através de um processo mecânico de generalização abstrata, extrai-se uma relação de semelhança e chama-se esta relação de lei, atribuindo-lhe a função de causa. Mas, na realidade, que se encontrou de novo? De novo há só o nome coletivo dado a uma série de fatos miúdos, mas os nomes não são novidade. (Nos tratados de Michels, pode-se encontrar todo um registro de tais generalizações tautológicas: a última, e mais famosa, é a de "chefe carismático" [37].) Não se observa que, procedendo-se assim, cai-se numa forma barroca de idealismo platônico, já que estas leis abstratas se assemelham estranhamente às ideias puras de Platão, que seriam a essência dos fatos reais terrestres.

§ 27. *Conceito de ortodoxia.* De alguns pontos precedentemente tratados, deriva que o conceito de "ortodoxia" deve ser renovado e relacionado às suas autênticas origens. A ortodoxia não deve ser buscada neste ou naquele seguidor da filosofia da práxis, nesta ou naquela tendência ligada a correntes estranhas à doutrina original, mas no conceito fundamental de que a filosofia da práxis "basta a si mesma", contendo em si todos os elementos fundamentais para construir uma total e integral concepção do mundo, não só uma total filosofia e teoria das ciências naturais, mas também os elementos para fazer viva uma integral organização prática da sociedade, isto é, para tornar-se uma civilização total e integral. Este conceito de ortodoxia, assim renovado, serve para precisar melhor o atributo de "revolucionário" que se costuma com tanta facilidade aplicar a diversas concepções do mundo, teorias, filosofias. O cristianismo foi revolucionário com relação ao paganismo porque foi um elemento de completa cisão entre os defensores do velho e do novo mundo. Uma teoria é "revolucionária" precisamente na medida em que é elemento de separação e de distinção consciente em dois campos, na medida em que é um vértice inacessível ao campo adversário. Considerar que a filosofia da práxis não é uma estrutura de pensamento completamente autônoma e independente, em antagonismo com todas as filosofias e religiões tradicionais, significa, na realidade, não ter rompido os laços com o velho mundo, ou, até mesmo, ter capitulado. A filosofia da práxis não tem necessidade de sustentáculos heterogêneos; ela mesma é tão robusta e fecunda de novas verdades que o velho mundo a ela recorre para alimentar o seu arsenal com armas mais modernas e mais eficazes. Isto significa que a filosofia da práxis começa a exercer uma sua própria hegemonia sobre a cultura tradicional, mas esta — que é ainda robusta e, sobretudo, mais refinada e astuta — tenta reagir como a Grécia vencida, para terminar por vencer o rústico vencedor romano.

É possível dizer que uma grande parte da obra filosófica de B. Croce representa esta tentativa de reabsorver a filosofia da práxis, incorporando-a como serva da cultura tradicional. Mas, como se vê pelo *Ensaio*, também seguidores da filosofia da práxis que se chamam "ortodoxos" caem na armadilha, concebendo eles mesmos a sua filosofia como subordinada a uma teoria geral materialista (vulgar), enquanto outros a subordinam ao idealismo. (Isto não quer dizer que entre a filosofia da práxis e as velhas filosofias inexistam relações, mas elas são menores do que as que existem entre o cristianismo e a filosofia grega.) No opúsculo de Otto Bauer sobre a religião [38], podem ser encontradas algumas referências às combinações a que deu lugar este errôneo conceito de que a filosofia da práxis não é autônoma e independente, mas que tem necessidade de ser sustentada por uma filosofia ora materialista, ora idealista. Bauer defende, como tese política, o agnosticismo dos partidos e a permissão dada aos filiados de se agruparem em idealistas, materialistas, ateus, católicos, etc., ou seja, o mais abjeto e vil oportunismo.

Nota I. Uma das causas deste erro — o de buscar uma filosofia geral que esteja na base da filosofia da práxis e negar implicitamente que esta possua uma originalidade de conteúdo e de método — reside, ao que parece, no seguinte: na confusão que se faz entre a cultura filosófica pessoal do fundador da filosofia da práxis, isto é, entre as correntes filosóficas e os grandes filósofos pelos quais ele se interessou fortemente em sua juventude e cuja linguagem reproduz frequentemente (sempre, contudo, com espírito de distanciamento e fazendo notar, por vezes, que pretende com isso melhor fazer entender o seu próprio conceito), e as origens ou as partes constitutivas da filosofia da práxis. Este erro tem toda uma história, notadamente na crítica literária: sabe-se que o trabalho de reduzir grandes obras poéticas às suas fontes se converteu, em certa época, na preocupação máxima de muitos eruditos insignes. O problema se coloca, em sua forma externa, nos chamados plágios; mas é também conhecido que, inclusive no caso de alguns "plágios" e mesmo de reproduções literais, não está excluída a possibilidade de se sustentar uma originalidade com relação à obra plagiada ou reproduzida. Podem-se citar dois importantes exemplos: 1) o soneto de Tansillo, reproduzido por Giordano Bruno nos *Eroici furori* (ou na *Cena delle Ceneri*), *"Poiché spiegate ho l'ali al bel desio"* (que em Tansillo era um soneto de amor para a Marquesa do Vasto); 2) os versos de D'Annunzio para os mortos de Dogali, oferecidos por este como próprios para uma única apresentação e que eram literalmente copiados de uma coletânea de contos sérvios, feita por Tommaseo. Todavia, em Bruno e em D'Annunzio, estas reproduções adquirem um gosto novo e original, que faz esquecer suas origens. O estudo da cultura filosófica de um homem como Marx é não só interessante como necessário, contanto que não se esqueça que tal estudo faz parte apenas da reconstrução de sua biografia intelectual e que os elementos de spinozismo, de feuerbachianismo, de hegelianismo, de materialismo francês, etc. não são de nenhum modo partes essenciais da filosofia da práxis, nem esta se reduz a eles, mas o que sobretudo interessa é precisamente a superação das velhas filosofias, a nova síntese ou os elementos da nova síntese, o novo modo de conceber a filosofia, cujos elementos estão contidos nos aforismos ou dispersos nos escritos do fundador da filosofia da práxis, os quais, precisamente, devem ser investigados e coerentemente desenvolvidos. No plano teórico, a filosofia da práxis não se confunde e não se reduz a nenhuma outra filosofia: ela não é original apenas enquanto supera as filosofias precedentes, mas sobretudo enquanto abre um caminho inteiramente novo, isto é, renova de cima a baixo o modo de conceber a própria filosofia. No plano da investigação histórico-biográfica, devem-se estudar os interesses que motivaram a elaboração filosófica do fundador da filosofia da práxis, levando em conta a psicologia do jovem estudioso que, em cada ocasião, deixa-se atrair intelectualmente por toda nova corrente que estuda e examina, e que forma a sua individualidade através deste ir e vir que cria o espírito crítico e a potência de pensamento original, após ter experimentado e confrontado tantos pensamentos contrastantes; e também quais elementos ele incorporou, homogeneizando-os, ao seu pensamento, mas notadamente aquilo que é criação nova. É certo que o hegelianismo é o mais importante (relativamente) dos motivos de elaboração filosófica do nosso autor, também e especialmente porque o hegelianismo tentou superar as concepções tradicionais de idealismo e de materialismo em uma nova síntese, que teve certamente uma excepcional importância e representa um momento histórico-mundial da pesquisa filosófica. Desta forma, quando se diz no *Ensaio* que o termo "imanência" é empregado metaforicamente na filosofia da práxis, não se diz absolutamente nada; na realidade, o termo "imanência" adquiriu um significado peculiar, que não é o dos "panteístas" nem tem qualquer outro significado metafísico tradicional, que é novo e deve ser estabelecido. Foi esquecido que, numa expressão muito comum [39], dever-se-ia colocar o acento no segundo termo, "histórico", e não no primeiro, de origem metafísica. A filosofia da práxis é o historicismo absoluto, a mundanização e terrenalidade absoluta do pensamento, um humanismo absoluto da história. Nesta linha é que deve ser buscado o filão da nova concepção do mundo.

Nota II. A propósito da importância que pode ter a nomenclatura para as coisas novas. No *Marzocco* de 2 de outubro de 1927, no capítulo XI do *Bonaparte a Roma* de Diego Angeli, dedicado à princesa Carlota Napoleão (filha do rei José e mulher de Napoleão Luís, irmão de Napoleão III, morto na insurreição de Romanha de 1831), é reproduzida uma carta de Pietro Giordani à princesa Carlota, na qual Giordani escreve alguns dos seus pensamentos pessoais a respeito de Napoleão I. Em 1805, em Bolonha, Napoleão visitou o "Instituto" (Academia de Bolonha) e conversou longamente com os cientistas (entre os quais Volta). Entre outras coisas, disse: "Eu creio que, na ciência, quando se encontra alguma coisa verdadeiramente nova, é necessário adequar-lhe um vocábulo inteiramente novo, a fim de que a ideia se mantenha precisa e distinta. Se os senhores derem novo significado a um velho vocábulo, ainda que professem que a antiga ideia ligada àquela palavra nada tem em comum com a nova ideia que lhe atribuíram, a mentalidade humana jamais pode deixar de supor que não existam semelhanças e conexões entre a antiga e a nova ideia; isto não só confunde a ciência, como produz disputas inúteis." Segundo Angeli, a carta de Giordani, sem data, pode ser considerada como sendo da primavera de 1831 (daí ser possível supor que Giordani recordasse o conteúdo geral da conversação com Napoleão, mas não a forma exata). Dever-se-ia examinar se Giordani, em seus livros sobre a língua, expõe conceitos pessoais sobre este assunto.

§ 28. *A imanência e a filosofia da práxis.* No *Ensaio*, observa-se que os termos "imanência" e "imanente" são usados na filosofia da práxis, mas que — "evidentemente" — este uso é apenas "metafórico". Muito bem. Mas, com isso, explicou-se o que significam "metaforicamente" imanência e imanente? Por que estes termos continuam sendo usados e não são substituídos? Tão só pelo horror de criar novos vocábulos? Com frequência, quando uma nova concepção sucede uma anterior, a linguagem precedente continua a ser usada, mas precisamente de maneira metafórica. Toda a linguagem é um contínuo processo de metáforas, sendo a história da semântica um aspecto da história da cultura: a linguagem é, simultaneamente, uma coisa viva e um museu de fósseis da vida e das civilizações passadas. Quando emprego a palavra "desastre", ninguém pode me acusar de crenças astrológicas; quando digo "por Baco", ninguém pode acreditar que eu seja um adorador das divindades pagãs, embora tais expressões sejam uma prova de que a civilização moderna é também o desenvolvimento do paganismo e da astrologia. O termo "imanência" tem, na filosofia da práxis, um significado preciso, que se oculta sob a metáfora e que deve ser definido e precisado; na realidade, esta definição é que teria sido, verdadeiramente, "teoria". A filosofia da práxis continua a filosofia da imanência, mas depurando-a de todo o seu aparato metafísico e conduzindo-a ao terreno concreto da história. O uso é metafórico apenas no sentido de que a velha imanência está superada, foi superada, ainda que seja sempre concebida como elo no processo de pensamento do qual nasceu o novo. De resto, o novo conceito de imanência é completamente novo? Ao que parece, em Giordano Bruno, por exemplo, existem muitos indícios desta nova concepção; os fundadores da filosofia da práxis conheciam Bruno. Eles o conheciam e, além disso, conservaram-se passagens de obras de Bruno anotadas por eles. Por outro lado, Bruno não deixou de ter influência sobre a filosofia clássica alemã, etc. Temos aqui muitos problemas de história da filosofia, cujo estudo não deixaria de ter utilidade.

§ 29. *O "instrumento técnico"*. A concepção do "instrumento técnico" é inteiramente errônea no *Ensaio popular*. Segundo o ensaio de B. Croce sobre Achille Loria (*Materialismo storico ed economia marxistica*), parece que foi precisamente Loria o primeiro a substituir arbitrariamente (ou pela vaidade pueril de descobertas originais) a expressão "forças materiais de produção" e "conjunto das relações sociais" pela expressão "instrumento técnico".

No prefácio à *Crítica da economia política*, está dito: "Na produção social da sua vida, os homens contraem determinadas relações necessárias e independentes de sua vontade, relações de produção, que correspondem a uma determinada fase de desenvolvimento das suas forças produtivas materiais. O conjunto destas relações de produção forma a estrutura econômica da sociedade, a base real sobre a qual se levanta a superestrutura jurídica e política e à qual correspondem determinadas formas de consciência social... Ao chegar a uma determinada fase de desenvolvimento, as forças produtivas materiais da sociedade se chocam com as relações de produção existentes, ou, o que não é senão a sua expressão jurídica, com as relações de propriedade dentro das quais se desenvolveram até aqui. De formas de desenvolvimento das forças produtivas, estas relações se convertem em obstáculos a elas. E se abre, assim, uma época de revolução social. Ao mudar a base econômica, revoluciona-se, mais ou menos rapidamente, toda a imensa superestrutura erigida sobre ela... Nenhuma formação social desaparece antes que se desenvolvam todas as forças produtivas que ela contém, e jamais aparecem relações de produção novas e mais altas antes de amadurecerem no seio da própria sociedade antiga as condições materiais para a sua existência." (Tradução de Antonio Labriola, em seu escrito *In memoria*) [40]. Eis aqui a reelaboração feita por Loria (em *La terra e il sistema sociale*, p. 19, Verona, Drucker, 1892; Croce afirma, contudo, que existem outras modificações em outros escritos de Loria): "A um determinado estágio do instrumento produtivo corresponde, e sobre ele se erige, um determinado sistema de produção e, portanto, de relações econômicas, que posteriormente origina todo o modo de ser da sociedade. Mas a evolução incessante dos métodos produtivos gera, cedo ou tarde, uma metamorfose radical do instrumento técnico, a qual torna intolerável aquele sistema de produção e de economia, que se fundava no estágio anterior da técnica. Então, a forma econômica envelhecida é destruída mediante uma revolução social, sendo substituída por uma forma econômica superior, correspondente à nova fase do instrumento produtivo" (Loria escreveu um ensaio brilhantíssimo e famoso sobre as virtudes mirabolantes do instrumento técnico, "L'influenza sociale dell'aeroplano", publicado pela *Rassegna Contemporanea*, do duque de Cesarò num fascículo de 1912 [41]). Croce acrescenta que, no *Capital* (volume I, p. 143 n. e. 335-336 n.) e em outros locais, é posta em destaque a importância das invenções técnicas e se invoca uma história da técnica, mas não existe nenhum escrito no qual o "instrumento técnico" seja transformado na *causa* única e suprema do desenvolvimento econômico. O trecho do [prefácio ao] *Zur Kritik* contém as expressões "grau de desenvolvimento das forças materiais de produção", "modo de produção da vida material", "condições econômicas da produção" e similares, expressões que afirmam certamente ser o desenvolvimento econômico determinado por condições materiais, mas que jamais reduzem estas condições à mera "metamorfose do instrumento técnico". Croce acrescenta, de resto, que o fundador da filosofia da práxis jamais se propôs uma indagação a respeito da *causa última* da vida econômica. "Sua filosofia não era assim tão barata. Ele não teria 'flertado' em vão com a dialética de Hegel, para logo depois sair buscando *causas últimas*."

Deve-se notar que, no *Ensaio popular*, não só não é citada a passagem do prefácio do *Zur Kritik*, como nem sequer é mencionada [42]. O que é bastante estranho, tratando-se da fonte autêntica mais importante para uma reconstrução da filosofia da práxis. De resto, a este respeito, o modo de pensar exposto no *Ensaio* não difere do de Loria, se não é ainda mais criticável e superficial. No *Ensaio*, não se compreende exatamente o que seja a estrutura, a superestrutura, o instrumento técnico: nele, todos os conceitos gerais são nebulosos e vagos. O instrumento técnico é concebido de uma maneira tão genérica que significa qualquer ferramenta ou utensílio, inclusive os instrumentos empregados pelos cientistas em suas experiências e... os instrumentos musicais. Este modo de colocar a questão torna as coisas inutilmente complicadas. Partindo deste modo barroco de pensar, surge toda uma série de questões barrocas: por exemplo, as bibliotecas são estrutura ou superestrutura? e os laboratórios experimentais dos cientistas? Se é possível sustentar que uma arte ou uma ciência se desenvolvem graças ao desenvolvimento dos respectivos instrumentos técnicos, por que não se poderia sustentar exatamente o contrário ou, mesmo, que certas formas instrumentais são ao mesmo tempo estrutura e superestrutura? Poder-se-ia dizer que certas superestruturas têm uma estrutura particular própria, mesmo permanecendo superestruturas: assim, a arte tipográfica seria a estrutura material de toda uma série ou, melhor, de todas as ideologias, bastando a existência da indústria tipográfica para justificar materialisticamente toda a história. Restaria ainda o caso da matemática pura, da álgebra, que — não tendo instrumentos próprios — não poderiam se desenvolver. É evidente que toda a teoria do instrumento técnico contida no *Ensaio* é só um abracadabra, podendo ser comparada à teoria da "memória" inventada por Croce para explicar a razão pela qual os artistas não se contentam em conceber as suas obras apenas idealmente, mas as escrevem ou as esculpem, etc. (com a ótima objeção de Tilgher a respeito da arquitetura, segundo a qual seria um pouco forte supor que, para poder se recordar de um prédio, o engenheiro o construa, etc.). Por certo, tudo isso é um desvio infantil da filosofia da práxis, determinado pela convicção barroca de que, quanto mais se recorre a objetos "materiais", tanto mais se é ortodoxo.

§ 30. *A "matéria"*. Que entende por "matéria" o *Ensaio popular*? Num ensaio popular, ainda mais do que num livro para eruditos, e especialmente neste, que pretende ser o primeiro trabalho do gênero, deve-se definir com exatidão não só os conceitos fundamentais, mas toda a terminologia, a fim de evitar as causas de erros ocasionadas pelas acepções populares e vulgares das palavras científicas. É evidente que, para a filosofia da práxis, a "matéria" não deve ser entendida nem no significado que resulta das ciências naturais (física, química, mecânica, etc., e estes significados devem ser registrados e estudados em seu desenvolvimento histórico), nem nos significados que resultam das diversas metafísicas materialistas. As diversas propriedades físicas (químicas, mecânicas, etc.) da matéria, que em seu conjunto constituem a própria matéria (a não ser que se recaia numa concepção do númeno kantiano), devem ser consideradas, mas só na medida em que se tornam "elemento econômico" produtivo. A matéria, portanto, não deve ser considerada como tal, mas como social e historicamente organizada pela produção e, desta forma, a ciência natural deve ser considerada essencialmente como uma categoria histórica, uma relação humana. O conjunto das propriedades de cada tipo de material tem sido sempre o mesmo? A história das ciências técnicas demonstra que não. Durante quanto tempo se ignorou a força mecânica do vapor? É possível dizer que tal força mecânica existia antes de ser utilizada pelas máquinas humanas? Então, em que sentido e até que ponto não será verdade que a natureza não dá lugar a descobertas e a invenções de forças preexistentes, de qualidades preexistentes da matéria, mas somente a "criações" que são estreitamente ligadas aos interesses da sociedade, ao desenvolvimento e às futuras necessidades de desenvolvimento das forças produtivas? E o conceito idealista, segundo o qual a natureza é apenas a categoria econômica, não poderia, depurado de suas superestruturas especulativas, ser reduzido aos termos da filosofia da práxis, demonstrando-se que ele é historicamente ligado a esta e constituiu um seu desenvolvimento? Na realidade, a filosofia da práxis não estuda uma máquina para conhecer e estabelecer a estrutura atômica do material, as propriedades físico-químico-mecânicas dos seus componentes naturais (objeto de estudo das ciências exatas e da tecnologia), mas enquanto é momento das forças materiais de produção, enquanto é objeto de propriedade de determinadas forças sociais, enquanto expressa uma relação social e esta corresponde a um determinado período histórico. O conjunto das forças materiais de produção é o elemento menos variável no desenvolvimento histórico, aquele que, em cada ocasião concreta, pode ser determinado e medido com exatidão matemática, que pode dar lugar, portanto, a observações e critérios de caráter experimental e, consequentemente, à reconstrução de um robusto esqueleto do devir histórico. A variabilidade do conjunto das forças materiais de produção é, também ela, mensurável, e é possível estabelecer com certa precisão o momento em que seu desenvolvimento, de quantitativo, torna-se qualitativo. O conjunto das forças materiais de produção é, ao mesmo tempo, uma cristalização de toda a história passada e a base da história presente e futura, é um documento e, ao mesmo tempo, uma força ativa atual de propulsão. Mas o conceito de atividade destas forças não pode ser confundido, nem mesmo comparado, com a atividade no sentido físico ou metafísico. A eletricidade é historicamente ativa, mas não como mera força natural (como descarga elétrica que provoca incêndios, por exemplo), e sim como um elemento de produção dominado pelo homem e incorporado ao conjunto das forças materiais de produção, objeto de propriedade privada. Como força natural abstrata, a eletricidade existia mesmo antes de sua redução a força produtiva, mas não operava na história, sendo um tema para hipóteses na ciência natural (e, antes, era o "nada" histórico, já que ninguém se ocupava dela e, ao contrário, todos a ignoravam).

Estas observações servem para fazer compreender como o elemento causal retirado das ciências naturais para explicar a história humana é um puro arbítrio, quando não um retorno às velhas interpretações ideológicas. Por exemplo, o *Ensaio* afirma que a nova teoria atômica destrói o individualismo (as robinsonadas). Mas que significa isso? Que significa esta aproximação da política às teorias científicas senão a afirmação de que a história é movida por estas teorias científicas, isto é, pelas ideologias? Por isso, por se querer ser ultramaterialista, caiu-se numa forma barroca de idealismo abstrato. Nem se pode responder que não foi a teoria atômica que destruiu o individualismo, mas sim a realidade natural que a teoria descreve e constata, sem com isso cair nas mais complicadas contradições, já que esta realidade natural é suposta como anterior à teoria e, portanto, como operante durante o auge do individualismo. Como não operava, então, a realidade "atomista" sempre, se ela é e era uma lei natural? Ou para operar deveria esperar que os homens construíssem a sua teoria? Será então que os homens só obedecem às leis que conhecem, como se fossem leis emanadas dos Parlamentos? E quem poderia obrigar os homens a observar as leis que ignoram, segundo o princípio da legislação moderna pelo qual a ignorância da lei não pode ser invocada pelo réu? (Também não se pode dizer que as leis de uma determinada ciência natural sejam idênticas às leis da história ou que, sendo todo o conjunto das ideias científicas uma unidade homogênea, poder-se-ia reduzir uma ciência a outra ou uma lei a outra, já que, neste caso, por que privilégio este determinado elemento da física — e não um outro — há de ser o redutível à unidade da concepção do mundo?) Na realidade, este é somente um dos muitos elementos do *Ensaio popular* que demonstram a superficial colocação do problema da filosofia da práxis, isto é, não ter sabido dar a esta concepção do mundo a sua autonomia científica e a posição que lhe cabe em face das ciências naturais, ou, o que é pior, em face daquele vago conceito de ciência em geral que é próprio da concepção vulgar do povo (para o qual também os malabarismos são ciência). A teoria atomista moderna é uma teoria "definitiva" estabelecida de uma vez por todas? Quem, que cientista, ousaria afirmá-lo? Ou, ao contrário, não será também ela, simplesmente, uma hipótese científica que poderá ser superada, isto é, absorvida por uma teoria mais ampla e compreensiva? Por que, então, a referência a esta teoria deveria ser decisiva e pôr um ponto final na questão do individualismo e das robinsonadas? (Não se deve esquecer o fato de que as robinsonadas podem ser, por vezes, esquemas práticos construídos para indicar uma tendência ou para uma demonstração pelo absurdo; também o autor da *Economia crítica* [43] recorreu a robinsonadas.) Mas existem outras questões: se a teoria atomista fosse o que o *Ensaio* pretende, dado que a história da sociedade é uma série de transformações e as formas de sociedade foram numerosas, ao passo que a teoria atomista seria o reflexo de uma realidade natural sempre idêntica, então por que a sociedade não obedeceu sempre a esta lei? Ou será que se pretende que a passagem do regime corporativo medieval ao individualismo econômico tenha sido anticientífica, um equívoco da história e da natureza? Segundo a teoria da práxis, é evidente que não é a teoria atomista que explica a história humana, mas, ao contrário, a teoria atomista, assim como todas as hipóteses e opiniões científicas, são uma superestrutura. (A teoria atomista serviria para explicar o homem biológico como agregado de corpos diversos e para explicar a sociedade dos homens. Que teoria abrangente!)

§ 31. *A causa última.* Um dos traços mais vistosos de velha metafísica no *Ensaio popular* é o intento de reduzir tudo a uma causa, a causa última, a causa final. Pode-se reconstruir a história do problema da causa única e última e demonstrar que ela é uma das manifestações da "busca de Deus". Contra este dogmatismo, cabe recordar ainda as duas cartas de Engels publicadas no *Sozialistische Akademiker.*

§ 32. *Quantidade e qualidade.* No *Ensaio popular*, afirma-se (ocasionalmente, já que a afirmação não é justificada ou avaliada, nem expressa um conceito fecundo, mas é casual, sem nexos antecedentes e subsequentes) que toda sociedade é algo mais do que a mera soma dos seus componentes individuais. Isto, abstratamente, é verdade; mas o que significa concretamente? A explicação que se encontrou para isso, empiricamente, foi no mais das vezes uma coisa barroca. Afirmou-se que cem vacas, isoladamente, são bem diferentes de cem vacas em conjunto, que formam então um rebanho, fazendo-se do problema uma simples questão de palavras. Assim como se afirmou que, na numeração, quando chegamos a dez, temos uma dezena, como se não existisse o par, a trinca, a quadra, etc., isto é, uma simples maneira diversa de numerar. A explicação teórico-prática mais concreta se encontra no Livro I da *Crítica de economia política*, onde se demonstra que, no sistema fabril, existe uma cota de produção que não pode ser atribuída a nenhum trabalhador individual, mas sim ao conjunto dos operários, ao homem coletivo [44]. Algo similar ocorre em relação à sociedade como um todo, a qual está baseada na divisão do trabalho e das funções e, desta forma, vale mais do que a soma dos seus componentes. A maneira pela qual a filosofia da práxis "concretizou" a lei hegeliana da transformação da quantidade em qualidade é outro dos problemas teóricos que o *Ensaio popular* não desenvolve, mas considera como já resolvido; e isto quando não se contenta com simples jogos de palavras, tais como aquele sobre a água que, com a mudança de temperatura, muda de estado (gelado, líquido, gasoso), que é um fato puramente mecânico, determinado por um agente externo (o fogo, o sol, a evaporação do ácido carbônico sólido, etc.).

No homem, quem será este agente externo? Na fábrica, é a divisão do trabalho, etc., condições criadas pelo próprio homem. Na sociedade, é o conjunto das forças produtivas. Mas o autor do *Ensaio* não pensou que, se todo agrupamento social é algo mais (e também algo diverso) da soma dos seus componentes, isto significa que a lei ou o princípio que explica o desenvolvimento da sociedade não pode ser uma lei física, já que nunca na física se sai da esfera da quantidade, a não ser por metáfora. Todavia, na filosofia da práxis, a qualidade está sempre ligada à quantidade; aliás, talvez resida nessa ligação a sua parte mais original e fecunda. De fato, o idealismo hipostasia este "algo mais", a qualidade, fazendo dele um ente em si, o "espírito", tal como a religião o transformara na divindade. Mas se, no caso da religião e do idealismo, se trata de uma hipóstase — isto é, de uma abstração arbitrária, não de um processo de distinção analítica praticamente necessário por motivos pedagógicos —, também é uma hipóstase a do materialismo vulgar, que "diviniza" uma matéria hipostasiada.

Deve-se comparar este modo de conceber a sociedade com a concepção do Estado própria dos idealistas atuais. Para os atualistas, o Estado termina por ser precisamente este algo superior aos indivíduos (se bem que, após as consequências a propósito da propriedade que Spirito retirou da identificação entre o indivíduo e o Estado, Gentile — na *Educazione fascista* de agosto de 1932 — tenha buscado especificar com maior prudência). A concepção dos atualistas vulgares havia caído tão baixo no puro psitacismo que a única crítica possível era a caricatura humorística. Poder-se-ia pensar num recruta que expõe, aos oficiais recrutadores, a teoria do Estado superior aos indivíduos e pede que deixem livre a sua pessoa física e material e recrutem um pedacinho daquela parte que contribui para construir o algo nacional que é o Estado. Ou, então, recordar a história do *Novellino* na qual o sábio Saladino dirime a divergência entre o vendedor que quer ser pago pelo uso das emanações aromáticas de seus manjares e o mendigo que não quer pagar: Saladino faz pagar com o tinir das moedas, dizendo ao vendedor para embolsar o som, da mesma forma como o mendigo comeu os eflúvios aromáticos.

§ 33. *Questões gerais.* Um tratamento sistemático da filosofia da práxis não pode negligenciar nenhuma das partes constitutivas da doutrina do seu fundador. Mas em que sentido entender isto? Ele deve tratar de toda a parte geral filosófica, deve desenvolver, portanto, coerentemente, todos os conceitos gerais de uma metodologia da história e da política; e, além disso, tratar da arte, da economia, da ética, bem como deve encontrar, no nexo geral, o lugar para uma teoria das ciências naturais. Uma concepção muito difundida é a de que a filosofia da práxis é uma pura filosofia, a ciência da dialética, e as outras partes são a economia e a política; daí se afirmar que a doutrina é formada por três partes constitutivas, que são ao mesmo tempo o coroamento e a superação do mais elevado nível que, por volta de 1848, tinha atingido a ciência das nações mais desenvolvidas da Europa: a filosofia clássica alemã, a economia clássica inglesa e a atividade e a ciência política francesa [45]. Esta concepção — que é mais uma investigação genérica das fontes históricas do que uma classificação nascida do interior da doutrina — não pode se contrapor, como esquema definitivo, a qualquer outra organização da doutrina que seja mais adequada à realidade. Poder-se-á indagar se a filosofia da práxis não é, precisa e especificamente, uma teoria da história; ao que se responde que isto é verdade, mas que é impossível, por isso mesmo, destacar da história a política e a economia, mesmo em suas fases especializadas, de ciência e arte da política e de ciência e política econômica. Ou seja: após ter realizado a tarefa principal na parte filosófica geral (que é a filosofia da práxis propriamente dita: a ciência da dialética ou gnosiologia, na qual os conceitos gerais de história, de política, de economia, se relacionam em unidade orgânica), é útil, num ensaio popular, fornecer as noções gerais de cada momento ou parte constituinte, até mesmo enquanto ciência independente e distinta. Se observarmos bem, veremos que no *Ensaio popular* todos estes pontos são ao menos mencionados, mas casualmente, não coerentemente, de uma maneira caótica e indistinta, já que inexiste qualquer conceito claro e preciso do que seja a própria filosofia da práxis.

§ 34. *A objetividade do mundo exterior.* A expressão de Engels de que "a materialidade do mundo é demonstrada pelo longo e laborioso desenvolvimento da filosofia e das ciências naturais" deveria ser analisada e precisada. Entende-se por ciência a atividade teórica ou a atividade prático-experimental dos cientistas? Ou a síntese das duas atividades? Poder-se-ia dizer que reside nisso o processo unitário típico do real, ou seja, na atividade experimental do cientista, que é o primeiro modelo de mediação dialética entre o homem e a natureza, a célula histórica elementar pela qual o homem, pondo-se em relação com a natureza através da tecnologia, a conhece e a domina. É indubitável que a afirmação do método experimental separa dois mundos da história, duas épocas, e inicia o processo de dissolução da teologia e da metafísica e de desenvolvimento do pensamento moderno, cujo coroamento está na filosofia da práxis. A experiência científica é a primeira célula do novo método de produção, da nova forma de união ativa entre o homem e a natureza. O cientista experimentador é um operário, não um puro pensador; e seu pensar é continuamente verificado pela prática e vice-versa, até que se forme a unidade perfeita de teoria e prática.

Nota I. Deve-se estudar a posição do professor Lukácz em face da filosofia da práxis [46]. Parece que Lukácz afirma que só se pode falar de dialética para a história dos homens e não para a natureza. Pode estar errado e pode ter razão. Se sua afirmação pressupõe um dualismo entre a natureza e o homem, está errado, já que cai numa concepção da natureza própria da religião e da filosofia greco-cristã, bem como do idealismo, que não consegue unificar e relacionar o homem e a natureza mais do que verbalmente. Mas, se a história humana deve também ser concebida como história da natureza (também através da história da ciência), então como a dialética pode ser separada da natureza? Talvez Lukács, reagindo às teorias barrocas do *Ensaio popular*, tenha caído no erro oposto, numa espécie de idealismo. É certo que em Engels (*Anti-Dühring*) encontram-se muitos motivos que podem levar aos desvios do *Ensaio*. Esquece-se que Engels, embora tenha trabalhado muito tempo na obra prometida para demonstrar a dialética como lei cósmica, deixou escassos materiais sobre ela; e exagera-se ao afirmar a identidade de pensamento entre os dois fundadores da filosofia da práxis.

§ 35. *A teleologia*. Na questão da teleologia, revela-se ainda mais claramente o defeito do *Ensaio* ao apresentar as doutrinas filosóficas passadas num mesmo plano de trivialidade e banalidade, de tal forma que parece ao leitor que toda a cultura passada foi uma fantasmagoria de bacantes em delírio. O método é reprovável sob muitos pontos de vista: um leitor sério, que amplie suas noções e aprofunde seus estudos, acredita ter sido enganado e passa a suspeitar de todo o conjunto do sistema. É fácil acreditar que se superou uma posição ao rebaixá-la, mas se trata de uma pura ilusão verbal. Apresentar assim burlescamente as questões pode ter um significado em Voltaire, mas não é Voltaire quem pretende sê-lo; isto é, não é qualquer um que pode ser um grande artista.

Assim, o *Ensaio* apresenta a questão da teleologia em suas manifestações mais infantis, enquanto esquece a solução dada por Kant. Poder-se-ia demonstrar, talvez, que existe no *Ensaio* muita teleologia inconsciente, que reproduz sem o saber o ponto de vista de Kant: por exemplo, o capítulo sobre o "Equilíbrio entre a natureza e a sociedade".

Das *Xênias* de Goethe: "O teleólogo: — O bom Criador do mundo é por nós adorado; quando criou a cortiça, criou também a rolha" (trad. de B. Croce, em seu volume sobre *Goethe*, p. 262). Croce acrescenta a seguinte nota: "Contra o finalismo exterior, geralmente acolhido no século XVIII, e que tinha sido recentemente criticado por Kant e substituído por um mais profundo conceito de finalidade." Em outro local e de forma diversa, Goethe repete este mesmo motivo dizendo tê-lo extraído de Kant: "Kant é o mais eminente dos filósofos modernos, aquele cujas doutrinas mais influenciaram a minha cultura. A distinção entre o sujeito e o objeto e o princípio científico de que toda coisa existe e se desenvolve por sua razão própria e intrínseca (que a cortiça, para dizê-lo proverbialmente, não nasce para servir de rolha para as nossas garrafas), eu os tenho em comum com Kant e, em seguida, dediquei-me muito ao estudo de sua filosofia."

III. A ciência e as ideologias científicas

§ 36. A afirmação de Eddington — "Se do corpo de um homem eliminássemos todo o espaço privado de matéria e reunissemos os seus prótons e eléctrons em uma só massa, o homem (o corpo do homem) seria reduzido a um corpúsculo dificilmente visível ao microscópio" (cf. *A natureza do mundo físico,* ed. francesa, pág. 20) — abalou e movimentou a fantasia de G. A. Borgese (cf. o seu livreto) [47]. Mas que significa, concretamente, a afirmação de Eddington? Se refletirmos um pouco, veremos que não significa precisamente nada além do seu significado literal. Ainda que a redução acima descrita fosse realizada (por quem?), mas extensiva a todo o mundo, as relações não mudariam, as coisas permaneceriam tais como são. As coisas só se modificariam se os homens, ou determinados homens, sofressem esta redução, de sorte que se produzisse, por hipótese, uma realização de alguns capítulos das *Viagens de Gulliver,* com os liliputianos, os gigantes e Borgese-Gulliver entre eles.

Na realidade, trata-se de puros jogos de palavras, de ciência romanceada e não de um novo pensamento científico ou filosófico, mas sim de uma maneira de colocar as questões apta a fazer com que as cabeças ocas inventem fantasias. Será que a matéria vista pelo microscópio não é mais matéria realmente objetiva, mas uma criação do espírito humano que não existe objetiva ou empiricamente? Poder-se-ia recordar, a este respeito, o conto hebreu da moça que sofreu um dano tão pequeno, tão pequeno... como um beliscão. Na física de Eddington, bem como em muitas outras manifestações científicas modernas, a surpresa do leitor ingênuo depende do fato de que as palavras empregadas para indicar determinados eventos são infletidas para indicar arbitrariamente eventos inteiramente diversos. Um corpo permanece "maciço" no sentido tradicional, ainda que a "nova" física demonstre que ele é constituído por 1/1.000.000 de matéria e por 999.999 partes de vácuo. Um corpo é "poroso" no sentido tradicional, não no sentido da "nova" física, mesmo após a afirmação de Eddington. A posição do homem permanece idêntica; nenhum dos conceitos fundamentais da vida é minimamente abalado e, muito menos, invertido. As glosas dos vários Borgese contribuem apenas, no fim das contas, para tornar ridículas as concepções subjetivistas da realidade que permitem estes banais jogos de palavra.

O professor Mário Camis (*Nuova Antologia*, de 1º de novembro de 1931, na rubrica "Ciências biológicas e médicas") escreve: "Considerando a insuperada minuciosidade destes métodos de pesquisa, vinha-nos à memória a expressão de um membro do último Congresso Filosófico de Oxford, o qual, segundo nos diz Borgese, falando dos fenômenos infinitamente pequenos — para os quais se volta hoje a atenção de tantos —, observava que 'eles não podem ser considerados independentemente do sujeito que os observa'. São palavras que induzem a muitas reflexões e que recolocam, a partir de pontos de vista inteiramente novos, os grandes problemas da existência subjetiva do universo e do significado das informações sensoriais no pensamento científico." Ao que me consta, é este um dos poucos exemplos de infiltração entre os cientistas italianos do modo de pensar acrobático de certos cientistas, notadamente ingleses, com relação à "nova" física. O professor Camis deveria ter refletido que, se a observação citada por Borgese faz refletir, seria esta a primeira reflexão: que a ciência não pode mais existir da maneira como foi concebida até agora, mas deve se transformar em uma série de atos de fé nas afirmações dos experimentadores individuais, já que os fatos observados não existem independentemente do seu espírito. Todo o progresso científico não se manifestou, até agora, no fato de que as novas experiências e observações corrigiram e ampliaram as experiências e observações precedentes? Como isto poderia ocorrer se a experiência dada não se reproduzisse, ou mesmo se, mudado o observador, ela não pudesse ser controlada, ampliada, dando lugar a nexos novos e originais? Mas a superficialidade da observação de Camis resulta precisamente do contexto do artigo do qual foi feita a referida citação, já que nele Camis explica implicitamente a razão pela qual a expressão que tanto fez Borgese especular pode e deve ser entendida num sentido puramente empírico e não filosófico. O escrito de Camis é uma resenha da obra *On the principles of renal function*, de Gösta Ekehorn (Estocolmo, 1931). Nela se fala sobre experiências com elementos tão pequenos que não podem ser descritos (e também isto deve ser entendido em sentido relativo) com palavras que sejam válidas e representativas para os outros elementos e que, portanto, o experimentador ainda não consegue separar da própria personalidade subjetiva e objetivá-los: todo experimentador deve atingir a percepção com meios próprios, diretamente, seguindo minuciosamente todo o processo. Formulemos a seguinte hipótese: que não existam microscópios e que apenas alguns homens tenham a força visual natural idêntica à do olho normal armado de microscópio. É evidente, nesta hipótese, que as experiências do observador munido de uma visão excepcional não podem ser separadas da sua personalidade física e psíquica e não podem ser "repetidas". Apenas a invenção do microscópio igualará as condições físicas de observação, permitindo a todos os cientistas reproduzir a experiência e desenvolvê-la coletivamente. Mas esta hipótese permite perceber e determinar apenas uma parte das dificuldades; nas experiências científicas, não é somente a força visual que está em jogo. Como diz Camis: Ekehorn fez uma punção nos rins de uma rã com uma cânula, "cuja preparação é obra de tanta finura e tão ligada *às indefiníveis e inimitáveis intuições* manuais do experimentador, que o próprio Ekehorn, ao descrever a operação do corte oblíquo da cânula de vidro, afirma não poder fornecer os seus preceitos com palavras, mas deve se contentar com uma vaga indicação". O erro consiste em acreditar que tais fenômenos se verifiquem apenas na experimentação científica. Na realidade, em qualquer fábrica, para certas operações industriais de precisão, existem especialistas individuais, cuja capacidade se baseia precisamente, e apenas, na extrema sensibilidade da vista, do tato, da rapidez do gesto. Nos livros de Ford, podemos encontrar exemplos a este respeito: na luta contra o atrito, para obter superfícies sem a menor granulosidade ou desigualdade (o que permite uma economia notável de material), fizeram-se progressos incríveis, com a ajuda das máquinas elétricas, que comprovam a aderência perfeita do material, como o homem não poderia fazer. Deve-se recordar o fato referido por Ford, segundo o qual um técnico escandinavo conseguiu dar ao aço uma tal igualdade de superfície que, para destacar duas superfícies unidas entre si, é necessário o peso de vários quintais.

O que Camis observa, portanto, não tem nenhuma vinculação com as fantasias de Borgese e das suas fontes. Se fosse verdade que os referidos fenômenos infinitamente pequenos não pudessem ser considerados como existindo independentemente do sujeito que os observa, eles, na realidade, não seriam nem mesmo "observados", mas "criados", caindo assim no domínio da pura intuição fantástica do indivíduo. Caberia, também, colocar a seguinte questão: se o mesmo indivíduo pode criar (observar) "duas vezes" o mesmo fato. Não se trataria nem mesmo de "solipsismo", mas de demiurgia ou de bruxaria. Não os fenômenos (inexistentes), mas estas intuições fantásticas seriam então objeto de ciência, como as obras de arte. O rebanho dos cientistas que não gozam de faculdades demiúrgicas estudaria cientificamente o pequeno grupo dos grandes cientistas taumaturgos. Mas se, ao contrário, não obstante todas as dificuldades inerentes à diversidade da sensibilidade individual, o fenômeno se repete, podendo ser *observado* objetivamente por vários cientistas, independentemente uns dos outros, que significa então a afirmação citada por Borgese, a não ser que se faz uma metáfora para indicar as dificuldades inerentes à descrição e à representação objetiva dos fenômenos observados? E não parece difícil explicar esta dificuldade: 1) pela incapacidade literária dos cientistas, *didaticamente* preparados até hoje para descreverem e representarem apenas os fenômenos macroscópicos; 2) pela insuficiência da linguagem comum, forjada também ela para os fenômenos macroscópicos; 3) pelo desenvolvimento relativamente pequeno destas ciências minimoscópicas, que esperam um futuro desenvolvimento dos seus métodos e critérios para que possam ser compreendidas por *muitos* através da comunicação literária (e não apenas por visão experimental direta, que é privilégio de pouquíssimos); 4) deve-se recordar ainda que muitas experiências minimoscópicas são experiências indiretas, em cadeia, cujo resultado "é visto" nos efeitos e não no ato (como é o caso das experiências de Rutherford).

Trata-se, de qualquer maneira, de uma fase transitória e inicial de uma nova época científica, que produziu — ao combinar-se com uma grande crise intelectual e moral — uma nova forma de "sofística", que remete aos clássicos sofismas de Aquiles e da tartaruga, do molho de trigo e do pequeno grão, da flecha lançada pelo arco e que se mantém parada, etc. Sofismas que, todavia, representaram uma etapa no desenvolvimento da filosofia e da lógica, servindo para aperfeiçoar os instrumentos do pensamento.

§ 37. Compilar as principais definições que foram dadas da ciência (no sentido de ciência natural): "estudo dos fenômenos e das suas leis de semelhança (regularidade), de coexistência (coordenação), de sucessão (causalidade)". Outras tendências, levando em conta a ordenação mais cômoda que a ciência estabelece entre os fenômenos, de modo a melhor padronizá-los pelo pensamento e dominá-los para fins de ação, definem a ciência como "a descrição mais econômica da realidade". A questão mais importante a ser resolvida com relação ao conceito de ciência é a seguinte: se a ciência pode dar, e de que maneira, a "certeza" da existência objetiva da chamada realidade exterior. Para o senso comum, esta questão nem sequer existe; mas de onde se originou a certeza do senso comum? Essencialmente da religião (pelo menos do cristianismo, no Ocidente); mas a religião é uma ideologia, a ideologia mais enraizada e difundida, não uma prova ou uma demonstração. É possível demonstrar que é um erro exigir da ciência como tal a prova da objetividade do real, já que esta objetividade é uma concepção do mundo, uma filosofia, não podendo ser um dado científico. Que pode dar a ciência nesta direção? A ciência seleciona as sensações, os elementos primordiais do conhecimento: considera determinadas sensações como transitórias, como aparentes, como falazes, pois dependem de condições individuais especiais, ao passo que considera determinadas outras como duradouras, como permanentes, como superiores às condições individuais especiais. O trabalho científico tem dois aspectos principais: um que retifica incessantemente o modo do conhecimento, retifica e reforça os órgãos sensoriais, elabora princípios novos e complexos de indução e dedução, isto é, aperfeiçoa os próprios instrumentos de experiência e de sua verificação; outro que aplica este complexo instrumental (de instrumentos materiais e mentais) para determinar, nas sensações, o que é necessário e o que é arbitrário, individual, transitório. Determina-se o que é comum a todos os homens, o que todos os homens podem verificar da mesma maneira, independentemente uns dos outros, porque foram observadas igualmente as condições técnicas de verificação. "Objetivo" significa precisamente e apenas o seguinte: que se afirma ser objetivo, realidade objetiva, aquela realidade que é verificada por todos os homens, que é independente de todo ponto de vista que seja puramente particular ou de grupo. Mas, no fundo, também esta é uma concepção particular do mundo, uma ideologia. Todavia, esta concepção — em seu conjunto e pela direção que assinala — pode ser aceita pela filosofia da práxis, enquanto deve ser rejeitada a do senso comum, embora ela conclua materialmente da mesma maneira. O senso comum afirma a objetividade do real na medida em que a realidade, o mundo, foi criado por Deus independentemente do homem, antes do homem; ela é, portanto, expressão da concepção mitológica do mundo; o senso comum, ademais, ao descrever esta objetividade, incide nos erros mais grosseiros; em grande parte, ele ainda permanece na fase da astronomia ptolomaica, não sabe estabelecer os nexos reais de causa e efeito, etc., isto é, afirma ser "objetiva" uma certa "subjetividade" anacrônica, já que nem sequer sabe conceber a possibilidade de existência de uma concepção subjetiva do mundo e o que isso queira ou possa significar. Mas tudo isto que a ciência afirma é "objetivamente" verdadeiro? De modo definitivo? Se as verdades científicas fossem definitivas, a ciência teria deixado de existir como tal, como investigação, como novas experiências, reduzindo-se a atividade científica à repetição do que já foi descoberto. O que não é verdade, para felicidade da ciência. Mas, se nem mesmo as verdades científicas são definitivas e peremptórias, também a ciência é uma categoria histórica, um movimento em contínua evolução. Só que a ciência não coloca nenhuma forma de "incognoscível" metafísico, mas reduz o que o homem não conhece a um empírico "não conhecimento" que não exclui a cognoscibilidade, mas a condiciona ao desenvolvimento dos instrumentos físicos e ao desenvolvimento da inteligência histórica dos cientistas individuais.

Se é assim, o que interessa à ciência não é tanto a objetividade do real quanto o homem que elabora os seus métodos de pesquisa, que retifica continuamente os seus instrumentos materiais que reforçam os órgãos sensoriais e os instrumentos lógicos (inclusive as matemáticas) de discriminação e de verificação, isto é, a cultura, a concepção do mundo, a relação entre o homem e a realidade com a mediação da tecnologia. Também na ciência, buscar a realidade fora dos homens, entendido isto num sentido religioso ou metafísico, nada mais é do que um paradoxo. Sem o homem, que significaria a realidade do universo? Toda a ciência é ligada às necessidades, à vida, à atividade do homem. Sem a atividade do homem, criadora de todos os valores, inclusive os científicos, o que seria a "objetividade"? Um caos, isto é, nada, o vazio, se é possível dizer assim, já que, realmente, se se imagina que o homem não existe, não se pode imaginar a língua e o pensamento. Para a filosofia da práxis o ser não pode ser separado do pensar, o homem da natureza, a atividade da matéria, o sujeito do objeto; se se faz esta separação, cai-se numa das muitas formas de religião ou na abstração sem sentido.

§ 38. Colocar a ciência como base da vida, fazer da ciência a concepção do mundo por excelência, a que liberta os olhos de qualquer ilusão ideológica, que põe o homem em face da realidade tal como ela é, isto significa recair no conceito de que a filosofia da práxis tem necessidade de sustentáculos filosóficos fora de si mesma. Mas, na realidade, também a ciência é uma superestrutura, uma ideologia. É possível dizer, contudo, que no estudo das superestruturas a ciência ocupa um lugar privilegiado, pelo fato de que sua reação sobre a estrutura tem um caráter particular, de maior extensão e continuidade de desenvolvimento, sobretudo após o século XVIII, a partir do momento em que a ciência ganhou um lugar à parte na opinião geral. Que a ciência seja uma superestrutura é demonstrado também pelo fato de que ela teve períodos inteiros de eclipse, obscurecida que foi por uma outra ideologia dominante, a religião, que afirmava ter absorvido a própria ciência; assim, a ciência e a técnica dos árabes eram tidas pelos cristãos como pura bruxaria. Além disso, não obstante todos os esforços dos cientistas, a ciência jamais se apresenta como nua noção objetiva; ela aparece sempre revestida por uma ideologia e, concretamente, a ciência é a união do fato objetivo com uma hipótese, ou um sistema de hipóteses, que superam o mero fato objetivo. É verdade, sem dúvida, que é relativamente fácil, neste campo, distinguir entre a noção objetiva e o sistema de hipóteses, através de um processo de abstração que está inserido na própria metodologia científica, de maneira que é possível apropriar-se de uma e recusar o outro. Esta é a razão pela qual um grupo social pode apropriar-se da ciência de um outro grupo, sem aceitar a sua ideologia (a ideologia da evolução vulgar, por exemplo); por isso, são válidas as observações de Missiroli (e de Sorel) a este respeito [48].

§ 39. Deve-se notar que, ao lado do mais superficial fanatismo pelas ciências, existe realmente a maior ignorância dos fatos e dos métodos científicos, que são muito difíceis e que se tornam cada vez mais difíceis graças à progressiva especialização dos novos ramos de investigação. A superstição científica traz consigo ilusões tão ridículas e concepções tão infantis que a própria superstição religiosa termina enobrecida. O progresso científico fez nascer a crença e a espera em um novo Messias, que realizará nesta terra o Eldorado; as forças da natureza, sem nenhuma intervenção do esforço humano, mas através de mecanismos cada vez mais perfeitos, darão em abundância à sociedade todo o necessário para satisfazer seus carecimentos e viver com fartura. Contra este fanatismo, cujos perigos são evidentes (a supersticiosa fé abstrata na força taumatúrgica do homem conduz paradoxalmente à esterilização das próprias bases desta força e à destruição de todo amor pelo trabalho concreto e necessário, em troca de fantasias, como se se tivesse fumado uma nova espécie de ópio), é necessário combater com vários meios, dos quais o mais importante deveria ser um melhor conhecimento das noções científicas essenciais, divulgando a ciência através de cientistas e de estudiosos sérios e não mais de jornalistas oniscientes e de autodidatas presunçosos. Na realidade, por se esperar muito da ciência, ela é concebida como uma bruxaria superior e, por isso, torna-se impossível valorizar com realismo o que a ciência oferece de concreto.

IV. Os instrumentos lógicos do pensamento

§ 40. Cf. Mario Govi, *Fondazione della metodologia. Logica ed epistemologia*, Turim, Bocca, 1929, 579 p. Govi é um positivista e seu livro tende a renovar o velho positivismo clássico, criando um neopositivismo. No fundo, "metodologia" tem para Govi um significado muito restrito, de "lógica menor": trata-se, para ele, de construir uma nova lógica formal, abstraída de todo conteúdo, mesmo quando ele fala das várias ciências (classificadas segundo a metodologia geral, mas sempre de modo exterior) que são apresentadas na sua lógica particular abstrata (especializada, mas abstrata), que Govi chama de epistemologia. Govi divide a metodologia em duas partes: metodologia geral (ou lógica propriamente dita) e metodologia especial (ou epistemologia). A epistemologia tem como meta básica e principal o exato conhecimento do objetivo cognoscitivo específico para o qual é dirigida cada investigação particular, a fim de poder determinar posteriormente os meios e o procedimento adequados à sua obtenção. Govi reduz a três os diversos objetivos cognoscitivos legítimos da investigação humana: estes três objetivos constituem o saber humano, sendo irredutíveis entre si, ou seja, sendo essencialmente diferentes. Dois são objetivos cognoscitivos finais: o conhecimento teórico ou da realidade, e o conhecimento prático ou o conhecimento do que se deve ou não se deve fazer; o terceiro consiste nos conhecimentos que funcionam como meios para a aquisição dos precedentes. Têm-se, portanto, três partes na epistemologia: ciência teórica ou da realidade, ciência prática, ciência instrumental. Disto decorre toda uma classificação analítica das ciências. O conceito de "legítimo" tem grande importância no sistema de Govi (é parte da metodologia geral ou ciência do juízo): todo juízo, considerado em si, é verdadeiro ou falso; considerado subjetivamente, ou seja, como produto da atividade do pensamento de quem o formula, é legítimo ou ilegítimo. Um juízo pode ser conhecido como verdadeiro ou falso apenas na medida em que é reconhecido como legítimo ou ilegítimo. São legítimos os juízos que são iguais em todos os homens (que os mantêm ou os formulam) e que são formulados igualmente por todos; portanto, são legítimos os conceitos primitivos formados "naturalmente" e sem os quais é impossível pensar, bem como os conceitos científicos formados metodologicamente, os juízos primitivos e os juízos metodologicamente derivados de juízos legítimos.

Estas observações são extraídas do artigo "Metodologia e agnosticismo", publicado na *Civiltà Cattolica*, de 15 de novembro de 1930. O livro de Govi, ao que parece, é interessante pelo material histórico coletado, notadamente em torno à Lógica geral e especial, ao problema do conhecimento e às teorias sobre a origem das ideias, à classificação das ciências e às várias divisões do saber humano, às várias concepções e divisões da ciência teórica, prática, etc. Govi chama a sua filosofia de "empírico-integralista", distinguindo-a da concepção religiosa e da racionalista, na qual se destaca a filosofia kantiana; distingue-a também, mas secundariamente, da concepção "empírico-particularista", que é o positivismo. Ele se distingue do positivismo na medida em que repudia alguns de seus excessos, como, por exemplo, a negação não só de toda metafísica religiosa ou racionalista, mas também de toda possibilidade e legitimidade de uma metafísica; Govi admite, ao contrário, a legitimidade de uma metafísica, mas com fundamentos puramente empíricos (!) e construída, em parte, após e com base nas ciências reais particulares. (Cf. até que ponto as teorias de Govi são tomadas dos neorrealistas ingleses, notadamente de Bertrand Russell.)

§ 41. *A dialética como parte da lógica formal e da retórica*. Para o modo de conceber a dialética por parte dos neotomistas, cf. o opúsculo *Dialettica*, dos padres Liberatore e Corsi da Campanhia de Jesus (Nápoles, Tipografia Commercial, 1930, nº 8, 70 p.). O Padre Liberatore foi um dos mais célebres polemistas jesuítas e diretor da *Civiltà Cattolica*.

Devem-se cf., também, os dois volumes sobre a *Dialettica* do católico B. Labanca. Ademais, em seu capítulo sobre "Dialética e lógica", nas *Questões fundamentais*, Plekhanov concebe a dialética como uma seção da lógica formal, como a lógica do movimento que se opõe à lógica da estaticidade. A ligação entre dialética e retórica continua, ainda hoje, na linguagem comum: em sentido superior, quando se quer indicar um discurso rigoroso, no qual a dedução ou o nexo entre causa e efeito é de natureza particularmente convincente; e, em sentido pejorativo, quando se trata de indicar um discurso rebuscado, que deixa os camponeses de boca aberta.

§ 42. *Valor meramente instrumental da lógica e da metodologia formais.* Pode-se aproximar a lógica formal e a metodologia abstrata da "filologia". Também a filologia tem um valor estritamente instrumental, ao lado da erudição. Uma função análoga é desempenhada pelas ciências matemáticas. Entendida como valor instrumental, a lógica formal tem um significado e um conteúdo próprios (o conteúdo reside em sua função), assim como têm um valor e um significado próprios os instrumentos e os utensílios de trabalho. Que uma "lima" possa ser usada indiferentemente para limar ferro, cobre, madeira, diversas ligas metálicas, etc. não significa que ela seja "sem conteúdo", puramente formal, etc. Assim, a lógica tem um desenvolvimento próprio, uma história própria, etc.; pode ser ensinada, enriquecida, etc.

§ 43. *Bibliografia.* Cf. o livro de Tobias Dantzig, professor de matemática da Universidade de Maryland, *Le nombre* (Payot, Paris, 1931 ou 32?), história do número e da posterior formação dos métodos, das noções, das pesquisas matemáticas.

§ 44. *A técnica do pensar.* Sobre esse assunto, deve-se conferir a afirmação contida no prefácio do *Anti-Dühring* (3ª ed., Stuttgart, 1894, p. XIX), segundo a qual "a arte de operar com os conceitos não é algo inato ou dado na consciência comum, mas é um trabalho técnico do pensamento, que tem uma longa história, tanto quanto a pesquisa experimental das ciências naturais" (citado por Croce, *Materialismo storico ed economia marxistica*, 1921, IV, p. 31). Esse conceito é mencionado em várias notas. Deve-se ver o texto original de Engels a fim de situar o trecho em sua conexão geral. Croce, ao citá-lo, observa entre parênteses que não se trata de um conceito "singular", mas que já se havia tornado senso comum antes de Engels. Mas não se trata da maior ou menor originalidade ou "singularidade" do conceito, neste caso e para o que nos interessa presentemente: trata-se da sua importância e do lugar que deve ocupar num sistema de filosofia da práxis, bem como de ver se ele tem o reconhecimento "prático e cultural" que merece. Devemos nos remeter a este conceito quando quisermos entender o que Engels quis dizer ao escrever que, após as inovações trazidas pela filosofia da práxis, permanece da velha filosofia, entre outras coisas, a *lógica formal*; afirmação que Croce cita em seu ensaio sobre Hegel, acompanhando-a de um ponto de exclamação. O espanto de Croce pela "reabilitação" da lógica formal, que parece implícita na afirmação de Engels, deve ser relacionado à sua doutrina da "técnica" da arte, por exemplo, bem como a toda uma série de outras opiniões suas que constituem a suma do seu efetivo "anti-historicismo" e abstratividade metodológica (as "distinções", cujo princípio metodológico Croce se vangloria de ter introduzido na tradição "dialética", convertem-se, de princípio científico, em causa de "abstratividade" e de anti-historicismo em sua aplicação formalista). Mas a analogia entre a "técnica" artística e a "técnica" do pensamento é superficial e falaz, pelo menos num certo sentido. Pode existir um artista que "conscientemente" ou "reflexivamente" nada conheça da elaboração técnica precedente (ele tomará a sua técnica, ingenuamente, do senso comum); mas isto não pode ocorrer na esfera da ciência, na qual existe progresso e deve existir progresso, na qual o progresso do conhecimento está estreitamente ligado ao progresso instrumental, técnico, metodológico, sendo, aliás, condicionado por ele, precisamente como nas ciências experimentais em sentido estrito.

Deve-se colocar, ademais, a seguinte questão: se o idealismo moderno, e particularmente o crocianismo, com sua redução da filosofia a uma metodologia da história, não seja essencialmente uma "técnica"; se o próprio conceito de "especulação" não seja essencialmente uma pesquisa "técnica", entendida por certo num significado superior, menos extrínseco e material do que a pesquisa que culminou na construção da lógica formal escolástica. Ao que parece, Adolfo Omodeo não está longe deste ponto de vista quando escreve (*Crítica*, de 20 de julho de 1932, p. 295): "[Loisy], que tinha feito a experiência dos sistemas de teologia, desconfia dos de filosofia. Teme que uma fórmula de sistema destrua qualquer interesse pela história concreta, que uma dedução mais ou menos dialética aniquile a plenitude humana da efetiva formação espiritual. E, em verdade, em todas as filosofias pós-kantianas, ao lado da introdução de uma visão pan-histórica, é ativa uma tendência meta-histórica que pretenderia fornecer, por si mesma, um conceito metafísico do espírito. Loisy percebe a mesma necessidade que gerou, na Itália, a tentativa de reduzir a filosofia a uma simples metodologia abstrata da história, contra a vaidade metafísica que despreza 'a grosseira materialidade da história'. Ele esclarece o seu conceito, com muita precisão, no problema da moral, afastando as fórmulas filosóficas, pois estas — com uma consideração reflexa da moral — anulam o problema da vida e da ação moral, da formação da personalidade e da consciência, o que nós costumamos chamar de historicidade do espírito, que não é corolário de filosofia abstrata. Entretanto, é possível que a exigência tenha sido levada muito além dos seus limites, a ponto de desconhecer a função da filosofia como controle metódico dos nossos conceitos." [49]

Deve-se ver na afirmação de Engels, ainda que expressa em termos não rigorosos, esta exigência metodológica que é tão mais viva quanto mais a referência subentendida é feita não para os intelectuais e para as chamadas classes cultas, mas para as massas populares incultas, para as quais é ainda necessária a conquista da lógica formal, da mais elementar gramática do pensamento e da língua. Poderá surgir a questão do lugar que uma tal técnica deve ocupar nos quadros da ciência filosófica, isto é, se ela faz parte da ciência como tal, já elaborada, ou da propedêutica científica, do processo de elaboração como tal. (Da mesma maneira como, em química, ninguém pode negar a importância dos corpos catalíticos pelo fato de não permanecer nenhum vestígio deles no resultado final.) O mesmo problema também se apresenta para a dialética; ela é um novo modo de pensar, uma nova filosofia, mas é também, por isso, uma nova técnica. O princípio da distinção, defendido por Croce, e, portanto, todas as suas polêmicas com o atualismo de Gentile não são também questões técnicas? É possível destacar o fato técnico do fato filosófico? É possível, mas só com finalidades práticas e didáticas. E, de fato, deve-se notar a importância que tem a técnica do pensamento na construção dos programas didáticos. E não é possível comparar a técnica do pensamento com as velhas retóricas. Estas não criavam artistas, não criavam o gosto, não forneciam critérios para apreciar a beleza: só eram úteis para criar um "conformismo" cultural e uma linguagem de conversação entre literatos. A técnica do pensamento, elaborada como tal, não criará certamente grandes filósofos, mas fornecerá critérios de julgamento e de controle, bem como corrigirá as distorções do modo de pensar do senso comum.

Seria interessante um exame comparativo da técnica do senso comum, da filosofia do homem da rua, com a técnica do pensamento reflexivo e coerente. Também a este respeito vale a observação de Macaulay sobre as debilidades lógicas da cultura que é formada por meios oratórios e declamatórios.

Todo esse assunto deve ser bem estudado, depois de recolher todo o material possível sobre o mesmo. Deve-se vincular esse assunto à questão, posta pelos pragmatistas, da linguagem como causa de erro: Prezzolini, Pareto, etc. Deve-se aprofundar a questão do estudo da técnica do pensamento como propedêutica, como processo de elaboração, mas é preciso cautela, já que a imagem de "instrumento" técnico pode induzir a erro. Entre "técnica" e "pensamento em ato" existe mais identidade do que, nas ciências experimentais, entre "instrumentos materiais" e ciência propriamente dita. É possível imaginar um astrônomo que não saiba servir-se dos seus instrumentos (pode ter recebido de outros o material de investigação que ele deve elaborar matematicamente), já que as relações entre "astronomia" e "instrumentos astronômicos" são exteriores e mecânicas; e, também em astronomia, existe uma técnica do pensamento, ao lado da técnica dos instrumentos materiais. Um poeta pode não saber ler e escrever. Em certo sentido, inclusive um pensador pode fazer com que os outros leiam e escrevam tudo o que o interessa dos demais pensadores ou ele já pensou. Porque ler e escrever se referem à memória, são um auxílio da memória. A técnica do pensamento não pode ser comparada a estas operações, pelo que se pode dizer que importa ensinar esta técnica tanto quanto importa ensinar a ler e a escrever, sem que isto interesse à filosofia, como o ler e o escrever não interessam ao poeta como tal.

"Os instrumentos mentais e morais dos quais o homem dispõe são sempre os mesmos (?): a observação, a experiência, o raciocínio indutivo e dedutivo, a habilidade manual (?) e a fantasia inventiva. De acordo com o método pelo qual estes meios são usados, tem-se uma orientação empírica ou científica da atividade humana; com esta diferença entre as duas: que a segunda é muito mais rápida e tem um rendimento muito maior." (Mario Camis, "L'aeronautica e le scienze biologiche", *in Nuova Antologia,* 16 de março de 1928.)

Exemplos de um raciocinar simplista, que, segundo a opinião comum, é o modo de raciocinar da grande maioria dos homens (os quais não se controlam e, portanto, não percebem o quanto de sentimento e de interesse imediato perturba o rigor lógico). O raciocínio de Babbitt sobre as organizações sindicais (no romance de Sinclair Lewis): "Uma boa associação operária é uma coisa boa porque impede os sindicatos revolucionários, que destruiriam a propriedade. Mas ninguém deveria ser obrigado a entrar em uma associação. Todos os agitadores trabalhistas, que tentem obrigar quem quer que seja a entrar em uma associação, deveriam ser enforcados. Brevemente, cá entre nós, será necessário não permitir nenhuma associação; e, já que esta é a melhor maneira de combatê-las, cada homem de negócio deveria pertencer a uma associação de empresários e à Câmara do Comércio. A união faz a força. Por isto, todo solitário egoísta que não fizer parte da Câmara de Comércio deve ser obrigado a se filiar."

O raciocínio de Dom Ferrante é formalmente impecável, mas errado nas premissas de fato e na presunção do raciocinador, donde nasce o sentido do humorismo [50].

O modo de raciocinar de Ivan Ilitch na novela de Tolstoi, *A morte de Ivan Ilitch* ("Os homens são mortais, Fulano é homem, Fulano é mortal, mas eu não sou Fulano, etc.").

§ 45. *Esperanto filosófico e científico.* Do fato de não se compreender a historicidade das línguas — e, portanto, das filosofias, das ideologias e das opiniões científicas — decorre a tendência, que é própria de todas as formas de pensamento (inclusive das idealistas-historicistas), a fazer de si mesmas uma espécie de esperanto ou volapuque da filosofia e da ciência. É possível dizer que se perpetuou (em formas sempre diversas e mais ou menos atenuadas) o estado de espírito dos povos primitivos em face dos outros povos, com os quais entravam em relação. Todo povo primitivo chamava (ou chama) a si mesmo com uma palavra que significa igualmente "homem", e aos outros com palavras que significam "mudos" ou "tartamudos" (bárbaros), pois eles não conhecem a "língua dos homens" (disto decorreu o belíssimo paradoxo de que "canibal", ou devorador de homens, signifique originariamente — do ponto de vista etimológico — "homem por excelência" ou "homem verdadeiro"). Para os esperantistas da filosofia e da ciência, tudo o que não vem expresso em sua linguagem é delírio, é preconceito, é superstição, etc.; mediante um processo análogo ao que se verifica na mentalidade sectária, eles transformam em juízo moral ou em diagnóstico de ordem psiquiátrica o que deveria ser um mero juízo histórico. Muitos traços desta tendência se encontram no *Ensaio popular.* O esperantismo filosófico está radicado notadamente nas concepções positivistas e naturalistas. A "sociologia" é, talvez, o maior produto de uma tal mentalidade; da mesma maneira, as tendências à "classificação" abstrata, ao metodologismo e à lógica formal. A lógica e a metodologia geral são concebidas como existentes em si e por si, como fórmulas matemáticas, desligadas do pensamento concreto e das ciências particulares concretas (do mesmo modo como se supõe que a língua exista no dicionário e nas gramáticas, a técnica fora do trabalho e da atividade concreta, etc.). Por outro lado, não é necessário supor que a forma de pensamento "antiesperantista" signifique ceticismo, agnosticismo ou ecletismo. É certo que toda forma de pensamento deve considerar a si mesma como "exata" e "verdadeira" e combater as outras formas de pensamento, mas isto "criticamente". O problema, portanto, reside nas doses de "criticismo" e de "historicismo" que estão contidas em todas as formas de pensamento. A filosofia da práxis, reduzindo a "especulatividade" aos seus justos limites (isto é, negando que a "especulatividade", como a entendem inclusive os historicistas do idealismo, seja o caráter essencial da filosofia), revela-se a metodologia histórica mais adequada à realidade e à verdade.

V. Tradutibilidade das linguagens científicas e filosóficas

§ 46. Em 1921, tratando de problemas de organização, Vilitch escreveu ou disse (mais ou menos) o seguinte: não soubemos "traduzir" nas línguas europeias a nossa língua [51].

§ 47. Deve-se resolver o seguinte problema: se a tradutibilidade recíproca das várias linguagens filosóficas e científicas é um elemento "crítico" próprio a toda concepção do mundo ou próprio somente à filosofia da práxis (de maneira orgânica) e apenas parcialmente apropriável pelas outras filosofias. A tradutibilidade pressupõe que uma determinada fase da civilização tenha uma expressão cultural "fundamentalmente" idêntica, mesmo que a linguagem seja historicamente diversa, diversidade determinada pela tradição particular de cada cultura nacional e de cada sistema filosófico, do predomínio de uma atividade intelectual ou prática, etc. Assim, deve-se ver se a tradutibilidade é possível entre expressões de diferentes fases de civilização, na medida em que estas fases são momentos de desenvolvimento uma da outra e, portanto, integram-se reciprocamente; ou se uma expressão determinada pode ser traduzida com os termos de uma fase anterior de uma mesma civilização, fase anterior que, porém, é mais compreensível do que a linguagem dada, etc. É possível dizer, ao que parece, que só na filosofia da práxis a "tradução" é orgânica e profunda, enquanto de outros pontos de vista trata-se frequentemente de um mero jogo de esquematismos genéricos. {B}

§ 48. *Giovanni Vailati e a tradutibilidade das linguagens científicas.* Passagem da *Sagrada família* onde se afirma que a linguagem política francesa de Proudhon corresponde e pode ser traduzida na linguagem da filosofia clássica alemã. Essa afirmação é muito importante para compreender alguns aspectos da filosofia da práxis e para encontrar a solução de muitas contradições aparentes do desenvolvimento histórico e para responder a algumas objeções superficiais contra esta teoria historiográfica (sendo igualmente útil para combater alguns abstratismos mecanicistas).

Deve-se ver se este princípio crítico pode ser aproximado ou confundido com afirmações análogas. No fascículo de setembro-outubro de 1930 dos *Nuovi Studi di Diritto, Economia e Politica*, em uma carta aberta de Luigi Einaudi [52] a Rodolfo Benini ("Se existe, historicamente, a pretensa repugnância dos economistas em face do conceito de Estado produtor"), lê-se em uma nota na p. 303: "Se eu possuísse a maravilhosa faculdade, que o falecido amigo Vailati possuía em grande proporção, de traduzir uma teoria qualquer da linguagem geométrica à linguagem algébrica, da hedonista à da moral kantiana, da terminologia econômica normativa pura à aplicada, se isto ocorresse, então eu poderia tentar retraduzir a página de Spirito na tua linguagem formal, ou seja, na da economia clássica. Seria um exercício fecundo, similar aos que nos conta Loria, por ele empreendidos na juventude, que consistiam em expor sucessivamente uma determinada demonstração econômica primeiro na linguagem de Adam Smith, depois na de Ricardo e, subsequentemente, na de Marx, de Stuart Mill e de Cairnes. Mas são exercícios que, como no caso de Loria, vão parar depois de feitos na cesta de papel. Contribuem para nos ensinar a humildade, no momento em que nos iludimos pensando ter visto alguma coisa nova. E isto porque, se esta novidade podia ter sido formulada com as palavras deles e enquadrar-se no pensamento dos antigos, eis um sinal de que alguma coisa estava contida no pensamento daqueles. Mas não podem impedir, nem o devem, que cada geração use a linguagem que melhor se adapte ao seu modo de pensar e de compreender o mundo. A história é reescrita; por que, então, não se deveria reescrever a ciência econômica, primeiro em termos de custo de produção, depois de utilidade, e, subsequentemente, de equilíbrio estático e depois de equilíbrio dinâmico?" A observação metodológico-crítica de Einaudi é muito restrita, referindo-se, mais do que a linguagens de culturas nacionais, a linguagens particulares de personalidades da ciência. Einaudi se liga à corrente representada por alguns pragmatistas italianos, por Pareto, por Prezzolini. Ele se propõe, com sua carta, finalidades críticas e metodológicas bastante limitadas: pretende dar uma pequena lição a Ugo Spirito, no qual, muito frequentemente, a novidade das ideias, dos métodos, da colocação dos problemas, é pura e simplesmente uma questão verbal, de terminologia, de um "jargão" pessoal ou de grupo. Todavia, deve-se ver se não se trata aqui do primeiro grau do mais vasto e profundo problema, que está implícito na afirmação da *Sagrada família*. Da mesma maneira que dois "cientistas" formados no terreno de uma mesma cultura fundamental acreditam sustentar diferentes "verdades" somente porque empregam uma diferente linguagem científica (o que não quer dizer que entre eles não exista uma diferença e que esta diferença não tenha o seu significado), também duas culturas nacionais, expressões de civilizações fundamentalmente similares, acreditam ser diferentes, opostas, antagônicas, uma superior à outra, pelo fato de empregarem linguagens de tradição diferente, formadas com base em atividades características e particulares a cada uma delas: linguagem político-jurídica na França, linguagem filosófica, doutrinária, teórica na Alemanha. Para o historiador, em realidade, estas civilizações são tradutíveis reciprocamente, redutíveis uma à outra.

Esta tradutibilidade, por certo, não é "perfeita" em todos os detalhes, até mesmo importantes (mas que língua é exatamente tradutível em outra? que palavra singular é exatamente tradutível em outra língua?), mas o é em seu "fundo" essencial. É possível, também, que uma seja realmente superior à outra, mas quase nunca o é naquilo que os seus representantes e defensores fanáticos pretendem e, sobretudo, quase nunca em seu conjunto: o progresso real da civilização ocorre graças à colaboração de todos os povos, graças a "impulsos" nacionais, mas tais impulsos quase sempre dizem respeito a determinadas atividades culturais ou grupos de problemas.

A filosofia de Gentile é, em nossos dias, a que mais faz questão de "palavras", de "terminologia", de "jargão", considerando como "criações" novas aquilo que são expressões verbais novas, nem sempre muito felizes e adequadas. Por isso, a nota de Einaudi irritou Ugo Spirito, sem que este, contudo, conseguisse responder nada conclusivo. (Ver toda a polêmica na revista citada.)

§ 49. A observação contida na *Sagrada família*, de que a linguagem política francesa equivale à linguagem da filosofia clássica alemã [53], foi expressa "poeticamente" por Carducci na frase: "Emmanuel Kant decapitou Deus; Maximilien Robespierre, o rei." A respeito desta aproximação carducciana entre a política prática de Robespierre e o pensamento especulativo de Kant, Croce registra uma série de "fontes" filológicas muito interessantes, mas que têm para ele uma importância puramente filológica e cultural, sem nenhuma significação teórica e "especulativa". Carducci encontrou o tema em Heinrich Heine (no terceiro livro do *Zur Geschichte der Religion und Philosophie in Deutschland*, de 1834). Mas a aproximação entre Robespierre e Kant não é original de Heine. Croce, que pesquisou a origem da aproximação, informa-nos ter encontrado uma longínqua menção a ela em uma carta, de 21 de julho de 1795, dirigida por Hegel a Schelling (inserida em *Briefe von und an Hegel*, Leipzig, 1887, I, p. 14-16), posteriormente desenvolvida nas lições proferidas por Hegel sobre a história da filosofia e a filosofia da história. Nas primeiras lições sobre a história da filosofia, Hegel diz que "a filosofia de Kant, de Fichte e de Schelling contém a revolução em forma de pensamento", revolução para a qual o espírito progrediu ultimamente na Alemanha, isto é, em uma grande época da história universal, na qual "apenas dois povos tomaram parte, os alemães e franceses, por mais opostos que sejam entre si, ou, aliás, precisamente por causa desta oposição"; desta forma, enquanto na Alemanha o novo princípio "irrompeu como espírito e conceito", na França, ao contrário, explicitou-se como "realidade efetiva" (cf. *Vorles. über die Gesch. d. Philos.*, Berlim, 1884, III, p. 485). Nas lições sobre a filosofia da história, Hegel explica que o princípio da vontade formal, da liberdade abstrata, segundo o qual "a simples unidade da autoconsciência, o Eu, é a liberdade absolutamente independente e a fonte de todas as determinações universais", "é entre os alemães a tranquila *teoria*, ao passo que os franceses quiseram realizá-lo praticamente" (*Vorles. über die Philos. der Geschichte*, Berlim, 1848, p. 531-532). Esta passagem de Hegel é, ao que parece, parafraseada na *Sagrada família*, onde se defende uma afirmação de Proudhon contra os irmãos Bauer (ou, caso não seja defendida, é explicada de acordo com este cânone hermenêutico hegeliano). A passagem de Hegel, contudo, nos parece bem mais importante como "fonte" do pensamento expresso nas *Teses sobre Feuerbach*, a saber, que "os filósofos interpretaram o mundo, mas trata-se agora de transformá-lo", isto é, que a filosofia deve se tornar política para tornar-se verdadeira, para continuar a ser filosofia, que a "tranquila teoria" deve ser "realizada praticamente", deve fazer-se "realidade efetiva"; como fonte, também, da afirmação de Engels, segundo a qual a filosofia clássica alemã tem como herdeiro legítimo o povo alemão [54] e, finalmente, como elemento para a teoria da unidade entre teoria e prática.

A. Ravà, em seu livro *Introduzione allo studio della filosofia di Fichte* (Módena, Formiggini, 1909, p. 6-8 n.), lembra a Croce que, já em 1791, Baggesen — em uma carta a Reinhold — aproximava as duas revoluções, que o livro de Fichte de 1792 sobre a Revolução Francesa é animado por esse sentido de afinidade entre a obra da filosofia e o evento político e que, em 1794, Schaumann desenvolve particularizadamente a comparação, observando que a revolução política da França "faz sentir *de fora* a necessidade de uma determinação fundamental dos direitos humanos" e a reforma filosófica alemã "mostra *de dentro* os meios e o caminho através dos quais, e somente a partir dos quais, esta necessidade pode ser satisfeita"; e, além disso, lembra que a mesma comparação dava motivo, em 1797, a um escrito satírico contra a filosofia kantiana. Ravà conclui que a "comparação estava no ar".

A comparação é repetida inúmeras vezes no decorrer do século XIX (por Marx, por exemplo, na *Crítica da filosofia do direito de Hegel*) e "ampliada" por Heine. Na Itália, alguns anos antes de Carducci, ela é encontrada numa carta de Bertrando Spaventa — cujo título é "Paolottismo, positivismo e razionalismo" — publicada na *Rivista bolognese* de maio de 1868 e republicada nos *Scritti filosofici* (ed. Gentile, p. 301). Croce conclui com reservas sobre a comparação enquanto "afirmação de uma relação lógica e histórica". "Porque, se é verdade que ao Kant jusnaturalista corresponde muito bem, no terreno dos fatos, a Revolução Francesa, é igualmente verdade que Kant pertence à filosofia do século XVIII, que precedeu e informou aquele movimento político; ao passo que o Kant que aponta para o futuro, o Kant da *síntese a priori*, é o primeiro elo de uma nova filosofia, que supera a filosofia que se encarnou na Revolução Francesa." Esta reserva de Croce é compreensível, não obstante ser imprópria e incongruente, já que as próprias citações de Hegel feitas por Croce mostram que não se trata da comparação particular entre Kant e Robespierre, mas de algo mais extenso e compreensivo, do movimento político francês em seu conjunto e da reforma filosófica alemã em seu conjunto. Que Croce seja favorável às "tranquilas teorias" e não às "realidades efetivas", que uma reforma "em ideia" e não em ato lhe pareça a fundamental, é algo compreensível: foi neste sentido que a filosofia alemã influiu na Itália no período do *Risorgimento*, com o "moderantismo" liberal (no sentido mais restrito de "liberdade nacional"), se bem que em De Sanctis se perceba a insatisfação com esta posição "intelectualista", como é atestado pela sua passagem para a "Esquerda" [55] e por alguns escritos, notadamente *Scienza e vita* e os artigos sobre o verismo, etc.

Todo o problema deveria ser revisto, reestudando-se as referências dadas por Croce e por Ravà, procurando-se outras, para enquadrá-las na questão que é o tema desta rubrica, isto é, que duas estruturas fundamentalmente similares têm superestruturas "equivalentes" e reciprocamente tradutíveis, qualquer que seja a sua linguagem particular nacional. Os contemporâneos da Revolução Francesa tiveram consciência deste fato, o que é de grande interesse (as notas de Croce sobre a comparação carducciana entre Robespierre e Kant foram publicadas na II Série das *Conversazioni Critiche*, p. 292 e ss.).

VI. Apontamentos miscelâneos

§ 50. *História da terminologia e das metáforas*. A expressão tradicional de que a "anatomia" da sociedade é constituída pela sua "economia" [56] é uma simples metáfora extraída das discussões que se realizam em torno das ciências naturais e da classificação das espécies animais, classificação que se tornou "científica" precisamente no momento em que se partiu da anatomia e não mais de características secundárias e acidentais. A metáfora se justificava também pela sua "popularidade", isto é, pelo fato de oferecer, mesmo a um público não refinado intelectualmente, um esquema de fácil compreensão (não se leva quase nunca em sua devida conta o seguinte fato: que a filosofia da práxis, propondo-se reformar intelectual e moralmente estratos sociais culturalmente atrasados, recorre a metáforas por vezes "grosseiras e violentas" em seu caráter popular). O estudo da origem linguístico-cultural de uma metáfora empregada para indicar um conceito ou relação recentemente descobertos pode ajudar a compreender melhor o próprio conceito, na medida em que esse é relacionado ao mundo cultural, historicamente determinado, do qual surgiu, bem como é útil para determinar o limite da própria metáfora, isto é, para impedir que ela se materialize e se mecanicize. As ciências experimentais e naturais, numa determinada época, foram um "modelo", um "tipo"; e, já que as ciências sociais (a política e a historiografia) buscavam encontrar um fundamento objetivo e cientificamente capaz de lhes fornecer a mesma segurança e energia das ciências naturais, é fácil compreender que tenham recorrido a estas para criar a sua própria linguagem.

Ademais, deste ponto de vista, deve-se distinguir entre os dois fundadores da filosofia da práxis, cuja linguagem não tem a mesma origem cultural e cujas metáforas refletem interesses diversos.

Uma outra questão "linguística" está ligada ao desenvolvimento das ciências jurídicas: no prefácio à *Crítica da economia política*, afirma-se que "não se pode julgar uma época histórica pelo que ela pensa de si mesma", isto é, pelo conjunto das suas ideologias. Este princípio deve ser relacionado com um outro, quase contemporâneo, segundo o qual um juiz não pode julgar o réu pelo que este pensa de si próprio, de seus atos ou omissões (embora isto não signifique que a nova historiografia seja concebida como uma atividade judiciária), princípio que levou a uma radical reforma dos métodos processuais, contribuindo para abolir a tortura e fornecendo à atividade judiciária e penal uma base moderna.

A esta mesma ordem de observações pertence uma outra questão, relativa ao fato de que as superestruturas são consideradas como simples e débeis "aparências". Neste "juízo", deve-se ver também mais um reflexo das discussões nascidas no terreno das ciências naturais (da zoologia e da classificação das espécies, da descoberta de que a "anatomia" deve ser colocada na base das classificações) do que uma derivação coerente do materialismo metafísico, para o qual os fatos espirituais são uma simples aparência, *irreal, ilusória*, dos fatos corporais. A esta origem historicamente verificável do "juízo", foi-se em parte superpondo e em parte até mesmo substituindo o que se pode chamar de uma mera "atitude psicológica" sem importância "cognoscitiva ou filosófica", como não é difícil demonstrar, na qual o conteúdo teórico é mínimo (ou indireto, limitando-se talvez a um ato de vontade, o qual, enquanto universal, tem um valor filosófico ou cognoscitivo implícito), predominando nela a imediata paixão polêmica não só contra uma exagerada e deformada afirmação em sentido inverso (segundo a qual apenas o "espiritual" seria real), mas também contra a "organização" político-cultural da qual esta teoria é expressão. Que a afirmação da "aparência" das superestruturas não seja um ato filosófico, de conhecimento, mas somente um ato prático, de polêmica política, é atestado pelo fato de não ser tal afirmação colocada como "universal", mas como algo que diz respeito apenas a determinadas superestruturas. É possível observar, colocando a questão em termos individuais, que quem é cético quanto ao "desinteresse" dos outros, mas não quanto a seu próprio "desinteresse", não é "cético" filosoficamente, colocando apenas uma questão de "história concreta individual"; isto é, o ceticismo se constituiria em ato filosófico se o cético duvidasse de si mesmo e, consequentemente, da própria capacidade filosófica. E, de fato, é uma observação óbvia a de que o cético, filosofando para negar a filosofia, na realidade a exalta e a afirma. No caso em questão, a afirmação da "aparência" das superestruturas significa apenas a afirmação de que uma determinada "estrutura" está condenada a desaparecer, devendo ser destruída; e o problema que se coloca é se esta afirmação é de poucos ou de muitos, se já é ou está para se tornar uma força histórica decisiva ou se é apenas a opinião isolada (ou isolável) de um indivíduo fanático, obcecado por ideias fixas.

A "atitude psicológica" que alimenta a afirmação da "aparência" das superestruturas poderia ser comparada à atitude que se verificou em determinadas épocas (também elas "materialistas" e "naturalistas"!) em face da "mulher" e do "amor". Via-se uma graciosa jovem, aquinhoada com todos os atributos físicos que tradicionalmente motivam o julgamento de "amorável". O homem "prático" valorizava a sua estrutura "esquelética", a amplitude de sua "bacia", procurava conhecer a sua mãe e a sua avó a fim de observar que provável processo de deformação hereditária poderia sofrer a atual jovem com o passar dos anos, a fim de ter a possibilidade de prever que "esposa" teria ele após dez, vinte ou trinta anos. O rapazola "satânico", cuja atitude era a de um pessimismo ultrarrealista, observaria a jovem com olhos "inexoráveis": ele a julgaria como sendo "na realidade" um puro saco de podridões, já a imaginaria morta e enterrada, com as "órbitas vazias e malcheirosas", etc., etc. Esta atitude psicológica, ao que parece, é própria da idade imediatamente posterior à puberdade, ligada às primeiras experiências, às primeiras reflexões, aos primeiros desenganos, etc. Mas ela é superada pela vida, e uma "determinada" mulher não mais suscitará tais pensamentos.

No juízo sobre a "aparência" das superestruturas existe um fato da mesma natureza: um "desengano", um pseudopessimismo, etc., que desaparece tão logo se "conquista" o Estado e as superestruturas passam a ser aquelas do próprio mundo intelectual e moral. E, de fato, esses desvios da filosofia da práxis são em grande parte ligados a grupos de intelectuais socialmente "vagabundos", desencantados, etc., perdidos, mas prontos a ancorar em algum bom porto.

§ 51. Série de conceitos e de posições filosóficas a examinar numa introdução ao estudo da filosofia: transcendência, teologia, filosofia especulativa, historicismo especulativo. A "especulação" (em sentido idealista) não introduziu uma transcendência de novo tipo na reforma filosófica caracterizada pelas concepções imanentistas? Parece que só a filosofia da práxis é uma concepção consequentemente "imanentista". Devem ser revistas e criticadas, em especial, todas as teorias historicistas de caráter especulativo. Poder-se-ia escrever um novo *Anti-Dühring* que seria, deste ponto de vista, um *Anti-Croce*, resumindo não apenas a polêmica contra a filosofia especulativa, mas também aquela contra o positivismo, o mecanicismo e as formas deterioradas da filosofia da práxis.

§ 52. *Regularidade e necessidade.* Como surgiu no fundador da filosofia da práxis o conceito de regularidade e de necessidade no desenvolvimento histórico? Ao que parece, não se pode pensar em uma derivação das ciências naturais, mas sim, ao contrário, em uma elaboração de conceitos nascidos no terreno da economia política, notadamente na forma e na metodologia que a ciência econômica recebeu em David Ricardo. Conceito e fato de "mercado determinado", isto é, observação científica de que determinadas forças decisivas e permanentes surgiram historicamente, forças cuja ação se manifesta com um certo "automatismo", que permite um certo grau de "previsibilidade" e de certeza para o futuro com relação às iniciativas individuais que se adaptam a tais forças, após tê-las intuído e compreendido cientificamente. "Mercado determinado" equivale, portanto, a dizer "determinada correlação de forças sociais em determinada estrutura do aparelho de produção", correlação que é garantida (isto é, tornada permanente) por uma determinada superestrutura política, moral, jurídica. Após ter compreendido estas forças decisivas e permanentes e seu automatismo espontâneo (isto é, sua relativa independência dos arbítrios individuais e das intervenções arbitrárias governamentais), o cientista absolutizou hipoteticamente o próprio automatismo, isolou os fatos puramente econômicos das combinações mais ou menos importantes nas quais eles se apresentam realmente, estabeleceu relações de causa e efeito, de premissa e consequência, fornecendo assim um esquema abstrato de uma determinada sociedade econômica (a esta construção científica realista e concreta, foi-se sobrepondo posteriormente uma nova abstração mais generalizada do "homem" como tal, "a-histórico", genérico, abstração que passa por ser a "verdadeira" ciência econômica).

Dadas estas condições nas quais nasceu a economia clássica, seria necessário, para que se possa falar de uma nova "ciência" ou de uma nova concepção da ciência econômica (o que é a mesma coisa), demonstrar que surgiram novas correlações de força, novas condições, novas premissas, isto é, que se "determinou" um novo mercado com um novo "automatismo" e fenomenismo próprios, que se apresenta como algo "objetivo", comparável ao automatismo dos fatos naturais. A economia clássica deu lugar a uma "crítica da economia política", mas não parece que seja possível até agora uma nova ciência ou uma nova colocação do problema científico. A "crítica" da economia política parte do conceito da historicidade do "mercado determinado" e do seu "automatismo", ao passo que os economistas puros concebem estes elementos como "eternos", "naturais". A crítica analisa, de maneira realista, as correlações de força que determinam o mercado, aprofunda as suas contradições, avalia as mudanças relacionadas com o aparecimento de novos elementos e com sua intensificação e apresenta a "caducidade" e a "substitutibilidade" da ciência criticada; estuda-a como vida, mas também como morte, encontrando em seu interior os elementos que a dissolverão e substituirão inapelavelmente, bem como apresentando o "herdeiro" (que será presuntivo enquanto não der provas manifestas de vitalidade), etc. Que, na vida econômica moderna, o elemento "arbitrário" — seja individual, seja de consórcios, seja do Estado — tenha assumido uma importância desconhecida anteriormente, turbando profundamente o automatismo tradicional, é um fato que, por si só, não justifica a colocação de novos problemas científicos, precisamente porque estas intervenções são "arbitrárias", de ponderabilidade diversa, imprevisíveis. Pode justificar a afirmação de que a vida econômica se modificou, que existem "crises", mas isto é óbvio; de resto, não se afirma que o velho "automatismo" tenha desaparecido, só que ele se verifica em escalas maiores do que anteriormente, enquanto os fatos particulares "enlouqueceram".

É necessário partir destas considerações para estabelecer o que significa "regularidade", "lei", "automatismo", nos fatos históricos. Não se trata de "descobrir" uma lei metafísica de "determinismo" e nem mesmo de estabelecer uma lei "geral" de causalidade. Trata-se de indicar como se constituem no desenvolvimento histórico forças relativamente "permanentes", que operam com certa regularidade e automatismo. Tampouco a lei dos grandes números, ainda que seja muito útil como termo de comparação, pode ser tomada como a "lei" dos fatos históricos. Para estabelecer a origem histórica deste elemento da filosofia da práxis (elemento que é, ademais, nada menos do que seu modo particular de conceber a "imanência"), será necessário estudar o modo pelo qual David Ricardo tratou das leis econômicas. Trata-se de ver que Ricardo não teve importância na fundação da filosofia da práxis somente pelo conceito de "valor" em economia, mas teve uma importância "filosófica", sugeriu uma maneira de pensar e de intuir a vida e a história. O método do "dado que", da premissa que dá lugar a certa consequência, deve ser identificado, ao que parece, como um dos pontos de partida (dos estímulos intelectuais) das experiências filosóficas dos fundadores da filosofia da práxis. Deve-se ver se David Ricardo foi estudado, alguma vez, a partir deste ponto de vista.

(Da mesma maneira, deveria ser examinado o conceito filosófico de "acaso" e de "lei", o conceito de uma "racionalidade" ou de uma "providência", pelos quais se termina no teleologismo transcendental, se não mesmo transcendente, e o conceito de "acaso", como no materialismo metafísico, "que cria o mundo por acaso".)

Revela-se assim que o conceito de "necessidade" histórica está estreitamente ligado ao de "regularidade" e de "racionalidade". A "necessidade" no sentido "especulativo abstrato" e no sentido "histórico concreto". Existe necessidade quando existe uma *premissa* eficiente e ativa, cujo conhecimento nos homens se tenha tornado operante, ao colocar fins concretos à consciência coletiva e ao constituir um complexo de convicções e de crenças que atua poderosamente como as "crenças populares" [57]. Na *premissa* devem estar contidas, já desenvolvidas, as condições materiais necessárias e suficientes para a realização do impulso de vontade coletiva; mas é evidente que desta premissa "material", quantitativamente calculável, não pode ser destacado um certo nível de cultura, isto é, um conjunto de atos intelectuais, e destes (como seu produto e consequência), um certo complexo de paixões e de sentimentos imperiosos, isto é, que tenham a força de induzir à ação "a todo custo".

Como foi dito, somente por este caminho é possível atingir uma concepção historicista (e não especulativo-abstrata) da "racionalidade" na história (e, consequentemente, da "irracionalidade").

Conceitos de "providência" e de "fortuna" no sentido em que são empregados (especulativamente) por filósofos idealistas italianos, notadamente por Croce: deve-se ver o livro de Croce sobre G. B.

Vico, no qual o conceito de "providência" é traduzido em termos especulativos e no qual se dá início à interpretação idealista da filosofia de Vico. Para a significação de "fortuna" em Maquiavel, deve-se consultar Luigi Russo (nota à p. 23 da sua edição do *Príncipe*). Para Maquiavel, segundo Russo, "fortuna" tem uma dupla significação, objetiva e subjetiva. A "fortuna" é a força natural das coisas (isto é, o nexo causal), o concurso propício dos eventos, o que Vico chamará de providência; ou, então, é a potência transcendente sobre a qual fabulava a velha doutrina medieval (isto é, Deus); e, para Maquiavel, de resto, isso não é mais do que a própria virtude do indivíduo e sua potência tem raízes na própria vontade do homem. A "virtude" de Maquiavel, como observa Russo, não é mais a virtude dos escolásticos, que tem um caráter ético e toma a sua força do céu, nem também a de Tito Lívio, que significa essencialmente o valor militar; é a virtude do homem do Renascimento, que é capacidade, habilidade, industriosidade, potência individual, sensibilidade, senso de oportunidade e avaliação das próprias possibilidades.

Em seguida, Russo claudica em sua análise. Para ele, o conceito de *fortuna*, como força das coisas, que em Maquiavel e nos humanistas conserva ainda um *caráter naturalista e mecânico*, encontrará sua *verdade* e aprofundamento histórico somente na *providência racional* de Vico e de Hegel. Mas cabe advertir que tais conceitos, em Maquiavel, não têm jamais um caráter metafísico, como ocorre nos filósofos propriamente ditos do Humanismo, mas são simples e profundas intuições (filosofia, portanto!) da vida, devendo ser entendidos e explicados como símbolos de sentimentos.

Sobre a lenta formação metafísica destes conceitos, no período pré-maquiaveliano, Russo remete a Gentile, *Giordano Bruno e il pensiero del Rinascimento* (cap. "O conceito do homem no Renascimento" e o "Apêndice"), Florença, Valecchi. (Sobre os mesmos conceitos de Maquiavel, cf. F. Ercole, *La politica di Machiavelli.*)

§ 53. *Filosofia especulativa.* Não é necessário ocultar as dificuldades que apresentam a discussão e crítica do caráter "especulativo" de determinados sistemas filosóficos e a "negação" teórica da "forma especulativa" das concepções filosóficas. Questões que surgem: 1) o elemento "especulativo" é próprio de toda filosofia, é a forma mesma que deve assumir toda construção teórica enquanto tal, ou seja, "especulação" é sinônimo de filosofia e de teoria? 2) ou se trata de uma questão "histórica": o problema é apenas um problema histórico e não teórico, no sentido de que toda concepção do mundo, numa determinada fase histórica, assume uma forma "especulativa" que representa o seu apogeu e o início da sua dissolução? Analogia e conexão com o desenvolvimento do Estado, que, da fase "econômico-corporativa", passa à fase "hegemônica" (de consenso ativo). Em outras palavras, pode-se dizer que toda cultura tem o seu momento especulativo ou religioso, que coincide com o período de completa hegemonia do grupo social do qual é expressão, e talvez coincida precisamente com o momento no qual a hegemonia real se desagrega na base, molecularmente, mas o sistema de pensamento, justamente por isto (para reagir à desagregação), aperfeiçoa-se dogmaticamente, torna-se uma "fé" transcendental: por isto, podemos observar que toda época dita de decadência (na qual ocorre uma desagregação do velho mundo) caracteriza-se por um pensamento refinado e altamente "especulativo". A crítica, portanto, deve traduzir a especulação em seus termos reais de ideologia política, de instrumento de ação prática; mas a própria crítica terá a sua fase especulativa, que assinalará o seu apogeu. A questão é a seguinte: se este apogeu não será o início de uma fase histórica de novo tipo, na qual, tendo necessidade-liberdade se compenetrado organicamente, não mais existirão contradições sociais e a única dialética será a ideal, dos conceitos e não mais das forças históricas.

§ 54. *Unidade da teoria e da prática.* Devem-se pesquisar, analisar e criticar as diversas formas nas quais se apresentou, na história das ideias, o conceito de unidade entre teoria e prática, já que parece indubitável que toda concepção do mundo e toda filosofia se preocuparam com este problema.

Afirmação de Santo Tomás e da escolástica: "*Intellectus speculativus extensione fit practicus*", a teoria se faz prática por simples extensão, isto é, afirmação da necessária conexão entre a ordem das ideias e a da ação.

Aforismo de Leibniz, bastante repetido pelos idealistas italianos: "*Quo magis speculativa, magis practica*", afirmado quanto à ciência.

A proposição de Giambattista Vico, "*verum ipsum factum*", tão discutida e diversamente interpretada (cf. o livro de Croce sobre Vico e outros escritos polêmicos do próprio Croce), desenvolvida por Croce no sentido idealista de que o conhecer é um fazer e que se conhece o que se faz, sentido no qual "fazer" tem um significado particular, tão particular que não significa nada mais do que "conhecer", isto é, termina em uma tautologia (concepção que, entretanto, deve ser relacionada com a concepção própria da filosofia da práxis).

§ 55. *Originalidade e ordem intelectual.* Uma máxima de Vauvernagues: "É mais fácil dizer coisas novas do que pôr de acordo as que já foram ditas." Pode-se analisar essa máxima em seus elementos. É mais difícil instaurar uma ordem intelectual coletiva do que inventar arbitrariamente princípios novos e originais. Necessidade de uma ordem intelectual, ao lado da ordem moral e da ordem... pública. Para criar uma ordem intelectual, necessidade de uma "linguagem comum" (contra o neolalismo intelectual e o "boemismo"). Originalidade "racional"; também o filisteu, assim como o desgrenhado, são originais. Na pretensão da originalidade, há muita vaidade e individualismo, e pouco espírito criador, etc.

§ 56. *Bom senso e senso comum.* Manzoni distingue entre *senso comum* e *bom senso* (cf. Os *noivos*, cap. XXXII, sobre a peste e sobre os untadores [58]). Falando do fato de que existia quem não acreditasse nos untadores, mas era incapaz de defender sua opinião contra a opinião vulgar difusa, escreve: "Vê-se que era um desabafo secreto da verdade, uma confidência doméstica; havia bom senso, mas ficava escondido, por medo do senso comum."

§ 57. *A realidade do mundo exterior.* Cf. Tolstoi, vol. I dos *Racconti autobiografici* (*Infanzia-Adolescenza*), ed. Slavia, Turim, 1930), p. 232 (cap. XIX de *Adolescenza*, intitulado precisamente "Adolescência"): "Contudo, nenhuma doutrina filosófica me atraía tanto como o ceticismo, o qual me levou, durante certo tempo, a um estado próximo da loucura. Imaginava que, à exceção de mim, nada nem ninguém existia no mundo; que os objetos não eram objetos, e sim formas que só apareciam quando fixava a minha atenção neles e que se desvaneciam assim que deixava de pensar nos mesmos. Em resumo, concordei com Schelling ao convencer-me de que os objetos não existem por si mesmos, e sim por sua relação conosco. Sob a influência dessa ideia fixa, momentos houve em que chegava a tal estado de perturbação que voltava a cabeça para o lado oposto, esperando encontrar de surpresa o vácuo (*néant*), ali onde eu não estava." {B}

§ 58. *Ética.* A máxima de E. Kant — "Atua de tal maneira que a tua conduta possa tornar-se, em condições similares, uma norma para todos os homens" — é menos simples e óbvia do que à primeira vista pode parecer. O que se entende por "condições similares"? As condições imediatas nas quais se atua, ou as condições gerais complexas e orgânicas, cujo conhecimento requer uma investigação longa e criticamente elaborada? (Fundamento na ética socrática, na qual a vontade — moral — tem sua base no intelecto, na sabedoria, pelo que a má ação é devida à ignorância, etc., e a busca do conhecimento crítico é a base de uma moral superior ou da moral pura e simplesmente.) A máxima kantiana pode ser considerada como um truísmo, já que é difícil encontrar alguém que não atue acreditando encontrar-se nas condições em que todos atuariam como ele. Quem rouba por fome acredita que quem tem fome também roubaria; quem mata a mulher infiel acredita que todos os maridos traídos deveriam matar, etc. Só os "loucos" em sentido clínico atuam sem acreditar que estão atuando corretamente. A questão está ligada a outras: 1) cada qual é indulgente consigo mesmo, já que, quando atua "inconformisticamente", conhece o mecanismo de suas sensações e de seus juízos, da cadeia de causas e efeitos que o levaram a atuar, enquanto para os outros é rigorista, pois não conhece a vida interior deles; 2) cada qual atua de acordo com a sua cultura, isto é, com a cultura do seu ambiente, e "todos os homens" são para ele seu ambiente, aqueles que pensam do mesmo modo que ele: a máxima de Kant pressupõe uma única cultura, uma única religião, um conformismo "mundial". A objeção que não me parece exata é a de que não existem "condições similares", já que entre as condições está compreendido aquele que atua, a sua individualidade, etc.

É possível dizer que a máxima de Kant está ligada a seu tempo, ao iluminismo cosmopolita e à concepção crítica do autor, isto é, está ligada à filosofia dos intelectuais como camada cosmopolita. Portanto, aquele que atua é o portador das "condições similares", ou seja, o criador delas: isto é, ele "deve" atuar segundo um "modelo" que gostaria de ver difundido entre todos os homens, segundo um tipo de civilização pelo advento da qual trabalha ou por cuja conservação "resiste" contra as forças desagregadoras, etc. {B}

§ 59. Que é a filosofia? Uma atividade puramente receptiva ou quando muito ordenadora, ou uma atividade absolutamente criadora? Deve-se definir o que se entende por "receptivo", "ordenador", "criador". "Receptivo" implica a certeza de um mundo exterior absolutamente imutável, que existe "em geral", objetivamente, no sentido vulgar do termo. "Ordenador" aproxima-se de "receptivo": se bem que implique uma atividade do pensamento, esta atividade é limitada e estreita. Mas o que significa "criador"? Significará que o mundo exterior é criado pelo pensamento? Mas por qual pensamento e de quem? Pode-se cair no solipsismo e, na realidade, toda forma de idealismo cai necessariamente no solipsismo. Para escapar ao solipsismo, e, ao mesmo tempo, às concepções mecanicistas que estão implícitas na concepção do pensamento como atividade receptiva e ordenadora, deve-se colocar o problema de modo "historicista" e, simultaneamente, colocar na base da filosofia a "vontade" (em última instância, a atividade prática ou política), mas uma vontade racional, não arbitrária, que se realiza na medida em que corresponde às necessidades objetivas históricas, isto é, em que é a própria história universal no momento da sua realização progressiva. Se esta vontade é inicialmente representada por um indivíduo singular, a sua racionalidade é atestada pelo fato de ela ser acolhida por um grande número, e acolhida permanentemente, isto é, de se tornar uma cultura, um "bom senso", uma concepção do mundo, com uma ética conforme à sua estrutura. Até a filosofia clássica alemã, a filosofia foi concebida como atividade receptiva ou, no máximo, ordenadora; isto é, foi concebida como conhecimento de um mecanismo que funcionaria objetivamente fora do homem. A filosofia clássica alemã introduziu o conceito de "criatividade" do pensamento, mas num sentido idealista e especulativo. Ao que parece, somente a filosofia da práxis realizou um passo à frente no pensamento, com base na filosofia clássica alemã, evitando qualquer tendência para o solipsismo, historicizando o pensamento na medida em que o assume como concepção do mundo, como "bom senso" difuso no grande número (e esta difusão não seria concebível sem a racionalidade ou historicidade) e difuso de tal maneira que se converte em norma ativa de conduta. Deve-se entender *criador*, portanto, no sentido "relativo": no sentido de pensamento que modifica a maneira de sentir do maior número e, em consequência, da própria realidade, que não pode ser pensada sem a presença deste "maior número". *Criador*, também, no sentido em que ensina como não existe uma "realidade" em si mesma, em si e para si, mas em relação histórica com os homens que a modificam, etc. {B}

§ 60. *A realidade do mundo exterior.* Pode a concepção "subjetiva" de Berkeley ser separada da religião? E de que modo Berkeley ligava sua concepção às suas crenças religiosas? O *Ensaio popular*, assim como o ensaio sobre *Teoria e prática*, em seu simplismo, não conseguem compreender como possam ser ligados à religião nem o materialismo mecânico nem o subjetivismo mais extremado. Nem Berkeley foi um "herético" em religião: ao contrário, sua concepção é um modo de conceber a relação entre divindade e pensamento; no fundo, uma "teologia". No ensaio sobre *Teoria e prática*, cita-se *La vida es sueño*, sem pensar que se trata de questão de linguagem, já que, se tudo é sonho e também os sonhos são sonhos, sonho significa "vida" e "realidade". {B}

§ 61. *Filósofos-literatos e filósofos-cientistas.* Tem algum valor o fato de que um filósofo tenha partido de uma experiência científica ou de uma experiência "literária"? Ou seja: qual filosofia é mais "realista": a que parte das ciências "exatas" ou a que parte da "literatura", isto é, da observação do homem enquanto intelectualmente ativo e não apenas "parte mecânica da natureza"? {B}

§ 62. *Historicidade da filosofia da práxis.* Que a filosofia da práxis conceba a si mesma de um modo historicista, isto é, como uma fase transitória do pensamento filosófico, esta concepção, além de estar implícita em todo o seu sistema, resulta explicitamente da conhecida tese segundo a qual o desenvolvimento histórico se caracterizará, em determinado ponto, pela passagem do reino da necessidade ao reino da liberdade. Todas as filosofias (os sistemas filosóficos) que existiram até hoje foram a manifestação das íntimas contradições que dilaceraram a sociedade. Mas cada sistema filosófico, tomado em si mesmo, não foi a expressão consciente destas contradições, já que tal expressão só poderia ser dada pelo conjunto dos sistemas em luta entre si. Todo filósofo está e não pode deixar de estar convencido de que expressa a unidade do espírito humano, isto é, a unidade da história e da natureza; de fato, se tal convicção não existisse, os homens não atuariam, não criariam uma nova história, isto é, as filosofias não poderiam transformar-se em "ideologias", não poderiam assumir na prática a granítica e fanática solidez daquelas "crenças populares" que têm a mesma energia das "forças materiais".

Hegel representa, na história do pensamento filosófico, um papel especial; e isto porque, em seu sistema, de um modo ou de outro, ainda que na forma de "romance filosófico", consegue-se compreender o que é a realidade, isto é, tem-se, num só sistema e num só filósofo, aquele conhecimento das contradições que, antes dele, resultava do conjunto dos sistemas, do conjunto dos filósofos em polêmica entre si, em contradição entre si.

Em certo sentido, portanto, a filosofia da práxis é uma reforma e um desenvolvimento do hegelianismo, é uma filosofia liberada (ou que busca liberar-se) de qualquer elemento ideológico unilateral e fanático, é a consciência plena das contradições, na qual o próprio filósofo, entendido individualmente ou como grupo social global, não só compreende as contradições, mas coloca a si mesmo como elemento da contradição, eleva este elemento a princípio de conhecimento e, consequentemente, de ação. O "homem em geral" é negado, qualquer que seja a forma em que se apresente, e todos os conceitos dogmaticamente "unitários" são ridicularizados e destruídos enquanto expressões do conceito de homem em geral ou "natureza humana" imanente em cada homem.

Todavia, se também a filosofia da práxis é uma expressão das contradições históricas — aliás, é sua expressão mais completa porque consciente —, isto significa que ela está também ligada à "necessidade" e não à "liberdade", a qual não existe e ainda não pode existir historicamente. Assim, se se demonstra que as contradições desaparecerão, demonstra-se implicitamente que também desaparecerá, isto é, será superada, a filosofia da práxis: no reino da "liberdade", o pensamento e as ideias não mais poderão nascer no terreno das contradições e da necessidade de luta. Atualmente, o filósofo (da práxis) pode fazer apenas esta afirmação genérica, sem poder ir mais além; de fato, ele não pode se evadir do atual terreno das contradições, não pode afirmar, a não ser genericamente, um mundo sem contradições, sem com isso criar imediatamente uma utopia.

Isto não significa que a utopia não possa ter um valor filosófico, já que ela tem um valor político e toda política é implicitamente uma filosofia, ainda que desconexa e apenas esboçada. Neste sentido, a religião é a mais gigantesca utopia, isto é, a mais gigantesca "metafísica" que já apareceu na história, já que ela é a mais grandiosa tentativa de conciliar em forma mitológica as contradições reais da vida histórica: ela afirma, na verdade, que o homem tem a mesma "natureza", que existe o homem em geral, enquanto criado por Deus, filho de Deus, sendo por isso irmão dos outros homens, igual aos outros homens, livre entre os outros e da mesma maneira que os outros, e que ele pode se conceber desta forma espelhando-se em Deus, "autoconsciência" da humanidade; mas afirma também que nada disto pertence a este mundo e ocorrerá neste mundo, mas em um outro (— utópico —). Assim, as ideias de igualdade, liberdade e fraternidade fermentam entre os homens, entre os homens que não se veem nem iguais, nem irmãos de outros homens, nem livres em face deles. Ocorreu assim que, em toda sublevação radical das multidões, de um modo ou de outro, sob formas e ideologias determinadas, foram colocadas estas reivindicações.

Neste ponto, insere-se um elemento proposto por Vilitch no programa de abril de 1917, no parágrafo dedicado à escola unitária [59]; precisamente na nota explicativa de tal parágrafo (cf. a edição de Genebra, publicada em 1918), recorda-se que o químico e pedagogo Lavoisier, guilhotinado sob o Terror, havia sustentado precisamente o conceito da escola unitária, e isto em relação com os sentimentos populares da época, que viam no movimento democrático de 1789 uma realidade em desenvolvimento e não apenas uma ideologia-instrumento de governo, extraindo do mesmo consequências igualitárias concretas. Em Lavoisier, tratava-se de um elemento utópico (elemento que aparece, mais ou menos, em todas as correntes culturais que pressupõem a unicidade de "natureza" do homem); para Vilitch, todavia, ele tinha significação demonstrativo-teórica de um princípio político.

Se a filosofia da práxis afirma teoricamente que toda "verdade" tida como eterna e absoluta teve origens práticas e representou um valor "provisório" (historicidade de toda concepção do mundo e da vida), é muito difícil fazer compreender "praticamente" que tal interpretação é válida também para a própria filosofia da práxis, sem com isso abalar as convicções que são necessárias para a ação. Esta é, ademais, uma dificuldade que se apresenta para qualquer filosofia historicista: os polemistas baratos (notadamente os católicos) abusam de tal dificuldade para contrapor, no mesmo indivíduo, o "cientista" ao "demagogo", o filósofo ao homem de ação, etc., e para deduzir que o historicismo conduz necessariamente ao ceticismo moral e à depravação. Desta dificuldade, nascem, nos pequenos homens, muitos "dramas" de consciência e, nos grandes, as atitudes "olímpicas" à Wolfgang Goethe.

Daí por que a proposição da passagem do reino da necessidade ao da liberdade deve ser analisada e elaborada com muita finura e sutileza.

Por isto, ocorre também que a própria filosofia da práxis tende a se transformar numa ideologia no sentido pejorativo, isto é, num sistema dogmático de verdades absolutas e eternas; particularmente quando, como no *Ensaio popular*, ela é confundida com o materialismo vulgar, com a metafísica da "matéria", que não pode deixar de ser eterna e absoluta.

Deve-se dizer, também, que a passagem da necessidade para a liberdade ocorre na sociedade dos homens e não na natureza (se bem que poderá ter consequências sobre a intuição da natureza, sobre as opiniões científicas, etc.).

É possível até mesmo chegar-se à afirmação de que, enquanto todo o sistema da filosofia da práxis pode se tornar caduco em um mundo unificado, muitas concepções idealistas (ou, pelo menos, alguns de seus aspectos), que são utópicas durante o reino da necessidade, poderão se tornar "verdades" após a passagem, etc. É impossível falar de "espírito" quando a sociedade é constituída por grupos, a não ser que se conclua necessariamente tratar-se de ... espírito de grupo (o que é implicitamente reconhecido quando, como faz Gentile no volume sobre *Modernismo*, afirma-se, nas pegadas de Schopenhauer, que a religião é a filosofia da massa, ao passo que a filosofia é a religião dos homens seletos, isto é, dos grandes intelectuais); mas, quando ocorrer a unificação, será possível falar, etc.

§ 63. *Conceito de "ideologia"*. A "ideologia" foi um aspecto do "sensualismo", ou seja, do materialismo francês do século XVIII. Sua significação original era a de "ciência das ideias" e, já que a análise era o único método reconhecido e aplicado pela ciência, significava "análise das ideias", isto é, "investigação da origem das ideias". As ideias deveriam ser decompostas em seus "elementos" originários, que não poderiam ser senão as "sensações": as ideias derivam das sensações. Mas o sensualismo podia associar-se sem muita dificuldade com a fé religiosa, com as crenças mais extremadas na "potência do Espírito" e nos seus "destinos imortais"; foi o que ocorreu com Manzoni, que, mesmo depois de sua conversão ou retorno ao catolicismo, mesmo quando escreveu os *Hinos sacros*, manteve a sua adesão de princípio ao sensualismo, enquanto não conheceu a filosofia de Rosmini.

O mais eficiente propagandista literário da ideologia foi Destutt de Tracy (1754-1836), graças à facilidade e à popularidade da sua exposição; além dele, também o Dr. Cabanis, com o seu *Rapport du Physique et du Morale* (Condillac, Helvétius, etc. foram mais estritamente filósofos). Ligação entre catolicismo e Ideologia: Manzoni, Cabanis, Bourget, Taine (Taine é o corifeu para Maurras e outros de orientação católica); "romance psicológico" (Stendhal foi aluno de De Tracy, etc.). A obra principal de Destutt de Tracy são os *Eléments d'Idéologie* (Paris, 1817-18), que é mais completa na tradução italiana: *Elementi di Ideologia del conte Destutt de Tracy*, traduzidos por G. Compagnoni, Milão, Stamperia de Giambattista Sonzogno, 1819 (no texto francês falta uma seção inteira, creio que aquela sobre o Amor, que Stendhal conheceu e utilizou na tradução italiana).

A maneira pela qual o conceito de Ideologia como "ciência das ideias", como "análise sobre a origem das ideias", passou a significar um determinado "sistema de ideias" deve ser examinada historicamente, já que logicamente o processo é fácil de ser captado e compreendido.

Pode-se afirmar que Freud é o último dos Ideólogos, bem como que De Man é um "ideólogo", pelo que é tanto mais estranho o entusiasmo de Croce e dos crocianos por De Man, se não existisse uma justificação "prática" de tal entusiasmo.

Deve-se examinar como o autor do *Ensaio popular* tenha permanecido ligado à Ideologia, ao passo que a filosofia da práxis representa uma nítida superação, que se contrapõe historicamente à Ideologia. O próprio significado que o termo "ideologia" assumiu na filosofia da práxis contém implicitamente um juízo de desvalor, o que exclui que para os seus fundadores a origem das ideias devesse ser buscada nas sensações e portanto, em última análise, na fisiologia: esta mesma "ideologia" deve ser analisada historicamente, segundo a filosofia da práxis, como uma superestrutura.

§ 64. *"Objetividade" do conhecimento.* Para os católicos, "... toda a teoria idealista repousa na negação da objetividade de todo nosso conhecimento e no monismo idealista do 'Espírito' (equivalente, enquanto monismo, àquele positivista da 'Matéria'), para o qual o próprio fundamento da religião, Deus, não existe objetivamente fora de nós, mas é uma criação do intelecto. Portanto, o idealismo, não menos do que o materialismo, é radicalmente contrário à religião". (Cf. o artigo do Padre Mario Barbera, na *Civiltà Cattolica* de 1º de junho de 1929.)

A questão da "objetividade" do conhecimento segundo a filosofia da práxis pode ser elaborada a partir da proposição (contida no prefácio à *Crítica da economia política*) de que "os homens tornam-se conscientes (do conflito entre as forças materiais de produção) no terreno ideológico" das formas jurídicas, políticas, religiosas, artísticas, filosóficas [60]. Mas esta consciência é limitada ao conflito entre as forças materiais de produção e as relações de produção (de acordo com a letra do texto), ou se refere a todo conhecimento consciente? Este é o ponto a ser elaborado e que pode sê-lo com todo o conjunto da doutrina filosófica do valor das superestruturas. Que significará, neste caso, o termo "monismo"? Certamente, nem o materialista nem o idealista, mas identidade dos contrários no ato histórico concreto, isto é, atividade humana (história-espírito) em concreto, indissoluvelmente ligada a uma certa "matéria" organizada (historicizada), à natureza transformada pelo homem. Filosofia do ato (práxis, desenvolvimento), mas não do ato "puro", e sim precisamente do ato "impuro", real no sentido mais profano e mundano da palavra.

§ 65. *Filosofia — Política — Economia.* Se estas três atividades são os elementos constitutivos de uma mesma concepção do mundo, deve existir necessariamente, em seus princípios teóricos, convertibilidade de uma na outra, tradução recíproca na linguagem específica própria de cada elemento constitutivo: um está implícito no outro e todos, em conjunto, formam um círculo homogêneo (cf. as notas precedentes sobre a tradutibilidade recíproca das linguagens científicas). Destas proposições (que devem ser elaboradas), decorrem, para o historiador da cultura e das ideias, alguns critérios de investigação e cânones críticos de grande significado. Pode ocorrer que uma grande personalidade expresse o seu pensamento mais fecundo não no local que aparentemente deveria ser o mais "lógico", do ponto de vista classificatório externo, mas em outra parte que aparentemente pode ser julgada estranha. Um político escreve sobre filosofia: pode se dar o caso de que a sua "verdadeira" filosofia deva ser buscada, antes que nos livros filosóficos, em seus escritos de política. Em toda personalidade existe uma atividade dominante e predominante: é nela que se deve buscar o seu pensamento *implícito* na maioria dos casos, e, por vezes, em contradição com o que é expresso *ex professo*. É verdade que em tal critério de julgamento histórico estão contidos muitos perigos de diletantismo e deve-se ter muita cautela em sua aplicação, mas isto não impede que o critério seja fecundo e verdadeiro.

Na realidade, o "filósofo" ocasional tem mais dificuldades para se abstrair das correntes que dominam em sua época, das interpretações dogmatizadas de uma certa concepção do mundo, etc.; ao passo que, como cientista da política, ao contrário, sente-se livre destes *idola* do tempo e do grupo, enfrenta mais imediatamente e com toda a originalidade a mesma concepção, penetra em seu interior, desenvolvendo-a de uma maneira vital. Sobre isso, é ainda útil e fecundo o pensamento expresso por Rosa Luxemburg sobre a impossibilidade de enfrentar certas questões da filosofia da práxis enquanto estas ainda não se tenham tornado *atuais* para o curso da história geral ou de um dado agrupamento social [61]. À fase econômico-corporativa, à fase de luta pela hegemonia na sociedade civil, à fase estatal, correspondem atividades intelectuais determinadas que não podem ser arbitrariamente improvisadas ou antecipadas. Na fase da luta pela hegemonia, desenvolve-se a ciência política; na fase estatal, todas as superestruturas devem desenvolver-se, sob pena de dissolução do Estado.

§ 66. *Sorel, Proudhon, De Man.* [Cf. § 69]. *La Nuova Antologia* de 1º de dezembro de 1928 publicou um longo (da p. 289-307) ensaio de Georges Sorel, com o título "Ultime meditazioni (Scritto postumo inedito)". Trata-se de um escrito de 1920, que deveria servir como prefácio a uma coletânea de artigos publicados por Sorel em jornais italianos, no período de 1910 a 1920 (a coletânea foi publicada pela editora Corbaccio, de Milão, sob os cuidados de Mario Missiroli, com o título *L'Europa sotto la tormenta*, talvez dentro de critérios muito diversos dos que seriam aplicados em 1920, quando o prefácio foi escrito. Seria útil observar se no volume são reproduzidos alguns artigos, tais como o dedicado à Fiat e alguns outros). O atraso na publicação do livro não é independente das oscilações que teve na Itália a ressonância de Sorel, devida a uma série de equívocos mais ou menos desinteressados, ressonância que hoje decaiu muito: já existe uma literatura antissoreliana.

O ensaio publicado pela *Nuova Antologia* resume todos os méritos e todas as fraquezas de Sorel: é tortuoso, convulsivo, incoerente, superficial, sibilino, etc.; mas fornece ou sugere pontos de vista originais, descobre nexos impensados mas verdadeiros, obriga a pensar e a aprofundar.

Qual é o significado deste ensaio? Ele resulta claramente de todo o artigo, que foi escrito em 1920, sendo uma patente falsificação a notinha introdutória da *Nuova Antologia* (devida talvez ao próprio Missiroli, em cuja lealdade intelectual é bom não confiar) que conclui com estas palavras: "... um escritor, que emprestou à Itália do pós-guerra o primado intelectual e político na Europa". A que Itália? Missiroli poderia dizer algo, explicitamente, a este respeito; ou, então, seria possível encontrar algo nas cartas privadas de Sorel a Missiroli (cartas que deveriam ser publicadas, conforme foi anunciado, mas que não o serão ou não o serão na íntegra), mas também é possível deduzir isso de numerosos artigos de Sorel. É útil anotar, para memorização, alguns motivos deste ensaio, lembrando que todo ele é muito importante para compreender Sorel e a sua atitude no pós-guerra:

a) Bernstein afirmou (*Socialismo teórico e social-democracia prática*, tradução francesa, p. 53-54) que um respeito supersticioso pela dialética hegeliana conduziu Marx a preferir, às construções dos *utopistas*, teses revolucionárias bastante próximas às da tradição jacobina, babouvista ou blanquista; não se compreende então, porém, por que não se fala jamais no *Manifesto* da literatura babouvista, que Marx indubitavelmente conhecia. Andler acredita (vol. 11 da sua edição do *Manifesto*, p. 191) que Marx faça uma alusão cheia de desprezo à Conjuração dos Iguais, quando fala do ascetismo universal e grosseiro que é encontrado nas mais antigas reivindicações proletárias após a Revolução Francesa.

b) Marx, ao que parece, jamais pôde se libertar completamente da ideia hegeliana da história, segundo a qual diversas eras se sucedem na humanidade, acompanhando a ordem de desenvolvimento do espírito, que busca atingir a perfeita realização da razão universal. À doutrina de seu mestre, ele acrescenta a da luta de classes: embora os homens não conheçam senão as guerras sociais, às quais são levados por seus antagonismos econômicos, eles cooperam inconscientemente numa obra que só o metafísico imagina. Esta hipótese de Sorel é bastante aventurosa e ele não a justifica; mas, evidentemente, ela lhe é muito querida, seja por sua exaltação da Rússia, seja por sua previsão da função civil da Itália (deve-se assinalar, a propósito desta aproximação Rússia-Itália, a atitude de D'Annunzio, quase na mesma época, expressa nos manuscritos que circularam na primavera de 1920; Sorel conhece esta atitude dannunziana? Só Missiroli poderia dar uma resposta). Segundo Sorel, "Marx tinha uma confiança tão grande na subordinação da história às leis do desenvolvimento do espírito que ensinou que, após a queda do capitalismo, a evolução para o *Comunismo perfeito* se produziria sem ser provocada por uma luta de classes (*Crítica ao programa de Gotha*). Ao que parece, Marx acreditou, como

Hegel, que os diversos momentos da evolução se processam em países diversos, cada um dos quais está especialmente adaptado a cada um dos momentos (cf. o prefácio de 21 de janeiro de 1882 a uma tradução russa do *Manifesto*). Ele jamais fez uma exposição explícita da sua doutrina; assim, muitos marxistas estão persuadidos de que todas as fases da evolução capitalista devem se produzir da mesma forma, em todos os povos modernos. Estes marxistas são muito pouco hegelianos."

c) A questão: antes ou depois de 1848? Sorel não compreende a significação deste problema, não obstante a literatura a respeito (mesmo que seja literatura de "sebos"), e assinala a "curiosa" (*sic*) mudança que se produziu no espírito de Marx no fim de 1850: em março, ele assinara um manifesto dos revolucionários refugiados em Londres, no qual se traçava o programa de uma agitação revolucionária a ser empreendida com vistas a uma nova próxima convulsão social, que Bernstein considera digno de um neófito dos clubes revolucionários (*Socialismo teórico*, cit., p. 51), ao passo que, posteriormente, ele se convence de que a revolução nascida da crise de 1847 terminava com aquela crise. Ora, os anos que se seguiram a 1848 foram de uma prosperidade sem igual: faltava, portanto, para a revolução projetada, a primeira das condições necessárias, ou seja, um proletariado reduzido ao ócio e disposto a combater (cf. Andler, I, p. 55-56, mas de que edição?). Assim, teria nascido nos marxistas a concepção da miséria crescente, que deveria servir para espantar os operários, induzi-los a lutar tendo em vista um agravamento provável, mesmo em uma situação próspera. (Explicação infantil e contraditada pelos fatos, ainda que tenha sido feito da teoria da miséria crescente um instrumento deste gênero, um argumento de persuasão imediata; e, de resto, tratou-se de um arbítrio? Sobre a época em que nasceu a teoria da miséria crescente, deve-se ver a publicação de Roberto Michels [62].)

d) Sobre Proudhon: "Proudhon pertencia àquela parcela da burguesia que estava mais próxima do proletariado; por isto, os marxistas puderam acusá-lo de ser um burguês, enquanto os escritores mais sagazes consideram-no um admirável protótipo de nossos (isto é, franceses) camponeses e de nossos artesãos (cf. Daniel Halévy nos *Débats*, de 3 de janeiro de 1913)." Este juízo de Sorel é aceitável. E eis como Sorel explica a mentalidade "jurídica" de Proudhon: "Por causa da modéstia de seus recursos, os camponeses, os proprietários das fábricas menores e os pequenos comerciantes são obrigados a defender asperamente os seus interesses diante dos tribunais. Um socialismo que se proponha proteger as camadas situadas nos degraus mais baixos da economia está destinado, naturalmente, a emprestar uma grande importância à *segurança do direito*; e uma tal tendência é particularmente forte nos escritores que, como Proudhon, têm a cabeça cheia de recordações da vida campestre." E fornece ainda outros motivos para reforçar esta análise, que não convence inteiramente: a mentalidade jurídica de Proudhon está ligada ao seu antijacobinismo, às recordações literárias da Revolução Francesa e do antigo regime, que se supõe ter levado à explosão jacobina precisamente pela arbitrariedade da justiça: a mentalidade jurídica é a substância do reformismo pequeno-burguês de Proudhon e as suas origens sociais contribuíram para formá-la através de um outro e "mais alto" nexo de conceitos e de sentimentos: nesta análise, Sorel se confunde com a mentalidade dos "ortodoxos" que ele tanto despreza. O estranho é que Sorel, tendo uma tal convicção sobre a tendência social de Proudhon, o exalte e o proponha, às vezes, como modelo ou fonte de princípios para o proletariado moderno; se a mentalidade jurídica de Proudhon tem esta origem, por que então os operários deveriam se ocupar do problema de um "novo direito", de uma "segurança do direito", etc.?

Neste ponto, tem-se a impressão de que o ensaio de Sorel foi mutilado, faltando-lhe precisamente uma parte, a que trata do movimento italiano das fábricas: é possível imaginar, a partir do texto publicado, que Sorel tenha encontrado no movimento das comissões internas destinadas a controlar os regulamentos da fábrica e, em geral, a "legislação" interna da fábrica (que dependia unicamente do arbítrio incontrolado dos empresários), o equivalente das exigências manifestadas por Proudhon com relação aos camponeses e artesãos.

O ensaio, tal como foi publicado, é incoerente e incompleto; a sua conclusão, relativa à Itália ("Muitas razões me conduziram, há muito tempo, a supor que aquilo que um hegeliano chamaria *Weltgeist* cabe hoje à Itália. Graças à Itália, a luz dos novos tempos não se apagará"), carece de qualquer demonstração, ainda que por alusões e desvios, como é o modo de Sorel. Na última nota, há uma referência aos conselhos de operários e camponeses na Alemanha, "que eu considerava de acordo com o espírito proudhoniano", e uma remissão aos *Materiais para uma teoria*, etc. (p. 164 e 394) [63]. Seria interessante apurar se o ensaio foi verdadeiramente mutilado e por quem; se diretamente por Missiroli ou por outros.

Nota I. Não é possível compreender Sorel como figura de "intelectual revolucionário" se não se pensa na França de depois de 1870, assim como não se pode compreender Proudhon sem o "pânico antijacobino" da época da Restauração. 1870 e 1871 presenciaram, na França, duas terríveis derrotas: a nacional, que pesou sobre os intelectuais burgueses; e a popular, a derrota da Comuna, que pesou sobre os intelectuais revolucionários. A primeira criou tipos como Clemenceau, quintessência do jacobinismo nacionalista francês; a segunda criou o antijacobino Sorel e o movimento sindicalista "antipolítico". O curioso antijacobinismo de Sorel — sectário, mesquinho, anti-histórico — é uma consequência da sangria popular de 1871 (deve-se consultar, a este respeito, a *Carta a M. Daniel Halévy*, no *Mouvement socialiste*, 16 de agosto e 15 de setembro de 1907); ele lança uma curiosa luz sobre as suas *Reflexões sobre a violência*. A sangria de 1871 cortou o cordão umbilical entre o "novo povo" e a tradição de 1793: Sorel pretendera ser o representante desta ruptura entre povo e jacobinismo, mas não o conseguiu.

Nota II. Os escritos de pós-guerra de Sorel têm uma certa importância para a história da cultura ocidental. Sorel atribui ao pensamento de Proudhon toda uma série de instituições e de atitudes ideológicas deste período. Por que Sorel pôde fazer isto? Este seu juízo é absolutamente arbitrário? E, dada a acuidade de Sorel como historiador das ideias — o que exclui, pelo menos em grande parte, uma tal arbitrariedade —, de que experiências culturais ele partiu? E, ademais, não é tudo isto importante para um julgamento global da obra soreliana? É certo que se deve reestudar Sorel a fim de encontrar, por baixo das incrustações parasitárias depositadas em seu pensamento por admiradores diletantes e intelectuais, o que lhe é mais essencial e permanente. Deve-se levar em conta o fato de que se exagerou bastante com relação à "austeridade" e à "seriedade" moral e intelectual de Sorel; do epistolário com Croce, resulta que ele nem sempre vencia os estímulos da vaidade: que se pense, por exemplo, no tom confuso da carta na qual pretende explicar a Croce a sua adesão (titubeante e mesmo confusa) ao *Círculo Proudhon* de Valois, bem como o seu flerte com os elementos jovens da tendência monárquica e clerical. E mais: havia muito diletantismo, muito "jamais empenhar-se a fundo" e, portanto, muita irresponsabilidade intrínseca nas atitudes "políticas" de Sorel, que não eram jamais estritamente políticas, mas "cultural-políticas", "intelectual-políticas", "*au dessus de la mêlée*": também a Sorel seria possível lançar muitas acusações similares às contidas no opúsculo de um seu discípulo, *Os malefícios dos intelectuais* [64]. Ele mesmo era um intelectual "puro" e, por isso, deveria se distinguir — através de uma análise cuidadosa — o que existe, em suas obras, de superficial, de brilhante, de acessório, ligado às contingências da polêmica extemporânea, e o que existe de "denso" e substancial, para fazê-lo penetrar, assim definido, nos quadros da cultura moderna.

Nota III. Em 1929, após a publicação de uma carta na qual Sorel falava de Oberdan [65], multiplicaram-se os artigos de protesto contra algumas expressões usadas por Sorel em suas cartas a Croce, e Sorel foi "arrasado" (particularmente violento foi um artigo de Arturo Stanghellini, publicado na *Italia Letteraria* daqueles dias). O epistolário foi interrompido no número seguinte da *Crítica* e retomado, sem nenhuma referência ao incidente, mas com algumas novidades: vários nomes foram publicados apenas com as iniciais e se teve a impressão de que algumas cartas não foram publicadas ou foram expurgadas.

A partir deste momento, inicia-se no jornalismo uma nova avaliação de Sorel e de suas relações com a Itália.

Sob certos aspectos, Sorel pode ser aproximado a De Man; mas que diferença entre os dois! De Man se confunde absurdamente na história das ideias e se deixa iludir por aparências superficiais; se algo pode ser reprovado em Sorel, ao contrário, é precisamente *o* fato de analisar muito minuciosamente a substância das ideias, perdendo frequentemente o senso das proporções. Sorel acredita que uma série de eventos do pós-guerra são de caráter proudhoniano; Croce acredita que De Man assinala um retorno a Proudhon, mas é típico que De Man não compreenda os eventos do pós-guerra indicados por Sorel. Para Sorel, é proudhoniano o que é "espontânea" criação do povo, é "ortodoxo" o que é de origem burocrática, já que ele tem sempre diante de si, como obsessões, por um lado, a burocracia da organização alemã e, por outro, o jacobinismo, ambos fenômenos de centralização mecânica com a alavanca de comando nas mãos de um grupo de funcionários. De Man permanece, na realidade, um exemplar pedante da burocracia trabalhista belga: tudo nele é pedante, até o entusiasmo. Ele acredita ter feito descobertas grandiosas, pela simples razão de repetir — com fórmulas "científicas" — a descrição de uma série de fatos mais ou menos individuais: é uma típica manifestação de positivismo, que duplica o fato, descrevendo-o e generalizando-o numa fórmula, e, após a formalização do fato, estabelece a lei do próprio fato. Para Sorel, como pode ser deduzido do ensaio publicado pela *Nuova Antologia*, *o* que importa em Proudhon é a orientação psicológica, não a concreta atitude prática, sobre a qual, na verdade, Sorel não se pronuncia explicitamente: esta orientação psicológica consiste em "confundir-se" com os sentimentos populares (camponeses e artesãos), que brotam concretamente da situação real imposta ao povo pelas organizações econômico-estatais, em "submergir-se" neles para compreendê-los e expressá-los em forma jurídica e racional; esta ou aquela interpretação, ou mesmo o conjunto delas, podem ser erradas ou cerebrinas, até mesmo ridículas, mas a atitude geral é a mais produtiva de consequências válidas. A atitude de De Man é, ao contrário, uma atitude "cientificista": ele se inclina para o povo não para compreendê-lo desinteressadamente, mas para "teorizar" os seus sentimentos, para construir esquemas pseudocientíficos; não para se colocar em uníssono e extrair princípios jurídico-educativos, mas como o zoólogo observa um mundo de insetos, como Maeterlinck observa as abelhas e as formigas.

De Man tem a pedante pretensão de trazer à luz e ao primeiro plano os chamados "valores psicológicos e éticos" do movimento operário; mas pode significar isso, como pretende De Man, uma refutação peremptória e radical da filosofia da práxis? Isso seria como afirmar que o fato de deixar claro que a grande maioria dos homens ainda se encontra na fase ptolomaica signifique refutar as doutrinas de Copérnico, ou que o folclore deva substituir a ciência. A filosofia da práxis sustenta que os homens adquirem consciência de sua posição social no terreno das ideologias; ela excluiu o povo, por acaso, deste modo de tomar consciência de si? É uma observação óbvia, contudo, a de que o mundo das ideologias é (em seu conjunto) mais atrasado do que as relações técnicas de produção: um negro recém-chegado da África pode se tornar um trabalhador de Ford, mesmo mantendo-se por muito tempo um fetichista e mesmo permanecendo persuadido de que a antropofagia é uma maneira de alimentação normal e justificada. De Man, feita uma investigação a respeito, que conclusões poderia extrair deste fato? Que a filosofia da práxis deva estudar objetivamente o que os homens pensam de si mesmos e dos outros é indubitável; mas isto implica aceitar passivamente, como eterno, este modo de pensar? Não seria isto uma manifestação do pior dos mecanicismos e fatalismos? A tarefa de toda iniciativa histórica é modificar as fases culturais precedentes, tornar a cultura homogênea, em um nível superior ao precedente, etc. Na realidade, a filosofia da práxis trabalhou sempre naquele terreno que De Man acredita ter descoberto, mas trabalhou buscando inová-lo, não conservá-lo passivamente. A "descoberta" de De Man é um lugar-comum; e sua refutação, uma ruminação pouco saborosa.

Este "conservadorismo" explica o discreto sucesso de De Man, inclusive na Itália, pelo menos em certos ambientes (notadamente no ambiente crociano-revisionista e no católico). Sobre o principal livro de De Man, Croce escreveu uma nota na *Critica* de 1928; De Ruggiero escreveu uma resenha na *Critica* de 1929; *Civiltà Cattolica* e *Leonardo*, resenhas em 1929; G. Zibordi referiu-se a ele em seu livreto sobre Prampolini; um anúncio muito elogioso foi feito pela Casa Laterza, a respeito da tradução de Schiavi; e o próprio Schiavi, em seu prefácio, falou do livro como se se tratasse de uma grande coisa; *I Problemi dei Lavoro*, que reproduz as teses finais não publicadas na tradução Schiavi, publicou artigos favoráveis [66]. A *Italia Letteraria*, de 11 de agosto de 1929, publicou uma resenha de Umberto Barbaro sobre o livro. Escreve Barbaro: "... uma crítica ao marxismo que, embora se utilize das precedentes 'revisões' de caráter econômico, está fundada principalmente numa questão tática (*sic*), relativa à psicologia das massas operárias". "Das muitas tentativas de ir *au delà* do marxismo (o tradutor, o conhecido advogado Alessandro Schiavi, modifica um pouco o título, usando a palavra 'superação' em sentido crociano; muito justificadamente (!), aliás, já que o próprio De Man considera a sua posição como uma antítese necessária para uma síntese superior), esta não é, certamente, uma das mais poderosas e, ainda menos, uma das mais sistemáticas; e isto porque, também, a crítica se baseia principalmente naquela pseudociência misteriosa e fugidia (ainda que, por certo, fascinante) que é a psicologia. Com relação ao 'movimento', este livro é sobretudo derrotista, fornecendo precisamente, por vezes, argumentos às tendências que ele pretende combater: ao fascismo, por causa de um grupo de observações sobre os estados afetivos e sobre os 'complexos' (em sentido freudiano) dos operários, dos quais derivam ideias de 'alegria do trabalho' e de 'artesanato'; e, simultaneamente, ao fascismo e ao comunismo, pela escassa eficácia dos argumentos em defesa da democracia e do reformismo."

Resenha de Paolo Milano, na *Italia che scrive* de setembro de 1929. Milano distingue na obra de De Man duas contribuições: (1) a massa de observações psicológicas sobre fases de desenvolvimento, desvios, reações contraditórias do movimento operário e socialista nos anos recentes, bem como uma sagaz coleção de *dados* e *documentos sociais;* em suma: a análise da evolução reformista das massas operárias, por um lado, e dos grupos patronais, por outro, segundo Milano, é rica e satisfatória; (2) e a discussão teórica da qual deveria resultar a "superação do marxismo" (mais precisamente, para De Man, o "repúdio" do marxismo). Para De Man, a filosofia da práxis — que é fundamentalmente *mecanicista* e *racionalista* (!) — foi superada pelas mais recentes investigações, que atribuíram à concatenação racional apenas um lugar, que não é o mais importante, na série dos motivos dos atos humanos. A ciência moderna (!) substituiu vitoriosamente (!) a reação mecânica (!) da dialética marxista por uma *reação psicológica*, cuja intensidade não é proporcional (?) à causa agente. Para Milano: "Está claro, agora, que qualquer crítica à concepção marxista da história conduz automaticamente à colocação do contraste entre a interpretação materialista e a interpretação idealista do mundo, bem como a assinalar substancialmente uma prioridade ou ao ser ou ao conhecer." De Man fugiu deste problema, ou melhor, parou no meio do caminho, declarando-se a favor de uma concepção dos fatos humanos como gerados por "motivos psicológicos" e por "complexos" sociais; isto é, De Man é influenciado pela psicologia freudiana, sobretudo através de suas aplicações às doutrinas sociais, tentadas por Adler (trata-se de Max Adler? e em que escritos?) [67]. Observa Milano: "Sabe-se, ademais, que frágil terreno é a psicologia nas investigações históricas: é ainda mais equívoca em pesquisas deste tipo, aqui referidas. De fato, os fenômenos psicológicos se prestam a ser indicados ora como tendências volitivas, ora como fatos materiais; entre estas interpretações opostas, oscila também De Man, evitando portanto uma tomada de posição sobre o ponto crucial do contraste. Um leitor perspicaz julgará que a origem da obra de De Man é sobretudo psicológica: nascida de uma crise de desconfiança e da constatação da insuficiência das doutrinas marxistas integrais na explicação dos fenômenos que se ofereciam ao autor durante o trabalho político cotidiano. Não obstante as ótimas intenções, o teor do livro não supera esta documentada e movimentada comprovação, bem como não consegue atingir uma refutação teórica no plano adequado e com o vigor 'necessário'." E conclui: "A prova do que afirmamos nos é fornecida pelo último capítulo, no qual o tratado pretenderia concluir com a recomendação de uma conduta política prática. De Man, evitando igualmente os dois extremos, o de uma tática de tomada do poder e o de um apostolado exclusivamente idealista, aconselha uma genérica educação das massas, colocando-se assim fora do socialismo, do qual, entretanto, em toda a obra, ele se tinha declarado fiel e iluminado seguidor."

Na *Civiltà Cattolica* de 7 de setembro de 1929, no artigo *Pela paz social* (do Padre Brucculeri), que comenta o famoso laudo emitido pela Congregação do Concílio no conflito entre operários e industriais católicos da região Roubaix-Tourcoing, existe a seguinte passagem: "O marxismo — como De Man o demonstra em suas mais belas páginas — foi uma corrente que orientou no sentido materialista o mundo operário moderno." Em suma, as páginas de De Man são todas belas, mas algumas são ainda mais belas. (Dada esta atitude dos católicos em face da tendência de De Man, é possível explicar por que Giuseppe Prezzolini — referindo-se, no *Pegaso* de outubro de 1930, ao volume de Philip sobre o *Movimento operário americano* — qualificou Philip como um "democrata cristão", se bem que uma tal qualificação não resulte do livro e não seja justificada.)

Nos fascículos da *Civiltà Cattolica* de 5 de outubro e 16 de novembro de 1929, publica-se um ensaio muito longo sobre o livro de De Man. A obra de De Man é reputada, "não obstante suas deficiências, como a mais importante — digamos mesmo: a mais genial — de todas com que conta, até nossos dias, a literatura antimarxista". No fim do ensaio, encontramos esta apreciação de conjunto: "O autor (De Man), se bem que tenha superado uma crise de pensamento, afastando o marxismo com um gesto magnânimo, revela-se ainda vacilante e a sua inteligência, ávida de verdade, não está plenamente satisfeita. Ele se encontra nas portas da verdade, capta seus lampejos, mas não evolui para mergulhar na luz. Fazemos votos para que De Man, concluindo a sua crise, possa se elevar, como o grande bispo de Tagaste, do divino reflexo que é a lei moral nas almas para o divino infinito, para a fonte eternamente esplêndida de tudo o que se *manifesta no universo.*"

§ 67. Passagem do saber ao compreender, ao sentir, e, vice-versa, do sentir ao compreender, ao saber. O elemento popular "sente", mas nem sempre compreende ou sabe; o elemento intelectual "sabe", mas nem sempre compreende e, menos ainda, "sente". Os dois extremos são, portanto, por um lado, o pedantismo e o filisteísmo, e, por outro, a paixão cega e o sectarismo. Não que o pedante não possa ser apaixonado, ao contrário; o pedantismo apaixonado é tão ridículo e perigoso quanto o sectarismo e a mais desenfreada demagogia. O erro do intelectual consiste em acreditar que se possa *saber* sem compreender e, principalmente, sem sentir e estar apaixonado (não só pelo saber em si, mas também pelo objeto do saber), isto é, em acreditar que o intelectual possa ser um intelectual (e não um mero pedante) mesmo quando distinto e destacado do povo-nação, ou seja, sem sentir as paixões elementares do povo, compreendendo-as e, portanto, explicando-as e justificando-as em determinada situação histórica, bem como relacionando-as dialeticamente com as leis da história, com uma concepção do mundo superior, científica e coerentemente elaborada, com o "saber"; não se faz política-história sem esta paixão, isto é, sem esta conexão sentimental entre intelectuais e povo-nação. Na ausência deste nexo, as relações do intelectual com o povo-nação são, ou se reduzem, a relações de natureza puramente burocrática e formal; os intelectuais se tornam uma casta ou um sacerdócio (o chamado centralismo orgânico). Se a relação entre intelectuais e povo-nação, entre dirigentes e dirigidos, entre governantes e governados, é dada graças a uma adesão orgânica, na qual o sentimento-paixão torna-se compreensão e, desta forma, saber (não de uma maneira mecânica, mas vivida), só então a relação é de representação, ocorrendo a troca de elementos individuais entre governantes e governados, entre dirigentes e dirigidos, isto é, realiza-se a vida do conjunto, a única que é força social; cria-se o "bloco histórico". De Man "estuda" os sentimentos populares; não concorda com eles para dirigi-los e conduzi-los a uma catarse de civilização moderna: sua posição é semelhante à do estudioso do folclore, que teme continuamente que a modernidade destrua o objeto da sua ciência. Por outro lado, existe em seu livro o reflexo pedante de uma exigência real: a de que os sentimentos populares sejam conhecidos e estudados tais como se apresentam objetivamente e não considerados como algo negligenciável e inerte no movimento histórico.

§ 68. *A "nova" Ciência. G. A. Borgese e Michel Ardan.* No romance *Da Terra à Lua*, de Jules Verne, Michel Ardan — em seu discurso programático — diz liricamente que "o espaço não existe, já que os astros estão tão perto uns dos outros que se pode pensar o universo como um todo sólido, cujas distâncias recíprocas podem ser comparadas às distâncias que existem entre as moléculas do metal mais compacto, como o ouro ou a platina". Borgese, na trilha de Eddington, inverteu o argumento de Verne e afirma que a "matéria sólida" não existe, já que o vazio no átomo é tão grande que um corpo humano, reduzido às suas partes sólidas, torna-se um corpúsculo visível somente no microscópio. É a "fantasia" de Verne aplicada à Ciência dos cientistas e não mais àquela dos garotos. (Verne imagina que, no momento em que Ardan expõe sua tese, Maston — uma das figuras com as quais torna seus livros argutos —, ao gritar com entusiasmo que "sim, as distâncias não existem", está para cair e, desse modo, para provar, na própria pele, se as distâncias existem ou não.)

§ 69. *Sorel, Proudhon, De Man* (continuação do § 66). Mario Missiroli publicou em 1932, pelas Edizioni Corbaccio de Milão, a "anunciada" coletânea de artigos escritos por Georges Sorel nos jornais italianos entre 1910 e 1921, com o título *L'Europa sotto la tormenta*. O escrito de Sorel, publicado na *Nuova Antologia* de 1º de dezembro de 1928, com o título "Ultime meditazioni (scritto postumo inedito)", não é reproduzido no volume, embora tivesse sido anunciado como escrito por Sorel para lhe servir de prefácio: a seleção dos artigos reproduzidos, de resto, não permitia a inclusão desse prefácio, que nada tem a ver com o conteúdo do livro. É evidente que Missiroli não se ateve às indicações que Sorel deve ter lhe dado para a organização da coletânea, indicações que podem ser deduzidas do "prefácio" descartado. A coletânea foi feita *ad usum delphini*, levando em conta apenas uma das muitas direções do pensamento soreliano, que não se pode considerar como aquela julgada mais importante pelo próprio escritor, já que, de outro modo, o "prefácio" teria tido um outro tom. A coletânea, ao contrário, é precedida por um prefácio de Missiroli, que é unilateral e está em estridente contradição com o prefácio censurado, do qual, de modo pouco leal, não se faz a menor menção. {B}

§ 70. *Antonio Labriola.* Seria de grande utilidade um resumo objetivo e sistemático (ainda que do tipo escolástico-analítico) de todas as publicações de Antonio Labriola sobre a filosofia da práxis, para substituir os volumes esgotados. Um trabalho desta espécie é preliminar para qualquer iniciativa que vise a recolocar em circulação a posição filosófica de Labriola, que é pouquíssimo conhecida fora de um restrito círculo. É surpreendente que, nas suas *Memórias,* Leão Bronstein [68] fale do "diletantismo" de Labriola (rever). Este juízo é incompreensível (a menos que signifique a separação entre teoria e prática na pessoa de Labriola, o que não parece ser o caso), salvo como reflexo inconsciente do pedantismo pseudocientífico do grupo intelectual alemão, que tanta influência exerceu na Rússia. Labriola, na realidade, ao afirmar que a filosofia da práxis é independente de qualquer outra corrente filosófica, é autossuficiente, foi o único a procurar construir cientificamente a filosofia da práxis. A tendência dominante se manifestou em duas correntes principais:

1) A chamada ortodoxa, representada por Plekhanov (cf. *As questões fundamentais*), a qual, na realidade, não obstante as suas afirmações em contrário, recai no materialismo vulgar. Não foi bem colocado o problema das "origens" do pensamento do fundador da filosofia da

práxis: um estudo acurado da cultura filosófica de Marx (e do ambiente filosófico geral no qual ele se formou direta e indiretamente) é certamente necessário, mas como premissa ao estudo bem mais importante da sua filosofia própria e "original", que não pode ser esgotada em algumas "fontes" ou em sua "cultura" pessoal; deve-se, antes de tudo, levar em conta a sua atividade criadora e construtiva. A maneira de colocar o problema por parte de Plekhanov é típica do método positivista, demonstrando as suas escassas faculdades especulativas e historiográficas.

2) A tendência "ortodoxa" determinou a sua oposta: a de ligar a filosofia da práxis ao kantismo ou a outras tendências filosóficas não positivistas e não materialistas, culminando na conclusão "agnóstica" de Otto Bauer, que, no seu pequeno livro sobre a "Religião", afirma que o marxismo pode ser apoiado e complementado por qualquer filosofia, até, portanto, pelo tomismo. Esta segunda, pois, não é uma tendência em sentido estrito, mas um conjunto de todas as tendências que não aceitam a chamada "ortodoxia" do pedantismo alemão, incluindo a tendência freudiana de De Man.

Por que Labriola e sua colocação do problema filosófico tiveram tão pouca sorte? É possível dizer, a este respeito, o que Rosa [Luxemburg] disse sobre a economia crítica e seus mais elevados problemas: no período romântico da luta, no *Sturm und Drang* popular, todo o interesse se volta para as armas mais imediatas, para os problemas da tática, em política, e para os problemas culturais menores, no campo filosófico. Mas, a partir do momento em que um grupo subalterno tornar-se realmente autônomo e hegemônico, suscitando um novo tipo de Estado, nasce concretamente a exigência de construir uma nova ordem intelectual e moral, isto é, um novo tipo de sociedade e, consequentemente, a exigência de elaborar os conceitos mais universais, as mais refinadas e decisivas armas ideológicas. Daí a necessidade de repor Antonio Labriola em circulação, fazendo predominar a sua colocação do problema filosófico. Desta forma, torna-se possível propor a luta por uma cultura superior autônoma; ou seja, a parte positiva da luta que se manifesta, em forma negativa e polêmica, nos meros "a-" e "anti-" (anticlericalismo, ateísmo, etc.). Dá-se uma forma moderna e atual ao humanismo laico tradicional, que deve ser a base ética do novo tipo de Estado.

O tratamento analítico e sistemático da concepção filosófica de Labriola poderia se tornar a secção filosófica de uma revista do tipo médio (*Voce, Leonardo, Ordine Nuovo*), do que se fala na rubrica sobre jornalismo [69]. Seria necessário compilar uma bibliografia internacional sobre Labriola (*Neue Zeit*, etc.).

2. Dos cadernos miscelâneos

CADERNO 1 (1929-1930)

§ 33. *Freud.* A difusão da psicologia freudiana parece dar como resultado o nascimento de uma literatura tipo século XVIII; o "selvagem", numa forma moderna, é substituído pelo tipo freudiano. A luta contra a ordem jurídica é feita através da análise psicológica freudiana. Ao que parece, esse é um aspecto da questão. Não pude estudar as teorias de Freud e não conheço o outro tipo de literatura chamada "freudiana", Proust-Svevo-Joyce.

§ 34. *Pragmatismo americano.* Pode-se dizer do pragmatismo americano (James) o que Engels disse do agnosticismo inglês? (Parece-me que no prefácio inglês a *Do socialismo utópico ao socialismo científico*).

§ 78. *Bergson, o materialismo positivista, o pragmatismo.* Bergson ligado ao positivismo; "rebela-se" contra o seu ingênuo dogmatismo. O positivismo tivera o mérito de devolver à cultura europeia o sentido da realidade, que se esgotara nas antigas ideologias racionalistas; mas, depois, cometera o erro de encerrar a realidade na esfera da natureza morta e, portanto, de também encerrar a investigação filosófica numa espécie de nova teologia materialista. A documentação desse "erro" é obra de Bergson. A crítica de Bergson se aprofundou..., dessacralizando ídolos do absoluto e dissolvendo-os em formas de contingência fugaz, para todos os meandros do dogmatismo positivista; submeteu a um terrível exame a estrutura íntima das espécies orgânicas e da personalidade humana; e rompeu com todos os esquemas daquela mecânica estaticidade na qual o pensamento encerra o perene fluir da vida e da consciência.

Afirmando o princípio do eterno fluir e a origem *prática* de todo sistema conceitual, também as verdades supremas (!) corriam o risco de dissolver-se; e aqui, nessa fatal *tendência*, situa-se o linite (!) do bergsonismo. (Extratos de um artigo de Balbino Giuliano, resumido pela *Fiera Letteraria* de 25 de novembro de 1928.)

CADERNO 3 (1930)

§ 51. *Passado e presente*. Início do *Dezoito Brumário de Luís Napoleão*: a afirmação de Hegel de que na história todo fato se repete duas vezes; correção de Marx, segundo a qual na primeira vez o fato se verifica como tragédia, na segunda como farsa. Este conceito já fora delineado na *Contribuição à crítica da filosofia do direito*: "Os deuses da Grécia, já tragicamente feridos de morte no *Prometeu acorrentado* de Ésquilo, tiveram de morrer novamente de forma cômica nos diálogos de Luciano. Por que essa marcha da história? Para que a humanidade possa *alegremente* separar-se do seu passado. Este *alegre* destino histórico é o que reivindicamos para os poderes políticos da Alemanha", etc. [1]

§ 135. *História e anti-história.* Da resenha de Mario Missiroli (*L'Italia che scrive*, janeiro de 1929) sobre o livro de Tilgher (*Saggi di etica e di filosofia del diritto*, Turim, Bocca, 1928, *in*-8º, XV-218 p.), revela-se que a tese fundamental do opúsculo *Storia e antistoria* tem uma grande importância no sistema (!) filosófico de Tilgher. Missiroli escreve: "Foi dito, e com razão, que o idealismo italiano, cujos chefes são Croce e Gentile, culmina em um puro fenomenismo. Nele não há lugar para a personalidade. Contra esta tendência, Adriano Tilgher reagiu vivamente neste volume. Retornando à tradição da filosofia clássica, particularmente a Fichte, Tilgher acentua com grande vigor a doutrina da liberdade e do 'dever ser'. Onde não existe liberdade de escolha, existe 'natureza'. Impossível escapar do fatalismo. A vida e a história perdem todo o sentido e os eternos problemas da consciência não obtêm nenhuma resposta. Sem referir-se a um *quid* que transcenda a realidade empírica, é impossível falar de moralidade, de bem e de mal.

A tese é velha. A originalidade de Tilgher consiste em ser o primeiro a estender esta exigência à lógica. O 'dever ser' é necessário à lógica, tanto quanto à moral. Disto decorre a indissolubilidade da lógica e da moral, que os velhos tratadistas gostavam de distinguir. Colocada a liberdade como uma premissa necessária, daí decorre uma teoria do livre-arbítrio como absoluta possibilidade de escolha entre o bem e o mal. Desta forma, a pena (são agudíssimas as páginas sobre o direito penal) encontra o seu fundamento não apenas na responsabilidade (escola clássica), mas no fato puro e simples de que o indivíduo pode praticar o mal, conhecendo-o como tal. A causalidade pode ocupar o lugar da responsabilidade. O determinismo de quem delinque equivale ao determinismo de quem pune. Muito bem: mas este enérgico apelo ao 'dever ser', à anti-história, que cria a história, não restaura, logicamente, o dualismo e a transcendência? É impossível conceber a transcendência como um 'momento' sem recair no imanentismo. Não se chega a um acordo com Platão."

§ 152. *"Spectator = Mario Missiroli"*. Que "Spectator", autor de alguns artigos na *Nuova Antologia* e no *Resto del Carlino*, seja Mario Missiroli é algo comprovado, não só por provas internas (estilo, maneira de pôr os problemas, referências a Sorel e a cartas inéditas de Sorel, etc.), mas também pelo fato de que algumas resenhas anônimas publicadas pela *Nuova Antologia*, em 1929, tenham aparecido, por exemplo em *Italia Letteraria*, com a assinatura de Missiroli.

CADERNO 4 (1930-1932)

§ 61. *Filosofia-ideologia, ciência-doutrina.* Cf. Gaëtan Pirou, *Doctrines sociales et science économique*, Librairie du Recueil Sirey, Paris. (Capítulos: Science économique et socialisme. Science et doctrines économiques. Nouveaux aspects du coopératisme. L'état actuel de la science économique en France. Fondement de la valeur et lois de l'échange. M. Pantaleoni et la théorie économique.) O autor distingue entre as teorias voltadas para explicar os fatos econômicos (ciência econômica) e as teorias voltadas para modificar os fatos econômicos e sociais (que ele chama de doutrinas sociais). Investiga, em seguida, as relações que se pretendem estabelecer entre as doutrinas sociais e a ciência econômica, considerando em particular a pretensão que tanto marxismo quanto liberalismo têm de estar de acordo com a ciência, quando se trata de coisas diversas. "A verdade, ao que nos parece, é que ciência e doutrina se explicitam em planos diferentes; as doutrinas jamais são o simples prolongamento, no futuro, da curva da evolução ou a dedução obrigatória dos ensinamentos da ciência." Remetendo-se a Sorel, o autor escreve também que "as doutrinas devem ser estudadas não como verdades postas em fórmulas, mas como forças postas em ação". Alfonso De Pietri-Tonelli, numa referência bibliográfica (na *Rivista di Politica Economica*, 31 de março de 1930) de onde recolhi as linhas anteriores, remete ao seu curso de economia política, no qual ele teria feito as mesmas distinções, até mesmo a das "forças postas em ação", que corresponderia à sua teoria dos impulsos.

Questão da relação entre ciência e vida. O marxismo não é uma mera doutrina social, segundo a distinção de Pirou, já que também "tem a pretensão" de explicar a "ciência", ou seja, de ser mais ciência do que a "ciência". Na questão de ideologia-filosofia = doutrina-ciência, entra também a questão da "primordialidade" ou "irredutibilidade" do momento político ou prático. A ideologia = hipótese científica de caráter educativo energético, verificada e criticada pelo desenvolvimento real da história, ou seja, transformada em ciência (hipótese real), sistematizada.

§ 75. *Passado e presente.* Reforma luterana — calvinismo inglês — na França, racionalismo setecentista e pensamento político concreto (ação de massa). Na Itália, nunca houve uma reforma intelectual e moral que envolvesse as massas populares. Renascimento, filosofia francesa do século XVIII, filosofia alemã do século XIX são reformas que só atingem as classes altas e muitas vezes apenas os intelectuais: o idealismo moderno, na forma crociana, é indiscutivelmente uma reforma e teve uma certa eficácia, mas não atingiu massas consideráveis e se desagregou à primeira contra-ofensiva. O materialismo histórico, por isto, terá ou poderá ter esta função não só totalitária como concepção do mundo, mas totalitária na medida em que atingirá toda a sociedade a partir de suas raízes mais profundas. Recordar as polêmicas (Gobetti, Missiroli, etc.) sobre a necessidade de uma reforma, entendida mecanicamente.

CADERNO 5 (1930-1932)

§ 28. *Ideologia, psicologismo, positivismo.* Estudar esta passagem nas correntes culturais do século XIX: o sensualismo mais o ambiente dão o psicologismo; a doutrina do ambiente é fornecida pelo positivismo. Brandes, Taine na literatura, etc.

§ 39. *Ceticismo.* A objeção de senso comum que pode ser feita ao ceticismo é esta: que, para ser coerente consigo mesmo, o cético não deveria fazer mais do que viver como um vegetal, sem se misturar aos assuntos da vida comum. Se o cético intervém na discussão, isso significa que acredita que pode convencer, ou seja, não é mais cético, pois representa uma determinada opinião positiva, que frequentemente é má e só pode triunfar na medida em que convence a comunidade de que as outras são ainda piores, já que são inúteis. O ceticismo está relacionado com o materialismo vulgar e com o positivismo: é interessante um trecho de Roberto Ardigò, no qual se diz que Bergson deve ser louvado pelo seu voluntarismo. Mas que significa isto? Não é uma confissão da impotência da própria filosofia em explicar o mundo, já que é preciso procurar um sistema oposto para encontrar o elemento necessário para a vida prática? Este ponto de Ardigò (contido nos *Scritti vari*, recolhidos e organizados por G. Marchesini, Florença, Le Monnier, 1922) deve ser relacionado com as teses de Marx sobre Feuerbach e demonstra justamente em que medida Marx superou a posição filosófica do materialismo vulgar.

CADERNO 6 (1930-1932)

§ 11. *Noções enciclopédicas.* Liberdade-disciplina. O conceito de liberdade deve ser acompanhado pelo de responsabilidade que gera a disciplina, e não imediatamente a disciplina, que neste caso se compreende como imposta de fora, como limitação forçada da liberdade. Responsabilidade contra arbítrio individual: só é liberdade aquela "responsável", ou seja, "universal", na medida em que se propõe como aspecto individual de uma "liberdade" coletiva ou de grupo, como expressão individual de uma lei.

§ 160. *Sobre a moral.* Na breve introdução a um grupo de cartas inéditas de Diderot a Grimm e a Madame d'Epinay (*Revue des Deux Mondes* de 15 de fevereiro de 1931), André Babelon afirma sobre Diderot: "Diderot, que tinha pela posteridade o mesmo respeito que outros têm pela imortalidade da alma..."

§ 180. *Noções enciclopédicas. "Científico." O que é "científico"?* O equívoco em torno dos termos "ciência" e "científico" nasceu do fato de que eles assumiram seu significado a partir de um grupo determinado de ciências, precisamente das ciências naturais e físicas. Chamou-se de "científico" todo método que fosse análogo ao método de pesquisa e de exame das ciências naturais, transformadas em ciências por excelência, as ciências-fetiche. Não existem ciências por excelência e não existe um método por excelência, "um método em si". Toda pesquisa científica cria para si um método adequado, uma lógica própria, cuja generalidade e universalidade consiste apenas em ser "conforme ao fim". A metodologia mais genérica e universal é tão somente a lógica formal ou matemática, isto é, o conjunto daqueles mecanismos abstratos do pensamento que foram sendo descobertos, depurados, refinados através da história da filosofia e da cultura. Esta metodologia abstrata, isto é, a lógica formal, é desprezada pelos filósofos idealistas, mas erroneamente: seu estudo corresponde ao estudo da gramática, isto é, corresponde não só a um aprofundamento das experiências passadas de metodologia do pensamento (da técnica de pensamento), a uma absorção da ciência passada, mas é uma condição de novo desenvolvimento da própria ciência.

Estudar o fato pelo qual a "lógica" formal se tornou cada vez mais uma disciplina ligada às ciências matemáticas — Russell na Inglaterra, Peano na Itália —, até ser elevada, como em Russell, à pretensão de "única filosofia" real. O ponto de partida pode tomar-se da afirmação de Engels, em que "científico" é contraposto a "utópico"; o subtítulo da *Critica sociale* de Turati terá o mesmo significado de Engels? [2] Certamente, não; para Turati, "científico" se aproxima do significado de "método próprio das ciências físicas" (o subtítulo desapareceu num certo ponto: ver quando; certamente, já em 1917) e mesmo isto num sentido muito genérico e tendencioso.

CADERNO 7 (1930-1931)

§ 4. *Ciência moral e materialismo histórico.* A base científica de uma moral do materialismo histórico, ao que me parece, deve ser buscada na afirmação de que "a sociedade não se propõe objetivos para cuja solução já não existam as condições necessárias" [3]. Existindo as condições, a solução dos objetivos *torna-se* "dever", a "vontade" *torna-se* livre. A moral se transformaria em uma pesquisa das condições necessárias para a liberdade do querer em um certo sentido, na direção de um certo fim, bem como para a demonstração de que estas condições existem. Deveria se tratar, também, não de uma hierarquia dos fins, mas de uma graduação dos fins que devem ser atingidos, já que se pretende "moralizar" não apenas cada indivíduo tomado singularmente, mas também toda uma sociedade de indivíduos.

§ 14. *Testemunhos.* De Luigi Volpicelli, "Per la nuova storiografia italiana" (*La Fiera Letteraria,* 29 de janeiro de 1928): "O primeiro quarto de século não foi infecundo em termos de obras e de pesquisas para os estudos históricos; no conjunto, aliás, muitos passos adiante foram feitos em relação à historiografia do século passado. Renovada totalmente pelo *materialismo histórico*, a pesquisa contemporânea conseguiu percorrer caminhos novos e mais congruentes e tornar-se cada vez mais exigente e complexa." Mas Volpicelli não tem consciência exata daquilo que escreve; com efeito, depois de falar desta função do materialismo histórico no primeiro quarto do século, critica a historiografia do século XIX (de modo muito vago e superficial) e continua: "Detive-me longamente neste tema (a historiografia do século XIX) para dar uma ideia precisa (!) ao leitor do passo gigantesco realizado pela historiografia contemporânea. As consequências, de fato, foram enormes (— consequências de quê?); o renovamento, sem dúvida, total. Destruíram-se os limites exteriores fixados pelas várias metodologias que esgotavam a pesquisa histórica numa pesquisa formal filológica ou diplomática; ultrapassaram-se amplamente as tendências econômico-jurídicas do princípio do século, as falsas promessas do materialismo histórico, as abstrações e os apriorismos de certos ideólogos, mais romancistas do que historiadores." Assim, o materialismo histórico, que inicialmente é o renovador da historiografia, se torna subitamente, sob a forma de "falsa promessa", uma vítima do renovamento; de coveiro da historiografia do século XIX se torna uma parte do século XIX sepultada com o todo. Volpicelli devia estudar um pouco de lógica formal.

§ 18. *Unidade nos elementos constitutivos do marxismo.* A unidade é dada pelo desenvolvimento dialético das contradições entre o homem e a matéria (natureza — forças materiais de produção). Na economia, o centro unitário é o valor, ou seja, a relação entre o trabalhador e as forças industriais de produção (os que negam a teoria do valor caem no crasso materialismo vulgar, colocando as máquinas em si — como capital constante e técnico — como produtoras de valor, independentemente do homem que as manipula). Na filosofia, é a práxis, isto é, a relação entre a vontade humana (superestrutura) e a estrutura econômica. Na política, é a relação entre o Estado e a sociedade civil, isto é, intervenção do Estado (vontade centralizada) para educar o educador, o ambiente social em geral. (Deve ser aprofundado e posto em termos mais exatos.)

§ 19. *Ideologias*. Um elemento de erro na consideração sobre o valor das ideologias, ao que me parece, deve-se ao fato (fato que, ademais, não é casual) de que se dê o nome de ideologia tanto à superestrutura necessária de uma determinada estrutura, como às elucubrações arbitrárias de determinados indivíduos. O sentido pejorativo da palavra tornou-se exclusivo, o que modificou e desnaturou a análise teórica do conceito de ideologia. O processo deste erro pode ser facilmente reconstruído: 1) identifica-se a ideologia como sendo distinta da estrutura e afirma-se que não são as ideologias que modificam a estrutura, mas sim vice-versa; 2) afirma-se que uma determinada solução política é "ideológica", isto é, insuficiente para modificar a estrutura, enquanto crê poder modificá-la se afirma que é inútil, estúpida, etc.; 3) passa-se a afirmar que toda ideologia é "pura" aparência, inútil; estúpida, etc.

É necessário, por conseguinte, distinguir entre ideologias historicamente orgânicas, isto é, que são necessárias a uma determinada estrutura, e ideologias arbitrárias, racionalísticas, "voluntaristas". Enquanto são historicamente necessárias, as ideologias têm uma validade que é validade "psicológica": elas "organizam" as massas humanas, formam o terreno no qual os homens se movimentam, adquirem consciência de sua posição, lutam, etc. Enquanto são "arbitrárias", não criam mais do que "movimentos" individuais, polêmicas, etc. (nem mesmo estas são completamente inúteis, já que funcionam como o erro que se contrapõe à verdade e a afirma).

§ 21. *Validade das ideologias*. Recordar a frequente afirmação de Marx sobre a "solidez das crenças populares" como elemento necessário de uma determinada situação. Ele diz mais ou menos isto: "quando esta maneira de conceber tiver a força das crenças populares" [4], etc. Outra afirmação de Marx é a de que uma persuasão popular tem, com frequência, a mesma energia de uma força material, ou algo semelhante, e que é muito significativa. A análise destas afirmações, creio, conduz ao fortalecimento da concepção de "bloco histórico", no qual, precisamente, as forças materiais são o conteúdo e as ideologias são a forma, distinção entre forma e conteúdo puramente didática, já que as forças materiais não seriam historicamente concebíveis sem forma e as ideologias seriam fantasias individuais sem as forças materiais.

§ 24. *Estrutura e superestrutura.* Economia e ideologia. A pretensão (apresentada como postulado essencial do materialismo histórico) de apresentar e expor qualquer flutuação da política e da ideologia como uma expressão imediata da infraestrutura deve ser combatida, teoricamente, como um infantilismo primitivo, ou deve ser combatida, praticamente, com o testemunho autêntico de Marx, escritor de obras políticas e históricas concretas. Para este aspecto, são importantes notadamente o *18 Brumário* e os escritos sobre a *Questão oriental*, mas também outros (*Revolução e contrarrevolução na Alemanha, A guerra civil na França* e menores). Uma análise destas obras permite fixar melhor a metodologia histórica marxista, complementando, iluminando e interpretando as afirmações teóricas esparsas em todas as obras. Poder-se-á observar quantas cautelas reais Marx introduz em suas investigações concretas, cautelas que não poderiam encontrar lugar nas obras gerais (elas só poderiam ser encontradas em uma exposição metódica e sistemática do tipo da de Bernheim. O livro de Bernheim poderá ser considerado como "modelo" para um manual didático ou "ensaio popular" do materialismo histórico, no qual, além do método filológico e erudito — ao qual Bernheim se atém programaticamente, embora esteja implícita, em sua investigação, uma concepção do mundo —, deveria ser explicitamente tratada a concepção marxista da história) [5]. Entre estas cautelas, como exemplos, podem-se citar as seguintes:

1º) A dificuldade de identificar em cada caso, estaticamente (como imagem fotográfica instantânea), a estrutura; de fato, a política é, em cada caso concreto, o reflexo das tendências de desenvolvimento da estrutura, tendências que não se afirma que devam necessariamente se realizar. Uma fase estrutural só pode ser concretamente estudada e analisada depois que ela superou todo o seu processo de desenvolvimento, não durante o próprio processo, a não ser por hipóteses (e declarando-se, explicitamente, que se trata de hipóteses).

2º) Do 1º) se deduz que um determinado ato político pode ter sido um erro de cálculo por parte dos dirigentes das classes dominantes, erro que o desenvolvimento histórico, através das "crises" parlamentares governamentais das classes dirigentes, corrige e supera: o materialismo histórico mecânico não considera a possibilidade de erro, mas interpreta todo ato político como determinado pela estrutura, imediatamente, isto é, como reflexo de uma real e duradoura (no sentido de adquirida) modificação da estrutura. O princípio do "erro" é complexo: pode se tratar de um impulso individual motivado por um cálculo errado, ou também de manifestação das tentativas de determinados grupos ou grupelhos para assumir a hegemonia no interior do agrupamento dirigente, tentativas que podem fracassar.

3º) Não se leva suficientemente em conta que muitos atos políticos são motivados por necessidades internas de caráter organizativo, isto é, ligados à necessidade de dar coerência a um partido, a um grupo, a uma sociedade. Isto é evidente, por exemplo, na história da Igreja Católica. Se alguém pretendesse encontrar, para todas as lutas ideológicas no interior da Igreja, a explicação imediata, primária, na estrutura, estaria perdido: muitos romances político-econômicos foram escritos por esta razão. É evidente, ao contrário, que a maior parte destas discussões são ligadas a necessidades sectárias, de organização. Na discussão entre Roma e Bizâncio sobre o estatuto do Espírito Santo, seria ridículo buscar na estrutura da Europa Oriental a afirmação de que o Espírito Santo procede apenas do Pai, e, na do Ocidente, a afirmação de que ele procede do Pai e do Filho. As duas Igrejas, cuja existência e cujo conflito estão na dependência da estrutura e de toda a história, colocaram questões que são princípio de distinção e de coesão interna para cada uma, mas poderia ter ocorrido que cada uma delas tivesse afirmado precisamente o que a outra afirmou: o princípio de distinção e de conflito teria se mantido idêntico e este problema da distinção e do conflito é que constitui o problema histórico, não a casual bandeira de cada uma das partes.

O "asterisco" que escreve romances de folhetim ideológicos nos *Problemi del Lavoro* (e que deve ser o famigerado Franz Weiss), em sua divertida baboseira *O dumping russo e seu significado histórico*, falando precisamente destas controvérsias das primeiras épocas cristãs, afirma que elas são ligadas às condições materiais imediatas do tempo e que, se nós não conseguimos identificar esta ligação imediata, é porque os fatos estão longínquos ou por causa de nossa debilidade intelectual. A posição é cômoda, mas cientificamente irrelevante. De fato, toda fase histórica deixa os seus traços nas fases posteriores; e estes traços, em certo sentido, tornam-se o seu melhor documento. O processo de desenvolvimento histórico é uma unidade no tempo pelo que o presente contém todo o passado e do passado se realiza no presente o que é "essencial", sem resíduo de um "incognoscível" que seria a verdadeira "essência". O que se "perdeu", isto é, o que não foi transmitido dialeticamente no processo histórico, era por si mesmo irrelevante, era "escória" casual e contingente, crônica e não história, episódio superficial, sem importância, em última análise.

§ 32. *Henri De Man.* De um artigo de Arturo Masoero, "Un americano non edonista" (em *Economia*, de fevereiro de 1931), resulta que muitas opiniões expostas por H. De Man em *Alegria do trabalho*, bem como em outros dos seus livros, são tomadas das teorias do economista americano Thorstein Veblen, que inseriu na ciência econômica alguns princípios sociológicos do positivismo, notadamente de Auguste Comte e de Spencer; Veblen pretende, principalmente, introduzir o evolucionismo na ciência econômica. Assim, encontramos em Veblen o "*instinct of workmanship*", que De Man chama de "instinto criador". William James, em 1890, expusera a noção de um instinto construtivo ("*instinct of constructiveness*") e já Voltaire falava de um instinto mecânico. (Confrontar esta grosseira concepção do "instinto", de De Man, com o que Marx escreve sobre o instinto das abelhas e sobre o que distingue o homem deste instinto.) [6] Mas, ao que parece, De Man também tomou de Veblen a sua mirabolante e grosseira concepção de um "animismo" nos operários, sobre o qual tanto insiste em *Alegria do trabalho*. Masoero expõe da seguinte maneira a concepção de Veblen: "Entre os primitivos, a interpretação mítica cessa de ser um obstáculo e se torna frequentemente um auxílio, no que diz respeito ao desenvolvimento da técnica agrícola da criação de gado. Não pode deixar de contribuir para este desenvolvimento, de fato, considerar como dotados de alma ou mesmo de caráter divino as plantas e os animais, já que de uma tal consideração derivam os cuidados e as atenções que podem conduzir aos melhoramentos técnicos e às inovações. Ao contrário, uma mentalidade animista é decisivamente antagônica ao progresso técnico da manufatura, ao desenvolvimento do instinto operário sobre a matéria inerte. É assim que Veblen explica como no início da era neolítica, na Dinamarca, a técnica agrícola era já tão evoluída, ao passo que o desenvolvimento da técnica manufatureira, por longo tempo, permanece nulo. O instinto operário, atualmente, não mais obstaculizado pela crença na intervenção de elementos providenciais e misteriosos, está unido a um espírito positivista, obtendo assim os progressos nas artes industriais que são próprios da época moderna."

Desse modo, De Man teria tomado de Veblen a ideia de um "animismo operário", que Veblen acredita ter existido na era neolítica, mas já não em nossos dias, enquanto De Man o redescobre no movimento operário, com muita originalidade.

Deve-se notar, dadas estas origens spencerianas de De Man, a coerência de Croce, que viu em De Man um superador do marxismo, etc. Entre Spencer e Freud, que regressou a uma forma de sensorialismo ainda mais misterioso do que o do século XVIII, De Man merecia precisamente ser exaltado por Croce e ver-se proposto ao estudo dos italianos inteligentes. Foi anunciada a tradução de Veblen, em italiano, por iniciativa do deputado Bottai. De qualquer sorte, neste artigo de Masoero, encontra-se numa nota a bibliografia essencial. Pode-se observar em Veblen, tal como aparece no artigo, uma certa influência do marxismo. Ao que me parece, Veblen influiu também nas teorizações de Ford.

§ 33. *Colocação do problema.* Produção de novas *Weltanschauungen*, que fecunda e alimenta a cultura de uma idade histórica, e produção filosoficamente orientada de acordo com as *Weltanschauungen* originais. Marx é um criador de *Weltanschauung*; mas qual é a posição de Ilitch? É meramente subordinada e subalterna? A explicação reside no próprio marxismo — ciência e ação. Passagem da utopia à ciência e da ciência à ação (recordar o opúsculo de Karl Radek a respeito) [7]. A fundação de uma classe dirigente (isto é, de um Estado) equivale à criação de uma *Weltanschauung*. Como deve ser entendida a afirmação de que o proletariado alemão é o herdeiro da filosofia clássica alemã? Não quereria Marx indicar a função histórica da sua filosofia, transformada em teoria de uma classe que se transformaria em Estado? Para Ilitch, isto realmente aconteceu em um determinado território. Em outro local, assinalei a importância filosófica do conceito e da realidade da hegemonia, devido a Ilitch. A hegemonia realizada significa a crítica real de uma filosofia, sua real dialética. Deve-se confrontar isto com o que Graziadei* escreveu na introdução de *Prezzo e sopraprezzo:* ele põe Marx como unidade de uma série de grandes cientistas. Erro fundamental: nenhum dos outros produziu uma concepção do mundo original e integral. Marx inicia intelectualmente uma época histórica que provavelmente durará séculos, isto é, até o desaparecimento da sociedade política e o advento da sociedade regulada. Somente quando isto ocorrer, a sua concepção do mundo será superada (concepção da necessidade, superada pela concepção da liberdade). Traçar um paralelo entre Marx e Ilitch, buscando determinar uma hierarquia, não tem sentido e é ocioso; eles expressam duas fases: ciência-ação, que são simultaneamente homogêneas e heterogêneas. Da mesma forma, historicamente, seria absurdo um paralelo entre Cristo e São Paulo: Cristo-*Weltanschauung*, São Paulo-organização, ação, expansão da *Weltanschauung*; ambos são necessários na mesma medida, mas têm uma mesma estatura histórica. O cristianismo poderia ser chamado, historicamente, cristianismo-paulismo, e esta seria a expressão

---

* Graziadei está atrasado com relação ao Monsenhor Olgiati, que, em seu pequeno livro sobre Marx, não encontra outra comparação possível que não a com Jesus, comparação que, para um prelado, é realmente o cúmulo da concessão, já que ele acredita na natureza divina de Cristo [8].

mais exata (apenas a crença na divindade de Cristo impediu que isto ocorresse, mas esta crença é também apenas um elemento histórico e não teórico).

§ 35. *Materialismo e materialismo histórico.* A afirmação de Feuerbach: "O homem é o que ele come" pode ser, se tomada em si mesma, interpretada de diferentes maneiras. Interpretação primária e imbecil: o homem é, em cada oportunidade, aquilo que come materialmente, isto é, os alimentos têm uma imediata influência determinante sobre o seu modo de pensar. Recorde-se a afirmação de Amadeo [9] segundo a qual, se alguém soubesse o que um homem comeu antes de um discurso, por exemplo, seria capaz de interpretar melhor o próprio discurso. Afirmação infantil e, de fato, estranha até à ciência positiva, já que o cérebro não se nutre de feijão ou de batatas, mas os alimentos reconstituem as moléculas do cérebro transformados em substâncias homogêneas e assimiláveis, isto é, que têm a "mesma natureza" potencial das moléculas cerebrais. Se esta afirmação fosse verdadeira, a história teria a sua matriz determinante na cozinha e as revoluções coincidiriam com as modificações radicais na alimentação da massa. É o contrário que é historicamente verdadeiro, isto é, são as revoluções e o desenvolvimento histórico global que modificam a alimentação e criam os "gostos" sucessivos na escolha dos alimentos. Não foi a semeadura regular do trigo que extinguiu o nomadismo, mas, ao contrário, foram as condições emergentes opostas ao nomadismo que conduziram às semeaduras regulares, etc. (Cf. esta afirmação de Feuerbach com a campanha de S. Exa. Marinetti contra a macarronada, bem como a polêmica de S. Exa. Bontempelli em sua defesa; e isto em 1930, em pleno desenvolvimento da crise mundial.)

Entretanto, é também verdade que "o homem é o que come", na medida em que a alimentação é uma das expressões das relações sociais em seu conjunto e que todo agrupamento social tem uma alimentação fundamental própria; mas, da mesma maneira, é possível dizer que o "homem é a sua moradia", o "homem é o seu modo particular de reprodução, ou seja, a sua família", já que — na alimentação, no vestuário, na casa, na reprodução — residem elementos da vida social, nos quais, da maneira mais evidente e ampla (isto é, com extensão de massa), manifesta-se o conjunto das relações sociais.

O problema do que seja o homem é sempre, portanto, o chamado problema da "natureza humana", ou também o do chamado "homem em geral", isto é, a tentativa de criar uma ciência do homem (uma filosofia) que parta de um conceito inicialmente "unitário", de uma abstração na qual se possa conter todo o "humano". Mas o "humano", como conceito e fato unitário, é um ponto de partida ou um ponto de chegada? Ou melhor, não será esta investigação um resíduo "teológico" ou "metafísico", na medida em que é colocada como ponto de partida? A filosofia não pode ser reduzida a uma "antropologia" naturalista, isto é, a unidade do gênero humano não é dada pela natureza "biológica" do homem; as diferenças do homem que têm importância na história não são as biológicas (raças, conformação do crânio, cor da pele, etc.; e a isto se reduz a afirmação "o homem é o que come" — come trigo na Europa, arroz na Ásia, etc. —, que se reduzirá, de resto, à outra afirmação: "o homem é o país no qual habita", já que a maioria dos alimentos em geral está ligada à terra em que se habita), nem tampouco a "unidade biológica" teve jamais grande influência na história (o homem é o animal que devorou a si mesmo, justamente quando estava mais próximo do "estado natural", isto é, quando não podia multiplicar "artificialmente" a produção dos bens naturais). Tampouco "a faculdade de raciocinar" ou o "espírito" criou unidade ou pode ser reconhecida como fato "unitário", já que é um conceito apenas formal, categórico. Não o "pensamento", mas o que realmente se pensa é o que une ou diferencia os homens.

A afirmação de que a "natureza humana" é o "conjunto das relações sociais" é a resposta mais satisfatória porque inclui a ideia do devir: o homem "devém", transforma-se continuamente com as transformações das relações sociais; e, também, porque nega o "homem em geral": de fato, as relações sociais são expressas por diversos grupos de homens que se pressupõem uns aos outros, cuja unidade é dialética e não formal. O homem é aristocrático enquanto é servo da gleba, etc. (Cf. Plekhanov; em opúsculo sobre os libertários, é fixada essa característica dialética.) Também é possível dizer que a natureza do homem é a "história" (e nesse sentido, posta história = espírito, de que a natureza do homem é o espírito), contanto que se dê à história o significado de "devir", em uma *concordia discors* que não parte da unidade, mas que tem em si as razões de uma unidade possível. Por isso, a "natureza humana" não pode ser encontrada em nenhum homem particular, mas em toda a história do gênero humano (e o fato de que se empregue a palavra "gênero", de caráter naturalista, tem o seu significado), enquanto em cada indivíduo se encontram características postas em relevo pela contradição com as de outros homens. A concepção de "espírito" nas filosofias tradicionais, bem como a de "natureza humana" encontrada na biologia, deveriam ser explicadas como "utopias científicas" que substituíram a utopia maior da "natureza humana" buscada em Deus (e os homens — filhos de Deus), e servem para indicar o contínuo trabalho da história, uma aspiração racional ou sentimental, etc. É verdade que tanto as religiões que afirmam a igualdade dos homens como filhos de Deus quanto as filosofias que afirmam sua igualdade pelo fato de participarem da faculdade de raciocinar foram expressões de complexos movimentos revolucionários (respectivamente, a transformação do mundo clássico e a transformação do mundo medieval), que colocaram os mais poderosos elos do desenvolvimento histórico.

Que a dialética hegeliana tenha sido um (o último) reflexo destas grandes encruzilhadas históricas e que a dialética, de expressão das contradições sociais, deva se transformar, com o desaparecimento destas contradições, em uma pura dialética conceitual, estaria na base das últimas filosofias de fundamento utópico, como a de Croce. Na história, a "igualdade" real — ou seja, o grau de "espiritualidade" atingido pelo processo histórico da "natureza humana" — identifica-se no sistema de associações "privadas e públicas", "explícitas e implícitas", que se aninham no "Estado" e no sistema mundial político: trata-se de "igualdades" sentidas como tais entre os membros de uma associação e de "desigualdades" sentidas entre as diversas associações, igualdades e desigualdades que valem na medida em que delas se tenha consciência, individualmente e como grupo. Desta forma, chega-se também à igualdade ou equação entre "filosofia e política", entre pensamento e ação, ou seja, a uma filosofia da práxis. Tudo é política, inclusive a filosofia ou as filosofias (ver notas sobre o caráter das ideologias), e a única "filosofia" é a história em ato, ou seja, a própria vida. É neste sentido que se pode interpretar a tese do proletariado alemão como herdeiro da filosofia clássica alemã; e pode-se afirmar que a teorização e a realização da hegemonia praticada por Ilitch foi um grande acontecimento "metafísico".

§ 37. *Goethe.* Buscar onde e em que sentidos Goethe afirmou: "Como pode um homem chegar à autoconsciência? Pela contemplação? Certamente não, mas pela ação."

§ 38. *Exame do conceito de natureza humana.* Origens do sentimento de "igualdade": a religião, com a sua ideia de deus-pai e homens-filhos, portanto iguais; a filosofia, de acordo com o aforismo "*Omnis enim philosophia, cum ad communem hominum cogitandi facultatem revocet, per se democratica est; ideoque ab optimatibus non iniuria sibi exstimatur perniciosa*"; a ciência biológica, que afirma a igualdade "natural", isto é, psicofísica, de todos os elementos individuais do "gênero" humano: todos nascem da mesma maneira, etc. "O homem é mortal, Fulano é homem, Fulano é mortal." Fulano = todos os homens. Assim, tem origem empírico-científica (empírico = ciência folclorística) a fórmula: "Todos nascemos nus."

Recordar a novela de Chesterton, na *Ingenuidade do padre Brown*, sobre o homem-carteiro e o homem-pequeno construtor de máquinas gigantescas. Lá existe uma observação do seguinte tipo: "Uma velha senhora mora em um castelo com vinte servos; é visitada por uma outra senhora e lhe diz: — Estou sempre tão sozinha, etc. O médico lhe anuncia que há peste nos arredores, perigo de contágio, etc., e então ela diz: — Mas somos tantos!" (Chesterton extrai desta passagem efeitos puramente novelescos, de enredo.)

§ 43. *Reforma e Renascimento.* Esses modelos de desenvolvimento cultural fornecem um ponto de referência crítico que me parece tanto mais compreensivo e importante (pelo seu valor de sugestão pedagógica) quanto mais reflito sobre o assunto. É evidente que não se compreende o processo molecular de afirmação de uma nova civilização, que se desenvolve no mundo contemporâneo, sem ter compreendido o nexo histórico Reforma-Renascimento. Superficialidade de Liefscitz no artigo introdutório à publicação periódica de bibliografia de Rivière (*La Critique Sociale*) [10]. Parece-me que Liefscitz não compreendeu muita coisa do marxismo e sua concepção poderia realmente ser chamada de "burocrática". Lugares-comuns por toda parte, com a soberba de quem está plenamente satisfeito consigo mesmo e acredita ser tão superior à crítica que nem sequer lhe passa pela cabeça não estar dizendo continuamente verdades brilhantíssimas e originais. Crítica (superficial) feita do ponto de vista do intelectual (do intelectual medíocre). Liefscitz vê no homem político mais o grande intelectual no sentido literário do que o grande político. Mas quem foi maior intelectual, Bismarck ou Barrès? Quem foi que "realizou" maiores modificações no mundo da cultura? Liefscitz não compreende nada dessas questões, mas nada compreende tampouco da questão que canhestramente coloca: trata-se, na verdade, de trabalhar para a elaboração de uma elite, mas esse trabalho não pode ser separado do trabalho de educação das grandes massas; as duas atividades, aliás, são na verdade uma só atividade, e é precisamente isso o que torna o problema difícil (recordar o artigo de Rosa sobre o desenvolvimento científico do marxismo e sobre as razões da sua estagnação): trata-se, em suma, de ter uma Reforma e um Renascimento ao mesmo tempo. Para Liefscitz, o problema é simplesmente um motivo de derrotismo; com efeito, não é puro derrotismo pensar que tudo vai mal sem indicar criticamente uma saída para esse mal? Um "intelectual", como Liefscitz acredita ser, tem um modo de colocar e resolver o problema: trabalhando concretamente para criar as obras científicas cuja ausência lamenta amargamente, sem limitar-se a exigir que outros (quem?) trabalhem. Nem Liefscitz pretenderá que sua revista já seja esse trabalho: ela poderia ser uma atividade útil se fosse escrita com modéstia e com melhor autocrítica e senso crítico em geral. Uma revista é "um terreno" para iniciar o trabalho visando à solução de um problema de cultura, mas não é em si mesma uma solução: e, além disso, deve ter uma orientação precisa e, portanto, oferecer ocasião para o trabalho coletivo de um grupo intelectual, coisas todas que não se veem na revista de Liefscitz. Resenhar livros é muito mais fácil do que escrever livros, embora seja uma coisa útil: mas pode um "resenhador", sem ser um puro derrotista, assumir como programa a lamentação desconsolada do fato dos "outros" não escreverem livros? E se também os outros preferirem escrever "resenhas"?

§ 44. *Reforma* e *Renascimento.* Que o processo atual de formação molecular de uma nova civilização possa ser comparado ao movimento da Reforma é algo que se pode mostrar também através do estudo de aspectos parciais dos dois fenômenos. O problema histórico-cultural a resolver no estudo da Reforma é o seguinte: o da transformação da concepção da graça, que "logicamente" deveria levar ao máximo de fatalismo e de passividade, numa prática real de empreendimento e de iniciativa em escala mundial, prática que foi sua consequência dialética e que formou a ideologia do capitalismo nascente. Mas nós vemos hoje ocorrer o mesmo com a concepção do materialismo histórico; enquanto dela, na opinião de muitos críticos, só pode derivar "logicamente" fatalismo e passividade, ela na realidade dá lugar, ao contrário, ao florescimento de iniciativas e de empreendimentos que surpreendem muitos observadores (cf. o suplemento do *Economist* de Michele Farbmann) [11]. Se se tivesse de fazer um estudo sobre a União [Soviética], o primeiro capítulo, ou mesmo a primeira seção do livro, deveria precisamente desenvolver o material recolhido nesta rubrica sobre "Reforma e Renascimento". Recordar o livro de Masaryk sobre Dostoiévski e sua tese acerca da necessidade de uma Reforma protestante na Rússia, bem como as críticas de Leão Davidovitch em *Kampf* de agosto de 1914 [12]; é muito significativo que Masaryk, em seu livro de memórias (*La réssurection d'un État. Souvenirs et réflexions,* 1914-1918, Paris, Plon), precisamente ao comentar o terreno no qual a Reforma teria podido atuar, ou seja, como determinante de uma nova atitude em face da vida, atitude ativa, de empreendimento e iniciativa, reconheça a contribuição positiva do materialismo histórico através do grupo que o encarna. (A respeito de catolicismo e protestantismo e de sua atitude recíproca em face da doutrina da graça e daquela das "obras", recordar que as "obras", na linguagem católica, têm muito pouco a ver com a atividade e a iniciativa operosa e laboriosa, mas têm um significado restrito e "corporativo".)

§ 45. *Quando se pode dizer que uma filosofia tem importância histórica?* Muitas pesquisas e estudos sobre a significação histórica das diversas filosofias são absolutamente estéreis e cerebrinos, já que não se leva em conta o fato de que muitos sistemas filosóficos são expressões puramente individuais (ou quase), e que a parte que neles pode ser chamada de histórica é frequentemente mínima e afogada em um complexo de abstrações de origem puramente racional e abstrata. É possível dizer que o valor histórico de uma filosofia pode ser "calculado" a partir da eficácia "prática" que ela conquistou (e "prática" deve ser entendida em sentido amplo). Se é verdade que toda filosofia é a expressão de uma sociedade, ela deveria reagir sobre a sociedade, determinar certos efeitos, positivos e negativos: a medida em que ela reage é justamente a medida da sua importância histórica, de não ser ela "elucubração" individual, mas sim "fato histórico".

§ 48. *Georges Sorel.* Ver, no livro de Gaetan Pirou sobre Sorel, a bibliografia completa dos escritos do próprio Sorel.

§ 87. *Noções enciclopédicas. Agnosticismo.* Usa-se muitas vezes este termo na linguagem política com significados frequentemente curiosos e surpreendentes: isto acontece especialmente nas polêmicas "provincianas", em que o escritor ostenta palavras difíceis. Diz-se, por exemplo, que Fulano é agnóstico em certo ponto, quando não quer discutir porque não leva a sério uma determinada questão, etc.

O termo é de origem religiosa e se refere ao *theos agnostos* (*deus ignotus; ignoramus, ignorabimus* sobre Deus, etc.). Seita dos agnósticos, etc. Agnosticismo, portanto, igual a empirismo e materialismo (nominalismo, etc.), etc.; impossibilidade de conhecer o absoluto, os universais, etc., por serem ligados à metafísica religiosa, etc.

CADERNO 8 (1931-1932)

§ 29. *Bom senso e senso comum.* Os representantes do "bom senso" são "o homem da rua", o "francês médio" convertido no "homem médio", "*monsieur Tout-le-monde*". Na comédia burguesa, devem ser especialmente procurados os representantes do bom senso.

§ 168. *Antonio Labriola e o hegelianismo.* Deve-se estudar como Labriola, partindo de posições herbartianas e anti-hegelianas, passou para o materialismo histórico. Em suma: a dialética em Antonio Labriola.

§ 182. *Estrutura e superestruturas.* A estrutura e as superestruturas formam um "bloco histórico", isto é, o conjunto complexo e contraditório das superestruturas é o reflexo do conjunto das relações sociais de produção. Disto decorre: só um sistema totalitário de ideologias reflete racionalmente a contradição da estrutura e representa a existência das condições objetivas para a subversão da práxis. Se se forma um grupo social 100% homogêneo ideologicamente, isto significa que existem em 100% as premissas para esta subversão da práxis, isto é, que o "racional" é real ativa e efetivamente. O raciocínio se baseia sobre a necessária reciprocidade entre estrutura e superestrutura (reciprocidade que é precisamente o processo dialético real).

§ 214. "*Ensaio popular*". *Temas de estética e de crítica literária.* Recolher todos os temas de estética e de crítica literária dispersos no *Ensaio popular* e tentar meditar sobre eles. Um tema é o que se refere ao *Prometeu* de Goethe. O juízo sobre tal tema é superficial e extremamente genérico. O autor não parece conhecer nem a história exata desta ode de Goethe nem a história da influência do mito de Prometeu antes de Goethe, notadamente no período anterior e contemporâneo a Goethe. Apesar disso, é possível formular um juízo tal como o que o autor apresenta sem conhecer precisamente tais elementos? Como é possível, sem tal conhecimento, distinguir o que é pessoal de Goethe do que é um elemento representativo de uma época e de um grupo social? Juízos desse tipo se justificam na medida em que não são genéricos e sim específicos, precisos, demonstrados: se não for assim, destinam-se somente a difamar a teoria e a suscitar levianos superficiais, os quais creem ter toda a história no bolso porque sabem encher a boca com frases que se tornam frases feitas, banalidades (lembrar sempre a frase de Engels em sua carta a um estudante, publicada em *Accademico Socialista*) [13].

(Poder-se-ia fazer uma exposição da fortuna literária, artística e ideológica do mito de Prometeu, estudando seu comportamento nas várias épocas e o conjunto de sentimentos e de ideias que ele expressa sinteticamente em cada oportunidade.) No que diz respeito a Goethe, resumo alguns elementos iniciais, tomando-os de um artigo de Leonello Vincenti ("Prometeu", em *Leonardo* de março de 1932). Nesta ode, Goethe pretendia apenas fazer simples "mitologia" versificada ou expressava a sua atitude atual e viva em face da divindade, em face do deus cristão? No outono de 1773 (quando escreveu o *Prometeu*), Goethe recusava nitidamente as tentativas de conversão do seu amigo Lavater: "*Ich bin kein Christ.*" Um crítico moderno (H. A. Korff) observa (segundo as palavras de Vincenti): "Pensemos nas palavras dirigidas contra um (!) Deus cristão, substituamos o nome de Zeus pelo conceito anônimo (!!) de Deus e sentiremos quanto a ode está carregada de espírito revolucionário." (Início da ode: "Cobre o teu céu Zeus, com um véu nebuloso, e, tal como o jovem que colhe cardos, exercita-te nos carvalhos e nos cimos das montanhas! Mas deixa-me o desfrute desta terra, que é minha, e da minha cabana, que tu não construíste; e também do meu lar, cujo fogo tu invejas! Não conheço nada de mais miserável sob o sol do que vós, deuses!") História religiosa de Goethe. Desenvolvimento do mito de Prometeu no século XVIII, desde a primeira formulação de Shaftesbury ("*a poet is indeed a second maker, a just Prometheus under Jove*") até a dos *Sturmer und Dränger*, que transportam Prometeu da experiência religiosa à artística. Walzel sustentou, precisamente, o caráter puramente artístico da criação goethiana. Mas a opinião comum é que o ponto de partida foi a experiência religiosa. *Prometeu* deve ser colocado em um grupo de escritos (*Maomé, Prometeu, Satyros, O judeu errante, Fausto*) dos anos 1773-74. Goethe pretendia escrever um drama sobre Prometeu, do qual permanece um fragmento. Julius Richter ("Zur Deutung der Goetheschen Prometheusdichtung", no *Jahrbuch des freien deutschen Hochstifts*, 1928) sustenta que a ode precede o drama, do qual antecipa apenas alguns elementos, enquanto anteriormente, com E. Schmidt, acreditava-se que a ode fosse a quintessência do fragmento dramático homônimo, quintessência extraída pelo poeta, quando já tinha abandonado a tentativa do drama. (Precisar isto é psicologicamente importante: pode-se ver como se atenua a inspiração goethiana: 1) primeira parte da ode, na qual predomina o elemento titânico, da rebelião; 2) segunda parte da ode, na qual Prometeu se volta para si mesmo e predominam os elementos de uma certa debilidade humana; 3) a tentativa do drama, que não se realiza, talvez porque Goethe não consegue mais encontrar o fulcro da sua imagem, que já na ode se tinha deslocado e criado uma contradição interna.) Richter busca as concordâncias entre a obra literária e os estados psicológicos do poeta, atestados pelas suas cartas e por *Poesia e verdade*. Em *Poesia e verdade*, parte-se de uma observação geral: os homens, no fim das contas, devem sempre contar com as suas próprias forças; a própria divindade, ao que parece, não pode restituir a veneração, a confiança e o amor dos homens precisamente nos momentos de maior necessidade: é necessário ajudar a si mesmo. "A mais segura base da autonomia resultou ser, sempre, o meu *Talento criador*." "Esta situação se concretizou em uma imagem... A antiga figura mitológica de Prometeu, o qual, *separado dos deuses*, povoou um mundo a partir de sua oficina. Eu sentia muito bem que *somente se isolando* é possível produzir algo notável. Devendo excluir a ajuda dos homens, eu também, tal como Prometeu, separei-me dos deuses" — como queriam os seus estados de espírito extremos e exclusivos — acrescenta Vincenti, mas não me parece que em Goethe seja possível falar de extremismo e de exclusividade. "Confeccionei o antigo traje do Titã à medida do meu dorso e, sem pensar muito, comecei a escrever um drama no qual é representada a inimizade em que Prometeu cai junto aos deuses, ao criar homens com sua própria mão e ao dar-lhes vida com a ajuda de Minerva..." (Vincenti escreve: "Quando Goethe escrevia estas palavras, o fragmento dramático estava há muitos anos desaparecido [que quer dizer 'desaparecido'?] e ele já não o recordava bem. Acreditava que a ode, que restava, figurasse como um monólogo no drama.") A ode apresenta uma situação própria, diversa da do fragmento. Na ode, a rebelião amadurece no momento em que é anunciada; e a declaração de guerra, que se encerra com a abertura das hostilidades. "Aqui moro, formo homens, etc." No drama, a guerra já é aberta. Logicamente, o fragmento é posterior à ode, mas Vincenti não é categórico como Richter. Para ele, "se é verdade que, ideologicamente, o fragmento dramático representa um progresso sobre a ode, não é menos verdade que a fantasia dos poetas pode assinalar retornos a posições aparentemente superadas e recriar, a partir delas, alguma coisa de novo. Abandonemos a ideia de que a ode é a quintessência do drama; mas contentemo-nos em dizer que as situações deste e daquela estão entre si como o mais complexo para o mais simples". Vincenti nota a antinomia existente na ode — as primeiras duas estrofes são de escárnio e a última, de desafio —, mas o corpo central é de tom diverso: Prometeu recorda a sua infância, suas confusões, suas dúvidas, suas angústias juvenis: "fala um desiludido do amor". "A cólera, que ressurge na última estrofe, não mais o fará esquecer estes sonhos floridos. Prometeu, no princípio, tinha falado como Titã; mas, posteriormente, despontam sob a máscara titânica os *ternos* (!) traços de um jovem com o coração faminto de amor." Uma passagem de *Poesia e verdade* é especialmente significativa para a personalidade de Goethe: "O espírito titânico e gigantesco, que subverte o céu, não oferecia matéria à minha poética. Melhor me convinha representar aquela *resistência pacífica*, plástica e mais paciente, que reconhece o poder da autoridade, mas que desejaria pô-lo de lado" (esta passagem justifica o breve escrito de Marx sobre Goethe e o ilumina) [14].

O fragmento dramático mostra, em minha opinião, que o titanismo de Goethe deve ser colocado na esfera literária e relacionado com o aforismo "No princípio era a ação", se por ação se entende a atividade própria de Goethe, a criação artística. Observação de Croce, que busca responder à questão do porquê o drama permaneceu incompleto: "Talvez nas próprias linhas daquelas cenas se veja a dificuldade e o obstáculo para a realização, isto é, o dualismo entre o Goethe rebelde e o Goethe crítico da rebelião." (Rever, no caso, o estudo de Vincenti, que, mesmo rico de imprecisões e contradições, oferece observações particulares agudas.)

Na realidade, o fragmento dramático, ao que me parece, deve ser estudado em si: ele é muito mais complexo do que a ode e a sua relação com a ode é dada mais pelo mito externo de Prometeu do que por uma ligação íntima e necessária. A rebelião de Prometeu é "construtiva", Prometeu aparece não só em seu aspecto de Titã em revolta, mas especialmente como *homo faber*, consciente de si mesmo e do significado de sua obra. Para o Prometeu do fragmento, os deuses não são de modo algum infinitos e onipotentes. "Podeis fazer-me segurar com as mãos o vasto espaço do céu e da terra? Podeis separar-me de mim mesmo? Podeis dilatar-me até que eu possa abraçar o mundo?" Mercúrio responde com um levantar de ombros: o destino! Pois também os deuses são vassalos. Mas Prometeu não mais se sente feliz em sua oficina, entre as suas criações? "Aqui o meu mundo, o meu tudo! Aqui eu me sinto!" A Mercúrio, ele dissera ter tomado consciência, quando criança, da própria existência física ao perceber que seus pés sustentavam seu corpo e que suas mãos se estendiam para tocar o espaço. Epimeteu o havia acusado de particularismo, de desconhecer a doçura de formar um todo com os deuses e os semelhantes, com o mundo e com o céu. "Conheço esta história!", responde Prometeu, já que ele não mais pode contentar-se com aquela unidade que o abraça de fora, mas deve criar-se uma unidade que surja do interior. E esta só pode brotar "do âmbito pleno da sua atividade".

CADERNO 9 (1932)

§ 59. *Noções enciclopédicas. Empirismo.* Significado equívoco do termo. Adota-se o termo empirismo, comumente, no sentido de não científico. Mas se adota também no sentido de não categorial (próprio das categorias filosóficas) e, portanto, de "concreto" e real no sentido "corposo" da palavra. Realidade empírica e realidade categorial, etc. Para Croce, por exemplo, as ciências filosóficas são as únicas e verdadeiras ciências, enquanto as ciências físicas ou exatas são "empíricas" e abstratas, porque para o idealismo a natureza é uma abstração convencional, "cômoda", etc.

§ 63. *Passado e presente. Contra o bizantinismo.* Pode-se chamar de bizantinismo ou escolasticismo a tendência degenerativa a tratar as chamadas questões teóricas como se tivessem um valor em si mesmas, independentemente de qualquer prática determinada. Um exemplo típico de bizantinismo são as chamadas Teses de Roma [15], onde aplica-se às questões o método matemático, tal como na economia pura. Põe-se a seguinte questão: se uma verdade teórica descoberta na relação com uma determinada prática pode ser generalizada e considerada como universal numa época histórica. A prova da sua universalidade consiste precisamente naquilo em que ela se converte: 1) estímulo para conhecer melhor a realidade efetiva num ambiente diverso daquele onde foi descoberta, residindo nisso seu primeiro grau de fecundidade; 2) tendo ajudado e estimulado essa melhor compreensão da realidade efetiva, incorpora-se a essa realidade mesma como se fosse uma sua expressão originária. Nessa incorporação reside sua concreta universalidade, e não meramente em sua coerência lógica e formal, nem em ser um instrumento polêmico útil para confundir o adversário. Em suma, deve sempre valer o princípio de que as ideias não nascem de outras ideias, de que as filosofias não são geradas por outras filosofias, mas são expressão sempre renovada do desenvolvimento histórico real. A unidade da história, o que os idealistas chamam de unidade do espírito, não é um pressuposto, mas um contínuo e progressivo fazer-se. Igualdade de realidade efetiva determina identidade de pensamento e não vice-versa. Disso se deduz ainda que toda verdade, mesmo sendo universal e mesmo podendo ser expressa mediante uma fórmula abstrata, de tipo matemático (para a tribo dos teóricos), deve sua eficácia ao fato de ter sido expressa nas linguagens das situações concretas particulares: se não é expressável em línguas particulares, é uma abstração bizantina e escolástica, boa para o passatempo dos ruminadores de frases.

§ 130. *Passado e presente.* Otimismo e pessimismo. Deve-se observar que, com muita frequência, o otimismo não é mais do que um modo de defender a própria preguiça, as próprias irresponsabilidades, a vontade de não fazer nada. É também uma forma de fatalismo e de mecanicismo. A pessoa conta com fatores alheios à própria vontade e operosidade, exalta-os, incendeia-se aparentemente num sagrado entusiasmo. E o entusiasmo não é mais do que adoração exterior dos fetiches. Reação necessária, que deve ter como ponto de partida a inteligência. O único entusiasmo justificável é aquele que acompanha a vontade inteligente, a operosidade inteligente, a riqueza inventiva em iniciativas concretas que modificam a realidade existente.

CADERNO 14 (1932-1935)

§ 67. *Temas de cultura.* "Racionalismo." Conceito romântico do inovador. Segundo este conceito, é inovador quem quer destruir todo o existente sem preocupar-se com o que acontecerá depois, uma vez que, já se sabe, metafisicamente toda destruição é criação e, aliás, só se destrói aquilo que se substitui recriando. Acompanha este conceito romântico um conceito "racional" ou "iluminista". Pensa-se que tudo que existe é uma "armadilha" dos fortes contra os fracos, dos espertos contra os pobres de espírito. O perigo advém do fato de que as palavras são tomadas "de modo iluminista" ao pé da letra, materialmente. A filosofia da práxis contra este modo de conceber. Com efeito, a verdade é esta: toda coisa que existe é "racional", isto é, teve ou tem uma função útil. O fato de que aquilo que existe tenha existido, isto é, tenha tido sua razão de ser enquanto "conforme" ao modo de vida, de pensar, de operar da classe dirigente, não significa que se tenha tornado "irracional" porque a classe dominante foi privada do poder e de sua força de dar impulso a toda a sociedade. Uma verdade que se esquece é esta: aquilo que existe teve sua razão de existir, serviu, foi racional, "facilitou" o desenvolvimento histórico e a vida. É verdade que num certo ponto isto não acontece mais, que certas formas de vida converteram-se de modos de progresso em entrave e obstáculo, mas não é verdade "em toda a área": é verdade onde é verdade, isto é, nas formas mais altas de vida, naquelas decisivas, naquelas que assinalam a ponta do progresso, etc. Mas a vida não se desenvolve homogeneamente, mas sim por avanços parciais, de ponta, desenvolve-se por assim dizer por crescimento "piramidal". Portanto, é preciso estudar a história de todo modo de vida, isto é, a "racionalidade" original, e depois, reconhecida esta, propor a pergunta se em cada caso particular esta racionalidade ainda existe, na medida em que ainda existam as condições nas quais a racionalidade se baseava. No entanto, o fato que não se leva em conta é este: que os modos de vida aparecem a quem os vive como absolutos, como "naturais", tal como se diz, e que é já uma coisa importantíssima mostrar sua "historicidade", demonstrar que eles se justificam na medida em que existem certas condições, mas, mudadas estas, não mais se justificam, são "irracionais". Portanto, a discussão contra certos modos de vida e de operar assume um caráter odioso, persecutório, torna-se uma circunstância de "inteligência" ou "estupidez", etc. Intelectualismo, iluminismo puro, contra o qual é preciso combater incessantemente. Daí se deduz: 1) que todo fato foi "racional"; 2) que ele deve ser combatido na medida em que não mais for racional, ou seja, não mais estiver conforme ao fim, mas se arrastar pela viscosidade do hábito; 3) que não é preciso acreditar que, se um modo de viver, de operar ou de pensar se tornou "irracional" num dado ambiente, tornou-se irracional por toda parte e para todos e que só a perversidade ou a estupidez ainda o mantenham em vida; 4) que, no entanto, é verdade que tem grande importância o fato de um modo de viver, de pensar, de viver e de operar se ter tornado irracional em algum lugar, e é preciso destacá-lo de todos os modos: assim se modifica o costume, introduzindo um modo de pensar historicista, que facilitará as mudanças de fato assim que as condições mudarem, vale dizer, que tornará menos "viscoso" o costume. Um outro ponto a fixar é este: que um modo de viver, de operar, de pensar se tenha introduzido em toda a sociedade porque próprio da classe dirigente não significa por si só que seja irracional e deva ser rejeitado. Se se observa de perto, vê-se: que em todo fato existem dois aspectos: um "racional", ou seja, conforme ao fim ou econômico, e outro de "moda", que é um determinado modo de ser do primeiro aspecto racional. Usar sapatos é racional, mas o estilo determinado de sapato se deverá à moda. Usar colarinho é racional, porque permite trocar com frequência aquela parte do vestuário, a "camisa", que mais facilmente se suja, mas o estilo do colarinho dependerá da moda, etc. Vê-se, em resumo, que a classe dirigente, "inventando" uma utilidade nova, mais econômica ou mais conforme às condições dadas ou ao fim dado, ao mesmo tempo dá uma "sua" particular forma à invenção, à utilidade nova. É um modo de pensar típico de quem usa antolhos confundir a utilidade permanente (enquanto o for) com a moda. Ao contrário, tarefa do moralista e do criador de costumes é analisar os modos de ser e de viver, e criticá-los, distinguindo o permanente, o útil, o racional, o conforme ao fim (enquanto subsistir o fim) do acidental, do esnobe, da macaqueação, etc. Com base no "racional", pode ser útil criar uma "moda" original, isto é, uma forma nova que interesse.

Que o modo de pensar observado não é justo se vê a partir do fato de que ele tem limites: por exemplo, ninguém (a menos que seja louco) defenderá que não mais se ensine a ler e a escrever, porque ler e escrever certamente foram introduzidos pela classe dirigente, porque a escrita serve para difundir certa literatura ou para as cartas de chantagem e os relatórios dos informantes.

CADERNO 15 (1933)

§ 16. *Noções enciclopédicas. Aporia.* Dúvida, ou seja, nexo de pensamento ainda em formação, pleno de contradições que esperam uma solução. Portanto, a aporia pode resolver-se, como qualquer dúvida, positivamente e negativamente.

Conjuntura. Pode definir-se a conjuntura como o conjunto das circunstâncias que determinam o mercado numa fase dada, desde que estas circunstâncias se concebam em movimento, ou seja, como um todo que acarreta um processo de combinações sempre novas, processo que é o ciclo econômico. Estuda-se a conjuntura para prever e também, portanto, dentro de certos limites, determinar o ciclo econômico em sentido favorável aos negócios. Por isto, também se definiu a conjuntura como a oscilação da situação econômica ou o conjunto das oscilações.

§ 22. *Introdução ao estudo da filosofia.* Teoria e prática. Já que toda ação é o resultado de vontades diversas, com diverso grau de intensidade, de consciência, de homogeneidade com o inteiro conjunto da vontade coletiva, é claro que também a teoria correspondente e implícita será uma combinação de crenças e pontos de vista igualmente desarticulados e heterogêneos. Todavia, existe adesão completa da teoria à prática, nestes limites e nestes termos. Se se coloca o problema de identificar teoria e prática, coloca-se neste sentido: no de construir, com base numa determinada prática, uma teoria que, coincidindo e identificando-se com os elementos decisivos da própria prática, acelere o processo histórico em ato, tornando a prática mais homogênea, coerente, eficiente em todos os seus elementos, isto é, elevando-a à máxima potência; ou então, dada uma certa posição teórica, no de organizar o elemento prático indispensável para que esta teoria seja colocada em ação. A identificação de teoria e prática é um ato crítico, pelo qual se demonstra que a prática é racional e necessária ou que a teoria é realista e racional. Daí por que o problema da identidade de teoria e prática se coloca especialmente em determinados momentos históricos, chamados "de transição", isto é, de mais rápido movimento de transformação, quando realmente as forças práticas desencadeadas demandam a sua justificação a fim de serem mais eficientes e expansivas, ou quando se multiplicam os programas teóricos que demandam, também eles, a sua justificação realista, na medida em que demonstram a sua possibilidade de assimilação por movimentos práticos, que só assim se tornam mais práticos e reais.

§ 28. *História das classes subalternas.* De Lucien Herr foram publicados, em 1932, dois volumes de *Choix d'écrits* (Paris, Rieder, *in*-16º, 282 e 292 p.), onde é reproduzido o artigo sobre Hegel, escrito em 1890 na *Grande Encyclopédie*, bem como os fragmentos de um outro estudo, ao qual Herr se dedicava em 1893. Um motivo (ao qual Croce se refere na *Critica* de janeiro de 1933), e que poderia estar na base do pensamento de Engels sobre a passagem do reino da necessidade ao da liberdade e da hipótese de um futuro sem luta e sem antagonismos dialéticos, está contido neste fragmento, quando Herr explica (segundo as palavras de Croce) "mediante que processo mental o filósofo alemão foi levado a pensar que o Estado político (bem como a religião) havia terminado o seu desenvolvimento, havia atingido o absoluto em sua esfera (tal como a religião com o cristianismo) e que, por isso, não mais havia lugar para revoluções e tendências a revoluções. Entrara-se na era da vida contemplativa, da Filosofia: ultrapassara-se o mundo pelo 'supermundo'. Este traço anti-histórico existia realmente no historicíssimo Hegel". Referências à função de Herr no movimento popular francês encontram-se nas cartas de Sorel a Lagardelle, publicadas na *Educazione Fascista* de 1933.

§ 29. *Introdução ao estudo da filosofia.* Sobre o chamado "individualismo", isto é, sobre a atitude que todo período histórico manteve acerca da posição do indivíduo no mundo e na vida histórica. O que hoje se chama "individualismo" teve origem na revolução cultural que sucedeu a Idade Média (Renascimento e Reforma) e indica uma determinada posição em face do problema da divindade e, consequentemente, da Igreja: é a passagem do pensamento transcendente ao imanentismo. Preconceitos contra o individualismo, ao ponto de repetir contra ele as jeremíadas, mais que críticas, do pensamento católico e retrógrado. O "individualismo" que se tornou anti-histórico hoje é o que se manifesta na apropriação individual da riqueza, enquanto a produção da riqueza tem se socializado cada vez mais. Que os católicos sejam os menos indicados a chorar pelo individualismo é o que se pode deduzir do fato de que eles, politicamente, reconheceram sempre uma personalidade política somente à propriedade, isto é, o homem valeria não por si mesmo, mas enquanto integrado por bens materiais. O que significava o fato de que se era eleitor enquanto se possuía renda e que se pertencia a tantas comunidades político-administrativas quantas eram as comunidades nas quais se tinha bens materiais senão um rebaixamento do "espírito" em face da "matéria"? Se só é "homem" aquele que possui, e se se tornou impossível que todos possuam, por que então seria antiespiritual buscar uma forma de propriedade na qual as forças materiais integrem e contribuam para constituir todas as personalidades? Na realidade, reconhecia-se implicitamente que a "natureza" humana não residia dentro do indivíduo, mas na unidade do homem e das forças materiais: portanto, a conquista das forças materiais é uma maneira — e a mais importante — de conquistar a personalidade. (Foi muito elogiado, ultimamente, um livro do jovem escritor católico francês Daniel Rops, *Le monde sans âme*, Paris, Plon, 1932, traduzido também na Itália, no qual deveria ser examinada toda uma série de conceitos através dos quais, sofisticamente, são honradas posições do passado como se fossem de atualidade, etc.)

§ 31. *Introdução ao estudo da filosofia*. Do *Ensaio popular* e de outras publicações do mesmo gênero, pode-se extrair a demonstração do modo acrítico pelo qual determinados conceitos e conexões de conceitos foram recolhidos dos desenvolvimentos mais díspares e contraditórios das filosofias tradicionais. Seria necessário fazer a história de cada um desses conceitos, relacioná-lo às suas origens e retomar as críticas que já lhe foram dirigidas. A origem de muitos despropósitos contidos no *Ensaio* deve ser buscada no *Anti-Dühring* e na tentativa, excessivamente exterior e formal, de elaborar um sistema de conceitos em torno ao núcleo originário da filosofia da práxis, que satisfizesse a necessidade escolástica de um todo completo. Em vez de fazer o esforço de elaborar esse núcleo mesmo, recolheram-se afirmações já em circulação no mundo da cultura e essas foram assumidas como homogêneas a esse núcleo originário, afirmações que já haviam sido criticadas e descartadas por formas de pensamento superior, ainda que não superior à filosofia da práxis.

§ 33. *Introdução ao estudo da filosofia*. Eis como na *Critica Fascista* de 1º de maio de 1933 é resumido o ponto de vista do *Saggiatore*: "Estamos (...) no campo do *objetivismo absoluto*. O único critério de verdade é o experimento, a imanência do pensamento no realmente conhecido (1). A única mediação entre o pensamento e o real é a ciência (2). E realmente desejado é só o que o homem pode fazer, e faz, em sua vida histórica, que é vida associada condicionada, definida pelas concretas tarefas que surgem do desenvolvimento. Desta atividade humana, que se realiza na história. o Estado (3) é o controle e a medida. Ele distingue, praticamente, entre o que é veleidade errante de indivíduo disperso e as efetivas posições de uma vontade operosa, sancionada pela história, unificando-as e fazendo-as duradouras nas criações coletivas." (1. Ou no realmente vivido? Isto é, na identidade de teoria e prática? 2. Mas a ciência não é também pensamento? Em lugar da ciência, tecnologia, e, então, a única mediação entre o pensamento e o real é a tecnologia. 3. Mas o que significa Estado? Só o aparelho estatal ou toda a sociedade civil organizada? Ou a unidade dialética entre o poder governamental e a sociedade civil?)

Os pontos de vista do grupo do *Saggiatore* são interessantes na medida em que demonstram insatisfação diante dos sistemas filosóficos verbalistas, mas ele próprio é algo indistinto e obscuro. Contudo, é um documento de quanto a cultura moderna está penetrada por conceitos realistas da filosofia da práxis. Deve-se notar como, ao mesmo tempo (cf. o mesmo artigo da *Critica Fascista*), multiplicam-se as chamadas "buscas de Deus": "G. Gentile, em escritos recentes, oferecia-se para provar a existência de Deus por meio de argumentos atualistas" (deve-se ver o que Gentile pretende dizer e se não joga com equívocos); "o professor Carlini, em *Vita e Pensiero*, (...) desenvolveu uma longa polêmica com Monsenhor Olgiati — polêmica agora publicada em livro — sobre a neoescolástica, o idealismo e o espiritualismo; em outros termos, sobre o 'problema de Deus'." No *Leonardo* de março de 1933, Carlini passa em revista uma série de livros, especialmente franceses, sobre o "problema de Deus".

§ 61. *Introdução ao estudo da filosofia.* 1) Hegemonia da cultura ocidental sobre toda a cultura mundial. Mesmo admitindo que outras culturas tiveram importância e significação no processo de unificação "hierárquica" da civilização mundial (e, por certo, isto deve ser admitido inequivocamente), elas tiveram valor universal na medida em que se tornaram elementos constitutivos da cultura europeia, a única histórica ou concretamente universal, isto é, na medida em que contribuíram para o processo do pensamento europeu e foram por ele assimiladas.

2) Mas também a cultura europeia sofreu um processo de unificação e, no momento histórico que nos interessa, culminou em Hegel e na crítica ao hegelianismo.

3) Dos dois primeiros pontos, resulta que se leva em conta o processo cultural que se encarna nos intelectuais; não cabe tratar das culturas populares, para as quais é impossível falar de elaboração crítica e de processo de desenvolvimento.

4) Tampouco se deve falar dos processos culturais que culminam na atividade real, como se verificou na França do século XVIII; ou, pelo menos, só se deve falar deles em conexão com o processo que culmi-

nou em Hegel e na filosofia clássica alemã, como uma comprovação "prática", no sentido já várias vezes e alhures mencionado, a saber, no da recíproca tradutibilidade dos dois processos, um, o francês, político-jurídico, o outro, o alemão, teórico-especulativo.

5) Da decomposição do hegelianismo, resulta o início de um novo processo cultural, de caráter diverso dos precedentes, isto é, no qual se unificam o movimento prático e o pensamento teórico (ou buscam unificar-se, através de uma luta teórica e prática).

6) Não é relevante o fato de que este novo movimento tenha seu berço em obras filosóficas medíocres, ou, pelo menos, não em obras-primas filosóficas. O que é relevante é o nascimento de uma nova maneira de conceber o homem e o mundo, e que essa concepção não mais seja reservada aos grandes intelectuais, mas tenda a se tornar popular, de massa, com caráter concretamente mundial, modificando (ainda que através de combinações híbridas) o pensamento popular, a mumificada cultura popular.

7) Que tal início resulte da confluência de vários elementos, aparentemente heterogêneos, não causa espanto: Feuerbach como crítico de Hegel, a escola de Tübingen como afirmação da crítica histórica e filosófica da religião, etc. Aliás, deve-se notar que uma transformação tão radical não podia deixar de ter vinculações com a religião.

8) A filosofia da práxis como resultado e coroamento de toda a história precedente. Da crítica ao hegelianismo, nascem o idealismo moderno e a filosofia da práxis. O imanentismo hegeliano torna-se historicismo; mas só é historicismo absoluto com a filosofia da práxis, historicismo absoluto ou humanismo absoluto. (Equívoco do ateísmo e equívoco do deísmo em muitos idealistas modernos: é evidente que o ateísmo é uma forma puramente negativa e infecunda, a não ser que seja concebido como um período de pura polêmica literária popular.)

§ 65. *Introdução ao estudo da filosofia.* Cf. o livro de Santino Caramella, *Senso Comune, Teoria e Pratica*, 176 p., Bári, Laterza, 1933. Contém três ensaios: 1) Crítica do "senso comum"; 2) As relações entre a teoria e a prática; 3) Universalidade e nacionalidade na história da filosofia italiana.

§ 74. *Freud e o homem coletivo.* O núcleo mais sadio e imediatamente aceitável do freudianismo é a exigência do estudo dos contragolpes mórbidos produzidos por toda construção de "homem coletivo", de todo "conformismo social", de todo nível de civilização, especialmente naquelas classes que "fanaticamente" fazem do novo tipo humano a atingir uma "religião", uma mística, etc. Deve-se ver se o freudianismo não devia necessariamente concluir o período liberal, que se caracteriza precisamente por uma maior responsabilidade (e sentimento dessa responsabilidade) de grupos selecionados na construção de "religiões" não autoritárias, espontâneas, libertárias, etc. Um soldado conscrito não sentirá em face das possíveis mortes cometidas na guerra o mesmo grau de remorso que um voluntário, etc. (dirá: ordenaram-me que fizesse, eu não podia fazer diferente, etc.). O mesmo se pode observar para as diversas classes: as classes subalternas têm menos "remorsos" morais, porque o que fazem não lhes diz respeito senão em sentido lato, etc. Por isso, o freudianismo é mais uma "ciência" a ser aplicada às classes superiores, e se poderia dizer, parafraseando Bourget (ou um epigrama sobre Bourget), que o "inconsciente" só começa depois de algumas dezenas de milhares de liras de renda. Também a religião é menos fortemente sentida como causa de remorsos pelas classes populares, que talvez não estejam muito longe de crer que, em todo caso, Jesus Cristo foi crucificado pelos pecados dos ricos. Coloca-se o problema de saber se é possível criar um "conformismo", um homem coletivo, sem desencadear uma certa dose de fanatismo, sem criar "tabus": em suma, de modo crítico, como consciência da necessidade livremente aceita porque "praticamente" reconhecida como tal, através de um cálculo de meios e fins a adequar, etc.

CADERNO 17 (1933-1935)

§ 6. *Introdução ao estudo da filosofia.* Em Tertuliano (*De Anima*, 16), encontra-se a afirmação de que "o natural é racional" e vice-versa, o que pode ser vinculado à proposição de Hegel: "o que é real é racional, etc.". A proposição de Tertuliano é citada e comentada por Gioberti (*Rinnovamento civile*, parte II, capítulo I, p. 227 da condensação feita por P. A. Menzio e editada por Vallechi).

É de supor que Gioberti recorreu a Tertuliano para não recorrer a Hegel; por isso, deve-se ver o que Tertuliano quer dizer precisamente, bem como se Gioberti não o forçou em sentido hegeliano a fim de não recorrer a Hegel para um conceito que lhe era necessário.

§ 12. *Temas de cultura.* Filosofia da práxis e "economicismo histórico". Confusão entre os dois conceitos. No entanto, é preciso pôr o problema: qual importância deve-se atribuir ao "economicismo" no desenvolvimento dos métodos de pesquisa historiográfica, supondo-se que o economicismo não pode ser confundido com a filosofia da práxis? É indiscutível que um grupo de financistas com interesse num país determinado pode guiar a política deste país, atraí-lo para a guerra ou afastá-lo dela: mas a verificação deste fato não é "filosofia da práxis", é "economicismo histórico", ou seja, é a afirmação de que "imediatamente", como "oportunidade", os fatos foram influenciados por determinados interesses de grupo, etc. Também é certo que o "cheiro do petróleo" pode implicar atribulações sérias para um país, etc., etc. Mas estas afirmações, controladas, demonstradas, etc., ainda não são filosofia da práxis e até podem ser aceitas e feitas por quem rechaça inteiramente a filosofia da práxis. Pode dizer-se que o fator econômico (entendido no sentido imediato e judaico [16] próprio do economicismo histórico) é tão somente um dos muitos modos sob os quais se apresenta o processo histórico mais profundo (fator de raça, religião, etc.), mas é este processo mais profundo que a filosofia da práxis quer explicar, e justamente por isto é uma filosofia, uma "antropologia", e não um simples cânone de investigação histórica.

§ 18. *Introdução ao estudo da filosofia. Senso comum.* [I.] Os católicos (jesuítas) chamam "*argumentum liminare*" da possibilidade de demonstrar a existência de Deus o que consiste no chamado "consenso universal". Resenhando a obra do padre Pedro Descoqs, S. J. (*Praelec-*

tiones Theologiae Naturalis, Cours de Theodicée, tomo primeiro, *De Dei cognoscibilitate*, parte primeira, Paris, Beauchesne, 1933, *in*-8º gr., VI-725 p., 100 francos, escrito parte em francês, parte em latim, e que pode ser um útil repertório de todas as opiniões sobre a existência de Deus), a *Civiltà Cattolica* de 2 de setembro de 1933 escreve: "O fato, ou seja, a universalidade moral da 'crença' em Deus, é estabelecido de maneira rigorosa e científica com base nos mais acreditados estudos de etnologia e de história das religiões. Esta verificação do início da teodiceia tem um alto valor, na medida em que coloca o dedo na importância e na universalidade do problema. Todavia, o padre Descoqs não acredita que ele, por si só, ofereça uma prova apodítica e rigorosa da existência de Deus; se bem que o argumento que dele se deduz tenha uma força *vehementer suasiva* e seja de admirável confirmação, após a existência de Deus ter sido provada por outras vias."

II. Federico Jodl, *Critica dell'idealismo,* traduzido e anotado por G. Rensi, ed. "Casa del Libro", 1932, *in*-16º, 274 p., 10 liras. É interessante a breve resenha da *Civiltà Cattolica* de 2 de setembro de 1933, pois ela mostra como a filosofia de Santo Tomás pode se aliar com o materialismo vulgar. Jodl critica o idealismo de um ponto de vista mecanicista e naturalista (questão da realidade do mundo exterior) e esta crítica agrada aos jesuítas até o ponto em que não se extraem dela conclusões ateístas: "Como pode ocorrer que mentalidades cultas, como as de Jodl e Rensi, não cheguem a perceber na filosofia cristã, notadamente na de Santo Tomás, o sistema necessário para manter a realidade do mundo material sem minimizar as exigências e o primado do espírito? Quando Jodl explica o mundo, em última análise, como o efeito das leis e do acaso, não percebe que está se perdendo em vãs palavras? E quando, tendo sustentado o paradoxo de que os objetivos dos idealistas são os de apoiar a teologia eclesiástica que se pense em Croce, em Brunschvicg, em tantos outros! —, termina propondo o seu ideal, o 'Céu na Terra', não percebe que aquela frase, posta no fim do seu livro, não pode significar senão a supressão de todo Céu?" Com justeza, a *Civiltà Cattolica* reprova a Jodl identificar "o idealismo com o platonismo", "como se, de Kant a Gentile, as Ideias transcendentes não tivessem sido o espantalho dos idealistas". O livro de Jodl pode ser interessante (como os de Rensi) para fixar as fases atuais do "materialismo vulgar", que não pode derrotar qualquer forma de idealismo, já que não consegue compreender que o idealismo é apenas um esboço de tentativa para historicizar a filosofia. A polêmica Carlini-Olgiati, *Neoscolastica, idealismo e spiritualismo*, Milão, Vita e Pensiero, 1933, 180 p., bem como o artigo de Guido de Ruggiero na *Educazione Nazionale* (de Lombardo-Radice) de março de 1933, não podem servir para demonstrar que o idealismo apoia o clericalismo, mas que idealistas individuais não encontram em sua filosofia um terreno sólido de pensamento e de fé na vida. (Sobre esta polêmica, cf. também, no mesmo número da *Civiltà Cattolica*, o artigo "Brancolando in cerca di una fede", bem como artigos nos números seguintes da mesma publicação.)

III. Do capítulo XI da II parte do *Rinnovamento* de Gioberti, deve-se extrair esta passagem de história da filosofia: "O humanismo se vincula às doutrinas filosóficas anteriores e é o último termo do psicologismo cartesiano, o qual, *tendo caminhos diversos na França e na Alemanha*, chegou, não obstante, ao mesmo resultado. Isto porque, transformado por Locke e por Kant em *sensualismo empírico e especulativo*, gerou logo após, por força da lógica, o ateísmo material dos últimos condilaquianos e o ateísmo refinado dos novos hegelianos. Já Amadeu Fichte, partindo dos princípios da escola crítica, identificara Deus com o homem; da mesma forma que Frederico Schelling, posteriormente, o confundiu com a natureza; e Hegel, recolhendo e ao mesmo tempo corrigindo os seus postulados, considerou o espírito humano como o cume do absoluto, o qual, indo do ponto abstrato da ideia ao concreto da natureza e culminando no do espírito, adquire neste movimento a consciência de si mesmo e se torna Deus. Os novos hegelianos, aceitando a conclusão, rejeitam a hipótese insubsistente do absoluto panteísta e o fantástico edifício das premissas; por isso, ao invés de afirmar com o mestre que o espírito é Deus, ensinam que o conceito de Deus é uma imagem vazia e uma larva quimérica do espírito." Parece interessante a observação de Gioberti de que a filosofia clássica alemã e o materialismo francês são a mesma coisa em linguagem diferente, etc. A passagem deve ser aproximada à da *Sagrada família*, onde se fala do materialismo francês. (Recordar que, precisamente na *Sagrada família*, a expressão "humanismo" é empregada no mesmo sentido que em Gioberti — como não transcendência — e que o autor queria chamar a sua filosofia de "neo-humanismo".) [17]

§ 20. *Georges Sorel.* Na *Critica Fascista* de 15 de setembro de 1933, Gustavo Glaesser resume o recente livro de Michael Freund (*Georges Sorel. Der revolutionäre Konservatismus*, Klostermann Verlag, Frankfurt-sobre-o-Meno, 1932) que mostra como um ideólogo alemão pode transformar num tolo um homem como Sorel. Deve-se notar que, embora Sorel possa (pela variedade e incoerência de seus pontos de vista) ser utilizado para justificar as mais disparatadas atitudes práticas, é inegável a presença nele de um ponto fundamental e constante, o seu radical "liberalismo" (ou teoria da espontaneidade), que impede extrair qualquer consequência conservadora das suas opiniões. Bizarrias, incongruências, contradições se encontram em Sorel, sempre e por toda parte, mas ele não pode ser desligado de uma tendência constante de radicalismo popular: o sindicalismo de Sorel não é um indistinto "associacionismo" de "todos" os elementos sociais de um Estado, mas só de um deles; e a sua "violência" não é a violência de qualquer um, mas de um único "elemento" que o pacifismo democrático tendia a corromper, etc. O ponto obscuro em Sorel é seu antijacobinismo e seu economicismo puro; e este (que, no terreno histórico francês, deve ser conectado com a recordação do Terror e, depois, da repressão de Galliffet, bem como com a aversão aos Bonaparte) é o único elemento de sua doutrina que pode ser distorcido e dar lugar a interpretações conservadoras.

§ 22. *Introdução ao estudo da filosofia. Pragmatismo e política.* O "pragmatismo" (de James, etc.) não pode ser criticado, ao que parece, se não se leva em conta o quadro histórico anglo-saxão, no qual nasceu e se difundiu. Se é verdade que toda filosofia é uma "política" e que todo filósofo é essencialmente um homem político, tanto mais isso vale para o pragmatista, que constrói a filosofia "utilitariamente" num sentido imediato. Mas isso é inconcebível (como movimento) em países católicos, onde a religião e a vida cultural estão cindidas desde o Renascimento e a Contrarreforma, ao passo que é concebível nos países anglo-saxões, nos quais a religião é muito aderente à vida cultural cotidiana e não é burocraticamente centralizada e intelectualmente dogmatizada. Em todo caso, o pragmatismo ultrapassa a esfera religiosa positiva e tende a criar uma moral laica (de tipo não francês), tende a criar uma "filosofia popular" superior ao senso comum, é mais um "partido ideológico (imediato) do que um sistema de filosofia. Se tomarmos o princípio do pragmatista tal como é exposto por James — a saber, "o melhor método para discutir os diversos pontos de qualquer teoria é começar por colocar em relevo qual a diferença prática que resultaria do fato de que uma ou outra das duas alternativas fosse a verdadeira" (W. James, *Le varie forme della scienza religiosa. Studio sulla natura umana*, trad. de G. C. Ferrari e M. Calderoni, ed. Bocca, 1904, 382 p.) —, veremos qual é a imediaticidade do politicismo filosófico pragmatista. O filósofo "individual", de tipo italiano ou alemão, está ligado à "prática" mediatamente (e, frequentemente, a mediação é uma cadeia de muitos anéis); o pragmatista quer se ligar a esta prática imediatamente e, na realidade, revela-se desta forma que o filósofo de tipo italiano ou alemão é mais "prático" do que o pragmatista, que julga a partir da realidade imediata, frequentemente vulgar, enquanto o outro tem um fim mais elevado, coloca o objetivo mais no alto e, desta forma, tende a elevar o nível cultural existente (quando tende, claro). Hegel pode ser concebido como o precursor teórico das revoluções liberais do século XIX. Os pragmatistas, na melhor das hipóteses, contribuíram para criar o movimento do Rotary Club ou para justificar todos os movimentos conservadores e reacionários (para justificá-los de fato e não apenas por distorção, polêmica, como é o caso de Hegel e do Estado prussiano).

§ 23. *Ensaio popular de sociologia.* Objeção ao empirismo: a investigação de uma série de fatos para encontrar as relações entre eles pressupõe um "conceito" que permita distinguir aquela série de fatos de outras séries possíveis. Como ocorrerá a escolha dos fatos a aduzir como prova da verdade da própria tese, se não preexiste o critério de escolha? Mas o que é este critério de escolha, se não algo superior a qualquer fato singular investigado? Uma intuição, uma concepção, cuja história deve ser considerada como complexa, um processo a relacionar com todo o processo de desenvolvimento da cultura, etc. (Esta observação deve ser relacionada com outra, sobre a "lei sociológica", na qual não se faz nada além de repetir duas vezes o mesmo fato, uma vez como fato e outra vez como lei. Sofisma do duplo fato, que não é lei.)

§ 31. *Passado e presente.* Discussões sobre o Congresso Internacional Hegeliano realizado em Roma em 1933 (terceiro congresso da Sociedade Internacional Hegeliana). Quis ver-se nele uma afirmação tendenciosa do idealismo atualista italiano (Gentile, etc.) no meio do ano santo anunciado pelo Vaticano em razão do 1.900º aniversário do nascimento de Cristo. O congresso, assim, foi combatido tanto pelos católicos quanto pelos epígonos do positivismo ou neocriticismo.

§ 40. *Freudianismo.* Pode-se dizer que a "libido" de Freud é o desenvolvimento "médico" da Vontade de Schopenhauer. Parece-me ser possível identificar algum contato entre Freud e Schopenhauer [18].

§ 43. *Problemas de cultura. O racismo, Gobineau e as origens históricas da filosofia da práxis.* Deve-se ler a *Vita di Gobineau* escrita por Lorenzo Gigli para ver se Gigli conseguiu reconstituir exatamente a história das ideias racistas e enquadrá-las na moldura histórica da cultura moderna. Para isso, é preciso remontar às tendências historiográficas da França da Restauração e de Luís Filipe (Thierry, Mignet, Guizot) e à apresentação da história francesa como uma luta secular entre a aristocracia germânica (franca) e o povo de origem gaulesa ou galo-romana. A polêmica sobre essa questão, como se sabe, não se restringiu ao campo científico, mas invadiu o campo da política imediata e militante: alguns aristocráticos reivindicaram o domínio dos nobres como sendo devido a um "direito de conquista", enquanto escritores democráticos afirmaram que a Revolução Francesa e a decapitação de Luís XVI não foram mais do que uma insurreição do elemento gaulês originário contra o elemento germânico que se sobrepusera à antiga nacionalidade. Sabe-se que muitos, e dentre os mais populares, dos romances de Eugène Sue (*Os mistérios do povo*, *O judeu errante*, etc.) dramatizam essa luta e que *Os mistérios do povo* são entremeados por cartas de Sue aos leitores (dos fascículos), nas quais essa luta é exposta em forma histórico-política, como Sue podia e sabia fazer. Da polêmica, participaram jornais e revistas (por exemplo, a *Revue des Deux Mondes*, nos primeiros anos de publicação, retomou a questão, de forma moderada, contra o fanatismo de algum nobre mais exagerado). Na historiografia francesa, a mesma questão se reapresentou em face das relações entre gauleses e romanos e são conhecidos os volumosos tratados de Jullian sobre a história da Gália. Deve-se notar que, dessa discussão, originam-se (pelo menos parcialmente) duas tendências: 1) a da filosofia da práxis, que, do estudo dos dois estratos da população francesa como estratos de origem nacional diversa, passou para o estudo da função econômico-social desses mesmos estratos; 2) a do racismo e da superioridade da raça germânica, que, de elemento polêmico da aristocracia francesa para justificar uma Restauração mais radical, um retorno integral às condições do regime pré-revolucionário, tornou-se — através de Gobineau e Chamberlain — um elemento da cultura alemã (de importação francesa), com desenvolvimentos novos e insuspeitados.

Na Itália, a questão não podia vingar porque a feudalidade de origem germânica foi destruída pelas Revoluções comunais (exceto no Sul e na Sicília), dando lugar a uma nova aristocracia de origem mercantil e autóctone.

Que tal questão não seja abstrata e livresca, mas tenha podido se tornar uma ideologia política militante e eficiente, é algo demonstrado pelos eventos alemães [19].

§ 52. *Temas de cultura. Lógica formal e mentalidade científica.* Para compreender quanto é superficial e estabelecida em bases frágeis a mentalidade científica moderna (mas talvez seja preciso distinguir entre país e país), basta recordar a recente polêmica sobre o chamado *homo oeconomicus*, conceito fundamental da ciência econômica, tão plausível e necessário quanto todas as abstrações em que se baseiam as ciências naturais (e também, se bem que sob forma diversa, as ciências históricas ou humanistas). Se o conceito distintivo de *homo oeconomicus* fosse injustificado por seu caráter abstrato, igualmente injustificado seria o símbolo H2O para a água, dado que na realidade não existe nenhuma água H2O, mas uma infinita quantidade de "águas" individuais. A objeção nominalista vulgar recuperaria todo o seu vigor, etc.

A mentalidade científica é frágil como fenômeno de cultura popular, mas também é frágil na camada dos cientistas, os quais têm uma mentalidade científica de grupo técnico, isto é, compreendem a abstração em sua ciência particular, mas não como "forma mental", e mais: compreendem sua "abstração" particular, seu método de abstração particular, mas não o das outras ciências (ao passo que deve sustentar-se que existem vários tipos de abstração e que é científica a mentalidade que consegue compreender todos os tipos de abstração e justificá-los). O conflito mais grave de "mentalidades", porém, é entre aquela das chamadas ciências exatas ou matemáticas, que de resto não são todas as ciências naturais, e aquela das "humanistas" ou "históricas", isto é, as ciências que se referem à atividade histórica do homem, à sua intervenção ativa no processo vital do universo. (Deve analisar-se o juízo de Hegel sobre a economia política e precisamente sobre a capacidade demonstrada pelos economistas de "abstrair" neste campo [20].)

II.

A FILOSOFIA DE BENEDETTO CROCE

1. Caderno 10

(1932-1935)

A filosofia de Benedetto Croce

[PARTE I]

Pontos de referência para um ensaio sobre B. Croce

[SUMÁRIO]

Introdução. Notas gerais: 1) Apontamentos metodológicos (cf. a 1ª nota) [1]; 2) O homem de partido: o partido como resolução prática de problemas particulares, como programa orgânico político (colaboração no *Giornale d'Italia* conservador, *Stampa*, etc., *Politica*); o partido como tendência geral ideológica, como forma cultural (cf. 10,11, § 59); 3) Croce e G. Fortunato como "fermentos" (mais do que guias) dos movimentos culturais italianos de 1900 a 1914 (*Voce, Unità*, etc., até *Rivoluzione Liberale*).

1º A atitude de Croce durante a guerra mundial como ponto de orientação para compreender os motivos de sua atividade posterior como filósofo e como líder da cultura europeia [2].

2º Croce como líder intelectual das tendências revisionistas dos anos 1890: Bernstein na Alemanha, Sorel na França, a escola econômico-jurídica na Itália.

3º Croce de 1912 a 1932 (elaboração da teoria da história ético-política) tende a permanecer o líder das tendências revisionistas para levá-las até uma crítica radical e à liquidação (político-ideológica) também do materialismo histórico atenuado e da teoria econômico-jurídica (cf. nota à margem na próxima página [3]).

4º Elementos da relativa popularidade de Croce: a) elemento estilístico-literário (falta de pedantismo e de obscuridade); b) elemento filosófico-metodológico (unidade de filosofia e senso comum); c) elemento ético (serenidade olímpica).

5º Croce e a religião: a) o conceito crociano de religião [o estímulo para o ensaio "Religione e serenità" vem do ensaio de De Sanctis "La Nerina del Leopardi", de 1877 (*Nuova Antologia*, janeiro de 1877)]; b) Croce e o cristianismo; c) fortunas e infortúnios do crocianismo entre os católicos italianos (neoescolásticos italianos e vários estágios de suas manifestações filosóficas, filopositivistas, filoidealistas e, agora, no sentido de um retorno ao tomismo "puro"); caráter eminentemente "prático" da atividade do Padre Gemelli e seu agnosticismo filosófico; d) artigos de Papini e de Ferrabino na *Nuova Antologia*; como manifestações eminentes do laicismo católico, quatro artigos da *Civiltà Cattolica* (de 1932 e 1933), todos dedicados apenas à introdução de *Storia d'Europa*; depois do terceiro artigo, o livro foi posto no Índice; e) Croce é um reformador "religioso"? cf. alguns breves ensaios publicados na *Critica* [4], nos quais se traduzem em linguagem "especulativa" alguns pontos da teologia católica (a graça, etc.), e, no ensaio sobre *o Caracciolo*, da teologia calvinista, etc. "Traduções" e interpretações similares estão contidas incidentalmente em numerosos escritos de Croce.

6º Croce e a tradição italiana (ou uma corrente determinada da tradição italiana): teorias históricas da Restauração; escola dos moderados; a revolução passiva de Cuoco [5], que se converte de advertência com vistas a um revigoramento ético-nacional em fórmula de "ação"; dialética "especulativa" da história, mecanicismo arbitrário da mesma (cf. a posição de Proudhon criticada na *Miséria da filosofia*); dialética dos "intelectuais" que concebem a si mesmos como encarnando a tese e a antítese e, portanto, como elaboradores da síntese; este não "engajar-se" inteiramente no ato histórico não será uma forma de ceticismo? ou de covardia? ou, pelo menos, não é ele mesmo um "ato" político?

7º Significado real da fórmula "história ético-política". É uma hipóstase arbitrária e mecânica do momento da "hegemonia". A filosofia da práxis não exclui a história ético-política. A oposição entre as doutrinas históricas crocianas e a filosofia da práxis está no caráter especulativo da concepção de Croce. Concepção do Estado em Croce.

8º Transcendência-teologia-especulação. Historicismo especulativo e historicismo realista. Subjetivismo idealista e concepção das superestruturas na filosofia da práxis. Artimanha polêmica de Croce, que "hoje" dá um significado (metafísico, transcendente) especulativo aos termos da filosofia da práxis, daí a "identificação" da "estrutura" com um "deus oculto". (Das diversas edições dos livros e ensaios de Croce, extrair os sucessivos juízos, sempre modificados, sem uma justificação específica, sobre a importância e a estatura filosófica dos fundadores da filosofia da práxis.)

9º A história da Europa vista como "revolução passiva". É possível fazer uma história da Europa no século XIX sem tratar organicamente da Revolução Francesa e das guerras napoleônicas? E é possível fazer-se uma história da Itália na época moderna sem as lutas do *Risorgimento*? Em um e em outro caso, por razões extrínsecas e tendenciosas, Croce prescinde do momento da luta, no qual a estrutura é elaborada e modificada, e assume placidamente como história o momento da expansão cultural ou momento ético-político. Tem um significado "atual" a concepção de "revolução passiva"? Estamos num período de "restauração-revolução" a instituir permanentemente, a organizar ideologicamente, a exaltar liricamente? A Itália teria com a URSS a mesma relação que a Alemanha (e a Europa) de Kant-Hegel teriam com a França de Robespierre-Napoleão?

10º A "liberdade" como identidade de história e de espírito e a "liberdade" como ideologia imediatamente circunstanciada, como "superstição", como instrumento prático de governo. (Se se diz que a "natureza do homem é o espírito" diz-se que ela é a "história", ou seja, o conjunto das relações sociais em processo de desenvolvimento, ou, ainda, o conjunto da natureza e da história, das forças materiais e daquelas espirituais ou culturais, etc.)

11º Todavia, pode-se dizer que, na concepção de Croce, mesmo depois da elaboração sofrida nestes últimos anos, não existam marcas da filosofia da práxis? O seu historicismo não sofre nenhuma influência de sua experiência intelectual dos anos entre 1890 e 1900?

A posição de Croce sobre isso resulta do prefácio de 1917 à nova edição do *Materialismo storico*: Croce gostaria de fazer crer que o valor dessa experiência foi essencialmente negativo, no sentido de que teria contribuído para destruir preconceitos, etc. Mas a própria obstinação de Croce nos últimos tempos contra qualquer elemento de filosofia da práxis é suspeita (notadamente a apresentação ao livro de De Man, mediocríssimo): impressão de que Croce combata excessivamente para evitar uma prestação de contas. As marcas de uma filosofia da práxis se encontram na solução de *problemas particulares* (deve-se ver se o conjunto desses problemas particulares não contenha implicitamente uma elaboração total da filosofia da práxis, ou seja, toda a metodologia ou filosofia de Croce, ou seja, se os problemas não diretamente vinculáveis à filosofia da práxis não o sejam, porém, a outros diretamente vinculáveis): a doutrina do erro parece-me a mais típica. Pode-se dizer, em geral, que a polêmica contra a filosofia do ato puro obrigou Croce a um maior realismo e a sentir um certo fastídio, ao menos, pelos exageros na linguagem especulativa dos atualistas.

[Sobre os "resíduos" ou sobrevivências (mas, na realidade, trata-se de elaborações que têm uma sua peculiar organicidade) da doutrina da filosofia da práxis na filosofia de Croce está se constituindo uma certa literatura: cf., por exemplo, o ensaio de Enzo Tagliacozzo, "In memoria di Antonio Labriola" (*Nuova Antologia*, 20 de dezembro de 1934-20 de janeiro de 1935, notadamente no segundo fascículo); e o ensaio de Edmondo Cione, *La logica dello storicismo*, Nápoles, 1933 (talvez um extrato das atas da Academia Real de Ciências Morais e Políticas). (De uma resenha sobre esse ensaio publicada pela *Nuova Rivista Storica*, janeiro-fevereiro de 1935, p. 132-134, parece que, para Cione, só com a *Storia dell'Europa* é que Croce teria se libertado completamente das sobrevivências da filosofia da práxis. Cabe cf. esse e outros ensaios de Cione.) *Nota:* Numa resenha de algumas publicações de Guido Calogero (*Critica*, maio de 1935), Croce menciona o fato de que Calogero chama de "filosofia da práxis" uma interpretação própria do atualismo gentiliano. Questões de terminologia (mas talvez não só de terminologia) que cabe esclarecer.]

12º A concepção da história como história ético-política seria assim uma futilidade? É preciso deixar claro que o pensamento historiográfico de Croce, mesmo em sua fase mais recente, deve ser estudado e meditado com atenção. Ele representa essencialmente uma reação ao "economicismo" e ao mecanicismo fatalista, embora se apresente como superação da filosofia da práxis. Também para Croce vale o critério de que seu pensamento deve ser criticado e avaliado não pelo que pretende ser, mas pelo que é realmente e que se manifesta nas obras históricas concretas. Para a filosofia da práxis, o próprio método especulativo não é futilidade, mas foi fecundo de valores "instrumentais" do pensamento, que a filosofia da práxis incorporou (a dialética, p. ex.). Portanto, o pensamento de Croce deve ser apreciado como valor instrumental e, assim, pode-se dizer que ele atraiu energicamente a atenção para o estudo dos fatos de cultura e de pensamento como elementos de domínio político, para a função dos grandes intelectuais na vida dos Estados, para o momento da hegemonia e do consenso como forma necessária do bloco histórico concreto. A história ético-política, portanto, é um dos cânones de interpretação histórica que se deve sempre ter presente no exame e no aprofundamento do desenvolvimento histórico, se é que se quer fazer história integral e não histórias parciais ou extrínsecas.

§ 1. *Atitude de Croce durante a guerra mundial.* Escritos de Croce, a este respeito, recolhidos nas *Pagine sulla guerra* (Laterza, 2ª edição ampliada, 25 liras); contudo, seria interessante reexaminá-los em sua primeira versão, à medida que foram sendo publicados na *Critica* ou em outros periódicos, bem como levar em conta as outras questões de caráter cultural e moral que, neste então, interessavam a Croce e que mostravam quais eram os problemas vinculados, mais ou menos diretamente, à situação bélica e aos quais ele julgava necessário reagir. A atitude de Croce durante a neutralidade e a guerra indica quais são os interesses intelectuais e morais (e, portanto, sociais) que predominam ainda hoje na sua atividade literária e filosófica. Croce reage contra a colocação popular (com a consequente propaganda) da guerra como guerra de civilização e, portanto, de caráter religioso, o que teoricamente deveria levar ao aniquilamento do inimigo. Croce vê no momento da paz o momento da guerra, e vice-versa, e luta para que jamais sejam destruídas as possibilidades de mediação entre os dois momentos. A paz deverá suceder à guerra e a paz pode impor agrupamentos bem diversos dos da guerra: mas como seria possível uma colaboração entre Estados após o desencadeamento de fanatismos religiosos na guerra? Disto resulta que nenhuma necessidade imediata da política pode e deve ser elevada a critério universal. Mas estes termos não compreendem exatamente a atitude de Croce. Não se pode dizer, de fato, que ele seja contra a formulação "religiosa" da guerra, na medida em que isto é politicamente necessário para que as grandes massas populares mobilizadas se disponham a sacrificar-se e a morrer nas trincheiras: este é um problema de técnica política, que cabe aos técnicos da política resolver. O que importa a Croce é que os intelectuais não se rebaixem ao nível das massas, mas compreendam que uma coisa é a ideologia, instrumento prático para governar, e outra é a filosofia e a religião, que não deve ser prostituída na consciência dos próprios sacerdotes. Os intelectuais devem ser governantes e não governados, construtores de ideologias para governar os outros e não charlatães que se deixem picar e envenenar pelas próprias serpentes. Croce, portanto, representa a grande política contra a pequena política, o maquiavelismo de Maquiavel contra o maquiavelismo de Stenterello [6]. Ele se coloca num lugar muito elevado e pensa certamente que até mesmo os ataques pessoais e as críticas furibundas mais selvagens são "politicamente" necessárias e úteis para que seja possível manter esta sua alta posição. A atitude de Croce durante a guerra pode ser comparada somente com a do papa, que era o chefe dos bispos que benziam as armas dos alemães e dos austríacos e dos bispos que benziam as armas dos italianos e dos franceses, sem que nisto houvesse contradição. (Cf. *Etica e Politica*, p. 343: "Homens da Igreja, que aqui devem ser entendidos como a própria Igreja, etc.")

[Esta mesma atitude, que não é privada de inconvenientes, é a de Croce em face do modernismo [7]. De fato, já que não é possível pensar numa passagem das massas populares do estágio religioso para o "filosófico" e, na prática, o modernismo erodia a maciça estrutura prático-ideológica da Igreja, a atitude de Croce serviu para fortalecer as posições da Igreja. Desta forma, sua atitude "revisionista" serviu para fortalecer as correntes reacionárias. (A Labriola, que o advertia sobre isto, Croce respondia: "Quanto à política e às tentativas reacionárias, *caveant consules.*") Daí sua aproximação a *Politica*, em 1920, [8] e suas atitudes práticas propriamente ditas em Nápoles (discursos, participação no Governo Giolitti, etc.). A posição de "puro intelectual" transforma-se ou em verdadeiro "jacobinismo" degradado (e, neste sentido, mudadas as estruturas intelectuais, Amadeo [Bordiga] pode ser aproximado de Croce, como Jaques Mesnil talvez não pensasse) [9] ou num "ponciopilatismo" desprezível, ou sucessivamente em um e outro, ou ainda simultaneamente em um e outro.]

[No que diz respeito à guerra, pode-se aplicar a Croce a observação de Lyautey: na realidade, o sentimento nacional dos auto-intitulados nacionalistas é "temperado" por um cosmopolitismo tão acentuado, de casta, de cultura, etc., que pode ser considerado como um verdadeiro instrumento de governo, e as suas "paixões" serem consideradas como não imediatas, mas subordinadas à posse do poder.]

§ 2. *Croce como líder intelectual das tendências revisionistas do final do século XIX.* Na carta de Georges Sorel a Croce, datada de 9 de setembro de 1899, está escrito: "Bernstein acaba de me escrever que ele indicou na *Neue Zeit*, nº 46, que se inspirou, em certa medida, nos seus trabalhos. Isso é interessante, porque os alemães não costumam indicar as fontes estrangeiras de suas ideias." [10] Das relações intelectuais entre Sorel e Croce, existe hoje uma documentação muito importante no epistolário de Sorel a Croce, publicado pela *Critica* (1927 e ss.): revela-se que a dependência intelectual de Croce a Sorel foi maior do que antes se pensara. Os ensaios de Croce revisionista são publicados no volume sobre o *Materialismo storico*, mas deve-se acrescentar a estes o capítulo XI do primeiro volume das *Conversazioni critiche*. No revisionismo crociano, deve-se fixar limites; desta primeira fase, ao que me parece, o limite deve ser encontrado na entrevista com o professor Castellano, publicada na *Voce* e reproduzida no volume *Cultura e vita morale*. A redução do materialismo histórico a cânone de interpretação da história, efetuada por Croce, fortalece criticamente a orientação "econômico-jurídica" na escola italiana.

§ 3. *Elaboração da teoria da história ético-política.* Croce "aprofunda" sistematicamente os seus estudos de teoria da história e esta nova fase é representada pelo volume *Teoria e storia della storiografia.* [11] Contudo, o mais significativo da biografia científica de Croce é que ele continua a se considerar líder intelectual dos revisionistas e sua elaboração ulterior da teoria historiográfica é conduzida com esta preocupação: ele quer chegar à liquidação do materialismo histórico, mas pretende que este desenvolvimento ocorra de modo a identificar-se com um movimento cultural europeu. A afirmação, feita durante a guerra, de que a própria guerra pode ser chamada de "guerra do materialismo histórico"; os desenvolvimentos históricos e culturais ocorridos na Rússia de 1917 a nossos dias: estes dois elementos levam Croce a desenvolver, com maior precisão, a sua teoria historiográfica, que deveria liquidar qualquer forma, mesmo atenuada, de filosofia da práxis (já antes da guerra: teorias "ativistas", fundadas sobre concepções irracionalistas — desenvolvimento delas no pós-guerra — reação de Croce: cf., além da *Storia d'Italia*, discursos e escritos sobre "Storia e Antistoria" [12]). Que as teorias historiográficas estejam voltadas contra a filosofia da práxis é o que Croce diz explicitamente, numa breve polêmica com Corrado Barbagallo, publicada na *Nuova Rivista Storica* de 1928-29. (Deve-se notar a atitude do professor Luigi Einaudi em face de algumas publicações de Croce que expressam esta fase "liquidacionista". Segundo Einaudi, Croce faz ainda muitas concessões à filosofia da práxis, ao reconhecer a este movimento cultural determinados méritos científicos.) A documentação do fato de que Croce sinta fortemente ser o líder de uma corrente intelectual europeia — e que julgue de grande importância a sua posição, com as obrigações que disto decorrem — pode ser encontrada, especialmente, na *Storia d'Italia*, mas também resulta de toda uma série de escritos ocasionais e de resenhas publicadas na *Critica.* Devem-se recordar também certos reconhecimentos, que documentam essa função dirigente: o mais curioso deles e o de Bonomi, em seu livro sobre Bissolati (seria interessante examinar se Bonomi se referia a Croce em suas *Vie Nuove*) [13]. Prefácio de Schiavi ao livro de De Man. Para o período 1890-1900, é interessante a carta de Orazio Raimondo publicada pelo professor

Castellano em seu volume sobre a fortuna das ideias crocianas (*Introduzione allo studio delle opere di B. Croce*, Laterza, Bári).

§ 4. *Elementos da relativa popularidade do pensamento de Croce*, popularidade tão mais notável na medida em que nada existe em Croce que possa impressionar a fantasia e criar fortes paixões ou dar lugar a movimentos de caráter romântico (não se leva em conta, neste ponto, a popularidade das ideias estéticas de Croce, que alimentaram uma literatura jornalística de diletantes). Um elemento é o estilístico-literário. Benjamin Crémieux escreveu que Croce é o maior prosador italiano após Manzoni, mas talvez esta referência possa suscitar preconceitos errôneos; parece-me mais exato colocar os escritos de Croce na linha da prosa científica italiana, que teve escritores como Galileu. Outro elemento é o ético, isto é, reside na firmeza de caráter da qual Croce deu provas em vários momentos da vida nacional e europeia, tal como a atitude mantida durante a guerra e posteriormente, atitude que se pode chamar de goethiana; enquanto vários intelectuais perdiam a cabeça, não sabendo orientar-se no caos geral, renegando o próprio passado, oscilando lamentavelmente na dúvida de quem viria a ser o mais forte, Croce permaneceu imperturbável em sua serenidade e na afirmação da sua fé em que "o mal não pode prevalecer metafisicamente e que a história é racionalidade". Mas deve-se afirmar que o elemento mais importante da popularidade de Croce é intrínseco ao seu próprio pensamento e ao método do seu modo de pensar, devendo ser buscado na maior adesão à vida da filosofia de Croce, quando comparada a qualquer outra filosofia especulativa. Deste ponto de vista, é interessante o escrito de Croce intitulado *Il filosofo*, republicado em *Eternità e storicità della filosofia* (Rieti, 1930), bem como todos os escritos recolhidos neste pequeno volume, nos quais são brilhantemente fixadas as principais características que distinguem a atividade de Croce daquela dos "filósofos" tradicionais. Dissolução do conceito de "sistema" fechado e definitivo e, consequentemente, pedante e obscuro em filosofia; afirmação de que a filosofia deve resolver os problemas que o processo histórico em seu desenvolvimento apresenta em cada oportunidade. A sistematicidade é buscada, não numa estrutura arquitetônica exterior, mas na íntima coerência e fecunda abrangência de cada solução particular. O pensamento filosófico não é concebido, portanto, como um desenvolvimento de pensamento a outro pensamento, mas como pensamento da realidade histórica. Esta colocação explica a popularidade de Croce nos países anglo-saxões, superior às dos países germânicos; os anglo-saxões têm preferido sempre as concepções do mundo que não se apresentam como grandes e confusos sistemas, mas como expressões do senso comum, complementado pela crítica e pela reflexão, como soluções de problemas morais e práticos. Croce escreveu centenas e centenas de breves ensaios (resenhas, notas) nos quais seu pensamento idealista circula intimamente, sem pedantismos escolásticos; cada solução parece valer em si mesma, ser aceitável independentemente das outras soluções, precisamente enquanto é apresentada como expressão do bom senso comum. Mais ainda: a atividade de Croce apresenta-se essencialmente como crítica, começa por destruir uma série de preconceitos tradicionais, por mostrar que são falsos e inconsequentes inúmeros problemas que eram o cômico "dadaísmo" dos filósofos precedentes, etc., identificando-se nisto com a atitude que o senso comum havia sempre revelado em face destas velharias.

§ 5. *Croce e a religião.* A posição de Croce em face da religião é um dos pontos mais importantes que devem ser analisados para se compreender o significado histórico do crocianismo na história da cultura italiana. Para Croce, a religião é uma concepção da realidade com uma moral conforme a esta concepção, apresentada em forma mitológica. Portanto, é religião toda filosofia, ou seja, toda concepção do mundo, na medida em que se tornou "fé", isto é, em que é considerada não como atividade teórica (de criação de um novo pensamento), mas sim como estímulo à ação (atividade ético-política concreta, de criação de nova história). Croce, todavia, é muito cauteloso em suas relações com a religião tradicional: o escrito mais "avançado" é o capítulo IV dos *Frammenti di Etica*, "Religione e serenità" (p. 23 do volume *Etica e Politica*), que foi publicado pela primeira vez durante a guerra, em fins de 1916 ou princípios de 1917. Ainda que Croce não pareça querer fazer nenhuma concessão intelectual à religião (nem mesmo as de gênero muito equívoco feitas por Gentile) ou a qualquer forma de misticismo, sua atitude não é de modo algum combativa ou militante. Esta posição, aliás, é muito significativa, devendo ser sublinhada. Uma concepção do mundo não pode revelar-se capaz de impregnar toda uma sociedade e de transformar-se em "fé" a não ser quando demonstra ser capaz de substituir as concepções e fés precedentes em todos os graus da vida estatal. Recorrer à teoria hegeliana da religião mitológica como filosofia das sociedades primitivas (da infância da humanidade) para justificar o ensinamento confessional, mesmo que apenas nas escolas elementares, nada mais significa do que reapresentar sofisticadamente a fórmula da "religião boa para o povo", e, na realidade, abdicar e capitular em face da organização clerical. Não se pode deixar de assinalar, ademais, que uma fé que não consegue traduzir-se em termos "populares" demonstra, por isso mesmo, ser característica de um determinado grupo social.

Apesar dessa posição em face da religião, a filosofia de Croce foi muito estudada pelos católicos do grupo neoescolástico e soluções de problemas particulares foram acolhidas por Olgiati e por Chiocchetti. (O livro de Olgiati sobre Marx é construído com materiais críticos crocianos; Chiocchetti, em seu volume sobre a *Filosofia di B. Croce*, defende o acolhimento de algumas doutrinas crocianas, como a da origem prática do erro.) Houve um período no qual os neoescolásticos, que tinham representado a tentativa de incorporar ao tomismo as modernas doutrinas científicas e o positivismo do século XIX, tentaram — dado o descrédito do positivismo entre os intelectuais e os êxitos do neoidealismo — encontrar um terreno para um acordo entre o tomismo e o idealismo, do que resultou um certo impacto, entre eles, das filosofias de Croce e de Gentile. Há algum tempo, os neoescolásticos estão se concentrando num terreno mais restrito e mais próprio, combatendo qualquer infiltração idealista em suas doutrinas; decerto, eles acreditam poder herdar tudo o que pode ser salvo do positivismo e disso se apropriar, tornando-se os únicos opositores teóricos do idealismo.

A oposição dos católicos a Croce vai hoje se intensificando, por razões principalmente práticas (é muito diversa a atitude crítica da *Civiltà Cattolica* em face de Croce e em face de Gentile); os católicos compreendem muito bem que o significado e a função intelectual de Croce não são comparáveis com os dos filósofos tradicionais, mas são os de um verdadeiro reformador religioso, que, pelo menos, consegue manter a distância entre intelectuais e catolicismo e, dessa forma, consegue tornar difícil, em certa medida, até mesmo uma forte renovação clerical nas massas populares. Para Croce, "após Cristo, todos nos tornamos cristãos", isto é, a parte vital do cristianismo foi absorvida pela civilização moderna e se pode viver sem "religião mitológica".

A polêmica anticrociana, por parte dos católicos laicos, não tem muita importância; deve-se recordar o artigo de Giovanni Papini, "Il Croce e la Croce" [Croce e a cruz], publicado na *Nuova Antologia* de 1º de março de 1932, bem como o de Aldo Ferrabino, "L'Europa in Utopia", na *Nuova Antologia* de 1º de abril de 1932.

Nota 1ª A observação mais importante e mais congruente feita por Papini sobre a *Storia d'Europa* é a que diz respeito às ordens religiosas. Mas a observação não é válida, já que é inteiramente correto que — após o Concílio de Trento e a fundação da Companhia de Jesus — não mais surgiu nenhuma grande ordem religiosa ativa e fecunda de novas ou renovadas correntes de sentimento cristão; surgiram novas ordens, é verdade, mas elas tiveram um caráter, por assim dizer, principalmente administrativo e corporativo. O jansenismo e o modernismo, que foram os dois grandes movimentos religiosos e renovadores que surgiram no seio da Igreja neste período, nem criaram ordens novas nem renovaram as antigas.

Nota 2ª O artigo de Ferrabino é mais importante por causa de uma certa reivindicação de realismo histórico contra as abstrações especulativas. Mas também ele é abstrato, apresentando uma improvisação interpretativa da história do século XIX muito desconexa e de caráter católico-retórico, principalmente retórico. A observação da p. 348 sobre Marx é anacrônica, já que as teorias marxistas sobre o Estado foram todas elaboradas antes da fundação do Império alemão, tendo sido, aliás, abandonadas pela social-democracia precisamente no período de expansão do princípio imperial, o que demonstra, ao contrário do que escreve Ferrabino, como o Império teve a capacidade de influenciar e assimilar todas as forças sociais da Alemanha.

§ 6. *Croce e a tradição historiográfica italiana.* É possível dizer que a historiografia de Croce é um renascimento da historiografia da Restauração adaptada às necessidades e aos interesses do período atual. Croce dá continuidade à historiografia da corrente neoguelfa de antes de 1848, que foi fortalecida através do hegelianismo dos moderados, que, após 1848, desenvolveram a corrente neoguelfa. Esta historiografia é um hegelianismo degenerado e mutilado, já que sua preocupação fundamental é um temor pânico dos movimentos jacobinos, de qualquer intervenção ativa das grandes massas populares como fator de progresso histórico. Deve-se ver como a fórmula crítica de Vincenzo Cuoco sobre as "revoluções passivas" — que, quando foi formulada (após a trágica experiência da República Partenopeia de 1799), tinha um valor de advertência e deveria criar uma moral nacional de maior energia e de iniciativa revolucionária popular — converteu-se, através do cérebro e do pânico social dos neoguelfos moderados, numa concepção positiva, num programa político e numa moral que, por trás dos rutilantes ouropéis retóricos e nacionalistas de "primado", de "iniciativa italiana", de "a Itália fará por si mesma", escondia a inquietação do "aprendiz de feiticeiro" e a intenção de abdicar e capitular diante da primeira ameaça séria de uma revolução italiana profundamente popular, isto é, radicalmente nacional.

Um fenômeno cultural comparável ao dos neoguelfos moderados, ainda que numa posição histórico-política mais avançada, é o sistema de ideologia de Proudhon na França. Embora a afirmação possa parecer paradoxal, parece-me possível dizer que Proudhon é o Gioberti da situação francesa, já que Proudhon, em face do movimento operário francês, tem a mesma posição de Gioberti em face do movimento liberal-nacional italiano. Proudhon, tanto como os moderados italianos, mutila o hegelianismo e a dialética; portanto, a crítica a esta concepção político-historiográfica é a mesma que está contida na *Miséria da filosofia*, sempre viva e atual. Esta concepção foi definida por Edgar Quinet como "revolução-restauração", que nada mais é do que a tradução francesa do conceito de "revolução passiva" interpretado "positivamente" pelos moderados italianos. O erro filosófico (de origem prática!) desta concepção consiste no seguinte: pressupõe-se "mecanicamente" que, no processo dialético, a tese deva ser "conservada" pela antítese a fim de não destruir o próprio processo, o qual, portanto, é "previsto", como uma repetição ao infinito, mecânica e arbitrariamente prefixada. Na realidade, trata-se de um dos tantos modos de "enquadrar o mundo", de uma das tantas formas de racionalismo anti-historicista. A concepção hegeliana, mesmo em sua forma especulativa, não permite tais enquadramentos e limitações mutiladoras, mesmo sem com isso dar lugar a formas de irracionalismo e de arbitrariedade, tais como as contidas na concepção bergsoniana. Na história real, a antítese tende a destruir a tese, a síntese será uma superação, mas sem que se possa estabelecer *a priori* o que será "conservado" da tese na síntese, sem que se possa "medir" *a priori* os golpes como em um ringue convencionalmente regulado. Que isto ocorra de fato, de resto, é uma questão de "política" imediata, já que, na história real, o processo dialético se fragmenta em inúmeros momentos parciais; o erro consiste em elevar a momento metodológico o que é pura imediaticidade, elevando, precisamente, a filosofia o que é apenas ideologia. (Seria o mesmo que considerar como elemento "matemático" o que resulta deste apólogo: "Pergunta-se a um menino: — Você tem uma maçã; se der uma metade dela a seu irmão, quanto da maçã você comerá? — O menino responde: — Uma maçã. — Mas como?; você não deu meia maçã a seu irmão? — Não, não dei", etc. No sistema lógico, introduz-se o elemento passional imediato, e depois se pretende que permaneça válido o valor instrumental do sistema.) Que uma tal maneira de conceber a dialética fosse errada e "politicamente" perigosa, perceberam-no os próprios moderados hegelianos do *Risorgimento*, como Spaventa: basta recordar suas observações sobre aqueles que pretendiam, com a desculpa de que o momento da autoridade é imprescindível e necessário, conservar sempre o homem no "berço" e na escravidão. Mas não podiam reagir além de certos limites, além dos limites do seu grupo social, ao qual se tratava "concretamente" de fazer sair do "berço": a conciliação foi encontrada na concepção de "revolução-restauração", ou seja, num conservadorismo reformista temperado. Pode-se observar que um tal modo de conceber a dialética é próprio dos intelectuais, os quais concebem a si mesmos como os árbitros e os mediadores das lutas políticas reais, os que personificam a "catarse" do momento econômico ao momento ético-político, isto é, a síntese do próprio processo dialético, síntese que eles "manipulam" especulativamente em seus cérebros, dosando seus elementos "arbitrariamente" (isto é, passionalmente). Esta posição justifica o seu não "engajamento" completo no ato histórico real e é indubitavelmente cômoda: é a posição de Erasmo em face da Reforma.

§ 7. *Definição do conceito de história ético-política.* Observa-se que a história ético-política é uma hipóstase arbitrária e mecânica do momento da hegemonia, da direção política, do consenso, na vida e no desenvolvimento da atividade do Estado e da sociedade civil. Esta colocação que Croce fez do problema historiográfico reproduz a sua colocação do problema estético; o momento ético-político é, na história, o que o momento da "forma" é na arte; é a "liricidade" da história, a "catarse" da história. Mas as coisas não são tão simples na história como na arte. Na arte, a produção de "liricidade" é perfeitamente individualizada em um mundo cultural personalizado, no qual pode-se admitir a identificação de conteúdo e forma, bem como a chamada dialética dos distintos na unidade do espírito (trata-se apenas de traduzir em linguagem historicista a linguagem especulativa, isto é, de determinar se esta linguagem especulativa tem um valor instrumental concreto que seja superior aos precedentes valores instrumentais). Mas, na história e na produção da história, a representação "individualizada" dos Estados e das nações é uma simples metáfora. As "distinções" que é preciso fazer em tais representações não são e não podem ser apresentadas "especulativamente", sob pena de se cair numa nova forma de retórica e numa nova espécie de "sociologia", que, por ser "especulativa", não deixaria de ser uma mecânica e abstrata sociologia; elas existem como distinções de grupos "verticais" e como estratificações "horizontais", isto é, como uma coexistência e justaposição de civilizações e culturas diversas, relacionadas pela coerção estatal e organizadas culturalmente numa "consciência moral", contraditória e ao mesmo tempo "sincrética". Neste ponto, cabe uma crítica da concepção crociana do momento político como momento da "paixão" (é inconcebível uma "paixão" permanente e sistemática), sua negação dos "partidos políticos" (que são precisamente a manifestação concreta da inconcebível permanência passional, a prova da contradição interna do conceito "política-paixão") e, consequentemente, a inexplicabilidade dos exércitos permanentes e da existência organizada da burocracia militar e civil, bem como a necessidade, para Croce e para a filosofia crociana, de ser a matriz do "atualismo" gentiliano. De fato, somente em uma filosofia ultraespeculativa, como é o caso do atualismo, estas contradições e insuficiências da filosofia crociana encontram uma composição formal e verbal; mas, ao mesmo tempo, o atualismo demonstra, da maneira mais evidente, o caráter pouco concreto da filosofia de Croce, da mesma forma como o "solipsismo" documenta a íntima debilidade da concepção subjetiva-especulativa da realidade. Que a história ético-política seja a história do momento da hegemonia é o que se pode ver a partir de toda uma série de escritos teóricos de Croce (e não apenas a partir dos contidos no volume *Etica e politica)*; dever-se-á fazer uma análise concreta destes escritos. Pode-se ver também e sobretudo por algumas referências esparsas sobre o conceito de Estado. Por exemplo: em certas passagens, Croce afirmou que nem sempre se deve procurar o "Estado" no lugar indicado pelas instituições oficiais, já que, às vezes, ele poderia ser encontrado nos partidos revolucionários: a afirmação não é paradoxal segundo a concepção Estado-hegemonia-consciência moral, pois pode realmente ocorrer que a direção política e moral do país, em um determinado período de dificuldades, não seja exercida pelo governo legal, mas por uma organização "privada" e até mesmo por um partido revolucionário. Mas não é difícil demonstrar quanto é arbitrária a generalização que Croce faz desta observação de senso comum.

O mais importante problema a ser discutido neste parágrafo é o seguinte: se a filosofia da práxis exclua a história ético-política, isto é, não reconheça a realidade de um momento de hegemonia, não dê importância à direção cultural e moral e se julgue realmente os fatos da superestrutura como "aparências". Pode-se dizer que não só a filosofia da práxis não exclui a história ético-política, como, ao contrário, sua mais recente fase de desenvolvimento consiste precisamente na reivindicação do momento de hegemonia como essencial à sua concepção estatal e à "valorização" do fato cultural, da atividade cultural, de uma frente cultural como necessária, ao lado das frentes meramente econômicas e políticas. Croce comete o grave equívoco de não aplicar à crítica da filosofia da práxis os critérios metodológicos que aplica ao estudo de correntes filosóficas muito menos importantes e significativas. Se ele empregasse estes critérios, poderia descobrir que o julgamento contido no termo "aparência" aplicado às superestruturas nada mais é do que o julgamento da "historicidade" das mesmas, expresso em polêmica contra concepções dogmáticas populares e, consequentemente, através de uma linguagem "metafórica" adaptada ao público ao qual se destina. A filosofia da práxis, portanto, criticará como indevida e arbitrária a redução da história à simples história ético-política, mas não excluirá esta última. A oposição entre o crocianismo e a filosofia da práxis deve ser buscada no caráter especulativo do crocianismo.

[Relações das teorias crocianas sobre a história ético-política ou história "religiosa" com as teorias historiográficas de Fustel de Coulanges, tais como estão contidas no livro sobre a *Cidade antiga*. Deve-se notar que a *Cidade antiga* foi publicada pela Laterza precisamente nos anos recentes (talvez em 1928), mais de quarenta anos após ter sido escrita (Fustel de Coulanges morreu em 1889) e logo após ter sido oferecida uma tradução pela Editora Vallecchi. Deve-se supor que a atenção de Croce tenha sido atraída pelo livro francês enquanto elaborava as suas teorias e preparava os seus livros. Deve-se recordar que, no *Contributo alla critica di me stesso*, nas últimas linhas (1915), Croce anuncia que pretende escrever a *Storia d'Europa*. Foram as reflexões sobre a guerra que orientaram Croce para estes problemas historiográficos e de ciência política.]

§ 8. *Transcendência — teologia — especulação*. Croce aproveita qualquer ocasião para sublinhar como ele, em sua atividade de pensador, procurou meticulosamente afastar da sua filosofia qualquer traço e resíduo de transcendência e de teologia, e, consequentemente, de metafísica entendida no sentido tradicional. Por isso, em confronto com o conceito de "sistema", ele valorizou o conceito de problema filosófico; por isso, negou que o pensamento produza abstratamente outro pensamento, afirmando que os problemas que a filosofia deve resolver não são uma filiação abstrata do pensamento filosófico precedente, mas são propostos pelo desenvolvimento histórico atual, etc. Croce chegou a afirmar que a sua ulterior e recente crítica à filosofia da práxis está ligada, precisamente, a esta sua preocupação antimetafísica e antiteológica, na medida em que a filosofia da práxis seria teologizante e o conceito de estrutura não seria mais do que a representação ingênua do conceito de um "deus oculto". É preciso reconhecer os esforços de Croce para vincular à vida a filosofia idealista; e, entre as suas contribuições positivas ao desenvolvimento da ciência, deve ser incluída a sua luta contra a transcendência e a teologia, nas formas peculiares ao pensamento religioso-confessional. Todavia, não se pode admitir que Croce tenha realizado consequentemente a sua intenção: a filosofia de Croce permanece uma filosofia "especulativa", existindo nela não apenas traços de transcendência e teologia, mas toda a transcendência e a teologia, apenas liberadas da mais grosseira ganga mitológica. A própria impossibilidade na qual, ao que parece, Croce se encontra para compreender o que diz a filosofia da práxis (a ponto de deixar a impressão de que se trata, não de uma grosseira *ignoratio elenchi*, mas de uma astúcia polêmica mesquinha e bacharelesca) demonstra como o preconceito especulativo o cega e o desvia. A filosofia da práxis, certamente, deriva da concepção imanentista da realidade, mas desta enquanto depurada de qualquer aroma especulativo e reduzida a pura história ou historicidade, ou a puro humanismo. Se o conceito de estrutura é concebido "especulativamente", torna-se certamente um "deus oculto"; mas ele não deve ser concebido especulativamente, e sim historicamente, como o conjunto das relações sociais nas quais os homens reais se movem e atuam, como um conjunto de condições objetivas que podem e devem ser estudadas com os métodos da "filologia" e não da "especulação". Como um "certo" que também será "verdadeiro", mas que deve ser estudado antes de tudo em sua "certeza", para depois ser estudado em sua "verdade". A filosofia da práxis está relacionada não só ao imanentismo, mas também à concepção subjetiva da realidade, precisamente enquanto a inverte, explicando-a como fato histórico, como "subjetividade histórica de um grupo social", como fato real, que se apresenta como fenômeno de "especulação" filosófica e é simplesmente um ato prático, ou seja, a forma de um concreto conteúdo social e o modo de conduzir o conjunto da sociedade a forjar para si uma unidade moral. A afirmação de que se trata de "aparência" não tem nenhum significado transcendente ou metafísico, mas é a simples afirmação da sua "historicidade", do seu ser "morte-vida", do seu tornar-se caduca porque uma nova consciência social e moral se está desenvolvendo, mais abrangente, superior, que se afirma como única "vida", como única "realidade" em confronto com o passado morto, e, ao mesmo tempo, difícil de morrer. A filosofia da práxis é a concepção historicista da realidade que se libertou de todo resíduo de transcendência e de teologia até mesmo em sua última encarnação especulativa; o historicismo idealista crociano permanece ainda na fase teológico-especulativa.

§ 9. *Paradigmas de história ético-política*. A *Storia dell'Europa nel secolo XIX*, ao que parece, é o ensaio de história ético-política que deve se tornar o paradigma da historiografia crociana oferecido à cultura europeia. [14] Mas deve-se levar em conta os outros ensaios: *Storia dei regno di Napoli*, *Storia d'Italia dal 1871 al 1915*, bem como *La rivoluzione napoletana de 1799* e *Storia dell'età barroca in Italia*. Os mais tendenciosos e demonstrativos, porém, são a *Storia d'Europa* e a *Storia d'Italia*. Diante desses dois ensaios, colocam-se de imediato as seguintes perguntas: é possível escrever (conceber) uma história da Europa no século XIX sem tratar organicamente da Revolução Francesa e das guerras napoleônicas? E é possível fazer uma história da Itália na época moderna sem tratar das lutas do *Risorgimento*? Em suma: é por acaso ou por uma razão tendenciosa que Croce inicia as suas narrações a partir de 1815 e de 1871, ou seja, prescindindo do momento da luta, do momento no qual se elaboram, se unificam e se alinham as forças em contraste, do momento no qual um sistema ético-político se dissolve e um outro se elabora a ferro e fogo, no qual um sistema de relações sociais se desagrega e decai e um outro sistema surge e se afirma, e, ao contrário, assumindo placidamente como história o momento da expansão cultural ou ético-política? Pode-se dizer, portanto, que o livro sobre a história da Europa não é mais do que um fragmento de história, o aspecto "passivo" da grande revolução que se iniciou na França em 1789, espalhou-se pelo resto da Europa com os exércitos republicanos e napoleônicos, sacudindo poderosamente os velhos regimes e determinando não a sua derrocada imediata, como na França, mas a corrosão "reformista" que durou até 1870. Coloca-se o problema de saber se esta elaboração crociana, em sua tendenciosidade, não tem uma referência atual e imediata, não tem por finalidade criar um movimento ideológico correspondente ao da época tratada por Croce, de restauração-revolução, na qual as exigências que encontraram na França uma expressão jacobino-napoleônica foram satisfeitas em pequenas doses, legalmente, de modo reformista, conseguindo-se assim salvar a posição política e econômica das velhas classes feudais, evitar a reforma agrária e, notadamente, evitar que as massas populares atravessassem um período de experiências políticas similares às da França nos anos do jacobinismo, em 1831, em 1848. Mas, nas atuais condições, o movimento correspondente ao do liberalismo moderado e conservador não seria precisamente o movimento fascista? Talvez não careça de significação o fato de que, nos primeiros anos de seu desenvolvimento, o fascismo afirmou-se ligado à tradição da velha direita ou direita histórica. Poderia ser uma das tantas manifestações paradoxais da história (uma astúcia da natureza, para dizê-lo como Vico) o fato de que Croce, movido por determinadas preocupações, tenha contribuído para o fortalecimento do fascismo, fornecendo-lhe indiretamente uma justificação mental, após ter contribuído para depurá-lo de algumas características secundárias, de natureza superficialmente romântica, mas nem por isso menos irritantes para a compostura clássica de Goethe. A hipótese ideológica poderia ser apresentada nestes termos: ter-se-ia uma revolução passiva no fato de que, por intermédio da intervenção legislativa do Estado e através da organização corporativa, teriam sido introduzidas na estrutura econômica do país modificações mais ou menos profundas para acentuar o elemento "plano de produção", isto é, teria sido acentuada a socialização e cooperação da produção, sem com isso tocar (ou limitando-se apenas a regular e controlar) a apropriação individual e grupal do lucro. No quadro concreto das relações sociais italianas, esta pode ter sido a única solução para desenvolver as forças produtivas da indústria sob a direção das classes dirigentes tradicionais, em concorrência com as mais avançadas formações industriais de países que monopolizam as matérias-primas e acumularam gigantescos capitais. Que um tal esquema possa traduzir-se em prática, e em que medida e em que formas, isto tem um valor relativo: o que importa, política e ideologicamente, é que ele pode ter, e tem realmente, a virtude de servir para criar um período de expectativa e de esperanças, notadamente em certos grupos sociais italianos, como a grande massa dos pequeno-burgueses urbanos e rurais, e, consequentemente, para manter o sistema hegemônico e as forças de coerção militar e civil à disposição das classes dirigentes tradicionais. Esta ideologia serviria como elemento de uma "guerra de posição" no campo econômico (a livre concorrência e a livre troca corresponderiam à guerra de movimento) internacional, assim como a "revolução passiva" é este elemento no campo político. Na Europa de 1789 a 1870, houve uma guerra de movimento (política) na Revolução Francesa e uma longa guerra de posição de 1815 a 1870; na época atual, a guerra de movimento ocorreu politicamente de março de 1917 a março de 1921, sendo seguida por uma guerra de posição cujo representante, além de prático (para a Itália), ideológico (para a Europa), é o fascismo.

§ 10. *A "liberdade" como identidade de história [e de espírito] e a "liberdade" como religião-superstição, como ideologia imediatamente circunstanciada, como instrumento prático de governo.* Se a história é a história da liberdade, segundo a proposição de Hegel, a fórmula é válida para a história de todo o gênero humano de qualquer época e de qualquer lugar; é liberdade também a história das satrapias orientais. Então, liberdade significa apenas "movimento", desenvolvimento, dialética. Também a história das satrapias orientais foi liberdade, já que foi movimento e desenvolvimento, tanto que as satrapias desmoronaram. E mais: a história é liberdade enquanto é luta entre liberdade e autoridade, entre revolução e conservação, luta na qual a liberdade e a revolução continuamente prevalecem sobre a autoridade e a conservação. Mas, neste caso, toda corrente e todo partido não são expressões da liberdade, momentos dialéticos do processo da liberdade? Qual é, portanto, a característica do século XIX na Europa? Não a de ser história da liberdade, mas a de ser história da liberdade consciente de ser tal; no século XIX, na Europa, existe uma consciência crítica que antes não existia, faz-se a história sabendo o que se faz, sabendo que a história é história da liberdade, etc. A acepção do termo "liberal", na Itália, por exemplo, foi neste período muito extensa e abrangente. Nos *Annali d'Italia* de Pietro Vigo, liberais são todos os não clericais, todos os adversários do partido do *Sillabo* e, portanto, o liberalismo compreende também os internacionalistas. Mas se constituiu uma corrente e um partido chamado especificamente de "liberal", que transformou a posição especulativa e contemplativa da filosofia hegeliana numa ideologia política imediata, num instrumento prático de domínio e de hegemonia social, num meio de conservação de determinados institutos políticos e econômicos fundados no curso da Revolução Francesa e do refluxo que esta Revolução experimentou na Europa. Um novo partido conservador nascera, uma nova posição de autoridade se constituíra, e este novo partido tendia precisamente a fundir-se com o partido do *Sillabo*. E esta coalizão também seria chamada de partido da liberdade. Colocam-se alguns problemas: 1) Que significa concretamente "liberdade" para cada uma das tendências europeias do século XIX? 2) Estas tendências se moviam pelo conceito de liberdade, ou, antes, pelo conteúdo particular com o qual preenchiam o conceito formal de liberdade? E o fato de nenhum partido ter centralizado as aspirações das grandes massas camponesas por uma reforma agrária não impediu estas massas de se tornarem fiéis da religião da liberdade, mas liberdade significou para elas tão somente a liberdade e o direito de conservar as suas superstições bárbaras, seu primitivismo, transformando-se assim em exército de reserva do partido do *Sillabo*? Um conceito como o de liberdade, que se presta a ser empregado pelos próprios jesuítas contra os liberais, que se tornam libertinos em face dos "verdadeiros" partidários da justa liberdade, não é, de fato, apenas um invólucro conceitual que só vale pelo conteúdo real que cada grupo coloca nele? Pode-se, portanto, falar de "religião da liberdade"? E que significa, neste caso, "religião"? Para Croce, religião é qualquer concepção do mundo que se apresente como uma moral. Mas isto ocorreu com relação à "liberdade"? Ela foi religião para um pequeno número de intelectuais; nas massas, apresentou-se como elemento constitutivo de uma combinação ou liga ideológica, da qual era parte constitutiva predominante a velha religião católica, sendo outro elemento importante — se não mesmo decisivo, do ponto de vista laico — o de "pátria". Nem se pode dizer que o conceito de "pátria" era um sinônimo de "liberdade"; era certamente um sinônimo, mas sim de Estado, isto é, de autoridade e não de "liberdade", era um elemento de "conservação" e uma fonte de perseguições e de um novo Santo Ofício. Parece-me que Croce não consegue, nem mesmo de seu ponto de vista, manter a distinção entre "filosofia" e "ideologia", entre "religião" e "superstição", distinção essencial em seu modo de pensar e em sua polêmica com a filosofia da práxis. Acredita tratar de uma filosofia e trata de uma ideologia; acredita tratar de uma religião e trata de uma superstição; acredita escrever uma história da qual tenha sido exorcizado o elemento de classe e, ao contrário, descreve com grande acuidade e mérito a obra-prima política através da qual uma determinada classe consegue apresentar e fazer aceitar as condições da sua existência e do seu desenvolvimento de classe como princípio universal, como concepção do mundo, como religião, isto é, descreve em ato o desenvolvimento de um meio prático de governo e de domínio. O erro de origem prática não foi cometido, neste caso, pelos liberais do século XIX, os quais, ao contrário, triunfaram praticamente e atingiram os fins a que se propuseram; o erro de origem prática foi cometido pelo seu historiador Croce, que, depois de ter distinguido filosofia de ideologia, termina confundindo uma ideologia política com uma concepção do mundo, demonstrando na prática que a distinção é impossível, que não se trata de duas categorias, mas de uma mesma categoria histórica, e que a distinção é apenas de grau. É filosofia a concepção do mundo que representa a vida intelectual e moral (catarse de uma determinada vida prática) de todo um grupo social concebido em movimento e considerado, consequentemente, não apenas em seus interesses atuais e imediatos, mas também nos futuros e mediatos; é ideologia toda concepção particular dos grupos internos da classe que se propõem ajudar a resolver problemas imediatos e restritos. Mas, para as grandes massas da população governada e dirigida, a filosofia ou religião do grupo dirigente e dos seus intelectuais apresenta-se sempre como fanatismo e superstição, como motivo ideológico próprio de uma massa servil. E o grupo dirigente não se propõe, talvez, perpetuar este estado de coisas? Croce deveria explicar os motivos pelos quais a concepção do mundo da liberdade não pode se tornar elemento pedagógico no ensino das escolas elementares, bem como as razões pelas quais ele próprio, quando ministro, introduziu nas escolas elementares o ensino da religião confessional [15]. Essa ausência de "expansividade" entre as grandes massas é o testemunho do caráter restrito, imediatamente prático, da filosofia da liberdade.

Nota I. A respeito do conceito de autoridade e liberdade, deve-se examinar sobretudo o capítulo "Estado e Igreja em sentido ideal e sua perpétua luta na história", do livro *Etica e politica* (p. 339 e ss.). Este capítulo é de extremo interesse, já que nele são implicitamente atenuadas as críticas à filosofia da práxis e o elemento "econômico" e prático é considerado na dialética histórica.

§ 11. Pode-se dizer, todavia, que na concepção de Croce, mesmo após a elaboração sofrida nestes últimos anos, não mais existam traços de filosofia da práxis? O historicismo de Croce não sofre mais nenhuma influência da sua experiência intelectual dos anos que vão de 1890 a 1900? A posição de Croce sobre isso se expressa em vários escritos; são interessantes, especialmente, o prefácio de 1917 à nova edição do *Materialismo storico*, a seção dedicada ao materialismo histórico na *Storia della storiografia italiana nel secolo XIX* e o *Contributo alla critica di me stesso*. Mas, se interessa o que Croce pensa de si mesmo, isto não é suficiente e não esgota a questão. Segundo Croce, sua posição em face da filosofia da práxis não é a de um ulterior desenvolvimento (superação), pelo qual a filosofia da práxis teria se convertido em momento de uma concepção mais elaborada, mas o valor da experiência teria sido apenas negativo, no sentido de que teria contribuído para destruir preconceitos, resíduos passionais, etc. Para empregar uma metáfora tomada da linguagem da física, a filosofia da práxis teria operado na mentalidade de Croce como um corpo catalítico, necessário para obter o novo produto, mas do qual não permanecem traços no produto mesmo. Mas isto é verdade? Parece-me que, sob a forma e a linguagem especulativas, é possível descobrir mais de um elemento da filosofia da práxis na concepção de Croce. Poder-se-ia talvez dizer ainda mais e esta investigação seria de grande significação histórica e intelectual na época presente: isto é, assim como a filosofia da práxis foi a tradução do hegelianismo para a linguagem historicista, a filosofia de Croce é igualmente, em considerável medida, uma retradução para a linguagem especulativa do historicismo realista da filosofia da práxis. Em fevereiro de 1917, numa breve nota que precedia a reprodução do escrito de Croce *Religione e serenità* (cf. *Etica e politica*, p. 23-25), então recentemente aparecido na *Critica*, eu escrevi que, assim como o hegelianismo fora a premissa da filosofia da práxis no século XIX, nas origens da civilização contemporânea, da mesma forma a filosofia crociana podia ser a premissa de uma retomada da filosofia da práxis em nossos dias, para as nossas gerações. A questão era apenas aludida, de maneira certamente primitiva e evidentemente inadequada, já que, naquela época, o conceito de unidade entre teoria e prática, entre filosofia e política, não me era claro, e eu era, sobretudo, tendencialmente crociano [16]. Mas agora, mesmo sem a maturidade e a capacidade que o assunto requer, parece-me que a posição deva ser retomada e apresentada de uma maneira mais criticamente elaborada. Em suma: deve-se realizar, com relação à concepção filosófica de Croce, a mesma redução que os primeiros teóricos da filosofia da práxis realizaram com relação à concepção hegeliana. Esta é a única maneira historicamente fecunda de determinar uma retomada adequada da filosofia da práxis, de elevar esta concepção (que, pelas necessidades da vida prática imediata, tem se "vulgarizado") à altura que ela deve atingir para poder solucionar as tarefas mais complexas que o desenvolvimento atual da luta propõe, isto é, a criação de uma nova cultura integral, que tenha as características de massa da Reforma protestante e do iluminismo francês e que tenha as características de classicidade da cultura grega e do Renascimento italiano, uma cultura que, retomando as palavras de Carducci, sintetize Maximilien Robespierre e Emanuel Kant, a política e a filosofia numa unidade dialética intrínseca a um grupo social não só francês ou alemão, mas europeu e mundial. É necessário que a herança da filosofia clássica alemã seja não apenas inventariada, mas reconvertida em vida ativa; e, para isto, é preciso acertar as contas com a filosofia de Croce, isto é, para nós, italianos, ser herdeiros da filosofia clássica alemã significa ser herdeiros da filosofia crociana, que representa o momento mundial hodierno da filosofia clássica alemã.

Croce combate tenazmente a filosofia da práxis, recorrendo em sua luta a aliados paradoxais, como o mediocríssimo De Man. Esta tenacidade é suspeita; pode ser um álibi para evitar um acerto de contas. Ao contrário, deve-se promover este acerto de contas, da maneira mais ampla e aprofundada possível. Um trabalho deste gênero, um *Anti-Croce* que pudesse ter na atmosfera cultural moderna o significado e a importância que teve o *Anti-Dühring* para a geração anterior à guerra mundial, mereceria que um inteiro grupo de homens lhe dedicasse dez anos de atividade.

Nota I. As marcas da filosofia da práxis podem ser encontradas sobretudo na solução dada por Croce a problemas particulares. Um exemplo típico, ao que me parece, é a doutrina da origem prática do erro. Em geral, é possível afirmar que a polêmica contra a filosofia do ato puro, de Giovanni Gentile, obrigou Croce a um maior realismo e a demonstrar um certo fastio e mal-estar, pelo menos, diante dos exageros da linguagem especulativa, transformada em jargão e em "abre-te Sésamo" pelos confrades menores do atualismo.

Nota II. Todavia, a filosofia de Croce não pode ser examinada independentemente da de Gentile. Um *Anti-Croce* deve ser também um *Anti-Gentile*; o atualismo gentiliano dará os efeitos de claro-escuro ao quadro, efeitos necessários para dar-lhe maior relevo. {B}

§ 12. De tudo o que foi anteriormente dito, resulta que a concepção historiográfica de Croce, da história como história ético-política, não deve ser julgada como uma futilidade a ser pura e simplesmente rechaçada. Deve-se, ao contrário, afirmar energicamente que o pensamento historiográfico de Croce, mesmo em sua fase mais recente, precisa ser estudado e meditado com a máxima atenção. Ele representa, essencialmente, uma reação ao "economicismo" e ao mecanicismo fatalista, embora se apresente como superação destrutiva da filosofia da práxis. Também no julgamento do pensamento crociano, vale o critério segundo o qual uma corrente filosófica deve ser criticada e avaliada não pelo que pretende ser, mas pelo que realmente é e se manifesta nas obras históricas concretas. Para a filosofia da práxis, o próprio método especulativo não é uma futilidade, mas foi fecundo de valores "instrumentais" do pensamento no desenvolvimento da cultura, valores instrumentais que foram incorporados pela filosofia da práxis (a dialética, por exemplo). O pensamento de Croce, portanto, deve pelo menos ser considerado como valor instrumental; e, assim, pode-se dizer que ele chamou energicamente a atenção para a importância dos fatos da cultura e do pensamento no desenvolvimento da história, para a função dos grandes intelectuais na vida orgânica da sociedade civil e do Estado, para o momento da hegemonia e do consenso como forma necessária do bloco histórico concreto. Que isto não seja "fútil" é o que demonstra o fato de que, ao mesmo tempo que Croce, o maior teórico moderno da filosofia da práxis revalorizou, no terreno da luta e da organização política, em oposição às diversas tendências "economicistas", a frente da luta cultural, e construiu a doutrina da hegemonia como complemento da teoria do Estado-força e como forma atual da doutrina da "revolução permanente" criada em 1848. Para a filosofia da práxis, a concepção da história ético-política, enquanto independente de qualquer concepção realista, pode ser assumida como um "cânone empírico" de investigação histórica, que deve sempre ser levado em conta no exame e no aprofundamento do desenvolvimento histórico, se é que se quer fazer história integral e não história parcial e extrínseca (história das forças econômicas como tais, etc.). {B}

§ 13. *Notas.* 1) Elementos de história ético-política na filosofia da práxis: conceito de hegemonia, revalorização da frente filosófica, estudo sistemático da função dos intelectuais na vida estatal e histórica, doutrina do partido político como vanguarda de todo movimento histórico progressista.

2) Croce-Loria. Pode-se demonstrar que, entre Croce e Loria, não existem grandes diferenças na maneira de interpretar a filosofia da práxis. Croce, reduzindo a filosofia da práxis a um cânone prático de interpretação histórica, com o qual se chama a atenção dos historiadores para a importância dos fatos econômicos, não fez mais do que reduzi-la a uma forma de "economicismo". Se se despoja Loria de todas as suas bizarrias estilísticas e desenfreadas fantasmagorias (e, certamente, muito do que é característico de Loria seria assim perdido), vê-se que ele se aproxima de Croce no núcleo mais sério de sua interpretação (cf., sobre isso, *Conversazioni Critiche*, I, p. 291 ss.).

3) História especulativa e necessidade de uma Minerva em carne e osso. Leon Battista Alberti escreveu dos matemáticos: "Estes, com o simples engenho, afastada qualquer matéria, medem as formas das coisas. Nós, porque queremos ver as coisas, usaremos para isto uma Minerva em carne e osso."

4) Se fosse verdade, de um modo tão genérico, que a história da Europa do século XIX foi história da liberdade, então toda a história precedente teria sido, igualmente de maneira genérica, história da

autoridade; todos os séculos precedentes teriam sido de uma mesma cor cinzenta e indistinta, sem desenvolvimento, sem luta. Ademais, um princípio hegemônico (ético-político) triunfa após ter vencido um outro princípio (e tê-lo assumido como um seu momento, diria precisamente Croce). Mas por que o vencerá? Por seus dotes intrínsecos de caráter "lógico" e racional abstrato? Não investigar as razões desta vitória significa fazer história exteriormente descritiva, sem sublinhar os nexos necessários e causais. Também o Bourbon representava um princípio ético-político, personificava uma "religião" que tinha os seus fiéis nos camponeses e nos mendigos. Portanto, sempre existiu luta entre dois princípios hegemônicos, entre duas "religiões", sendo necessário não apenas descrever a expansão triunfal de uma delas, mas justificá-la historicamente. Será necessário explicar por que, em 1848, os camponeses croatas combateram contra os liberais milaneses e os camponeses lombardo-venezianos combateram contra os liberais vienenses. Nesse momento, o nexo real ético-político entre governantes e governados era a pessoa do imperador ou do rei (*"abbiamo scritto 'n bronte: evviva Francische Seconde!"*), como mais tarde este nexo seria, não o conceito de liberdade, mas o conceito de pátria e de nação. A "religião" popular que substituiu o catolicismo (ou melhor, que se combinou com ele) foi a do "patriotismo" e do nacionalismo. Li que, durante o caso Dreyfus, um cientista francês maçom e ministro afirmou explicitamente que o seu partido queria extinguir a influência da Igreja na França, e, já que a multidão tinha necessidade de um fanatismo (os franceses usam em política o termo *"mystique"*), seria organizada a exaltação do sentimento patriótico. Deve-se recordar, de resto, o significado que a palavra "patriota" assumiu durante a Revolução Francesa (significou certamente "liberal", mas com um significado concreto nacional) e como ela, durante as lutas do século XIX, foi substituída por "republicano", graças ao novo significado assumido pelo termo "patriota", que se tornou monopólio dos nacionalistas e direitistas em geral. Que o conteúdo concreto do liberalismo popular tenha sido o conceito de pátria e de nação é o que se pode ver pela sua própria transformação em nacionalismo, bem como pela luta contra o nacionalismo mantida tanto por Croce, representante da religião da liberdade, como pelo papa, representante do catolicismo. (Em forma popularesca, uma documentação desta religião popular da pátria pode ser extraída dos sonetos sobre a *Scoperta dell'America*, de Pascarella.)

5) A história especulativa pode ser considerada como um retorno, com formas literárias mais astutas e menos ingênuas em função do desenvolvimento da capacidade crítica, a modos de história já caídos em descrédito por serem vazios e retóricos, registrados em livros do próprio Croce. A história ético-política — na medida em que prescinde do conceito de bloco histórico, no qual conteúdo econômico-social e forma ético-política se identificam concretamente na reconstrução dos vários períodos históricos — é nada mais do que uma apresentação polêmica de filosofemas mais ou menos interessantes, porém não é história. Nas ciências naturais, isto equivaleria a um retorno às classificações segundo a cor da pele, das plumas, do pelo dos animais, e não segundo a estrutura anatômica. A referência às ciências naturais no materialismo histórico e falar de "anatomia" da sociedade era apenas uma metáfora e um estímulo para aprofundar as investigações metodológicas e filosóficas. Na história dos homens, cuja finalidade não é classificar naturalisticamente os fatos, a "cor da pele" faz "bloco" com a estrutura anatômica e com todas as funções fisiológicas; não se pode pensar num indivíduo "despelado" como sendo o verdadeiro "indivíduo", mas tampouco o indivíduo "desossado" e sem esqueleto. Um escultor, Rodin, disse (cf. Maurice Barrès, *Mes Cahiers*, IV série): "Se não tivéssemos uma prevenção contra o esqueleto, veríamos como é belo." Num quadro ou numa estátua de Michelangelo, nós "vemos" o esqueleto das figuras retratadas, sentimos a solidez da estrutura sob as cores ou o relevo do mármore. A história de Croce representa "figuras" desossadas, sem esqueleto, de carnes flácidas e fracas, mesmo que sob as tinturas das belezas literárias do escritor.

6) O transformismo como uma forma da revolução passiva no período de 1870 para a frente.

7) Para julgar a função de Croce na vida italiana, recordar que tanto as memórias de Giolitti quanto as de Salandra se concluem com uma carta de Croce.

8) Com a linguagem crociana, pode-se dizer que a religião da liberdade se opõe à religião do *Sillabo*, que nega globalmente a civilização moderna; a filosofia da práxis é uma "heresia" da religião da liberdade, já que nasceu no mesmo terreno da civilização moderna.

[PARTE II]

A filosofia de Benedetto Croce

Alguns critérios metodológicos gerais para a crítica da filosofia de Croce. Convém, num primeiro momento, estudar a filosofia de Croce segundo alguns critérios afirmados pelo próprio Croce (critérios que, por seu turno, fazem parte da própria concepção geral):

1) Não buscar em Croce "um problema filosófico geral", mas ver em sua filosofia o problema ou a série de problemas que mais interessam no momento dado, isto é, que são mais aderentes à vida atual e são como o seu reflexo: este problema ou série de problemas é, ao que me parece, por uma parte, o da historiografia e, por outra, o da filosofia da prática, da ciência política, da ética.

2) Devem-se estudar, atentamente, os escritos "menores" de Croce, isto é, além das obras sistemáticas e orgânicas, as coletâneas de artigos, de notas, de pequenos ensaios que têm uma maior e mais evidente ligação com a vida, com o movimento histórico concreto.

3) Deve-se estabelecer uma "biografia filosófica" de Croce, isto é, identificar as diversas expressões assumidas pelo pensamento de Croce, a diferente colocação e resolução de certos problemas, os novos problemas surgidos de seu trabalho e colocados à sua atenção; e, precisamente para esta pesquisa, é útil o estudo dos seus escritos menores, na coleção da *Critica* e nas outras publicações que os contêm; a base para essa pesquisa pode ser dada pelo *Contributo alla critica di me stesso* e pelos escritos, certamente autorizados, de Francesco Flora e de Giovanni Castellano.

4) Críticos de Croce: positivistas, neoescolásticos, idealistas atuais. Objeções destes críticos. {B}

§ 1. Como é possível propor para a filosofia de Croce o problema de "colocar o homem sobre as próprias pernas", de fazê-lo caminhar com os pés e não com a cabeça? Trata-se do problema dos resíduos de "transcendência, de metafísica, de teologia" em Croce, do problema da qualidade de seu "historicismo". Croce afirma, frequente e prazerosamente, que fez o máximo esforço para afastar de seu pensamento qualquer resíduo de transcendência, de teologia e de metafísica, até refutar em filosofia qualquer ideia de "sistema" e de "problema fundamental". Mas será que ele realmente conseguiu o que se propunha? Croce se diz "dialético" (se bem que introduza na dialética, além da dialética dos opostos, uma "dialética dos distintos", que não conseguiu demonstrar que seja dialética, ou o que realmente seja), mas o ponto a ser esclarecido é o seguinte: no devir, ele vê o próprio devir ou o "conceito" de devir? Ao que me parece, deve-se partir deste ponto para aprofundar: 1) o historicismo de Croce e, em última análise, a sua concepção do mundo, da realidade, da vida, isto é, a sua filosofia *tout court*; 2) a sua discordância com Gentile e com o idealismo atual; 3) a sua incompreensão do materialismo histórico, acompanhada pela obsessão com o próprio materialismo histórico. Que Croce tenha sido sempre obcecado pelo materialismo histórico, e que ainda o seja, de maneira mais aguda do que no passado, não é difícil de demonstrar. Que uma tal obsessão se tenha tornado espasmódica, nestes últimos anos, é demonstrado: pelas referências contidas nos *Elementi di politica;* pela sua intervenção sobre a estética do materialismo histórico no Congresso de Oxford (cf. notícia publicada em *La Nuova Italia*); pela resenha das obras completas de Marx e Engels, publicada na *Critica* de 1930; pela referência contida nos *Capitoli introduttivi di una Storia dell'Europa nel secolo XIX*; pelas cartas a Barbagallo, publicadas na *Nuova Rivista Storica* de 1928-1929; e, sobretudo, pela importância emprestada ao livro de Füllop-Miller, como se depreende de algumas notas publicadas na *Critica* em 1925 (ao que me parece) [17].

Se é necessário, no perene fluir dos acontecimentos, fixar conceitos, sem os quais a realidade não poderia ser compreendida, deve-se também — aliás, é imprescindível — fixar e recordar que realidade em movimento e conceito da realidade, se podem ser logicamente distinguidos, devem ser concebidos historicamente como unidade inseparável. De outro modo sucede o que sucedeu a Croce, isto é, que a história se torne uma história formal, uma história de conceitos e, em última análise, uma história dos intelectuais; aliás, uma história autobiográfica do pensamento de Croce, uma história de presunçosos. Croce está caindo numa nova e estranha forma de "sociologismo" idealista, não menos ridículo e inconclusivo do que o sociologismo positivista. {B}

§ 2. *Identidade de história e de filosofia.* A identidade entre história e filosofia é imanente ao materialismo histórico (mas, em certo sentido, como previsão histórica de uma fase futura). Croce partiu da filosofia da práxis de Antonio Labriola? De qualquer modo, na concepção de Croce, esta identidade tornou-se algo bem diverso da que é imanente ao materialismo histórico: os últimos escritos de história ético-política do próprio Croce podem servir de exemplo. A proposição segundo a qual o proletariado alemão é o herdeiro da filosofia clássica alemã contém, precisamente, a identidade entre história e filosofia; igualmente a proposição segundo a qual os filósofos até hoje apenas explicaram o mundo e que se trata agora de transformá-lo.

Esta proposição de Croce da identidade entre história e filosofia é a mais rica de consequências críticas: 1) ela é mutilada se não chega também à identidade entre história e política (devendo-se entender por política a que se realiza, e não apenas as diversas e repetidas tentativas de realização, algumas das quais, tomadas em si, fracassam); 2) e, consequentemente, também à identidade entre política e filosofia. Mas, se é necessário admitir esta identidade, como é possível distinguir entre as ideologias (iguais, segundo Croce, a instrumentos de ação política) e a filosofia? Ou seja, a distinção será possível, mas apenas por graus (quantitativamente) e não qualitativamente. Aliás, as ideologias serão a "verdadeira" filosofia, já que elas serão as "vulgarizações" filosóficas que levam as massas à ação concreta, à transformação da realidade. Isto é, elas serão o aspecto de massa de toda concepção filosófica, que adquire no "filósofo" características de universalidade abstrata, fora do tempo e do espaço, características peculiares, de origem literária e anti-histórica.

A crítica do conceito de história em Croce é essencial: não terá ela uma origem puramente livresca e erudita? Somente a identificação entre história e política evita que a história tenha esta característica. Se o político é um historiador (não apenas no sentido de que faz a história, mas também no de que, atuando no presente, interpreta o passado), o historiador é um político; e, neste sentido (que, de resto, aparece também em Croce), a história é sempre história contemporânea, isto é, política. Croce, contudo, não pode chegar a esta conclusão necessária precisamente porque ela conduz à identificação entre história e política e, consequentemente, entre ideologia e filosofia. {B}

§ 3. *Croce e Bernstein*. Na carta de Sorel a Croce de 9 de setembro de 1899 (cf. a íntegra da carta na *Critica*), está escrito: "Bernstein acaba de me escrever dizendo que, na *Neue Zeit* nº 46, afirmou ter sido inspirado, em certa medida, pelos seus trabalhos. Isso é interessante, já que os alemães não costumam indicar as fontes estrangeiras de suas ideias." [18] {B}

§ 4. *Croce e Hegel*. Do artigo de Guido Calogero, "Il neohegelismo nel pensiero italiano contemporaneo", *Nuova Antologia*, 16 de agosto de 1930 (trata-se da comunicação lida em alemão por Calogero no 1º Congresso internacional hegeliano, sediado em Haia de 21 a 24 de abril de 1930): "Para Croce [...], o mérito da doutrina hegeliana é, antes de tudo, o de sua 'lógica da filosofia', ou seja, de sua teoria da dialética, como única forma do pensamento mediante o qual esse pode realmente superar, unificando-os, todos os dualismos que, no plano da lógica clássica do intelecto, ele pode apenas constatar, perdendo com isso o sentido da unidade do real. A conquista imortal de Hegel é a afirmação da unidade dos opostos, concebida não no sentido de uma estática e mística *coincidentia oppositorum*, mas no de uma dinâmica *concordia discors*: a qual é absolutamente necessária à realidade para que ela possa ser pensada como vida, desenvolvimento, valor, na qual toda positividade seja obrigada a realizar-se ao mesmo tempo afirmando e eternamente superando a sua negatividade. Ao mesmo tempo, a conciliação dialética dos dualismos essenciais do real (bem e mal, verdadeiro e falso, finito e infinito, etc.) leva à exclusão categórica de todas aquelas outras formas de dualismo que se baseiam na antítese fundamental de um mundo da realidade e de um mundo da aparência, de uma esfera da transcendência ou do númeno e de uma esfera da imanência ou do fenômeno; antíteses que são todas eliminadas pela rigorosa dissolução de seu elemento transcendente ou numênico, que representa a mera exigência, que por essa via não pode ser satisfeita e que agora o foi de outro modo, de sair do mundo das antinomias e das contradições para aquele da imutável e pacífica realidade. Hegel é assim o verdadeiro instaurador do imanentismo: na doutrina da identidade do racional e do real, está consagrado o conceito do valor unitário do mundo em seu desenvolvimento concreto, do mesmo modo como, na crítica do *sollen* abstrato, expressa-se tipicamente a antítese a toda negação daquela unidade e a toda hipóstase do ideal numa esfera transcendente àquela de sua realização efetiva. E, desse ponto de vista, pela primeira vez, o valor da realidade se identifica absolutamente com aquele da sua história: assim, na imanência hegeliana, reside ao mesmo tempo a fundação capital de todo o historicismo moderno.

Dialética, imanentismo, historicismo: estes, em suma, são os méritos essenciais do hegelianismo do ponto de vista do pensamento crociano, o qual, a esse respeito, pode realmente sentir-se como seu seguidor e continuador." {B}

§ 5. *Ciência da política*. Que significa a acusação de "materialismo" que Croce faz frequentemente a determinadas tendências políticas? Trata-se de um juízo de ordem teórica, científica, ou de uma manifestação de polêmica política em ato? Materialismo, nestas polêmicas, parece significar "força material", "coerção", "fato econômico", etc. Mas será que a "força material", a "coerção", o "fato econômico" são "materialistas"? Que significaria "materialismo", neste caso? (cf. *Etica e politica*, p. 341: "Há tempos em que, etc."). {B}

§ 6. *Introdução ao estudo da filosofia.*

I. *O termo "catarse"*. Pode-se empregar a expressão "catarse" para indicar a passagem do momento meramente econômico (ou egoístico-passional) ao momento ético-político, isto é, a elaboração superior da estrutura em superestrutura na consciência dos homens. Isto significa, também, a passagem do "objetivo ao subjetivo" e da "necessidade à liberdade". A estrutura, de força exterior que esmaga o homem, assimilando-o e o tornando passivo, transforma-se em meio de liberdade, em instrumento para criar uma nova forma ético-política, em origem de novas iniciativas. A fixação do momento "catártico" torna-se assim, parece-me, o ponto de partida de toda a filosofia da práxis; o processo catártico coincide com a cadeia de sínteses que resultam do desenvolvimento dialético. (Recordar os dois pontos entre os quais oscila este processo: que nenhuma sociedade se coloca tarefas para cuja solução já não existam, ou estejam em vias de aparecimento, as condições necessárias e suficientes — e que nenhuma sociedade deixa de existir antes de haver expressado todo o seu conteúdo potencial.) [19]

II. *Concepção subjetiva da realidade e filosofia da práxis.* A filosofia da práxis "absorve" a concepção subjetiva da realidade (o idealismo) na teoria das superestruturas; absorve-o e o explica historicamente, isto é, "supera"-o e o reduz a um seu "momento". A teoria das superestruturas é a tradução da concepção subjetiva da realidade em termos de historicismo realista.

III. *A realidade do mundo exterior.* Além do exemplo de Tolstoi, recordar a forma faceta na qual um jornalista representava o filósofo "profissional ou tradicional" (representado por Croce no cap. "Il 'Filosofo'"), que há anos e anos está sentado em sua escrivaninha, girando o tinteiro e perguntando: "Este tinteiro está *dentro de mim* ou *fora de mim*?"

IV. *Tradutibilidade das linguagens científicas.* As notas escritas nesta rubrica devem ser recolhidas precisamente na rubrica geral sobre as relações das filosofias especulativas com a filosofia da práxis e da redução delas a esta como momento político que a filosofia da práxis explica "politicamente". Redução a "política", a momento da vida histórico-política, de todas as filosofias especulativas; a filosofia da práxis concebe a realidade das relações humanas de conhecimento como elemento de "hegemonia" política. {B}

§ 7. *Identificação de indivíduo e Estado.* Para demonstrar o verbalismo das novas formulações de "economia especulativa" do grupo Spirito & Cia. [20], basta recordar que a identificação de indivíduo e Estado é também a identificação de Estado e indivíduo; uma identidade não se modifica, evidentemente, se um termo vem antes ou depois na ordem gráfica ou fônica. Por isso, dizer que é necessário identificar indivíduo e Estado é menos do que nada, é pura fantasia verbal, se as coisas estivessem nestes termos. Se indivíduo significa "egoísmo" em sentido estrito, "sordidamente judaico", a identificação não seria mais do que uma maneira metafórica de acentuar o elemento "social" do indivíduo, ou seja, de afirmar que "egoísmo", em sentido econômico, significa algo diverso de "grosseiramente egoísta". Parece-me que, também neste caso, se trata da ausência de uma clara enunciação do conceito de Estado e da distinção neste entre sociedade civil e sociedade política, entre ditadura e hegemonia, etc. {B}

§ 8. *Liberdade e "automatismo" (ou racionalidade).* Estão em contradição a liberdade e o chamado automatismo? O automatismo está em contradição com o arbítrio, não com a liberdade. O automatismo é uma liberdade de grupo, em oposição ao arbítrio individualista. Quando Ricardo dizia que, "dadas tais condições", haverá tais consequências em economia, não tornava "determinista" a própria economia, nem sua concepção era "naturalista". Observava que, dada a atividade solidária e coordenada de um grupo social, que opera segundo determinados princípios aceitos por convicção (livremente) em vista de certos fins, tem-se um desenvolvimento que se pode chamar de automático e que pode ser considerado como expressão de certas leis reconhecíveis e isoláveis com o método das ciências exatas. Em cada momento existe uma escolha livre, que ocorre segundo certas linhas diretivas idênticas para uma grande massa de indivíduos ou vontades singulares, na medida em que estas se tornaram homogêneas em um determinado clima ético-político. Não se trata de afirmar que todas atuam da mesma maneira: ao contrário, os arbítrios individuais são múltiplos, mas a parte homogênea predomina e "dita lei". Se o arbítrio se generaliza, não é mais arbítrio, mas deslocamento da base do "automatismo", nova racionalidade. Automatismo não é nada mais do que racionalidade; mas, na palavra "automatismo", há a tentativa de fornecer um conceito despojado de qualquer aura especulativa: é possível que a palavra racionalidade termine por ser empregada para o automatismo nas operações humanas, enquanto "automatismo" voltará a indicar o movimento das máquinas, que se tornam "automáticas" após a intervenção do homem e cujo automatismo é somente uma metáfora verbal, tal como nas operações humanas. {B}

§ 9. *Introdução ao estudo da filosofia. Imanência especulativa e imanência historicista ou realista.* Afirma-se que a filosofia da práxis nasceu no terreno do máximo desenvolvimento da cultura da primeira metade do século XIX, cultura representada pela filosofia clássica alemã, pela economia clássica inglesa e pela literatura e prática política francesas. Na origem da filosofia da práxis, estão estes três movimentos culturais. Mas em que sentido deve-se entender esta afirmação? No sentido de que cada um desses movimentos contribuiu para elaborar, respectivamente, a filosofia, a economia e a política da filosofia da práxis? Ou que a filosofia da práxis elaborou sinteticamente os três movimentos, isto é, toda a cultura da época, e que na nova síntese, em qualquer momento que se examine, momento teórico, econômico, político, reencontra-se como "momento" preparatório cada um dos três movimentos? Ao que me parece, é precisamente assim. E o momento sintético unitário, creio, deve ser identificado no novo conceito de imanência, que da sua forma especulativa, tal como era apresentada pela filosofia clássica alemã, foi traduzido em forma historicista graças à ajuda da política francesa e da economia clássica inglesa. No que diz respeito às relações de identidade substancial entre a linguagem filosófica alemã e a linguagem política francesa, cf. as notas contidas esparsamente nos diversos cadernos [21]. Mas uma pesquisa das mais interessantes e fecundas, parece-me, deve ser feita a propósito das relações entre filosofia alemã, política francesa e economia clássica inglesa. Em um certo sentido, é possível dizer que a filosofia da práxis é igual a Hegel + David Ricardo. O problema, inicialmente, deve ser apresentado da seguinte maneira: os novos cânones metodológicos introduzidos por Ricardo na ciência econômica devem ser considerados como valores meramente instrumentais (entenda-se: como um novo capítulo da lógica formal) ou terão um significado de inovação filosófica? A descoberta do princípio lógico formal da "lei tendencial", que conduz à definição científica dos conceitos fundamentais na economia, o de *homo oeconomicus* e o de "mercado determinado", não foi uma descoberta de valor também gnosiológico? Não implica, precisamente, uma nova "imanência", uma nova concepção da "necessidade" e da liberdade, etc.? Esta tradução, ao que me parece, foi realizada precisamente pela filosofia da práxis, que universalizou as descobertas de Ricardo, estendendo-as adequadamente a toda a história e extraindo delas, portanto, uma nova concepção do mundo. É necessário estudar toda uma série de questões: 1) resumir os princípios científico-formais de Ricardo, em sua forma de cânones empíricos; 2) investigar a origem histórica destes princípios ricardianos, que são ligados ao surgimento da própria ciência econômica, isto é, ao desenvolvimento da burguesia como classe "concretamente mundial" e à formação, portanto, de um mercado mundial já suficientemente "denso" de movimentos complexos para que seja possível isolar e estudar as suas leis de regularidade necessária, isto é, leis de tendência, que são leis não no sentido naturalista e determinista especulativo, mas em sentido "historicista", isto é, na medida em que exista o "mercado determinado", ou seja, um ambiente organicamente vivo e articulado em seus movimentos de evolução. (A economia estuda estas leis tendenciais enquanto expressões *quantitativas* dos fenômenos; na passagem da economia à história geral, o conceito de quantidade é complementado pelo de qualidade e pela dialética da quantidade que se transforma em qualidade [*quantidade = necessidade; qualidade = liberdade*. A dialética quantidade-qualidade é idêntica àquela necessidade-liberdade]); 3) relacionar Ricardo com Hegel e com Robespierre; 4) como a filosofia da práxis chegou, a partir da síntese destas três correntes vivas, à nova concepção da imanência, depurada de qualquer resquício de transcendência e de teologia. {B}

§ 10. *Introdução ao estudo da filosofia*. 1) Uma série de conceitos a aprofundar é também a seguinte: empirismo — realismo (historicista) — especulação filosófica.

2) Ao lado da investigação citada no parágrafo anterior relativa à contribuição ricardiana à filosofia da práxis, deve-se pôr a mencionada na p. 49 deste caderno [22] e relativa à atitude da filosofia da práxis em face da atual continuação da filosofia clássica alemã, representada pela moderna filosofia idealista italiana de Croce e Gentile. Como deve ser entendida a proposição de Engels sobre a herança da filosofia clássica alemã? Deve-se entendê-la como um ciclo histórico definitivamente fechado, no qual a absorção da parte vital do hegelianismo já está definitivamente realizada, de uma vez por todas, ou é possível entendê-la como um processo histórico ainda em movimento, pelo qual se reproduz uma nova necessidade de síntese cultural filosófica? Parece-me justa a segunda formulação: na realidade, reproduz-se ainda a posição reciprocamente unilateral, criticada na primeira tese sobre Feuerbach, entre materialismo e idealismo; e, tal como então, se bem que num momento superior, é necessária a síntese em um momento de superior desenvolvimento da filosofia da práxis. {B}

§ 11. *Pontos de referência para um ensaio sobre B. Croce.* Para compreender a atitude de Croce no segundo pós-guerra, é útil recordar a resposta enviada por Mario Missiroli a um inquérito promovido pela revista *Saggiatore* e publicada em 1932 (seria interessante conhecer todas as respostas ao inquérito). Missiroli escreveu (cf. *Critica fascista*, de 15 de maio de 1932): "Não vejo ainda nada bem delineado, mas tão só estados de espírito, tendências sobretudo morais. Difícil prever qual poderá ser a orientação da cultura; mas não hesito em formular a hipótese de que estejamos marchando para um positivismo absoluto, que volte a honrar a ciência e o racionalismo no sentido antigo da palavra. A pesquisa experimental poderá ser a glória desta nova geração, que ignora e quer ignorar os verbalismos das recentíssimas filosofias. Não me parece temerário prever uma retomada do anticlericalismo, que, pessoalmente, estou longe de desejar."

Que poderá significar "positivismo absoluto"? A "previsão" de Missiroli coincide com a afirmação, feita repetidamente nestas notas, de que toda a atividade teórica mais recente de Croce se explica pela previsão de uma retomada em grande estilo — e com características tendencialmente hegemônicas — da filosofia da práxis, que pode reconciliar a cultura popular e a ciência experimental com uma visão do mundo que não seja o grosseiro positivismo, nem tampouco o alambicado atualismo ou o livresco neotomismo. {B}

§ 12. *Introdução ao estudo da filosofia.* A proposição contida na introdução à *Crítica da economia política*, segundo a qual os homens tomam consciência dos conflitos de estrutura no terreno das ideologias [23], deve ser considerada como uma afirmação de valor gnosiológico e não puramente psicológico e moral. Disto decorre que o princípio teórico-prático da hegemonia possui também um alcance gnosiológico; e, portanto, é nesse campo que se deve buscar a contribuição teórica máxima de Ilitch à filosofia da práxis. Ilitch teria feito progredir efetivamente a filosofia como filosofia na medida em que fez progredir a doutrina e a prática política. A realização de um aparelho hegemônico, enquanto cria um novo terreno ideológico, determina uma reforma das consciências e dos métodos de conhecimento, é um fato de conhecimento, um fato filosófico. Em linguagem crociana: quando se consegue introduzir uma nova moral conforme a uma nova concepção do mundo, termina-se por introduzir também esta concepção, isto é, determina-se uma completa reforma filosófica.

§ 13. *Introdução ao estudo da filosofia*. Na passagem sobre o "materialismo francês no século XVIII" (*A sagrada família*), é indicada, com muita propriedade e clareza, a gênese da filosofia da práxis: ela é o "materialismo" aperfeiçoado pelo trabalho da própria filosofia especulativa e fundido com o humanismo. Com estes aperfeiçoamentos, na verdade, permanece do velho materialismo apenas o realismo filosófico [24].

Outro ponto digno de meditação é o seguinte: se a concepção de "espírito" da filosofia especulativa não seja uma transformação atualizada do velho conceito de "natureza humana", próprio tanto da transcendência como do materialismo vulgar; isto é, se na concepção do "espírito" exista algo diverso do velho "Espírito Santo" especulativizado. Seria possível, então, dizer que o idealismo é intrinsecamente teológico. {B}

§ 14. *Pontos de referência para um ensaio sobre B. Croce*. A posição relativa de Croce na hierarquia intelectual da classe dominante mudou depois da Concordata e do advento da fusão numa unidade moral dos dois troncos desta mesma classe. É necessária uma dupla obra de educação por parte dos responsáveis: educação do novo pessoal dirigente, que deve ser "transformado" e assimilado; e educação da parte católica, que pelo menos deverá ser subordinada (em certas condições, também subordinar é educar). A entrada em massa dos católicos na vida estatal após a Concordata (e, desta feita, eles entraram como e enquanto católicos, até com privilégios culturais) tornou muito mais difícil a obra de "transformismo" das novas forças de origem democrática. Que Gentile não tenha compreendido o problema, e que Croce o tenha, revela a diversa sensibilidade nacional dos dois filósofos: que Gentile, ainda que tivesse compreendido o problema, tenha se colocado em condições de nada poder fazer, fora do trabalho tipo "Universidade Popular" dos Institutos de Cultura (os raivosos escritos dos seus discípulos contra o catolicismo, nos *Nuovi Studi*, têm muito pouca repercussão), demonstra a sua redução a uma mísera condição de subalternidade intelectual. De fato, não se trata de uma educação "analítica", isto é, de uma "instrução", de um armazenamento de noções, mas de uma educação "sintética", da difusão de uma concepção do mundo convertida em norma de vida, de uma "religião" no sentido crociano. Que a Concordata tivesse colocado o problema, multiplicando-o e complicando-o, é algo que Croce compreendera, como o prova seu discurso no Senado [25]. Ademais, foi precisamente a Concordata — quando introduziu na vida estatal uma grande massa de católicos como tais, e como tais privilegiados — que colocou o problema da educação da classe dirigente não nos termos de "Estado ético", mas nos termos de "sociedade civil" educadora, isto é, de uma educação por iniciativa "privada", que entra em concorrência com a católica, que ocupa agora, na sociedade civil, um lugar importante e em condições especiais.

Para compreender a medida em que a atividade de Croce, em toda a sua perseverante inflexibilidade, é apreciada por parte do setor mais responsável, clarividente (e conservador) da classe dominante, além da citada "previsão" de Missiroli (e é necessário compreender o que pode significar, em sentido crítico implícito, o termo "previsão" no caso em pauta), será útil recordar uma série de artigos publicados por Camilo Pellizzi no *Selvaggio* de Mino Maccari (que sai agora em Roma na forma de revista mensal e que seria interessante analisar em toda a coleção e nas várias fases). Da *Italia Letteraria* de 29 de maio de 1932, transcrevo textualmente uma parte da *Rassegna della Stampa*, compilada por Corrado Pavolini, que comenta um trecho de um dos artigos de Pellizzi: "*Crer em poucas coisas,* mas crer! Eis uma máxima belíssima, que se pode ler no último número do *Selvaggio* (1º de maio). Tenho pena de Camillo Pellizzi, fascista dos primeiros, soberbo cavalheiro e agudíssimo engenho; mas o estilo embrulhado de sua última carta aberta a Maccari, *O fascismo como liberdade*, faz--me duvidar de que os conceitos dos quais fala estejam bem claros em sua mente: ou, se estiverem claros, são pensados muito abstratamente para poderem receber aplicação prática: 'O fascismo nasceu como o supremo esforço de um povo civilizado (aliás, do povo mais intimamente civilizado de todos) para objetivar uma forma de comunismo civilizado. Ou seja, para resolver o problema do comunismo dentro do problema maior que é o da civilização; mas, já que não existe civilização sem a manifestação espontânea dos valores individuais antigos sempre renovados, concluímos, do que se disse acima, que o fascismo é — em sua íntima e universal significação — um *comunismo livre*; um comunismo, em suma, no qual comunista ou coletivista é o meio, o organismo empírico, o instrumento de ação correspondente ao problema de um determinado momento da história, enquanto o fim real, a destinação última, é a civilização, ou seja, no sentido agora dito e repetido, a liberdade.' É linguagem indigesta de filósofo. 'Crer em poucas coisas...' Por exemplo, crer simplesmente que o fascismo *não* é comunismo, jamais, em nenhum sentido, nem concreto nem metafórico, pode resultar mais 'útil' do que se fatigar na busca de definições muito engenhosas, que são, em última análise, equívocas e nocivas. (Existe, ademais, o informe de Spirito à Convenção Corporativa de Ferrara... [26])"

Vê-se claramente que a série dos escritos de Pellizzi, publicados pelo *Selvaggio,* foi sugerida pelo último livro de Croce, sendo uma tentativa de absorver a posição de Croce em uma nova posição, que Pellizzi considera superior e capaz de resolver todas as antinomias. Na realidade, Pellizzi se move entre conceitos da Contrarreforma e as suas elucubrações podem dar lugar intelectualmente a uma nova *Cidade do Sol*, isto é, praticamente, a uma construção similar à dos jesuítas no Paraguai. Mas isto pouco importa, pois não se trata de possibilidades práticas próximas ou remotas, nem para Pellizzi, nem para Spirito; trata-se do fato de que tais desenvolvimentos abstratos do pensamento mantêm perigosos fermentos ideológicos, impedem a formação de uma unidade ético-política na classe dirigente, ameaçam adiar para o infinito a solução do problema de "autoridade", isto é, o problema do restabelecimento por consenso da direção política por parte dos grupos conservadores. A atitude de Pellizzi mostra que a posição de Spirito em Ferrara não era um *monstrum* cultural; isto é também demonstrado por algumas publicações em *Critica Fascista*, mais ou menos confusas e equívocas. {B}

§ 15. *Breves notas sobre economia*. A discussão acerca do conceito de *homo oeconomicus* tornou-se uma das muitas discussões sobre a chamada "natureza humana". Cada um dos disputantes tem uma "fé" própria, sustentando-a com argumentos de caráter predominantemente moralista [27]. O *homo oeconomicus* é a abstração da atividade econômica de uma determinada forma de sociedade, isto é, de uma determinada estrutura econômica. Toda forma social tem o seu *homo oeconomicus*, isto é, uma atividade econômica própria. Afirmar que o conceito de *homo oeconomicus* não tem valor científico é apenas uma maneira de afirmar que a estrutura econômica e a atividade que lhe é adequada mudaram radicalmente, ou então que a estrutura econômica mudou a tal ponto que, necessariamente, deve mudar o modo de operar econômico, a fim de se tornar adequado à nova estrutura. Mas precisamente nisto existe divergência, e não tanto divergência científica objetiva, mas política. Que significaria, ademais, um reconhecimento científico de que a estrutura econômica mudou radicalmente e que deve mudar o modo de operar econômico a fim de adequar-se à nova estrutura? Significaria um estímulo político, nada mais. Entre a estrutura econômica e o Estado com a sua legislação e a sua coerção, está a sociedade civil, e esta deve ser radical e concretamente transformada não apenas na letra da lei e nos livros dos cientistas; o Estado é o instrumento para adequar a sociedade civil à estrutura econômica, mas é preciso que o Estado "queira" fazer isto, isto é, que o Estado seja dirigido pelos representantes da modificação ocorrida na estrutura econômica. Esperar que, através da propaganda e da persuasão, a sociedade civil se adapte à nova estrutura, que o velho *homo oeconomicus* desapareça sem ser sepultado com todas as honras que merece, é uma nova forma de retórica econômica, uma nova forma de moralismo econômico vazio e inconsequente. {B}

§ 16. *Pontos de referência para um ensaio sobre B. Croce.* Terão tido importância para Croce as amigáveis advertências de L. Einaudi a respeito de sua atitude de crítico "desinteressado" da filosofia da práxis? Trata-se do mesmo problema, apresentado de outra forma: quanto há de elemento prático imediato no que impele Croce para a sua posição "liquidacionista" atual? De fato, pode-se observar como Croce de modo algum pretenda entrar em polêmica com os filósofos da práxis, e como esta polêmica o interessa tão pouco que nem sequer o conduz a procurar informações um pouco mais abundantes e exatas do que aquelas de que ele evidentemente dispõe. Pode-se dizer que Croce não se interessa tanto em combater a filosofia da práxis quanto o economicismo histórico, isto é, o elemento de filosofia da práxis que penetrou na concepção do mundo tradicional, desagregando-a e, por isso, tornando-a "politicamente" menos resistente; não se interessa tanto em "converter" os adversários quanto em reforçar o seu próprio campo; isto é, Croce apresenta como "ofensiva" uma atividade que é meramente "defensiva". Se não fosse assim, Croce deveria (teria devido) rever "sistematicamente" a sua obra especializada sobre a filosofia da práxis, confessar que naquele então tinha se equivocado completamente, demonstrar estes erros passados em contraste com convicções atuais, etc. Em um homem tão cuidadoso e escrupuloso como Croce, o fato de não revelar nenhum interesse pela exigência objetiva de justificar logicamente esta última mudança em seus modos de pensar é, quando menos, estranho, só podendo ser explicado através de interesses práticos imediatos. {B}

§ 17. *Introdução ao estudo da filosofia. Princípios e preliminares.* (Cf. caderno I, p. 63 bis) [28]. Que devemos entender por filosofia, por filosofia de uma época histórica, e qual é a importância e a significação das filosofias dos filósofos em cada uma destas épocas históricas? Aceita a definição que Benedetto Croce dá de religião — isto é, a de uma concepção do mundo que se transformou em norma de vida, já que norma de vida não se entende em sentido livresco, mas realizada na vida prática —, a maior parte dos homens são filósofos, na medida em que atuam praticamente e nesta sua ação prática (nas linhas diretoras de sua conduta) está contida implicitamente uma concepção do mundo, uma filosofia. A história da filosofia tal como é comumente entendida, isto é, como história das filosofias dos filósofos, é a história das tentativas e das iniciativas ideológicas de uma determinada classe de pessoas para mudar, corrigir, aperfeiçoar as concepções do mundo existentes em todas as épocas determinadas e para mudar, portanto, as normas de conduta que lhes são relativas e adequadas, ou seja, para mudar a atividade prática em seu conjunto. Do ponto de vista que nos interessa, o estudo da história e da lógica das diversas filosofias dos filósofos não é suficiente. Pelo menos como orientação metodológica, deve-se chamar a atenção para as outras partes da história da filosofia; isto é, para as concepções do mundo das grandes massas, para as dos grupos dirigentes (ou intelectuais) mais restritos e, finalmente, para as ligações entre estes vários complexos culturais e a filosofia dos filósofos. A filosofia de uma época não é a filosofia deste ou daquele filósofo, deste ou daquele grupo de intelectuais, desta ou daquela grande parcela das massas populares: é uma combinação de todos estes elementos, culminando em uma determinada direção, na qual essa culminação torna-se norma de ação coletiva, isto é, torna-se "história" concreta e completa (integral). A filosofia de uma época histórica, portanto, não é senão a "história" desta mesma época, não é senão a massa de variações que o grupo dirigente conseguiu determinar na realidade precedente: neste sentido, história e filosofia são inseparáveis, formam um "bloco". Os elementos filosóficos propriamente ditos, porém, podem ser "distinguidos", em todos os seus diversos graus: como filosofia dos filósofos, como concepções dos grupos dirigentes (cultura filosófica) e como religiões das grandes massas; e pode-se ver como, em cada um destes graus, ocorrem formas diversas de "combinação" ideológica. {B}

§ 18. *Pontos de referência para um ensaio sobre B. Croce.* Ainda a propósito das relações entre Croce e Einaudi, mencionadas numa nota anterior desta rubrica, poder-se-ia observar como nem sempre Einaudi seja um leitor muito atento e cuidadoso de Croce. Na p. 227 do volume de 1929 da *Riforma Sociale*, Einaudi escreve: "Uma teoria não deve ser atribuída a quem a *intuiu* ou acidentalmente a enunciou, ou esposou um princípio do qual pudesse ser deduzida, ou ainda a quem *relatou* desligadamente as *diversas noções*, que *aspiravam* a ser recompostas em uma unidade." A parte positiva da proposição é referida, logo após, da seguinte maneira: "em que outro livro foi assumida como 'objeto' de 'particular' tratamento a seguinte proposição, etc.?"

Croce, no *Materialismo storico* (IV, p. 26), escrevera: "Uma coisa é formular uma observação incidental, que se abandona posteriormente sem desenvolver; outra, estabelecer um princípio do qual se extraem consequências fecundas; outra, ainda, enunciar um pensamento genérico e abstrato, coisa diversa de pensá-lo real e concretamente; finalmente, uma coisa é inventar, outra é repetir de segunda e de terceira mão." A enunciação de Einaudi é derivada de Croce, com o acréscimo de curiosas impropriedades linguísticas e de vacilações teóricas. Por que Einaudi não citou simplesmente Croce? Talvez porque a passagem de Croce esteja contida em um escrito contra o professor Loria. Um outro exemplo da superficialidade de Einaudi pode ser encontrado em um número posterior da *Riforma Sociale*, na longa resenha da *Autobiografia* de R. Rigola.

§ 19. *Bizantinismo francês.* A tradição cultural francesa, que apresenta os conceitos na forma de ação política, na qual especulação e prática se desenvolvem numa única conexão histórica abrangente, pareceria exemplar. Mas essa cultura rapidamente degenerou depois dos eventos da Grande Revolução, tornando-se uma nova Bizâncio cultural. Os elementos dessa degenerescência, de resto, já estavam presentes e ativos mesmo durante o desenvolvimento do grande drama revolucionário, nos próprios jacobinos que os personificaram com maior energia e completicidade. A cultura francesa não é "pampolítica", como hoje entendemos, mas jurídica. A forma francesa não é aquela ativa e sintética do homem ou lutador político, mas a do jurista sistematizador de abstrações formais; a política francesa é, notadamente, elaboração de formas jurídicas. O francês não tem uma mentalidade dialética e concretamente revolucionária, nem mesmo quando atua como revolucionário: sua intenção é sempre conservadora, já que visa a dar uma forma perfeita e estável às inovações que efetiva. Ao inovar, já pensa em conservar, em embalsamar a inovação num código. {B}

§ 20. *Pontos para o estudo da economia.* A polêmica Einaudi-Spirito sobre o Estado. Deve ser relacionada com a polêmica Einaudi-Benini [29] (cf. *Riforma Sociale*, setembro-outubro de 1931). Mas, na polêmica Einaudi-Spirito, ambos os litigantes estão errados; eles se referem a coisas diversas e usam linguagens diversas. A polêmica Benini-Einaudi ilumina a polêmica anterior. Em ambas, Einaudi assume a mesma posição de quando busca limitar, em polêmica com Croce, qualquer função científica da filosofia da práxis. A coerência da posição de Einaudi é "intelectualmente" admirável: ele compreende que qualquer concessão teórica ao adversário, ainda que só intelectual, pode pôr abaixo todo o seu próprio edifício.

Na concepção do Estado, Einaudi pensa na intervenção *governamental* nos fatos econômicos, seja como reguladora "jurídica" do mercado — isto é, como a força que dá ao mercado determinado a forma legal, na qual todos os agentes econômicos atuam em "igualdade de condições jurídicas" —, seja como criadora de privilégios econômicos, como perturbadora da concorrência em favor de determinados grupos. Spirito, ao contrário, refere-se à sua concepção especulativa do Estado, pela qual o indivíduo se identifica com o Estado. Mas existe um terceiro aspecto da questão, que está subentendido em ambos os escritores, qual seja o de que, identificando-se o Estado com um grupo social, a intervenção estatal não somente ocorre da maneira referida por Einaudi, ou do modo desejado por Spirito, mas é uma condição preliminar de qualquer atividade econômica coletiva, é um elemento do mercado determinado, se não for precisamente o próprio mercado determinado, já que é a própria expressão político-jurídica do fato de que uma determinada mercadoria, o trabalho, é preliminarmente depreciada, colocada em condições de inferioridade competitiva, paga por todo o sistema determinado. Este ponto é sublinhado por Benini, e não se trata certamente de uma descoberta; contudo, é interessante que Benini tenha chegado a ele e a maneira pela qual chegou. Pois Benini o atingiu partindo dos princípios da economia clássica, precisamente o que irrita Einaudi.

Einaudi, todavia, na carta publicada pelos *Nuovi Studi*, tinha se referido à "maravilhosa capacidade" de Giovanni Vailati de apresentar um teorema econômico (ou também filosófico) e a sua solução nas diversas linguagens científicas surgidas do processo histórico de desenvolvimento das ciências, isto é, tinha implicitamente admitido a tradutibilidade recíproca destas linguagens [30]: Benini fez precisamente isto, ou seja, apresentou em linguagem de economia liberal um fato econômico já apresentado na linguagem da filosofia da práxis, apesar de todas as limitações e cautelas do caso (o episódio Benini deve ser aproximado do episódio Spirito na Convenção de Ferrara). Recordar, a este respeito, a afirmação de Engels a propósito da possibilidade de se chegar, mesmo partindo da concepção marginalista do valor, às mesmas consequências (ainda que em forma vulgar) a que chegou a economia crítica [31]. A afirmação de Engels deve ser analisada em todas as suas consequências: uma destas, ao que me parece, é a de que, se se quer defender a concepção crítica da economia, é preciso insistir sistematicamente no fato de que a economia ortodoxa trata dos mesmos problemas, em outra linguagem, demonstrando esta identidade dos problemas tratados e que a solução crítica é superior: em suma, é necessário que os textos sejam sempre "bilíngues", com o texto autêntico e a tradução "vulgar" ou de economia liberal ao lado, ou interlineada. {B}

§ 21. *Introdução ao estudo da filosofia.* Filosofia "científica" e filosofia entendida no sentido vulgar de conjunto de ideias e opiniões. Mas podem ser separadas? — Diz-se "enfrentar as coisas com filosofia", "ter filosofia", "agir filosoficamente", etc. (Poder-se-iam elencar os modos de dizer e as expressões dos escritores de caráter popular-nacional — recolhendo-as nos grandes dicionários — nos quais entram as expressões "filosofia" e "filosoficamente", que têm um significado muito preciso, de superação das paixões elementares e bestiais numa concepção das coisas "refletida", através da qual, ao se compreender a necessidade e a racionalidade das mesmas, evita-se o abandono a incandescências e atos impulsivos e irracionais, emprestando-se à própria ação, ao contrário, uma direção consciente.) [32]

§ 22. *Pontos de referência para um ensaio sobre Croce.* Por que é preciso escrever no sentido em que foi redigido o primeiro parágrafo da p. 42 [33]. Deve-se dar o sentido da importância cultural que Croce tem não só na Itália, mas na Europa, e, consequentemente, a significação que tem a rápida e imensa difusão dos seus livros mais recentes, ou seja, as histórias da Itália e da Europa. Parece-me indubitável que Croce se proponha a educação das classes dirigentes. Mas como é efetivamente acolhida a sua obra educativa, a que "ligas" ideológicas dá lugar? Que sentimentos positivos faz nascer? É um lugar-comum pensar que a Itália atravessou todas as experiências políticas do desenvolvimento histórico moderno e que, portanto, ideologias e instituições conformes a estas ideologias seriam para o povo italiano couve requentada, repugnante ao paladar. No entanto, não é verdade que se trate de couve requentada: a "couve" foi comida apenas "metaforicamente" pelos intelectuais e teria sido requentada tão só para eles. Não é "requentada" e, portanto, repugnante para o povo (e, ademais, quando o povo tem fome, come couve requentada até duas ou três vezes). Croce tem uma bela couraça de sarcasmo diante da igualdade e da fraternidade; mas exalta a liberdade, ainda que especulativa. Esta será compreendida como igualdade e fraternidade, e os seus livros aparecerão como a expressão e a justificação implícita de um constitucionalismo que emerge por todos os poros: daquela Itália "*qu'on ne voit pas*" e que só há dez anos está fazendo sua aprendizagem política.

Buscar nos livros de Croce suas referências à função do chefe de Estado. (Uma referência pode ser encontrada na segunda série das *Conversazioni critiche*, na p. 176, resenha do livro de Ernesto Masi, *Asti e gli Alfieri nei ricordi della vita di S. Martino*: "Também a vida moderna pode ter a sua alta moralidade e o seu heroísmo simples, ainda que sobre distintos fundamentos. E estes distintos fundamentos foram colocados pela história, que não mais concebe a antiga fé simplista no rei, no Deus dos padres, nas ideias tradicionais, impedindo que alguém se encerre, como outrora ocorria, no breve círculo da vida familiar e de classe." Creio recordar que D'Andrea, na resenha da *Storia d'Europa* publicada em *Critica Fascista*, reprovava a Croce outra destas expressões, que D' Andrea considera deletéria [34].) O livro de Masi é de 1903 e, portanto, é provável que a resenha de Croce tenha sido publicada pela *Critica* pouco depois, em 1903 mesmo ou em 1904. Pode-se supor que Croce, ao lado da parte polêmica, tenha uma parte reconstrutiva em seu pensamento? E que entre uma e outra possa existir um "salto"? Ao que me parece, isto não se revela a partir de seus escritos. Mas creio que precisamente esta incerteza seja um dos motivos pelos quais muitos dos que pensam como Croce se mostram frios ou, pelo menos, preocupados. Croce dirá: que os práticos e os políticos pensem na parte reconstrutiva; e, em seu sistema de distinções teóricas, a resposta é formalmente congruente. Mas só "formalmente"; e disto Gentile tira partido em suas agressões mais ou menos filosóficas, que me parecem tanto mais exasperadas quanto ele não pode e não quer colocar todo o problema (posição do Vaticano em face do livro *Una storia e un'idea*) [35], não pode e não quer falar claramente a Croce, fazê-lo ver aonde pode conduzir a sua posição de polêmica ideológica e de princípios. Porém, seria necessário observar se não é precisamente isto o que Croce se propõe, visando a obter uma atividade reformista pelo alto, que atenue as antíteses e as concilie em uma nova legalidade obtida "transformisticamente". Mas será que não é possível existir um neomalthusianismo voluntário em Croce, a vontade de não "empenhar-se" a fundo, que é o modo de cuidar só do próprio "particular" do moderno guicciardinismo, característico de muitos intelectuais para os quais parece que basta "dizer": *Dixi, et salvavi animam meam?* [36] Mas a alma não se salva apenas com o dizer. São necessárias as obras — e como! {B}

§ 23. *Pontos de meditação para o estudo da economia.* Onde incide de modo especial o acento nas pesquisas científicas da economia clássica e onde, ao contrário, naquelas da economia crítica, e por que razões, ou seja, em vista de que finalidades práticas a alcançar, ou em vista de que determinados problemas teóricos e práticos a resolver? Para a economia crítica, ao que parece, basta estabelecer o conceito de "trabalho socialmente necessário" para chegar ao conceito de valor, já que se quer partir do trabalho de todos os trabalhadores para chegar a estabelecer a função dos mesmos na produção econômica e para chegar a estabelecer o conceito abstrato e científico de valor e de mais-valia e a função de todos os capitalistas como conjunto. Para a economia clássica, ao contrário, tem importância não o conceito abstrato e científico de valor (ao qual ela busca chegar por outro caminho, mas apenas para fins formais, de sistema harmônico no plano lógico-verbal, e a isso chega, ou crê chegar, através de pesquisas psicológicas, mediante a utilidade marginal), mas o conceito mais concreto e mais imediato de lucro individual ou de empresa; por isso, tem importância o estudo da dinâmica do "trabalho socialmente necessário", que assume várias colocações teóricas: de teoria dos custos comparados, de equilíbrio econômico estático e dinâmico. Para a economia crítica, o problema interessante começa depois que o "trabalho socialmente necessário" já foi estabelecido numa fórmula matemática; para a economia clássica, ao contrário, todo o interesse está na fase dinâmica da formação do "trabalho socialmente necessário" local, nacional, internacional, e nos problemas que as diferenças dos "trabalhos analíticos" põem nas várias fases de tais trabalhos. É o custo comparado, ou seja, a comparação do trabalho "particular" cristalizado nas várias mercadorias, que interessa à economia clássica.

Mas essa pesquisa não interessa também à economia crítica? E é "científico" que, num trabalho como o *Précis* [37], não sejam também tratados esses nexos de problemas? A economia crítica tem diversas fases históricas e, em cada uma delas, é natural que o acento caia no nexo teórico e prático historicamente predominante. Quando o gestor da economia é a propriedade, o acento cai no "conjunto" do trabalho socialmente necessário, como síntese científica e matemática, já que o que se pretende praticamente é que o trabalho se torne consciente do seu conjunto, notadamente do fato de que é um "conjunto" e de que, como "conjunto", determina o processo fundamental do movimento econômico (ao contrário, interessa bem pouco à propriedade o trabalho socialmente necessário, mesmo para as finalidades da própria construção científica; o que interessa é o trabalho particular, nas condições determinadas por um dado aparato técnico e por um dado mercado imediato de víveres, bem como por um dado ambiente imediato ideológico e político, pelo que, quando alguém quiser fundar uma empresa, tentará identificar essas condições mais adequadas à finalidade do lucro máximo "particular" e não raciocinará por "médias" socialmente necessárias). Mas, quando o próprio trabalho se tornar gestor da economia, também ele deverá, por causa dessa mudança fundamental de posição, preocupar-se com as utilidades particulares e com as comparações entre essas utilidades, com o objetivo de extrair delas iniciativas de movimento progressista. De resto, o que são as "emulações" se não um modo de preocupar-se com esse nexo de problemas e de compreender que o movimento progressista ocorre graças a "impulsos" particulares, ou seja, um modo de "comparar" os custos e de insistir em sua contínua redução, identificando e mesmo suscitando as condições objetivas e subjetivas nas quais isso é possível? [38] {B}

§ 24. *Introdução ao estudo da filosofia.* Na colocação dos problemas histórico-críticos, não se deve conceber a discussão científica como um processo judiciário, no qual há um réu e um promotor, que deve demonstrar, por obrigação de ofício, que o réu é culpado e digno de ser tirado de circulação. Na discussão científica, já que se supõe que o interesse seja a pesquisa da verdade e o progresso da ciência, demonstra ser mais "avançado" quem se coloca do ponto de vista de que o adversário pode expressar uma exigência que deva ser incorporada, ainda que como momento subordinado, na sua própria construção. Compreender e valorizar com realismo a posição e as razões do adversário (e o adversário é, em alguns casos, todo o pensamento passado) significa justamente estar liberto da prisão das ideologias (no sentido pejorativo, de cego fanatismo ideológico), isto é, significa colocar-se em um ponto de vista "crítico", o único fecundo na pesquisa científica. {B}

§ 25. *Pontos de meditação para o estudo da economia.* Quando é possível falar de um início para a ciência econômica? (Cf. Luigi Einaudi, "Di un quesito intorno alla nascita della scienza economica", na *Riforma Sociale* de março-abril de 1932, a respeito de algumas publicações de Mario de Bernardi sobre Giovanni Botero.) Pode-se falar desse início desde quando se fez a descoberta de que a riqueza não consiste no ouro (e, portanto, ainda menos na posse do ouro), mas sim no trabalho. William Petty entreviu (*A Treatise of Taxes and Contributions*, 1662, e *Verbum sapientis*, 1666) e Cantillon (1730) afirmou explicitamente que a riqueza não consiste no ouro: "... A riqueza em si mesma não é senão o alimento, as comodidades e as facilidades da vida... o trabalho do homem dá forma de riqueza a tudo isso." [39] Botero se tinha aproximado de uma afirmação muito parecida, em uma passagem do seu trabalho *Delle cause della grandezza delle città* publicado em 1588 (republicado agora por De Bernardi, com base no texto desta primeira edição, nos *Testi inediti e rari*, editados sob a direção do Instituto Jurídico da Universidade de Turim, Turim, 1930, *in*-8°, XII-84 p.): "E já que a arte compete com a natureza, alguém me perguntará: qual das duas coisas importa mais para engrandecer e tornar populoso um lugar, a fecundidade do terreno ou a indústria do homem? A indústria, sem dúvida. Antes de mais nada porque as coisas produzidas pela artificiosa mão do homem são muito maiores e de maior valor do que as coisas geradas pela natureza, pois se a natureza dá a matéria e o conteúdo, a sutileza e a arte do homem dão a inesgotável variedade das formas, etc." Segundo Einaudi, contudo, não se pode reivindicar para Botero nem a teoria da riqueza-trabalho nem a paternidade da ciência econômica contra Cantillon, para o qual "não mais se trata apenas de uma comparação capaz de dizer qual dos dois fatores, a natureza ou o trabalho, dê *maior* valor às coisas, como pergunta Botero, mas da investigação teórica em torno do *que é a riqueza*".

Se este é o ponto de partida da ciência econômica e se assim foi fixado o conceito fundamental da economia, qualquer investigação ulterior não poderá senão aprofundar teoricamente o conceito de "trabalho", o qual, entretanto, não poderá ser submerso no conceito mais genérico de indústria e atividade, mas deverá, ao contrário, ser fixado naquela atividade humana que, em qualquer forma social, é igualmente necessária. Este aprofundamento foi realizado pela economia crítica.

Deve-se ver *A história das doutrinas econômicas* (*Das Mehrwert*) [40]; e, de Cannan, *A Review of Economic Theory*. {B}

§ 26. *Pontos de referência para um ensaio sobre Croce.* Juízos de Croce sobre o livro de De Man, *A superação do marxismo*, mostram que na atitude de Croce, atualmente, o elemento "prático" imediato predomina sobre a preocupação e os interesses teóricos e científicos. De Man, de fato, é uma derivação da corrente psicanalítica, sendo toda a presumida originalidade de suas pesquisas uma decorrência do emprego de uma terminologia psicanalítica exterior e viscosa. A mesma observação pode ser feita com relação a De Ruggiero, que resenhou não só a *Superação* como também *A alegria do trabalho*, tendo escrito posteriormente uma catilinária apressada e superficial sobre Freud e a psicanálise, sem ter porém observado que De Man depende estreitamente dessa corrente. {B}

§ 27. *Pontos de meditação para o estudo da economia.* A respeito do chamado *homo oeconomicus*, isto é, da abstração das necessidades do homem, pode-se dizer que uma tal abstração de modo algum é exterior à história e, ainda que se apresente sob o aspecto das formulações matemáticas, de modo algum tem uma natureza idêntica à das abstrações matemáticas. O *homo oeconomicus* é a abstração das necessidades e das operações econômicas de uma determinada forma de sociedade, assim como o conjunto das hipóteses apresentadas pelos economistas em suas elaborações científicas nada mais é do que o conjunto das premissas que estão na base de uma determinada forma de sociedade. Poder-se-ia fazer um trabalho útil recolhendo sistematicamente as "hipóteses" de algum grande economista "puro", por exemplo, de M. Pantaleoni, coordenando-as de maneira a demonstrar que elas são, precisamente, a "descrição" de uma determinada forma de sociedade. [41] {B}

§ 28. *Introdução ao estudo da filosofia.* 1) Cf. Pietro Lippert, S. J., *Visione cattolica del mondo* (*Die Weltanschauung des Katholizismus*), trad. de Ernesto Peternolli, prefácio de M. Bendiscioli ("Il pensiero cattolico moderno", nº 4), Brescia, Morcelliana, 1931, 190 p., 10 liras. Deve ser lido, tanto por causa do texto do padre Lippert, que é um dos mais conhecidos escritores jesuítas alemães, como por causa do prefácio de Bendiscioli. O livro apareceu na coleção "*Metaphysik und Weltanschauung*", dirigida por Driesch e por Schingnitz. Lippert, como os jesuítas alemães, preocupa-se em dar uma satisfação às exigências que estavam na base do modernismo, mas sem cair nos desvios da ortodoxia que foram característicos do modernismo, já que nesta colocação do problema católico não existe vestígio de imanentismo; Lippert e os jesuítas alemães não se afastam dos dogmas sistematizados pela Igreja com os subsídios lógicos e metafísicos da filosofia aristotélico-tomista, e nem mesmo os interpretam de maneira nova, mas buscam *traduzi-los* para o homem moderno na terminologia da filosofia moderna: "revestir realidades eternas de formas mutáveis", diz literalmente Lippert.

2) Deve-se observar que a atual discussão entre "história e anti-história" não é senão a repetição, nos termos da cultura filosófica

moderna, da discussão ocorrida no fim do século passado, nos termos do naturalismo e positivismo, sobre a seguinte questão: se a natureza e a história procedem por "saltos", ou apenas por evolução gradual e progressiva. A mesma discussão é encontrada também em gerações precedentes, tanto no campo das ciências naturais (doutrinas de Cuvier), como no campo filosófico (e a discussão se encontra em Hegel). Dever-se-ia fazer a história deste problema em todas as suas manifestações concretas e significativas, e se concluiria que ele sempre foi atual, já que em todas as épocas existiram conservadores e jacobinos, progressistas e reacionários. Mas o significado "teórico" desta discussão consiste, creio, no seguinte: ela indica o ponto de passagem "lógico" de toda concepção do mundo à moral que lhe é conforme, de toda "contemplação" à "ação", de toda filosofia à ação política que dela depende. Em outras palavras, é o ponto no qual a concepção do mundo, a contemplação, a filosofia, tornam-se "reais", já que tendem a modificar o mundo, a subverter a práxis. Por isso, é possível dizer que este é o nexo central da filosofia da práxis, o ponto no qual ela se realiza, vive historicamente, ou seja, socialmente e não mais apenas nos cérebros individuais, cessa de ser "arbitrária" e se torna necessária-racional-real. Na verdade, o problema deve ser encarado historicamente. O fato de que tantos fantoches nietzschianos, revoltados verbalmente contra todo o existente, contra os convencionalismos, etc., tenham terminado por enojar e por tirar a seriedade de certas atitudes, isto pode ser admitido, mas não é necessário, nos próprios juízos, deixar-se guiar por fantoches. Contra o titanismo amaneirado, contra a ligeireza e o abstratismo, deve-se sublinhar a necessidade de sermos "sóbrios" nas palavras e nas atitudes externas, precisamente para que exista mais força no caráter e na vontade concreta. Mas esta é uma questão de estilo, não uma questão "teórica".

A forma clássica destas passagens da concepção do mundo à norma prática de conduta, parece-me, é aquela pela qual, da predestinação calvinista, surge um dos maiores impulsos à iniciativa prática que já ocorreu na história mundial. Da mesma maneira, uma outra forma de determinismo desenvolveu-se, num certo ponto, em espírito de iniciativa e em tensão extrema de vontade coletiva.

§ 29. *Pontos de referência para um ensaio sobre Croce.* [I] Partindo do pressuposto de que as duas últimas histórias, a da Itália e a da Europa, foram pensadas no início da guerra mundial, para concluir um processo de meditações e de reflexões sobre as causas dos eventos de 1914 e 1915, pode-se perguntar que precisa finalidade "educativa" elas tiveram. Precisa, rigorosamente precisa. E conclui-se que não a tiveram, que também elas fazem parte daquela literatura sobre o *Risorgimento* de caráter marcadamente literário e ideológico, que na realidade só consegue interessar a restritos grupos intelectuais: típico exemplo é o livro de Oriani sobre a *Lotta politica* [42]. Foram observados os atuais interesses de Croce e, consequentemente, as finalidades práticas que deles decorrem: observa-se, precisamente, que eles são "genéricos", de educação abstrata e "metodológica", por assim dizer, em uma palavra, "de pregação". O único ponto preciso é a questão "religiosa"; mas mesmo esse pode ser chamado de "preciso"? Também a posição no problema da religião permanece a do intelectual; e, embora não se possa negar que mesmo esta posição é importante, deve-se acrescentar que ela é insuficiente.

II. O ensaio poderia ter como núcleo central o exame do conceito de historiografia ético-política, que realmente coroa todo o trabalho filosófico de Croce. Desse modo, toda a operosidade de Croce poderia ser examinada como conduzindo a esse desfecho, em suas várias atitudes em face da filosofia da práxis. E chegar precisamente à conclusão de que o mesmo trabalho feito por Croce foi realizado paralelamente pelos melhores teóricos da filosofia da práxis, de modo que a afirmação da "definitiva superação" é simplesmente uma fanfarronada crítica; e, isso, juntamente com a demonstração analítica de que aquilo que existe de "sadio" e de progressista no pensamento de Croce não é mais do que a filosofia da práxis apresentada em linguagem especulativa. {B}

§ 30. *Pontos de meditação para o estudo da economia.* Observações sobre os *Principi di economia pura* de M. Pantaleoni (nova edição, 1931, Treves-Treccani, Tumminelli):

1) Relendo-se o livro de Pantaleoni, compreende-se melhor os motivos dos abundantes escritos de Ugo Spirito.

2) A primeira parte do livro, onde se trata do postulado hedonista, poderia mais oportunamente servir como introdução a um refinado manual de arte culinária ou a um ainda mais refinado manual sobre as posições dos amantes [43]. É uma pena que os escritores de arte culinária não estudem economia pura, já que, com os subsídios de laboratórios de psicologia experimental e do método estatístico, poderiam chegar a tratados bem mais completos e sistemáticos do que os vulgarmente difundidos; o mesmo poderia ser dito da mais clandestina e esotérica atividade científica que se empenha em elaborar a arte dos prazeres sexuais.

3) A filosofia de Pantaleoni é o sensualismo do século XVIII, desenvolvido no positivismo do século XIX: o seu "homem" é o homem em geral, nas premissas abstratas, isto é, o homem da biologia, um conjunto de sensações dolorosas ou agradáveis, mas que se torna o homem de uma determinada forma social sempre que do abstrato se passa ao concreto, isto é, sempre que se fala de economia e não de ciência natural em geral. O livro de Pantaleoni é o que se pode chamar de uma "obra materialista" em sentido "ortodoxo" e científico!

4) Estes economistas "puros" colocam a origem da ciência econômica na descoberta feita por Cantillon de que a riqueza é o trabalho, a indústria humana. Contudo, quando buscam fazer ciência eles mesmos, esquecem as origens e afundam na ideologia que primeiro desenvolveu, segundo os seus métodos, a descoberta inicial. Das origens, eles desenvolvem não o núcleo positivo, mas o halo filosófico ligado ao mundo cultural da época, ainda que este mundo tenha sido criticado e superado pela cultura posterior.

5) O que deveria substituir, numa economia crítica e historicista, o chamado "postulado hedonista" da economia "pura"? A descrição

do "mercado determinado", isto é, a descrição da forma social determinada, do todo em relação à parte, do todo que determina, naquela determinada medida, o automatismo e o conjunto de uniformidade e regularidade que a ciência econômica busca descrever com o máximo de exatidão, precisão e integralidade. Pode-se demonstrar que uma tal colocação da ciência econômica é superior à da economia "pura"? Pode-se dizer que o postulado hedonista não é abstrato, mas genérico; de fato, ele pode ser premissa não só para a economia, mas para toda uma série de operações humanas, que só podem ser chamadas de "econômicas" se ampliarmos e generalizarmos enormemente a noção de economia, até o ponto de torná-la empiricamente vazia de significado ou fazê-la coincidir com uma categoria filosófica, como, de fato, Croce procurou fazer. [44] {B}

§ 31. *Pontos de referência para um ensaio sobre Croce.* I. Nexo entre filosofia, religião, ideologia (no sentido crociano). Se por religião deve-se entender uma concepção do mundo (uma filosofia) com uma norma de conduta adequada, que diferença pode existir entre religião e ideologia (ou instrumento de ação) e, em última análise, entre ideologia e filosofia? Existe, ou pode existir, filosofia sem uma vontade moral adequada? Os dois aspectos da religiosidade, a filosofia e a norma de conduta, podem ser concebidos como destacados e como podem ter sido concebidos como destacados? E, se a filosofia e a moral são sempre unitárias, por que a filosofia deve ser logicamente anterior à prática e não ao inverso? Ou não é tal colocação um absurdo, devendo-se concluir que "historicidade" da filosofia significa nada mais do que a sua "praticidade"? Pode-se dizer, talvez, que Croce aflorou o problema em *Conversazioni critiche* (I, p. 298-300), onde, analisando algumas das teses sobre Feuerbach, chega à conclusão de que, nelas, "diante da filosofia preexistente", tomam a palavra "não já outros filósofos, como seria de esperar, mas os revolucionários práticos"; de que Marx "não invertia tanto a filosofia hegeliana quanto a filosofia em geral, qualquer espécie de filosofia, suplantando o filosofar com a atividade prática". Mas não se trata, ao contrário, da reivindicação, em face da filosofia "escolástica", puramente teórica ou contemplativa, de uma filosofia que produza uma moral adequada, uma vontade atualizadora com a qual, em última análise, se identifique? A tese XI — "os filósofos apenas interpretaram o mundo de várias maneiras, trata-se agora de transformá-lo" — não pode ser interpretada como um gesto de repúdio a qualquer espécie de filosofia, mas apenas de fastio para com os filósofos e seu psitacismo, bem como de enérgica afirmação de uma unidade entre teoria e prática. Que uma tal solução, por parte de Croce, seja criticamente ineficiente é o que se pode observar também a partir do fato de que, mesmo admitindo por absurda hipótese que Marx quisesse "suplantar" a filosofia em geral com a atividade prática, poder-se-ia "desembainhar" o argumento peremptório de que não se pode negar a filosofia senão filosofando, isto é, reafirmando o que se queria negar; e o próprio Croce, em uma nota do volume *Materialismo storico ed economia marxistica*, reconhece (reconhecera) explicitamente como justificada a exigência, posta por Labriola, de construir uma filosofia da práxis [45].

Esta interpretação das *Teses sobre Feuerbach* como reivindicação da unidade entre teoria e prática e, consequentemente, como identificação da filosofia com o que Croce chama agora de religião (concepção do mundo com uma norma de conduta adequada) — o que, de resto, não é mais do que a afirmação da historicidade da filosofia, feita nos termos de uma imanência absoluta, de uma "absoluta terrenalidade" — pode ainda ser justificada com a famosa proposição segundo a qual "o movimento operário alemão é o herdeiro da filosofia clássica alemã", proposição que não significa, como escreve Croce, "herdeiro que não continuaria a obra do predecessor, mas empreenderia uma outra, de *natureza diversa e contrária*", mas que significaria precisamente que o "herdeiro" continua o predecessor, porém o continua praticamente, já que deduziu uma vontade ativa, transformadora do mundo, da mera contemplação, e nessa atividade prática está também contido o "conhecimento", que, aliás, somente na atividade prática é "conhecimento real" e não "escolasticismo". Deduz-se daí, também, que o caráter da filosofia da práxis é sobretudo o de ser uma concepção de massa e de massa que opera unitariamente, isto é, que tem normas de conduta não só universais em ideia, mas também "generalizadas" na realidade social. E a atividade do filósofo "individual" só pode ser concebida, portanto, em função de tal unidade social, ou seja, também ela como política, como função de direção política.

Também deste ponto de vista revela-se como Croce soube tirar bom proveito de seu estudo da filosofia da práxis. De fato, a tese crociana da identidade entre filosofia e história será algo mais do que um modo, o modo crociano, de colocar o mesmo problema posto pelas teses sobre Feuerbach e confirmado por Engels em seu opúsculo sobre Feuerbach? Para Engels, "história" é prática (a experiência, a indústria); para Croce, "história" é ainda um conceito especulativo. Ou seja, Croce refez o caminho ao inverso: da filosofia especulativa se chegara a uma filosofia "concreta e histórica", a filosofia da práxis; Croce retraduziu em linguagem especulativa as aquisições progressistas da filosofia da práxis, residindo nesta retradução o melhor do seu pensamento.

Pode-se observar, com maior exatidão e precisão, o significado que a filosofia da práxis emprestou à tese hegeliana de que a filosofia se converte na história da filosofia, isto é, a tese da historicidade da filosofia. Isto leva à consequência de que é preciso negar a "filosofia absoluta" abstrata ou especulativa, ou seja, a filosofia que nasce da filosofia precedente e dela herda os chamados "problemas supremos", ou, mesmo, apenas o "problema filosófico", o qual se torna, consequentemente, um problema de história, de como nascem e se desenvolvem os problemas determinados da filosofia. A precedência passa à prática, à história real das modificações das relações sociais, das quais, portanto (e portanto, em última análise, da economia), surgem (ou são apresentados) os problemas que o filósofo se propõe e elabora.

Através do conceito mais amplo de historicidade da filosofia, isto é, de que uma filosofia é "histórica" enquanto se difunde, enquanto se torna concepção da realidade de uma massa social (com uma ética adequada), compreende-se que a filosofia da práxis, não obstante a "surpresa" e o "escândalo" de Croce, estude "nos filósofos precisamente (!) o que não é filosófico: as tendências práticas e os efeitos sociais e de classe que eles representam. Por isso, no materialismo do século XVIII, eles percebiam a vida francesa de então, inteiramente voltada para o presente imediato, para a comodidade e o útil; em Hegel, o Estado prussiano; em Feuerbach, os ideais da vida moderna, aos quais a sociedade alemã ainda não se tinha elevado; em Stirner, a alma dos pequenos comerciantes; em Schopenhauer, a dos pequeno-burgueses; e assim por diante".

Não representava isto, porém, precisamente uma "historicização" das respectivas filosofias, uma busca do nexo histórico entre os filósofos e a realidade histórica que os movia? Poder-se-á dizer, e na realidade se diz: mas a "filosofia" não é, ao contrário, precisamente o que "resta" após esta análise, através da qual se identifica o que é "social" na obra do filósofo? Entretanto, é preciso colocar esta reivindicação e justificá-la mentalmente. Após ter distinguido o que é social ou "histórico" em uma determinada filosofia, o que corresponde a uma exigência da vida prática, a uma exigência que não seja arbitrária e cerebrina (e, por certo, nem sempre é fácil esta identificação, sobretudo se tentada de uma forma imediata, isto é, sem um distanciamento suficiente), após isto se deverá valorizar este "resíduo", que, aliás, não será tão grande como parecia à primeira vista, isto é, se o problema fosse colocado a partir do preconceito crociano de que aquela identificação é uma futilidade ou um escândalo. Que uma exigência histórica seja concebida por um filósofo "indivíduo" de modo pessoal e individual e que a personalidade particular do filósofo incida profundamente sobre a forma concreta expressiva da sua filosofia, é algo simplesmente evidente. Que estas características individuais tenham importância é algo que também deve ser admitido. Mas que significado terá esta importância? Não será puramente instrumental e funcional, já que — se é verdade que a filosofia não se desenvolve a partir de outra filosofia, mas é uma contínua solução de problemas colocados pelo desenvolvimento histórico — também é verdade que cada filósofo não pode negligenciar os filósofos que o precederam, e, aliás, frequentemente atua como se sua filosofia fosse uma polêmica ou um desenvolvimento das filosofias anteriores, das concretas obras individuais dos filósofos anteriores. Aliás, por vezes "é útil" colocar uma descoberta pessoal de verdades como se se tratasse do desenvolvimento de uma tese precedente de outro filósofo, já que é uma força inserir-se no processo particular de desenvolvimento da ciência específica com a qual se colabora.

De qualquer modo, revela-se qual foi o nexo teórico através do qual a filosofia da práxis, mesmo continuando o hegelianismo, o "inverte", sem por isto — como acredita Croce — querer "suplantar" qualquer espécie de filosofia. Se a filosofia é história da filosofia, se a filosofia é "história", se a filosofia se desenvolve porque se desenvolve a história geral do mundo (isto é, as relações sociais nas quais vive o homem) e não porque a um grande filósofo sucede um filósofo ainda maior e assim por diante, é claro que, ao se trabalhar praticamente para fazer história, faz-se também filosofia "implícita" (que será "explícita" na medida em que filósofos a elaborem coerentemente), suscitam-se problemas de conhecimento que, além da forma "prática" de solução, encontrarão, mais cedo ou mais tarde, a forma teórica pela obra dos especialistas, após ter encontrado imediatamente a forma ingênua do senso comum popular, isto é, dos agentes práticos das transformações históricas. Pode-se ver como os crocianos não compreendem este modo de colocar a questão constatando-se o espanto (cf. a resenha de De Ruggiero do livro de Arthur Feiler, publicada na *Critica* de 20 de março de 1932) em face de certos eventos: "... apresenta-se o fato paradoxal de uma ideologia tosca e aridamente materialista que dá lugar, na prática, a uma paixão do ideal, a um ardor de renovação, ao qual não se pode negar uma certa (!) sinceridade", bem como a explicação abstrata à qual recorrem: "Tudo isto é verdade em princípio (!) e é também providencial, pois demonstra que a humanidade possui grandes reservas interiores, que entram em ação precisamente no momento em que uma razão superficial pretendia negá-las", através dos torneios de dialética formal em uso: "A religião do materialismo, pelo fato mesmo de que é religião, não é mais matéria (!?); o interesse econômico, quando é elevado à ética, não é mais mera economia." Este sofisma de De Ruggiero ou é uma futilidade, ou deve ser relacionado a uma proposição de Croce, segundo a qual toda filosofia enquanto tal não pode deixar de ser idealismo; colocada esta tese, por que então tanta batalha de palavras? Será apenas por uma questão de terminologia?

[Masaryk, em seu livro de memórias (*La Réssurection d'un État, Souvenirs et refléxions*, 1914-1918, Paris, Plon), reconhece a contribuição positiva do materialismo histórico através da obra do grupo que o encarna, ao determinar uma nova atitude em face da vida, atitude ativa, de empreendimento e de iniciativa, isto é, no campo em que ele havia precedentemente teorizado a necessidade de uma reforma religiosa.]

À referência de De Ruggiero, podem-se fazer outras observações críticas, que não estão fora de lugar nestes apontamentos sobre Croce: 1) que estes filósofos especulativos, quando não sabem explicar um fato, recorrem imediatamente à costumeira astúcia da providência, que, naturalmente, explica tudo; 2) que de superficial só existe a informação "filológica" de De Ruggiero, que se envergonharia de não conhecer todos os documentos sobre um minúsculo fato de história da filosofia, mas que descuida de informar-se, com maior substancialidade, sobre eventos gigantescos, como os que surgem em sua resenha. A posição de que fala De Ruggiero — a saber, a de que uma ideologia "grosseira, etc." dá lugar, na prática, a uma paixão de ideal, etc. — não é, de resto, nova na história: basta recordar a teoria da predestinação e da graça própria do calvinismo e o fato de ter ela propiciado uma vasta expansão do espírito de iniciativa. Em termos de religião, é o mesmo fato ao qual De Ruggiero se refere; se ele não o compreende, isto talvez decorra de sua mentalidade ainda fundamentalmente católica e antidialética. (Cf. como o católico Jemolo, em sua *Storia del Giansenismo in Italia*, não consegue compreender esta conversão ativista da teoria da graça, ignora qualquer literatura a respeito e se pergunta de onde Anzilotti extraiu semelhante sandice.)

II. A crítica crociana da filosofia da práxis pode partir de suas afirmações peremptórias a respeito, contidas na *Storia d'Italia* e na

Storia d'Europa, nas quais Croce dá como definitivas e agora comumente aceitas as suas conclusões, mas deverá ser exposta em forma sistemática. Desde logo, cabe notar que as afirmações de Croce foram muito menos axiomáticas e formalmente decisivas do que hoje ele quer fazer crer. A teoria do valor não é de modo algum negada intrinsecamente em seu ensaio principal: ele afirma que a única "teoria do valor" científica é a do grau final de utilidade, e que a teoria marxista do valor é "outra coisa", mas como "outra coisa" ele reconhece sua solidez e eficácia e pede aos economistas para refutá-la com argumentos diversos dos costumeiramente empregados por Böhm-Bawerk & Cia. De resto, sua tese subsidiária, segundo a qual se trata de uma comparação elíptica, além de não ser justificada, é na realidade imediatamente contraditada pela observação de que se trata de uma continuação lógica da teoria ricardiana do valor e de que Ricardo não fazia, certamente, "comparações elípticas" [46]. A redução da filosofia da práxis a cânone empírico de interpretação é afirmada somente através do método indireto de exclusão, isto é, ainda não de uma maneira intrínseca. Para Croce, trata-se certamente de "algo" importante; mas, já que não pode ser nem isto nem aquilo, etc., será um cânone de interpretação. A demonstração, ao que parece, não é conclusiva. A mesma prudência formal revela-se no escrito sobre a queda da taxa de lucro: O que quis dizer o autor da teoria? Se quis dizer isto, não é exato. Mas quis mesmo dizer isto? Consequentemente, deve-se ainda examinar o assunto, etc. Aliás, deve-se sublinhar como esta atitude prudente modificou-se completamente nos últimos anos e tudo se tornou peremptório e definitivo, ao mesmo tempo que se faz mais acrítico e injustificado.

§ 32. *Pontos de meditação para o estudo da economia.* Sobre os *Principi di economia pura* de Pantaleoni [47].

[I]. Deve-se fixar com exatidão o ponto no qual se distingue a "abstração" da "generalização". Os agentes econômicos não podem ser submetidos a um processo de abstração cuja hipótese de homogeneidade seja o homem biológico; esta não é abstração, mas generalização ou "indeterminação". Abstração será sempre abstração de uma categoria histórica determinada, vista precisamente enquanto categoria e não enquanto individualidade múltipla. O *homo oeconomicus* é também historicamente determinado, embora seja ao mesmo tempo indeterminado: é uma abstração determinada. Este processo ocorre, na economia crítica, pondo-se como valor o valor de troca e não o valor de uso, reduzindo portanto o valor de uso ao valor de troca, potencialmente, no sentido de que uma economia de troca modifica também os hábitos fisiológicos e a escala psicológica dos gostos e dos graus finais de utilidade, que, desta forma, aparecem como "superestruturas" e não como dados econômicos primários, objeto da ciência econômica.

II. Deve-se fixar o conceito de mercado determinado. Como ele é assumido na economia "pura" e na economia crítica. Mercado determinado, na economia pura, é uma abstração arbitrária, que tem um valor puramente convencional, visando a uma análise pedante e escolástica. Para a economia crítica, ao contrário, mercado determinado será o conjunto das atividades econômicas concretas de uma forma social determinada, consideradas em suas leis de uniformidade, isto é, "abstratas", mas sem que a abstração deixe de ser historicamente determinada. Abstrai-se a multiplicidade individual dos agentes econômicos da sociedade moderna quando se fala de capitalistas, mas a abstração se situa precisamente no âmbito de uma economia capitalista e não de uma genérica atividade econômica que abstraia, em suas categorias, todos os agentes econômicos surgidos na história mundial, reduzindo-os genérica e indeterminadamente ao homem biológico.

III. Pode-se indagar se a economia pura é uma ciência ou se é "algo diverso", que, contudo, utiliza um método que, enquanto método, tem um rigor científico próprio. Que existem atividades deste gênero é o que a teologia demonstra. Também a teologia parte de uma determinada série de hipóteses e depois constrói sobre elas todo um maciço edifício doutrinário solidamente coerente e rigorosamente deduzido. Mas, por causa disso, a teologia é uma ciência? Einaudi (cf. "Ancora intorno al modo di scrivere la storia del dogma economico", in *Riforma Sociale* de maio-junho de 1932) escreve que a economia é uma "doutrina que tem a mesma índole das ciências matemáticas e físicas (afirmação esta, observe-se, sem nenhuma ligação necessária com a outra, qual seja a de que é necessário ou útil, em seu estudo, o emprego do instrumento matemático)", mas seria difícil demonstrar, coerente e rigorosamente, esta afirmação. O mesmo conceito foi expresso por Croce, com as seguintes palavras (*Critica*, janeiro de 1931): "A Economia não muda de natureza quaisquer que sejam os ordenamentos sociais, capitalistas ou comunistas, qualquer que seja o curso da história, da mesma maneira como a aritmética não muda de natureza por variarem as coisas a numerar." Mas, ao que me parece, não se deve confundir a matemática com a física. A matemática pode ser chamada de ciência puramente "instrumental", complementar de toda uma série de ciências naturais "quantitativas", ao passo que a física é uma ciência imediatamente "natural". A matemática pode ser comparada com a lógica formal, com a qual, de resto, a matemática superior unificou-se sob muitos aspectos. Pode-se dizer o mesmo da economia pura? A discussão ainda é viva, e, ao que parece, não está para terminar. Por outro lado, mesmo nos chamados economistas puros, não existe um acordo muito grande. Para alguns, só é economia pura aquela hipotética, que coloca as suas demonstrações com um "suposto que", ou seja, é também economia pura a que torna abstratos, isto é, generaliza, todos os problemas econômicos colocados historicamente. Para outros, ao contrário, só é economia pura a que pode ser deduzida do princípio econômico ou postulado hedonista, isto é, que abstrai completamente qualquer historicidade e pressupõe apenas uma genérica "natureza humana" idêntica no tempo e no espaço. Mas, se se leva em conta a carta aberta de Einaudi a Rodolfo Benini, publicada há algum tempo nos *Nuovi Studi*, vê-se que a posição dos economistas puros é hesitante e insegura. [48] {B}

§ 33. *Pontos de referência para um ensaio sobre Croce.* No escrito sobre a queda tendencial da taxa de lucro, deve-se notar um erro fundamental de Croce. Esse problema já foi colocado no Livro I da

Crítica da economia política, quando se fala da mais-valia relativa e do progresso técnico precisamente como causa da mais-valia relativa [49]; no mesmo local, observa-se como, nesse processo, manifesta-se uma contradição, ou seja: enquanto, por um lado, o progresso técnico permite um crescimento da mais-valia, determina, por outro, em função da modificação que introduz na composição do capital, a queda tendencial da taxa de lucro, o que é demonstrado no Livro III da *Crítica da economia política*. Croce apresenta como objeção à teoria exposta no Livro III aquela parte do desenvolvimento teórico contida no Livro I, ou seja, expõe como objeção à lei tendencial da queda da taxa de lucro a demonstração da existência de uma mais-valia relativa causada pelo progresso técnico, mas sem jamais se referir, uma única vez, ao Livro I, como se a objeção tivesse sido extraída de sua cabeça ou mesmo como se fosse um produto do bom senso. (Contudo, será preciso rever os textos da *Crítica da economia política* antes de apresentar essa crítica à objeção de Croce, cautela que, de resto, é evidentemente necessária para todas estas notas, que foram em grandíssima parte escritas com base na memória.) Em todo caso, deve-se deixar claro que a questão da lei tendencial da queda da taxa de lucro não pode ser estudada somente na exposição existente no Livro III; esta análise é o aspecto contraditório da análise exposta no Livro I, da qual não pode ser desligada. Por outro lado, talvez se deva determinar melhor o significado de lei "tendencial": já que toda lei em economia política não pode deixar de ser tendencial, posto que é obtida isolando-se um certo número de elementos e abandonando-se consequentemente as forças contraoperantes, será talvez preciso distinguir entre um grau maior ou menor de tendencialidade; enquanto, costumeiramente, o adjetivo "tendencial" está subentendido como óbvio, insiste-se em seu uso, ao contrário, quando a tendencialidade se torna uma característica organicamente importante, como neste caso, em que a queda da taxa de lucro é apresentada como o aspecto contraditório de uma outra lei, a saber, a da produção da mais-valia relativa, em que uma tende a elidir a outra, com a previsão de que a queda da taxa de lucro prevalecerá.

Pode-se imaginar quando a contradição atingirá um nó górdio, insolúvel normalmente, necessitando assim a intervenção de uma espada de Alexandre? Quando toda a economia mundial se tornar capitalista e atingir um certo grau de desenvolvimento; isto é, quando a "fronteira móvel" do mundo econômico capitalista houver alcançado as suas colunas de Hércules. As forças contraoperantes da lei tendencial e que se resumem na produção cada vez maior de mais-valia relativa têm limites, que são dados, por exemplo, do ponto de vista técnico, pela extensão e pela resistência elástica da matéria e, do ponto de vista social, pela quantidade suportável de desemprego em uma determinada sociedade. Em outras palavras, a contradição econômica torna-se contradição política e é resolvida politicamente por uma subversão da práxis.

Sobre o assunto da queda tendencial da taxa de lucro, recordar um trabalho resenhado no primeiro ano dos *Nuovi Studi* e escrito por um economista alemão, discípulo dissidente de Franz Openheimer, bem como um volume mais recente de Grossmann, resenhado na revista *Economia* de Trieste e na *Critique Sociale*, por Lucien Laurat. [50] {B}

§ 34. *Pontos de referência para um ensaio sobre Croce.* Para se ver como foi grande a mudança ocorrida na posição de Croce em face da filosofia da práxis, pode-se comparar o seguinte trecho do escrito *Il libro do Prof. Stammler* — "Mas, para ele (Stammler), na obra de Marx, não se trata de tais 'pequenas considerações': que a chamada vida econômica exerça uma eficácia sobre as ideias, sobre as ciências, sobre as artes, etc.: isso é coisa velha, de poucas consequências. Assim como o materialismo filosófico não consiste em afirmar que os fatos corporais tenham eficácia sobre os espirituais, mas em fazer desses últimos uma mera aparência, irreal, dos primeiros, assim também o materialismo histórico *deve consistir* na afirmação de que a economia é a verdadeira realidade e o direito é aparência enganosa" — com os capítulos finais da *Storia della storiografia italiana nel secolo XIX* [51]: nesses, Croce assume precisamente essa posição de Stammler, sem nem mesmo buscar justificá-la mediante um princípio ou uma tentativa de demonstração. O que, em 1898, era simplesmente um forçamento arbitrário de Stammler se transforma, em 1915, numa verdade óbvia que sequer vale a pena explicitar. {B}

§ 35. *Introdução ao estudo da filosofia.* É possível observar o paralelo que se desenvolve entre a democracia moderna e determinadas formas de materialismo metafísico e de idealismo. O materialismo francês do século XVIII busca a igualdade na redução do homem a categoria de história natural, indivíduo de uma espécie biológica, distinto não por qualificações sociais e históricas, mas por dotes naturais; de qualquer modo, como sendo essencialmente igual aos seus semelhantes. Essa concepção passou para o senso comum, que tem como afirmação popular a de que "todos nascemos nus" (se é que a afirmação do senso comum não precedeu a discussão ideológica dos intelectuais). No idealismo, encontra-se a afirmação de que a filosofia é a ciência democrática por excelência, na medida em que se refere à faculdade de raciocinar, comum a todos os homens, motivo pelo qual se explica o ódio dos aristocratas à filosofia e as proibições legais contra o ensino e a cultura por parte das classes do antigo regime. {B}

§ 36. *Pontos de referência para um ensaio sobre Croce.* Depois de observar que, em seu escrito sobre a queda da taxa de lucro, Croce não faz mais do que apresentar como objeção o outro aspecto contraditório do processo ligado ao progresso técnico, isto é, a teoria da mais-valia relativa, já estudada no Livro I da *Crítica de economia política*, deve-se observar que Croce, em sua análise, esquece um elemento fundamental na formação do valor e do lucro, a saber, o "trabalho socialmente necessário", cuja formação não pode ser estudada e descoberta em uma única fábrica ou empresa. O progresso técnico possibilita a cada empresa a *chance* molecular de aumentar a produtividade do trabalho acima da média social e, consequentemente, de auferir lucros excepcionais (como vem estudado no Livro I); mas, tão logo o referido progresso se socializa, esta vantagem inicial se perde gradativamente e passa a funcionar a lei da média social do trabalho que, através da concorrência, abaixa preços e lucros: neste ponto, ocorre uma queda da taxa de lucro, já que a composição orgânica do capital revela-se desfavorável. Os empresários tendem a prolongar pelo maior tempo possível a *chance* inicial, inclusive por meio de intervenção legislativa: defesa de patentes, de segredos industriais, etc., que, contudo, não pode deixar de se limitar a alguns aspectos do progresso técnico, talvez secundários, mas que têm de qualquer modo uma importância que não é irrelevante. O meio mais eficaz empregado pelos empresários singulares para fugir à lei da queda é o de introduzir incessantemente novas modificações progressivas em todos os campos do trabalho e da produção, sem negligenciar as menores inovações, que, nas empresas gigantes, multiplicadas em grande escala, dão resultados muito apreciáveis. Toda a atividade industrial de Henry Ford pode ser estudada deste ponto de vista: uma luta contínua e incessante para fugir da lei da queda da taxa de lucro, pela manutenção de uma posição de superioridade sobre os concorrentes. Ford foi obrigado a sair do campo estritamente industrial da produção, a fim de organizar também os transportes e a distribuição da suas mercadorias, determinando assim uma distribuição da massa de mais-valia mais favorável para o industrial produtor. O erro de Croce é de outra natureza; ele parte do pressuposto de que todo progresso técnico determina imediatamente, como tal, uma queda da taxa de lucro, o que é errado, pois a *Crítica da economia política* afirma apenas que o progresso técnico determina um processo de desenvolvimento contraditório, um de cujos aspectos é a queda tendencial. Croce afirma levar em conta todas as premissas teóricas da economia crítica, mas esquece a lei do trabalho socialmente necessário. Esquece inteiramente a parte da questão tratada no Livro I, o que lhe teria poupado toda esta série de erros, esquecimento tanto mais grave quando ele mesmo reconhece que, no Livro III, a seção dedicada à lei da queda tendencial está incompleta, apenas esboçada, etc.; eis uma razão peremptória para estudar tudo o que o mesmo autor, em outra parte, escrevera sobre o assunto. (A questão do texto do Livro III pode ser reestudada agora, quando se tem à disposição, creio, a edição completa do conjunto de apontamentos e de notas que deveriam servir para a sua composição definitiva. Não é de excluir que, na edição original, tenham sido negligenciadas passagens que, após as polêmicas ocorridas, poderiam ter uma importância bem maior do que a imaginada pelo primeiro organizador do material fragmentário [52].)

Um técnico da economia, de resto, deveria retomar a fórmula geral da lei da queda tendencial, que fixa o momento no qual a própria lei se verifica, e estabelecer criticamente toda a série de passagens que conduzem a ela tendencialmente, como conclusão lógica.

É necessário desenvolver a referência sobre a significação de "tendencial" com relação à lei da queda do lucro. É evidente que, neste caso, a tendencialidade não pode referir-se somente às forças contraoperantes na realidade todas as vezes que se abstraem dela alguns elementos isolados a fim de construir uma hipótese lógica. Já que a lei é o aspecto contraditório de uma outra lei — a da mais-valia relativa, que determina a expansão molecular do sistema fabril, isto é, o próprio desenvolvimento do modo capitalista de produção — é impossível que estas forças contraoperantes sejam as mesmas das hipóteses econômicas comuns. Neste caso, a força contraoperante é ela mesma organicamente estudada, dando lugar a uma outra lei tão orgânica quanto a da queda. A significação de "tendencial", portanto, ao que parece, deve ser de caráter "histórico" real e não metodológico: o termo serve, precisamente, para indicar este processo dialético pelo qual o impulso molecular progressivo conduz a um resultado tendencialmente catastrófico no conjunto social, resultado de onde partem outros impulsos singulares progressivos, em um processo de contínua superação, o qual, contudo, não se pode prever como infinito, ainda que se desagregue em um número muito grande de fases intermediárias de diversa medida e importância. Pela mesma razão, não é inteiramente exato dizer, como o faz Croce no prefácio à segunda edição de seu livro, que a lei sobre a queda da taxa de lucro, se fosse estabelecida com exatidão, como acreditava o seu autor, "importaria, nem mais nem menos, no fim automático e iminente da sociedade capitalista".

Nada de automático e, muito menos, de iminente. Esta ilação de Croce se deve, precisamente, ao erro que consiste em ter examinado a lei da queda da taxa de lucro isolando-a do processo na qual foi concebida; e isolando-a não para fins científicos de uma melhor exposição, mas como se ela fosse válida "absolutamente", e não, ao contrário, como termo dialético de um mais amplo processo orgânico. Que muitos tenham interpretado a lei da mesma maneira que Croce não o exime de uma certa responsabilidade científica. Muitas afirmações da economia crítica foram assim transformadas em mitos, e não está excluída a possibilidade de que uma tal formação de mitos tenha tido a sua importância prática imediata e que ainda possa tê-la. Mas trata-se de um outro aspecto da questão, que tem pouco a ver com a colocação científica do problema e com a dedução lógica: poderá ser examinada no campo da crítica dos métodos políticos e dos métodos de política cultural. É provável que, neste campo, em última análise, revele-se inútil e contraproducente o método político de forçar arbitrariamente uma tese científica para dela extrair um mito popular estimulante e propulsor: o método poderia ser comparado ao uso dos narcóticos, que criam um instante de exaltação das forças físicas e psíquicas, mas enfraquecem permanentemente o organismo. {B}

§ 37. *Pontos de meditação para o estudo da economia.* [I.] No exame da questão do método de pesquisa econômica e do conceito de abstração, deve-se ver se a crítica feita por Croce à economia crítica, de proceder através de "uma contínua mistura de dedução teórica e de descrição histórica, de nexos lógicos e de nexos de fatos" (*MSEM*, p. 160) [53], não é, ao contrário, um dos traços característicos da superioridade da economia crítica sobre a economia pura e uma das forças que a tornam mais fecunda para o progresso científico. Ademais, devem-se notar as manifestações de insatisfação e de fastio, por parte do próprio Croce, com relação aos procedimentos mais comuns da economia pura, com seus bizantinismos e sua mania escolástica de revestir de um pomposo manto científico as mais triviais banalidades do senso comum e as mais vazias generalidades. A economia crítica buscou uma justa síntese entre o método dedutivo e o método indutivo, isto é, buscou construir hipóteses abstratas não sobre a base indeterminada de um homem em geral, historicamente indeterminado e que de nenhum ponto de vista pode ser reconhecido como abstração de uma realidade concreta, mas sobre a realidade efetiva, "descrição histórica", que dá a premissa real para construir hipóteses científicas, isto é, para abstrair o elemento econômico ou os aspectos do elemento econômico sobre os quais se quer chamar a atenção e exercer o exame científico. Deste modo, não pode existir o *homo oeconomicus* genérico, mas pode-se abstrair o tipo de cada um dos agentes ou protagonistas da atividade econômica que se sucederam na história: o capitalista, o trabalhador, o escravo, o dono de escravos, o barão feudal, o servo da gleba. Não foi por acaso que a ciência econômica nasceu na época moderna, quando a difusão do sistema capitalista generalizou um tipo relativamente homogêneo de homem econômico, isto é, criou as condições reais nas quais uma abstração científica tornava-se relativamente menos arbitrária e genericamente vazia do que antes pudera ser.

II. Deve-se refletir sobre este ponto: como poderia e deveria ser compilado atualmente um sumário de ciência crítica econômica que reproduzisse o tipo representado no passado, e para as gerações passadas, pelos compêndios de Cafiero, de Deville, de Kautsky, de Aveling, de Fabietti e, mais modernamente, pelo compêndio de Borchardt e, numa série distinta, pela literatura econômica de divulgação didática, que, nas línguas ocidentais, é representada pelo *Précis d'économie politique* de Lapidus e Ostrovitianov, mas que, na língua original, deve ser representada presentemente por uma considerável quantidade de compêndios de tipos diversos e de tamanho muito variável, de acordo com o público aos quais os ditos compêndios são dedicados. Observa-se: 1) que hoje, após a publicação da edição crítica das diversas obras de economia crítica, o problema da reelaboração de tais compêndios tornou-se de solução necessária, cientificamente obrigatória; 2) que o compêndio de Borchardt, na medida em que resume não apenas o Livro I da *Crítica da economia política*, mas os três Livros, é evidentemente superior aos de Deville, de Kautsky, etc. (deixando-se de parte, por enquanto, o valor intrínseco dos diversos tratados); 3) que o tipo de compêndio moderno deveria ser ainda mais extenso que o de Borchardt, na medida em que deveria levar em conta toda a análise econômica devida ao mesmo autor e apresentar-se como um compêndio e uma exposição de todo o corpo doutrinário da Economia crítica e não apenas como um resumo de determinadas obras, ainda que fundamentais; 4) que o método da exposição não deveria ser determinado pelas fontes literárias dadas, mas deveria nascer e ser ditado pelas exigências críticas e culturais da atualidade às quais se quer dar uma solução científica e orgânica; 5) que, portanto, devem-se excluir sem dúvida os resumos mecânicos e grosseiros, mas todo o material deve ser refundido e reorganizado de modo "original", preferencialmente sistemático, de acordo com um esquema que facilite "didaticamente" o estudo e o aprendizado; 6) que todo o conjunto de exemplos e de fatos concretos deve ser atualizado e os que estão contidos nos textos originais devem e podem ser referidos somente na medida em que a história econômica e a legislação do país para o qual o compêndio está sendo feito não ofereçam correspondentes que justifiquem um desenvolvimento diverso do processo histórico, ou não sejam tão relevantes e expressivos; 7) que a exposição deve ser crítica e polêmica, no sentido de que deve responder, ainda que implicitamente de modo subentendido, à colocação dos problemas econômicos que é feita, no determinado país, pela cultura econômica mais difundida e pelos economistas oficiais e da moda. O manual de Lapidus e Ostrovitianov, deste ponto de vista, é "dogmático": apresenta as suas afirmações e as suas análises como se elas não fossem "contestadas" e rejeitadas radicalmente por ninguém, mas fossem a expressão de uma ciência que, ao invés de estar em seu período de luta e polêmica para afirmar-se e triunfar, já houvesse penetrado no período clássico de sua expansão orgânica. Evidentemente, não é este o caso, ao contrário. O compêndio deve ser, portanto, energicamente polêmico e agressivo, não deixando sem resposta (implícita e subentendida na própria colocação autônoma, o que talvez seja melhor) nenhuma questão essencial ou que seja apresentada como essencial pela economia vulgar, de modo a privar esta de todas as suas críticas e defesas, desqualificando-a em face das jovens gerações de estudiosos; 8) o compêndio de ciência econômica não pode ser desligado de um curso de história das doutrinas econômicas. O chamado Livro IV da *Crítica da economia política* é, precisamente, uma história das doutrinas econômicas, tendo sido traduzido em francês justamente com esse título [54]. Toda a concepção da economia crítica é historicista (o que não quer dizer que deva ser confundida com a chamada escola histórica da economia) e o seu tratamento teórico não pode deixar de ser acompanhado por uma história da ciência econômica, cujo núcleo central — além do referido Livro IV — pode ser reconstruído, pelo menos em parte, a partir das referências contidas dispersamente em toda a obra dos escritores originários; 9) desta forma, não se pode prescindir de uma introdução geral, ainda que breve, a qual, na trilha do prefácio à 2ª edição do Livro I, forneça uma exposição resumida da filosofia da práxis e dos princípios metodológicos mais importantes e essenciais, extraindo-os do conjunto das obras econômicas, onde estão incorporados no tratamento ou dispersos e referidos apenas quando há uma oportunidade concreta. {B}

§ 38. *Pontos de referência para um ensaio sobre Croce.* I. A afirmação de que a teoria do valor na economia crítica não é uma teoria do valor, mas "outra coisa", fundada sobre uma comparação elíptica, isto é, com referência a uma hipotética sociedade futura, etc. Mas a demonstração não é bem-sucedida, e sua refutação está implicitamente contida no próprio Croce (cf. o primeiro capítulo do ensaio *Per la interpretazione e la critica*, etc.). Deve-se dizer que a descoberta da comparação elíptica é puramente literária; de fato, a teoria do valor-trabalho tem toda uma história, que culmina nas doutrinas de Ricardo, e os representantes desta doutrina não pretendiam certamente fazer comparações elípticas. (Esta objeção foi enunciada pelo professor Graziadei, no opúsculo *Capitale e salario*; deve-se ver se foi apresentada antes e por quem. Ela é tão óbvia, que deveria ter imediatamente vindo à ponta do lápis.) Deve-se ver, também, se Croce conhecia o volume *Das Mehrwert*, no qual está contida a exposição do desenvolvimento histórico da teoria do valor-trabalho. (Cotejo cronológico entre a publicação do *Mehrwert*, ocorrida postumamente e após os Livros II e III da *Crítica da economia política*, e o ensaio de Croce.) Portanto, a questão é a seguinte: o tipo de hipótese científica própria da Economia crítica, que abstrai não princípios econômicos do homem em geral, de todos os tempos e lugares, mas as leis de um determinado tipo de sociedade, é arbitrário ou, ao contrário, mais concreto do que o tipo de hipótese da economia pura? E, já que um tipo de sociedade se apresenta pleno de contradições, é correto abstrair somente um dos termos desta contradição? Ademais, toda teoria é uma comparação elíptica, já que existe sempre uma comparação entre os fatos reais e a "hipótese" depurada destes fatos. Quando Croce afirma que a teoria do valor não é a "teoria do valor", mas algo diverso, não destrói em realidade a própria teoria, mas coloca uma questão formal de nomenclatura: daí por que os economistas ortodoxos não ficaram contentes com o seu ensaio (cf., no livro *MSEM*, o artigo polêmico com o professor Racca). Assim, não é válida a observação a respeito do termo "mais-valia", o qual, ao contrário, expressa com muita clareza o que se pretende dizer, precisamente pelas razões que levam Croce a criticá-lo; trata-se da descoberta de um fato novo, que é expresso com um termo cuja novidade consiste na formação, precisamente contraditória em face da ciência tradicional; talvez seja verdade que não podem existir "mais-valias" ao pé da letra, mas o neologismo tem um significado metafórico, não literal, isto é, é uma nova palavra que não se reduz ao valor literal das formas etimológicas originárias.

II. Talvez fosse oportuno, conforme a amplitude do ensaio, fazer um esboço da tradição intelectual do Sul (notadamente no que diz respeito ao pensamento político e filosófico) em contraposição com o resto da Itália, principalmente com a Toscana, tal como se reflete até a geração de Croce (e Giustino Fortunato). O livro de Luigi Russo sobre

De Sanctis e a Universidade napolitana pode ser muito útil, também para ver como a tradição meridional atingiu, com De Sanctis, um grau de desenvolvimento teórico-prático em face do qual a atitude de Croce representa um retrocesso, sem que a atitude de Gentile — que, contudo, se empenhou mais do que Croce na ação prática — possa ser julgada como uma continuação da atividade desanctisiana, por outras razões. A respeito do contraste cultural entre a Toscana e o *Mezzogiorno*, pode-se recordar (a título de curiosidade) o epigrama de Ardegno Soffici (parece-me que no *Giornale di Bordo*) sobre a "alcachofra". A alcachofra toscana, escreve entre outras coisas Soffici, não se apresenta à primeira vista tão vistosa e sedutora quanto a alcachofra napolitana; é insípida, dura, cheia de espinhos, hirsuta. Mas desfolhemo-la; depois das primeiras folhas fibrosas e não comestíveis, descartáveis, cada vez aumenta mais a parte comestível e saborosa, até que, no meio, encontra-se o núcleo compacto, polpudo, saborosíssimo. Tomemos a alcachofra napolitana; já desde as primeiras folhas, existe algo que pode ser comido, mas que aquosidade e banalidade de sabor!; continuemos desfolhando: o sabor não melhora e, no centro, não se encontra nada, a não ser um vazio cheio de fibras insípidas. Oposição entre a cultura científica e experimental dos toscanos e a cultura especulativa dos napolitanos. Só que a Toscana não tem atualmente nenhuma função particular na cultura nacional, alimentando-se da vaidade de recordações passadas.

§ 39. *Pontos de referência para um ensaio sobre Croce. Nota sobre Luigi Einaudi.* Não parece que Einaudi tenha estudado diretamente as obras de Economia crítica e de filosofia da práxis; aliás, pode-se dizer que ele fala delas, notadamente da filosofia da práxis, de orelha, por ouvir dizer, frequentemente de terceira ou quarta mão. As noções principais foram tomadas de Croce (*MSEM*), mas de uma maneira superficial e desconjuntada (ver um parágrafo anterior [55]). O que mais interessa é o fato de que foi sempre escritor apreciado por *Riforma Sociale* (e, durante algum tempo, creio, também membro da redação) Achile Loria, isto é, o divulgador de um desvio degenerado da filosofia da práxis. Pode-se dizer, aliás, que aquilo que passa na Itália por filosofia da práxis não é mais do que contrabando do rebotalho científico loriano. Recentemente, precisamente na *Riforma Sociale* [56], Loria publicou uma mixórdia de fichas caoticamente dispostas, intitulando-a: "Nuove conferme dell'economismo storico." Na *Riforma Sociale* de novembro-dezembro de 1930, Einaudi publicou uma nota — "O mito (!) do instrumento técnico" — a respeito da *Autobiografia* de Rinaldo Rigola que reforça a opinião referida acima. Precisamente Croce havia mostrado, em seu ensaio sobre Loria (no *MSEM*), que o "mito (!) do instrumento técnico" foi uma invenção particular de Loria, o que Einaudi não menciona, persuadido como está de que se trate, ao contrário, de uma doutrina da filosofia da práxis. Einaudi, ademais, comete toda uma série de erros por ignorância do assunto: 1) confunde o desenvolvimento do instrumento técnico com o desenvolvimento das forças econômicas; para ele, falar de desenvolvimento das forças produtivas significa apenas falar do desenvolvimento do instrumento técnico; 2) considera que as forças produtivas sejam, para a economia crítica, apenas as coisas materiais e não, também, as forças e as relações sociais, isto é, humanas, que estão incorporadas às coisas materiais e das quais o direito de propriedade é a expressão jurídica; 3) revela-se também, neste escrito, o costumeiro "cretinismo" economicista que é próprio de Einaudi e de muitos dos seus amigos livre-cambistas, os quais, como propagandistas, são verdadeiros iluminados. Seria interessante rever a coletânea dos escritos de propaganda jornalística de Einaudi; eles mostrariam que os capitalistas não compreenderam jamais os seus verdadeiros interesses e se comportaram sempre antieconomicamente.

Dada a inegável influência intelectual de Einaudi sobre um amplo estrato de intelectuais, valeria a pena fazer uma investigação de todas as notas nas quais ele se refere à filosofia da práxis. Ademais, deve-se recordar o artigo necrológico sobre Piero Gobetti, publicado por Einaudi no *Baretti*, que explica a atenção com a qual Einaudi rechaça qualquer escrito devido a liberais no qual se reconheça à filosofia da práxis a importância e a influência que esta teve no desenvolvimento da cultura moderna. Deve-se recordar também, a este respeito, o trecho sobre Gobetti no *Piemonte* de Giuseppe Prato.

§ 40. *Introdução ao estudo da filosofia*. O "númeno" kantiano. Se a realidade é como nós a conhecemos e se nosso conhecimento modifica-se continuamente, isto é, se nenhuma filosofia é definitiva, mas sim historicamente determinada, é difícil imaginar que a realidade se modifique objetivamente com a nossa modificação; e é difícil admiti-lo não apenas para o senso comum, como para o pensamento científico. Em *A sagrada família*, afirma-se que a realidade esgota-se inteiramente nos fenômenos e que, para além dos fenômenos, nada existe; e assim o é, certamente [57]. Mas a demonstração não é fácil. Que são os fenômenos? São algo objetivo, que existe em si e para si, ou são qualidades que o homem distinguiu em consequência dos seus interesses práticos (a construção da sua vida econômica) e dos seus interesses científicos, isto é, da necessidade de encontrar uma ordem no mundo e de descrever e classificar as coisas (necessidade que é, também ela, ligada a interesses práticos mediatos e futuros?). Colocada a afirmação segundo a qual o que nós conhecemos nas coisas é nada mais do que nós mesmos, nossas necessidades e nossos interesses, isto é, que os nossos conhecimentos são superestruturas (ou filosofias não definitivas), torna-se difícil evitar que se pense em algo de real para além destes conhecimentos, não no sentido metafísico de "númeno", de um "deus desconhecido" ou de "um incognoscível", mas no sentido concreto de uma "relativa ignorância" da realidade, de qualquer coisa de ainda "desconhecido" que, porém, poderá ser conhecido um dia, quando os instrumentos "físicos" e intelectuais dos homens forem mais perfeitos, isto é, quando forem modificadas, em sentido progressivo, as condições sociais e técnicas da humanidade. Faz-se, portanto, uma previsão histórica que consiste simplesmente no ato do pensamento que projeta no futuro um processo de desenvolvimento como o que se verificou do passado até nossos dias. De qualquer maneira, deve-se estudar Kant e rever exatamente os seus conceitos. {B}

§ 41. *Pontos de referência para um ensaio sobre Croce.*

[I.] O discurso de Croce na sessão de Estética do Congresso Filosófico de Oxford (resumido na *Nuova Italia* de 20 de outubro de 1930) desenvolve, em forma extrema, as teses sobre a filosofia da práxis expostas na *Storia della storiografia italiana nel secolo XIX*. Como pode ser julgado criticamente este mais recente ponto de vista crítico de Croce sobre a filosofia da práxis (que renova completamente o sustentado em seu volume *MSEM*)? Deverá ser julgado não como um juízo de filósofo, mas como um ato político de significação prática imediata. É certo que se formou uma corrente deteriorada da filosofia da práxis, que pode ser considerada, em relação aos fundadores da doutrina, tal como o catolicismo popular em relação ao catolicismo teológico ou dos intelectuais: assim como o catolicismo popular pode ser traduzido em termos de paganismo, ou de religiões inferiores ao catolicismo por causa das superstições e bruxarias pelas quais estavam ou estão dominadas, igualmente a filosofia da práxis deteriorada pode ser traduzida em termos "teológicos" ou transcendentais, isto é, das filosofias pré-kantianas e pré-cartesianas. Croce se comporta tal como os anticlericais maçônicos e racionalistas vulgares, os quais combatem o catolicismo precisamente através destas comparações e destas traduções do catolicismo vulgar em linguagem "fetichista". Croce cai na mesma posição intelectualista que Sorel reprovava em Clemenceau, a saber, a de julgar um movimento histórico pela sua literatura de propaganda e de não compreender que até mesmo opúsculos banais podem ser a expressão de movimentos extremamente importantes e vitais.

É uma força ou uma debilidade, para uma filosofia, ter ultrapassado os limites costumeiros dos restritos estratos intelectuais e ter se difundido nas grandes massas, ainda que adaptando-se à mentalidade destas e perdendo pouco ou muito de seu vigor? E que significação tem o fato de que uma concepção do mundo, que se enraíza e se difunde desta maneira, tenha continuamente momentos de renovação e de novo esplendor intelectual? É um preconceito de intelectuais fossilizados acreditar que uma concepção do mundo possa ser destruída por críticas de caráter racional. Quantas vezes não se falou de "crise" da filosofia da práxis? E que significa esta crise permanente? Não significará, por acaso, a própria vida, que procede através de negações? Ora, quem conservou a força das sucessivas retomadas teóricas, se não a fidelidade das massas populares que se apropriaram da concepção, ainda que sob formas supersticiosas e primitivas? Fala-se, frequentemente, que a não existência, em certos países, de uma reforma religiosa é causa de regressão em todos os campos da vida civil e não se observa que precisamente a difusão da filosofia da práxis é a grande reforma dos tempos modernos, é uma reforma intelectual e moral que realiza em escala nacional o que o liberalismo conseguiu realizar apenas em pequenos estratos da população. Precisamente a análise das religiões feita por Croce na *Storia d'Europa*, bem como o conceito de religião elaborado por Croce, servem para melhor compreender o significado histórico da filosofia da práxis e a razão de sua resistência a todos os ataques e a todas as deserções.

A posição de Croce é a do homem do Renascimento em face da Reforma protestante, com a diferença de que Croce revive uma posição que historicamente revelou-se falsa e reacionária, posição que ele mesmo (e seus discípulos: cf. o livro de De Ruggiero sobre *Rinascimento e Riforma*) contribuiu para demonstrar como falsa e reacionária. Que Erasmo pudesse dizer de Lutero: "onde Lutero aparece, morre a cultura" é algo compreensível. Que Croce reproduza hoje a posição de Erasmo, contudo, é incompreensível, já que Croce viu como, a partir da primitiva rusticidade intelectual do homem da Reforma, derivou a filosofia clássica alemã e o vasto movimento cultural de onde nasceu o mundo moderno. E mais: toda a análise que Croce faz, em sua *Storia d'Europa*, do conceito de religião é uma crítica implícita às ideologias pequeno-burguesas (Oriani, Missiroli, Gobetti, Dorso, etc.) que explicam a debilidade do organismo nacional e estatal italiano pela ausência de uma Reforma religiosa, entendida num sentido estreitamente confessional. Ampliando e especificando o conceito de religião, Croce demonstra o mecanicismo e o esquematismo abstrato destas ideologias, que não passavam de construções de literatos. Mas, precisamente por isto, mais grave ainda se revela o fato de não ter ele compreendido que a filosofia da práxis, com seu vasto movimento de massa, representou e representa um processo histórico similar à Reforma, em contraste com o liberalismo, que reproduz um Renascimento estreitamente limitado a poucos grupos intelectuais e que, em certo momento, capitulou em face do catolicismo, até o ponto de que o único partido liberal eficiente era o Partido Popular, isto é, uma nova forma de catolicismo liberal [58].

Croce reprova à filosofia da práxis seu "cientificismo", a sua superstição "materialista", um seu presumido retorno à "Idade Média intelectual". São as críticas que Erasmo, na linguagem da época, dirigia ao luteranismo. O homem do Renascimento e o homem criado pelo desenvolvimento da Reforma se fundiram no intelectual moderno do tipo Croce; mas, se este tipo seria incompreensível sem a Reforma, ele não consegue mais compreender o processo histórico pelo qual, do "medieval" Lutero, chegou-se necessariamente a Hegel; por isto, em face da grande reforma moral e intelectual representada pela difusão da filosofia da práxis, reproduz mecanicamente a atitude de Erasmo. Esta posição de Croce pode ser estudada com muita precisão, em sua atitude prática em face das religiões confessionais. Croce é essencialmente anticonfessional (não podemos dizer antirreligioso por causa de sua definição do fato religioso) e, para um amplo grupo de intelectuais italianos e europeus, sua filosofia — sobretudo em suas manifestações menos sistemáticas (tais como as resenhas, os comentários, etc., coligidas em volumes como *Cultura e vita morale*, *Conversazioni critiche*, *Frammenti di Etica*, etc.) — representou uma verdadeira reforma intelectual e moral do tipo "Renascimento". "Viver sem religião" (e, entenda-se, sem confissão religiosa), eis o sumo que Sorel extraiu da leitura de Croce (cf. *Cartas de Georges Sorel a B. Croce*, publicadas na *Critica* de 1927 e ss.). Mas Croce não "foi ao povo", não quis tornar-se um elemento "nacional" (como também não o foram os homens do Renascimento, ao contrário dos luteranos e calvinistas), não quis criar um exército de discípulos que, substituindo-o (já que ele pessoalmente pretendia conservar a sua energia para a criação de uma alta cultura), pudesse popularizar a sua filosofia, buscando transformá-la num elemento educativo desde as escolas elementares (e, consequentemente, educativo para o simples operário e camponês, isto é, para o simples homem do povo). Talvez isto fosse impossível, mas valia a pena ter sido tentado e não tê-lo tentado tem um seu significado. Croce, em um de seus livros, escreveu algo deste tipo: "Não se pode tirar a religião ao homem do povo, sem substituí-la imediatamente por algo que satisfaça as mesmas exigências que fizeram a religião nascer e permanecer." Existe verdade nesta afirmação; mas não contém ela uma confissão de impotência da filosofia idealista para tornar-se uma integral (e nacional) concepção do mundo? E, de fato, como seria possível destruir a religião na consciência do homem do povo sem, ao mesmo tempo, substituí-la? É possível, neste caso, apenas destruir sem criar? É impossível. O próprio anticlericalismo vulgar-maçônico substitui por uma nova concepção a religião que destrói (na medida em que realmente destrói); e, se esta nova concepção é rústica e baixa, isto significa que a religião substituída era realmente ainda mais rústica e baixa. A afirmação de Croce, portanto, não pode ser mais do que uma maneira hipócrita de representar o velho princípio de que a religião é necessária para o povo. Gentile, menos hipocritamente, e de modo mais consequente, reimplantou o ensino da religião nas escolas elementares (e se foi ainda mais longe do que pretendia Gentile: ampliou-se o ensino religioso às escolas médias) e justificou o seu ato através da concepção hegeliana da religião como filosofia da infância da humanidade (deve-se ver o programa escolar de Croce, que fracassou por causa das peripécias parlamentares do governo Giolitti 1920-21, mas que, com relação à religião, se estou bem lembrado, não diferia muito do programa Gentile), concepção que, aplicada aos tempos atuais, tornou-se um mero sofisma e uma maneira de prestar serviços ao clericalismo. Deve-se recordar o "fragmento de Ética" sobre a religião. Por que não foi desenvolvido? Talvez porque fosse impossível. A concepção dualista e da "objetividade do mundo exterior", tal como foi inculcada no povo pelas religiões e pelas filosofias tradicionais convertidas em "senso comum", não pode ser erradicada e substituída senão por uma nova concepção, que se apresente intimamente fundida com um programa político e com uma concepção da história que o povo reconheça como expressão de suas necessidades vitais. Não é possível pensar na vida e na difusão de uma filosofia que não seja simultaneamente política atual, estreitamente ligada à atividade preponderante na vida das classes populares, o trabalho, e que não se apresente, portanto, dentro de certos limites, como necessariamente vinculada à ciência. Essa nova concepção talvez assuma inicialmente formas supersticiosas e primitivas, como as da religião mitológica, mas encontrará em si mesma e nas forças intelectuais que o povo extrairá de seu seio os elementos para superar esta fase primitiva. Esta concepção vincula o homem à natureza por meio da técnica, mantendo a superioridade do homem e exaltando-a no trabalho criador; portanto, exalta o espírito e a história. (Deve-se conferir o artigo de Mario Missiroli sobre a ciência, publicado em *L'Ordine Nuovo* com apresentação de P.T.) [59]

A respeito das relações entre o idealismo e o povo, é interessante este trecho de Missiroli [60] (cf. *L'Italia Letteraria,* 23 de março de 1930, "Calendario: Religione e filosofia"): "É provável que, algumas vezes, em face da lógica do professor de filosofia, sobretudo se este for um seguidor do idealismo absoluto, o senso comum dos estudantes e o bom senso dos professores de outras matérias sejam levados a dar razão antes ao teólogo do que ao filósofo. Eu não gostaria, numa eventual discussão diante de um público não iniciado, de ter que defender as razões da filosofia moderna. A humanidade é ainda inteiramente aristotélica e a opinião comum segue ainda o dualismo que é próprio do realismo greco-cristão. Que o conhecer seja um 'ver' antes que um 'fazer', que a verdade esteja fora de nós, existente em si e para si e não como uma nossa criação, que a 'natureza' e o 'mundo' sejam realidades intangíveis, são coisas de que ninguém duvida; e corre o risco de passar por louco aquele que afirme o contrário. Os defensores da objetividade do saber, os defensores mais rígidos da ciência positiva, da ciência e do método de Galileu contra a gnosiologia do idealismo absoluto, encontram-se hoje entre os católicos. O que Croce chama pseudoconceitos, e o que Gentile define como pensamento abstrato, são as últimas fortalezas do objetivismo. Daí a tendência, sempre mais evidente, da cultura católica no sentido de valorizar a ciência positiva e a experiência contra a nova metafísica do absoluto. Não se deve excluir a possibilidade de que o pensamento católico possa se rejuvenescer refugiando-se na cidadela da ciência experimental. Há trinta anos os jesuítas trabalham para eliminar os contrastes — na realidade, baseados em equívocos — entre a religião e a ciência; não por acaso Georges Sorel, num escrito hoje raríssimo, observava que entre todos os cientistas são os matemáticos os únicos para os quais o milagre nada tem de milagroso."

Esta maneira de ver as relações entre ciência experimental e catolicismo não é muito constante em Missiroli; ademais, sua hipótese não é muito fundada em fatos reais. No livro *Date a Cesare*, o quadro que Missiroli faz da cultura dos religiosos na Itália não é muito brilhante nem prometedor de um tal perigoso desenvolvimento para a cultura laica. Numa recente resposta a um *referendum* do *Saggiatore*, Missiroli prevê no futuro italiano uma difusão geral das ciências naturais em detrimento do pensamento especulativo, e, ao mesmo tempo, uma onda de anticlericalismo, isto é, prevê que o desenvolvimento das ciências experimentais entrará em contradição com as correntes religiosas [61]. Que os jesuítas trabalhem, há trinta anos, para reconciliar ciência e religião não é uma coisa muito exata, pelo menos na Itália. Na Itália, a filosofia neoescolástica, que se tinha encarregado desta missão, é representada mais pelos franciscanos (que, na Universidade do Sagrado Coração, cercaram-se de muitos laicos) do que pelos jesuítas, entre os quais parecem abundar sobretudo os estudiosos de psicologia experimental e de método erudito (ciência bíblica, etc.). Aliás, tem-se a impressão de que os jesuítas (pelo menos os da *Civiltà*

Cattolica) olham com certa suspeição os estudos científicos, inclusive os da Universidade do Sagrado Coração, pelo fato de que os professores desta coqueteiam um pouco com as ideias modernas (a *Civiltà Cattolica* jamais deixa de censurar qualquer adesão excessiva ao darwinismo, etc.). Por outro lado, os neoescolásticos do grupo Gemelli flertaram bastante com Croce e com Gentile, acolhendo teorias particulares dos mesmos: o livro do Monsenhor Olgiati sobre *Carlo Marx* (de 1920) é inteiramente construído com materiais críticos crocianos; e o padre Chiocchetti, que escreveu um livro sobre Croce, aceita a doutrina crociana da origem prática do erro, que é impossível de ser isolada do sistema crociano como um todo.

A atitude de Croce em face do catolicismo foi se tornando mais precisa após 1925 e teve uma nova manifestação mais conspícua com a *Storia d'Europa nel secolo XIX*, que foi posta no Índex. Croce, há alguns anos, se espantava porque os seus livros jamais tinham sido colocados no Índex: mas por que isto deveria ter acontecido? A Congregação do Índex (que, ademais, é o Santo Ofício da Inquisição) tem uma política hábil e prudente. Coloca no Índex livretos de pouca significação, mas evita o mais possível indicar à atenção pública, como contrárias à fé, as obras de grandes intelectuais. Entrincheira-se por trás da desculpa muito cômoda de que estão (devem ser entendidos como) automaticamente no Índex todos os livros que são contrários a certos princípios elencados nas introduções às várias edições do Índex. Assim, só se decidiu pela inclusão de D'Annunzio no Índex quando o governo decidiu publicar a edição nacional de suas obras; a de Croce, quando da publicação da *Storia d'Europa*. Na realidade, a *Storia d'Europa* é o primeiro livro de Croce no qual as opiniões antirreligiosas do escritor assumiram uma significação de política ativa e obtiveram uma grande difusão.

A recente atitude de Croce em face da filosofia da práxis (cuja manifestação mais conspícua foi, até agora, o discurso na sessão de Estética do Congresso de Oxford) não é apenas uma renegação (ou, melhor, uma inversão) da primeira posição assumida por Croce antes de 1900 (quando escrevia que o nome "materialismo" era só um modo de dizer, polemizando com Plekhanov e dando razão a Lange por não ter falado da filosofia da práxis em sua *História do materialismo*), inversão que ele não justificou logicamente, mas é também uma renegação, igualmente não justificada, da sua própria filosofia precedente (pelo menos de uma parte conspícua dela), na medida em que Croce era um filósofo da práxis "sem o saber" (deve-se ver, a este respeito, o ensaio de Gentile contido no volume *Saggi Critici*, segunda série, edição Vallechi, Florença).

Algumas questões colocadas por Croce são puramente verbais. Quando escreve que as superestruturas são concebidas como aparências, não se dá conta de que isto pode significar simplesmente algo similar à sua afirmação da não "definitividade", ou seja, da "historicidade" de toda filosofia? Quando, por razões "políticas", práticas, para tornar um grupo social independente da hegemonia de um outro grupo, fala-se de "ilusão", como é possível confundir de boa-fé uma linguagem polêmica com um princípio gnosiológico? E como explica Croce o caráter não definitivo das filosofias? Por um lado, ele faz esta afirmação gratuitamente, sem justificá-la senão através do princípio geral do "devir"; por outro, reafirma o princípio (já afirmado por outros) de que a filosofia não é uma coisa abstrata, mas a resolução dos problemas que a realidade, em seu desenvolvimento, apresenta incessantemente. Ao contrário, a filosofia da práxis pretende justificar a historicidade das filosofias não mediante princípios gerais, mas através da história concreta; esta historicidade é dialética, já que dá lugar a lutas de sistemas, a lutas entre maneiras de ver a realidade, e seria estranho que alguém convicto da própria filosofia considerasse como concretas e não ilusórias as crenças adversárias (e se trata disso, pois, de outro modo, os filósofos da práxis deveriam considerar como ilusórias as suas próprias concepções ou, então, serem céticos e agnósticos). O mais interessante, contudo, é o seguinte: a doutrina crociana da origem prática do erro nada mais é do que a filosofia da práxis reduzida a uma doutrina particular. Neste caso, o *erro* de Croce é a *ilusão* dos filósofos da práxis. Só que *erro* e *ilusão* devem significar, no caso desta filosofia, nada mais do que "categoria histórica" temporária para as modificações da prática, isto é, não somente a afirmação da historicidade das filosofias, mas também uma explicação realista de todas as concepções subjetivistas da realidade. A teoria das superestruturas não é senão a solução filosófica e histórica do idealismo subjetivista. Ao lado da doutrina da origem prática do erro, deve-se colocar a teoria das ideologias políticas, explicadas por Croce em sua significação de instrumentos práticos de ação: mas onde encontrar o limite entre o que deve ser entendido como ideologia no limitado sentido crociano e a ideologia no sentido da filosofia da práxis, isto é, todo o conjunto das superestruturas? Também neste caso a filosofia da práxis serviu a Croce para construir uma doutrina particular. Ademais, tanto o "erro" quanto a "ideologia como instrumento prático de ação", também para Croce, podem ser representados por inteiros sistemas filosóficos, que são todos um erro porque se originaram de necessidades práticas e sociais. Ainda que não o tenha até agora escrito explicitamente, não seria de espantar se Croce sustentasse a origem prática das religiões mitológicas e, desta forma, explicasse, por um lado, o seu erro e, por outro, a sua tenaz resistência às críticas das filosofias laicas; e isto porque algumas indicações neste sentido podem ser encontradas em seus escritos (Maquiavel, com sua concepção da religião como instrumento de dominação, já poderia ter enunciado a tese da origem prática das religiões).

A afirmação de Croce de que a filosofia da práxis "destaca" a estrutura das superestruturas, recolocando assim em vigor o dualismo teológico e afirmando um "deus oculto-estrutura", não é exata e não é sequer uma invenção muito profunda. A acusação de dualismo teológico e de desagregação do processo do real é vazia e superficial. É estranho que uma tal acusação tenha partido de Croce, que introduziu o conceito de dialética dos distintos e que, por isto, é acusado continuamente pelos gentilianos de ter desagregado o processo do real. Mas, além disso, não é verdade que a filosofia da práxis "destaque" a estrutura das superestruturas; ao contrário, ela concebe o desenvolvimento das mesmas como intimamente relacionado e necessariamente inter-relativo e recíproco. Tampouco a estrutura é, nem mesmo por metáfora, comparável a um "deus oculto": ela é concebida de uma maneira ultrarrealista, a tal ponto que pode ser estudada com os métodos das ciências naturais e exatas; aliás, precisamente por esta sua "consistência" objetivamente verificável, a concepção da história foi considerada "científica". Será que a estrutura é concebida como algo imóvel e absoluto, ou, ao contrário, como a própria realidade em movimento? A afirmação das *Teses sobre Feuerbach*, de que "o educador deve ser educado", não coloca uma relação necessária de reação ativa do homem sobre a estrutura, afirmando a unidade do processo do real? O conceito de "bloco histórico", construído por Sorel, apreende plenamente esta unidade defendida pela filosofia da práxis [62]. Deve-se notar como Croce era cauteloso e prudente nos primeiros ensaios coletados em *MSEM* e quantas reservas pusesse ao enunciar as suas críticas e as suas interpretações (será interessante registrar estas reservas cautelosas); ao contrário, é diverso o seu método nestes escritos recentes, que, ademais, se atingissem o alvo, demonstrariam como ele perdera seu tempo no primeiro período e fora de extraordinária simplicidade e superficialidade. Só que, naquele então, Croce tentava pelo menos justificar logicamente as suas cautelosas afirmações, ao passo que hoje tornou-se peremptório e não crê ser necessária nenhuma justificação. Poder-se-ia encontrar a origem prática de seu atual erro recordando o fato de que, antes de 1900, considerava honroso até mesmo passar, politicamente, por um seguidor da filosofia da práxis, já que a situação histórica de então fazia deste movimento um aliado do liberalismo, enquanto hoje as coisas mudaram muito e certas brincadeiras seriam perigosas.

II. Deve-se recordar o juízo de Croce sobre Giovanni Botero no volume *Storia dell'età barroca in Italia*. Croce reconhece que os moralistas do século XVII, ainda que de baixa estatura em comparação com Maquiavel, "representavam, na filosofia política, um estágio ulterior e superior". Esse juízo deve ser aproximado daquele de Sorel sobre Clemenceau, que não conseguia ver, mesmo "através" de uma literatura medíocre, as exigências que tal literatura representava e que não eram medíocres [63]. Um preconceito típico de intelectuais é o de medir os movimentos históricos e políticos com o metro do intelectualismo, da originalidade, da "genialidade", ou seja, da completa expressão literária e das grandes personalidades brilhantes, e não, ao contrário, com o metro da necessidade histórica e da arte política, isto é, da capacidade concreta e atual de adequar o meio ao fim. Esse preconceito é também popular, em certos estágios da organização política (estágio dos homens carismáticos), e se confunde frequentemente com o preconceito do "orador": o político deve ser grande orador ou grande intelectual, deve ter a "marca" do gênio, etc., etc. Chega-se mesmo ao estágio inferior de certas regiões camponesas ou dos negros, nas quais, para se ser seguido, é preciso ter barba.

III. A aproximação dos dois termos *ética* e *política* para indicar a mais recente historiografia crociana é a expressão das exigências nas quais se move o pensamento histórico crociano: a *ética* se refere às atividades da sociedade civil, à hegemonia; a *política* se refere à iniciativa e à coerção estatal-governamental. Quando há contraste entre ética e política, entre exigências da liberdade e exigências da força, entre sociedade civil e Estado-governo, há crise; e Croce chega a afirmar que o verdadeiro "Estado", ou seja, a força direta do impulso histórico, deve ser buscada, às vezes, não onde se suporia, no Estado juridicamente entendido, mas sim nas forças "privadas" e até nos chamados revolucionários. Essa proposição de Croce é muito importante para entender plenamente sua concepção da história e da política. Seria útil analisar concretamente essas teses nos livros de história de Croce, na medida em que elas são concretamente incorporadas nos mesmos.

IV. Poder-se-ia dizer que Croce é o último homem do Renascimento e que expressa exigências e relações internacionais e cosmopolitas. Isto não significa que ele não seja um "elemento nacional", até mesmo no significado moderno da palavra; significa que, mesmo das relações e exigências nacionais, ele expressa notadamente as que são mais gerais e coincidem com nexos de civilização mais amplos do que a área nacional: a Europa, o que costuma chamar-se de civilização ocidental, etc. Croce conseguiu recriar, em sua personalidade e em sua posição de líder mundial da cultura, aquela função de intelectual cosmopolita que foi cumprida quase colegialmente pelos intelectuais italianos desde a Idade Média até fins do século XVII. Por outro lado, se são vivas em Croce as preocupações de líder mundial, que o levam a assumir sempre atitudes equilibradas, olímpicas, sem empenhos de caráter temporário e episódico muito comprometedores, é também verdade que ele próprio difundiu o princípio de que, se se quer desprovincianizar a cultura e os costumes na Itália (e o provincianismo ainda permanece como resíduo do passado de desagregação política e moral), deve-se elevar o nível da vida intelectual através do contato e do intercâmbio de ideias com o mundo internacional (este era o programa renovador do grupo florentino da *Voce*); portanto, em sua atitude e em sua função, é imanente um princípio essencialmente nacional.

A função de Croce poderia ser comparada à do papa católico, devendo-se dizer que Croce, no âmbito de sua influência, soube se conduzir por vezes com mais habilidade do que o papa: em seu conceito de intelectual, ademais, existe algo de "católico e clerical", como se pode ver em suas publicações do tempo da guerra e como resulta, ainda hoje, das resenhas e comentários; de forma mais orgânica e precisa, a sua concepção do intelectual pode ser aproximada daquela expressa por Julien Benda no livro *La trahison des clercs.* Do ponto de vista da sua função cultural, é preciso considerar não tanto Croce como filósofo sistemático, mas alguns aspectos da sua atividade: 1) Croce como teórico da estética e da crítica literária e artística (a última edição da *Enciclopédia Britânica* confiou a Croce o verbete "Estética", que foi publicado em edição fora do comércio, na Itália, com o título *Aesthetica in nuce.* O *Breviario d'Estetica* foi escrito para os americanos. Na Alemanha, existem muitos seguidores da estética crociana); 2) Croce como crítico da filosofia da práxis e como teórico da historiografia;

3) sobretudo Croce como moralista e mestre de vida, construtor de princípios de conduta que abstraem de qualquer confissão religiosa, mostrando, ao contrário, como se pode "viver sem religião". O ateísmo de Croce é um ateísmo de cavalheiros, um anticlericalismo ao qual aborrecem a rusticidade e a grosseria plebeia dos anticlericais desvairados, mas trata-se sempre de ateísmo e de anticlericalismo; por isso, indaga-se por que Croce não liderou, se não ativamente, pelo menos emprestando seu nome e seu patrocínio, um movimento italiano de *Kulturkampf*, que teria tido uma imensa importância histórica (para a atitude hipócrita dos crocianos em face do clericalismo, deve-se ver o artigo de G. Prezzolini, "La Paura del prete", no livro *Mi pare...*, publicado pela editora Delta, de Florença). Não é possível dizer que ele não se tenha empenhado na luta por considerações de caráter filistino, por considerações pessoais, etc., já que demonstrou não se preocupar com estas vaidades mundanas, convivendo livremente com uma mulher muito inteligente, que animava o seu salão napolitano, frequentado por cientistas italianos e estrangeiros, e sabia despertar a admiração destes frequentadores; esta união livre impediu Croce de entrar no senado antes de 1912, quando a referida senhora faleceu e ele voltou a ser considerado por Giolitti uma pessoa "respeitável". Deve-se também observar, a respeito da religião, a atitude equívoca de Croce em face do modernismo: que Croce devesse ser antimodernista, na medida em que era anticatólico, é algo que se podia entender, mas a colocação da luta ideológica não foi esta. Objetivamente, Croce foi um aliado precioso dos jesuítas contra o modernismo (no *Date a Cesare...*, Missiroli exalta, diante dos católicos, a atitude de Croce e de Gentile contra o modernismo, neste sentido); e a razão desta luta — a saber, que entre a religião transcendental e a filosofia imanentista não pode existir um *tertium quid* incerto e equívoco — tem toda a aparência de um pretexto. Também neste caso revela-se o homem do Renascimento, o tipo Erasmo, com a mesma falta de caráter e de coragem civil. Os modernistas, dado o caráter de massa que lhes era fornecido pelo nascimento contemporâneo de uma democracia rural

católica (ligada à revolução técnica que ocorria no Vale do Pó graças ao desaparecimento da figura do trabalhador semisservil e à expansão do assalariado agrícola e de formas menos caducas de meação), eram reformadores religiosos, surgidos não segundo esquemas intelectuais preestabelecidos, caros ao hegelianismo, mas segundo as condições reais e históricas da vida religiosa italiana. Era uma segunda onda de catolicismo liberal, muito mais extensa e de caráter mais popular do que a do neoguelfismo antes de 1848 e a do mais estrito liberalismo católico posterior a 1848 [64]. A atitude de Croce e de Gentile (com o padreco Prezzolini) isolou os modernistas no mundo da cultura, tornando mais fácil o seu esmagamento pelos jesuítas; aliás, tal fato surgiu como uma vitória do papado contra toda a filosofia moderna: a encíclica antimodernista é, na realidade, dirigida contra a imanência e a ciência moderna e, neste sentido, foi comentada nos seminários e nos círculos religiosos [65]. [É curioso que, hoje, a atitude dos crocianos em face dos modernistas, ou pelo menos dos melhores entre eles (não, contudo, contra Buonajuti), modificou-se bastante, como se pode ver pela elaborada resenha de Adolfo Omodeo, na *Critica* de 20 de julho de 1932, sobre as *Mémoires pour servir à l'histoire religieuse de notre temps*, de Alfred Loisy.] Por que Croce não deu, do modernismo, a mesma explicação lógica que, na *Storia d'Europa*, havia dado do catolicismo liberal, como de uma vitória da "religião da liberdade", que conseguia penetrar também na cidadela do seu mais acérrimo antagonista e inimigo, etc.? (Deve-se rever, na *Storia d'Italia*, o que se diz sobre o modernismo: mas tenho a impressão de que Croce trata o tema por alto, enquanto exalta a vitória do liberalismo sobre o socialismo transformado em reformismo pela atividade científica do próprio Croce.)

A mesma observação pode ser feita a respeito de Missiroli, também ele antimodernista e antipopular: se o povo só pode chegar à concepção da liberdade política e à ideia nacional depois de ter atravessado uma reforma religiosa, ou seja, depois de ter conquistado a noção de liberdade na religião, não se compreende por que Missiroli e os liberais do *Resto del Carlino* tenham sido tão ferozmente antimodernistas. Ou até se pode compreender muito bem: porque modernismo significava politicamente democracia cristã, essa era particularmente forte na Emilia-Romanha e em todo o Vale do Pó, e Missiroli e os seus liberais lutavam pela Agrária.

Coloca-se o problema de quem representa mais adequadamente a sociedade italiana contemporânea, do ponto de vista teórico e moral: o papa, Croce, Gentile; isto é: 1) quem tenha mais importância do ponto de vista da hegemonia, como ordenador da ideologia que empresta o cimento mais íntimo à sociedade civil e, portanto, ao Estado; 2) quem represente melhor, no exterior, o influxo italiano no quadro da cultura mundial. O problema não é de fácil resolução, pois cada um dos três domina ambientes e forças sociais diversas. O papa, como chefe e guia da maioria dos camponeses italianos e das mulheres (e porque a sua autoridade e influência operam com toda uma organização centralizada e bem articulada), é uma grande, a maior força política do país depois do governo; mas sua autoridade tornou-se passiva e é aceita por inércia, já que, mesmo antes da Concordata, ela era, de fato, um reflexo da autoridade estatal. Por esta razão, é difícil estabelecer uma comparação entre a influência do papa e a de um homem privado na vida cultural. Uma comparação mais racional pode ser feita entre Croce e Gentile, e é imediatamente evidente que a influência de Croce, apesar das aparências, é muito superior à de Gentile. De resto, a autoridade de Gentile não é de modo algum admitida em sua própria facção política (recordar o ataque de Paolo Orano no Parlamento contra a filosofia de Gentile e o ataque pessoal contra Gentile e os gentilianos no semanário *Roma*, por parte de G. A. Fanelli) [66]. Ao que me parece, a filosofia de Gentile, o atualismo, é mais nacional apenas no sentido de que é estreitamente ligada a uma fase primitiva do Estado, ao estágio econômico-corporativo, quando todos os gatos são pardos. Por esta mesma razão, pode-se acreditar na maior importância e influência desta filosofia, da mesma forma como muitos acreditam que, no Parlamento, um industrial é mais do que um advogado representante dos interesses industriais (ou do que um professor, ou mesmo do que um líder dos sindicatos operários); sem pensar que, se toda a maioria parlamentar fosse de industriais, o Parlamento perderia imediatamente a sua função de mediação política e qualquer prestígio. (Com relação ao corporativismo e economicismo de Gentile, deve-se cf. o seu discurso pronunciado em Roma e publicado no volume *Cultura e fascismo*.) A influência de Croce é menos ruidosa do que a de Gentile, porém mais profunda e arraigada; Croce é realmente uma espécie de papa laico, mas a moral de Croce é muito para intelectuais, muito do tipo Renascimento, não podendo tornar-se popular, ao passo que o papa e sua doutrina influenciam massas intermináveis do povo através de máximas de conduta que se referem até às coisas mais elementares. É verdade que Croce afirma que estes modos de vida já não são mais especificamente católicos e religiosos, já que, "após Cristo, nós somos todos cristãos": isto é, o cristianismo — naquilo que é real exigência da vida e não mitologia — foi absorvido pela civilização moderna. (Este aforismo de Croce tem, por certo, muito de verdadeiro: o senador Mariano d'Amelio, primeiro presidente da Corte de Cassação, combate a objeção de que os códigos ocidentais não podem ser introduzidos em países não cristãos, como o Japão, a Turquia, etc., precisamente porque foram construídos com muitos elementos introduzidos pelo cristianismo, recordando esta "simples verdade" de Croce. Ora, na realidade, os códigos ocidentais foram introduzidos nos países "pagãos" como expressão da civilização europeia e não do cristianismo como tal, e os bons muçulmanos não acreditam ter-se convertido ao cristianismo e ter abjurado o islamismo.)

V. Deve ser criticada a concepção que Croce tem da ciência política. A política, segundo Croce, é a expressão da "paixão". Sobre Sorel, Croce escreveu (em *Cultura e vita morale*, 2ª ed., p. 158): "O 'sentimento de cisão' não o tinha garantido bastante (o sindicalismo), talvez também porque uma cisão teorizada é uma cisão ultrapassada; nem o 'mito' o agitava suficientemente, talvez porque Sorel, no próprio ato de criá-lo, o havia dissipado, ao dar-lhe uma explicação doutrinária." Mas

Croce não percebeu que as observações feitas sobre Sorel podem se voltar contra o próprio Croce: a paixão teorizada não é, também ela, ultrapassada? A paixão da qual se dá uma justificação doutrinária não é, também ela, "dissipada"? Não se diga que a "paixão" de Croce é algo diverso do "mito" soreliano, que a paixão signifique a categoria, o momento espiritual da prática, enquanto o mito é uma determinada paixão que, por ser historicamente determinada, pode ser superada e dissipada, sem que, por isso, se aniquile a categoria, que é um momento perene do espírito; a objeção só é verdadeira no sentido de que Croce não é Sorel, coisa óbvia e banal. Entrementes, deve-se observar como a colocação de Croce é intelectualista e iluminista. Dado que tampouco o mito concretamente estudado por Sorel era uma coisa apenas verbal, uma construção arbitrária do intelecto soreliano, ele não podia ser dissipado por algumas poucas páginas doutrinárias, conhecidas por restritos grupos de intelectuais, que difundiam a teoria como prova científica da verdade científica do mito tal como esse, ingenuamente, apaixonava as grandes massas populares. Se a teoria de Croce fosse real, a ciência política deveria ser nada mais do que uma nova "medicina" das paixões; e é inegável que grande parte dos artigos políticos de Croce é precisamente uma intelectualista e iluminista medicina das paixões; e assim termina sendo cômica a segurança que tem Croce de haver destruído vastos movimentos históricos reais por acreditar tê-los "superado e dissolvido" em ideia. Mas, na realidade, nem mesmo é verdade que Sorel tenha apenas teorizado e explicado doutrinariamente um determinado mito: a teoria dos mitos é, para Sorel, o princípio científico da ciência política, é a "paixão" de Croce estudada de modo mais concreto, é o que Croce chama de "religião", isto é, uma concepção do mundo com uma ética adequada, é uma tentativa de reduzir à linguagem científica a concepção das ideologias da filosofia da práxis vista precisamente através do revisionismo crociano. Neste estudo do mito como substância da ação política, Sorel também estudou difusamente o mito determinado que estava na base de uma certa realidade social e que era a mola do seu progresso. Sua análise tem, por isso, dois aspectos: um propriamente teórico, de ciência política; e outro aspecto político imediato, programático. É possível, embora seja muito discutível, que o aspecto político e programático do sorelianismo tenha sido superado e dissipado; hoje é possível dizer que ele foi superado na medida em que foi integrado e depurado de todos os elementos intelectualísticos e literários, mas ainda hoje deve-se reconhecer que Sorel trabalhou com a realidade efetiva e que esta realidade não foi superada e dissipada.

Que Croce não tenha saído destas contradições e que esteja parcialmente consciente disto é o que se deduz de sua atitude em face dos "partidos políticos", tal como exposta no capítulo "Il Partito come giudizio e come pregiudizio" ("O Partido como juízo e como preconceito") do livro *Cultura e vita morale*, bem como do que é afirmado sobre os partidos nos *Elementi di politica*, este último ainda mais significativo. Croce reduz o ato político à atividade dos "chefes de partido" individuais, que, para satisfazer sua paixão, constroem, nos partidos, os instrumentos adequados ao triunfo (desta forma, bastaria aplicar a medicina das paixões a poucos indivíduos). Mas também isto não explica nada. Trata-se do seguinte: os partidos sempre existiram, permanentemente, ainda que com outras formas e outros nomes, e uma paixão permanente é um contrassenso (apenas por metáfora se fala de loucos razoáveis, etc.); mais ainda, sempre existiu uma organização militar permanente, que educa para realizar com sangue-frio, sem paixão, o mais extremo ato prático, a morte de outros homens que não são singularmente odiados pelos indivíduos, etc. Ademais, o exército é o ator político por excelência, mesmo em tempo de paz: como colocar de acordo a paixão com a permanência, com a ordem e a disciplina sistemática, etc.? A vontade política deve ter alguma outra motivação além da paixão, uma motivação de caráter igualmente permanente, ordenada, disciplinada, etc. Não se pretende dizer que a luta política, como a luta militar, resolva-se sempre sangrentamente, com sacrifícios pessoais que cheguem até o sacrifício supremo da vida. A diplomacia é precisamente aquela forma de luta política internacional (o que não quer dizer que não exista uma diplomacia também para as lutas nacionais entre os partidos) que influi para obter vitórias (que nem sempre são de pouca importância) sem derramamento de sangue, sem guerra. A simples comparação "abstrata" entre as forças militares e políticas (alianças, etc.) de dois Estados rivais convence o mais fraco a fazer concessões. Eis um caso de "paixão" dominada e racionalizada. No caso dos chefes e dos gregários, ocorre que os chefes e os grupos dirigentes criam as paixões das multidões de um modo artificial e as conduzem à luta e à guerra; mas, neste caso, não é a paixão a causa e substância da política e sim a conduta dos chefes, que se mantêm friamente racionais. A última guerra, aliás, demonstrou que não era a paixão que mantinha as massas militares nas trincheiras, mas ou o terror dos tribunais militares ou um sentido do dever friamente raciocinado e refletido.

VI. A teoria do valor como comparação elíptica. Além da objeção de que a teoria do valor tem sua origem em Ricardo, que certamente não pretendia fazer uma comparação elíptica no sentido suposto por Croce, devem-se acrescentar algumas outras séries de raciocínios. Era arbitrária a teoria de Ricardo e é arbitrária a solução mais precisa dada pela economia crítica? E em que ponto do raciocínio estaria o arbítrio ou o sofisma? Seria necessário estudar bastante a teoria de Ricardo, sobretudo a teoria de Ricardo acerca do Estado como agente econômico, como a força que garante o direito de propriedade, isto é, o monopólio dos meios de produção. Certamente, o Estado não produz *ut sic* a situação econômica, mas é a expressão da situação econômica; todavia, pode-se falar do Estado como agente econômico precisamente enquanto o Estado é sinônimo de tal situação. De fato, se se estuda a hipótese econômica pura, como Ricardo pretendia fazer, não se torna necessário prescindir desta situação de força representada pelos Estados e pelo monopólio legal da propriedade? Que a questão não seja despropositada é o que vem demonstrado pelas modificações provocadas na situação de força existente na sociedade civil graças ao nascimento das *trade unions*, ainda que o Estado não tenha mudado de natureza. De modo algum, portanto, tratava-se de uma comparação elíptica, feita em vista de uma futura forma social diversa daquela estudada, mas de uma teoria resultante da redução da sociedade econômica à pura "economicidade", isto é, ao máximo de determinação do "livre jogo das forças econômicas", teoria na qual, sendo a hipótese aquela do *homo oeconomicus*, era impossível não prescindir da força determinada pelo conjunto de uma classe organizada no Estado, de uma classe que tinha no Parlamento a sua *trade union*, ao passo que os assalariados não podiam coalizar-se e fazer valer a força dada pela coletividade a todo indivíduo singular. Ricardo, como de resto todos os outros economistas clássicos, era profundamente desabusado e a teoria ricardiana do valor-trabalho, quando foi expressa (cf. a *História das doutrinas econômicas*, de Gide e Rist), não provocou nenhum escândalo, já que então não representava nenhum perigo; revelava-se apenas, como de fato o era, uma constatação puramente objetiva e científica. O valor polêmico e de educação moral e política, mesmo sem perda da objetividade, só iria ser adquirido com a Economia crítica. Ademais, o problema é ligado ao problema fundamental da ciência econômica "pura", ou seja, à identificação do que deve ser o conceito e o fato historicamente determinado, independentemente dos outros conceitos e fatos pertinentes às outras ciências: o fato determinado da ciência econômica moderna só pode ser o de mercadoria, de produção e distribuição de mercadorias, e não um conceito filosófico, como pretendia Croce, para quem até o amor é um fato econômico e toda a "natureza" é reduzida ao conceito de economia.

Dever-se-ia observar também que, se quisermos, toda a linguagem é uma série de comparações elípticas, que a história é uma comparação implícita entre o passado e o presente (a atualidade histórica) ou entre dois momentos distintos do desenvolvimento histórico. E por que seria ilícita a elipse quando a comparação é feita com uma hipótese futura, ao passo que seria lícita se feita com um fato passado (o qual, neste caso, é considerado precisamente como hipótese, como ponto de referência útil para melhor compreender o presente)? O próprio

Croce, falando das previsões, sustenta que a previsão não é mais do que um juízo especial sobre a atualidade, a única a poder ser conhecida, já que, por definição, é impossível conhecer o futuro, pois ele não existe e não existiu, sendo impossível conhecer o inexistente (cf. *Conversazioni critiche*, Primeira série, p. 150-153). Tem-se a impressão de que o raciocínio de Croce é sobretudo o de um literato e construtor de frases de efeito.

VII. Sobre a queda tendencial da taxa de lucro. Essa lei deveria ser estudada com base no taylorismo e no fordismo. Não são estes dois métodos de produção e de trabalho tentativas progressivas para superar a lei tendencial, eludindo-a graças à multiplicação das variáveis nas condições do aumento progressivo do capital constante? As variáveis são as seguintes (entre as mais importantes; mas, a partir dos livros de Ford, poder-se-ia construir um registro completo e muito interessante): 1) as máquinas continuamente introduzidas são mais perfeitas e refinadas; 2) os metais mais resistentes e de maior duração; 3) cria-se um novo tipo de operário monopolizado, com altos salários; 4) diminuição das perdas no material de fabricação; 5) utilização cada vez maior de subprodutos sempre mais numerosos, isto é, economia das perdas antes necessárias, o que foi possibilitado pela grande amplitude das empresas; 6) utilização das perdas de energias calóricas: por exemplo, o calor dos altos-fornos que antes se perdia na atmosfera é conduzido por tubulações, aquecendo os locais de habitação, etc. (A seleção de um novo tipo de operário torna possível, através da racionalização taylorizada dos movimentos, uma produção relativa e absoluta maior do que a anterior, com a mesma força de trabalho.) Com cada uma destas inovações, o industrial passa de um período de custos crescentes (isto é, de queda da taxa de lucro) para um período de custos decrescentes, na medida em que goza de um monopólio de iniciativa que pode durar muito tempo (relativamente). O monopólio dura muito tempo também por causa dos altos salários que estas indústrias progressistas “devem” pagar se quiserem formar um operariado selecionado e se quiserem disputar com os competidores os operários mais predispostos, do ponto de vista psicotécnico, às novas formas de produção e de trabalho (recordar o fato similar ocorrido com o senador Agnelli, o qual, para absorver na Fiat as outras empresas automobilísticas, atraiu todos os operários lanterneiros da praça com altos salários; as fábricas, privadas assim do seu pessoal especializado na produção de para-lamas, tentaram resistir fabricando para-lamas de madeira compensada, mas a inovação fracassou e elas tiveram de capitular). A extensão dos novos métodos determina uma série de crises, cada uma das quais recoloca os mesmos problemas relativos aos custos crescentes, cujo ciclo pode repetir-se até o momento em que: 1) se tenha atingido o limite extremo de resistência do material; 2) se tenha atingido o limite na introdução de novas máquinas automáticas, isto é, a relação última entre homens e máquinas; 3) não se tenha atingido o limite de saturação da industrialização mundial, levando-se em conta a taxa do aumento da população (que, de resto, declina com o aumento da industrialização) e da produção para renovar os bens de consumo e os bens de produção. Portanto, a lei tendencial da queda da taxa de lucro estaria na base do americanismo, isto é, seria a causa do ritmo acelerado no progresso dos métodos de trabalho e de produção e de modificação do tipo tradicional do operário.

VIII. O local mais importante onde Croce resume as críticas, a seu ver decisivas, que teriam representado uma época histórica, é a *Storia d'Italia dal 1871 al 1915*, no capítulo em que se refere à fortuna da filosofia da práxis e da economia crítica. No prefácio à segunda edição do volume *MSEM*, ele fixa em quatro as teses principais do seu revisionismo: a primeira, a de que a filosofia da práxis deve valer como simples cânone de interpretação; a segunda, de que a teoria do valor-trabalho nada mais é do que o resultado de uma comparação elíptica entre dois tipos de sociedade. Essas duas teses, segundo ele, "foram acolhidas por todos", "tornaram-se usuais e são repetidas hoje quase sem que se recorde quem primeiramente as colocou em circulação". A terceira tese, crítica da lei sobre a queda da taxa de lucro ("lei que se fosse estabelecida com exatidão importaria, nem mais nem menos, no fim automático e iminente (!?) da sociedade capitalista"), "é talvez mais difícil de aceitar"; mas Croce se alegra com a adesão do "economista e filósofo" Ch. Andler (nas *Notes critiques de science sociale*, Paris, ano I, nº 5, 10 de março de 1900, p. 77). A quarta tese, a de uma economia filosófica, "é oferecida mais propriamente à meditação dos filósofos"; e Croce remete ao seu futuro volume sobre a prática. Para as relações entre a filosofia da práxis e o hegelianismo, remete ao seu ensaio sobre Hegel.

Na "Conclusão" a seu ensaio "Per la interpretazione e la critica di alcuni concetti" (*MSEM*, p. 55-113, a conclusão está nas p. 110-113), Croce resume em quatro pontos os resultados positivos de sua investigação: 1) sobre a ciência econômica, a justificação da economia crítica, entendida não como ciência econômica geral, mas como economia sociológica comparativa, que trata das condições do trabalho na sociedade; 2) sobre a ciência da história, a libertação da filosofia da práxis de qualquer conceito apriorístico (seja de herança hegeliana, seja de contágio com o evolucionismo vulgar) e a consideração da doutrina como um fecundo, por certo, mas simples cânone de interpretação histórica; 3) sobre a prática, a impossibilidade de deduzir o programa social do movimento (bem como qualquer outro programa social) de proposições de pura ciência, devendo-se conduzir o julgamento dos programas sociais para o campo da observação empírica e das persuasões práticas; 4) sobre a ética, a negação da amoralidade intrínseca ou da antieticidade intrínseca da filosofia da práxis. (Será útil procurar outros pontos de discussão e de crítica em todos os escritos de Croce sobre esse assunto, resumindo-os atentamente, com todas as referências bibliográficas cabíveis, mesmo conservando um lugar especial para esses pontos que o próprio Croce indicou como os que mais atraíram o seu interesse e a sua reflexão mais metódica e sistemática.)

IX. Para compreender melhor a teoria crociana apresentada na comunicação ao Congresso de Oxford, sobre "História e antihistória" (e que, em outro local [67], foi aproximada à discussão mantida pela geração passada em torno à possibilidade dos "saltos" na história e na natureza), é preciso estudar o ensaio de Croce sobre *Interpretazione storica delle proposizioni filosofiche*, no qual, além do tema do qual deriva o título, muito interessante por si mesmo e que não é observado por Croce em sua última polêmica contra a filosofia da práxis, está contida uma interpretação restritiva e capciosa da proposição hegeliana "o que é real é racional e o que é racional é real", precisamente no sentido da anti-história.

X. A importância que tiveram o maquiavelismo e o antimaquiavelismo para o desenvolvimento da ciência política na Itália e a significação que tiveram recentemente, neste desenvolvimento, as proposições de Croce sobre a autonomia do momento político-econômico e as páginas dedicadas a Maquiavel. Pode-se dizer que Croce chegou a este resultado sem a contribuição cultural da filosofia da práxis? Deve-se recordar, a respeito, que Croce escreveu que não podia compreender por que ninguém pensara em desenvolver o conceito de que o fundador da filosofia da práxis efetuou, para um grupo social moderno, a mesma obra realizada por Maquiavel em seu tempo [68]. Desta comparação de Croce, seria possível deduzir toda a injustiça da sua atual atitude cultural, até porque o fundador da filosofia da práxis teve interesses muito mais vastos do que Maquiavel e do que o próprio Botero (para Croce, Botero integra Maquiavel no desenvolvimento da ciência política, se bem que isto não seja muito exato quando se leva em conta não só o *Principe*, mas também os *Discorsi* de Maquiavel); além disso, nele está contido também *in nuce* o aspecto ético-político da política ou a teoria da hegemonia e do consenso, além do aspecto da força e da economia.

O problema é o seguinte: dado o princípio crociano da dialética dos distintos (que deve ser criticado como solução puramente verbal de uma exigência metodológica real, na medida em que é verdade que não existem só os opostos, mas também os distintos), poderá existir entre o momento econômico-político e as outras atividades históricas uma relação que não seja a de "implicação na unidade do espírito"? É possível uma solução especulativa destes problemas, ou somente uma solução histórica, fornecida pelo conceito de "bloco histórico" pressuposto por Sorel? Pode-se dizer, entretanto, que, enquanto a obsessão político-econômica (prática, didática) destrói a arte, a moral, a filosofia, estas atividades são também "política". Isto é: a paixão econômico-política é destrutiva quando é exterior, imposta pela força, segundo um plano preestabelecido (e, mesmo que assim seja, pode ser politicamente necessária, havendo períodos nos quais a arte, a filosofia, etc., adormecem, ao passo que a atividade prática é sempre viva); contudo, ela pode se tornar implícita na arte, etc., quando o processo é normal, não violento, quando entre a estrutura e as superestruturas existe homogeneidade e o Estado superou a sua fase econômico-corporativa. O próprio Croce (no livro *Etica e politica*) refere-se a estas diversas fases: uma de violência, de miséria, de luta renhida, da qual não se pode fazer história ético-política (em sentido restrito); e outra de expansão cultural, que seria a "verdadeira" história. Em seus dois livros recentes, *Storia d'Italia* e *Storia d'Europa*, são omitidos precisamente os momentos da força, da luta, da miséria; em uma, a história começa após 1870, e, na outra, a partir de 1815. Segundo estes critérios esquemáticos, pode-se dizer que o próprio Croce reconhece implicitamente a prioridade do fato econômico, isto é, da estrutura como ponto de referência e de impulso dialético para as superestruturas, ou seja, os "momentos distintos do espírito". O ponto da filosofia crociana sobre o qual cabe insistir, ao que parece, é precisamente a chamada dialética dos distintos. Existe uma exigência real em distinguir os opostos dos distintos, mas existe também uma contradição em termos, já que só se tem dialética dos opostos. Ver as objeções não verbalistas apresentadas pelos gentilianos a esta teoria crociana e retornar a Hegel? Deve-se ver se o movimento de Hegel a Croce-Gentile não foi um passo atrás, uma reforma "reacionária". Eles não terão tornado Hegel mais abstrato? Não terão abandonado a sua parte mais realista, mais historicista? E, ao contrário, não será precisamente desta parte que somente a filosofia da práxis, dentro de certos limites, é uma reforma e uma superação? E não terá sido justamente o conjunto da filosofia da práxis o que levou Croce e Gentile a se desviarem nessa direção, se bem que eles se tenham servido desta filosofia para doutrinas particulares? (isto é, por razões implicitamente políticas?) Entre Croce-Gentile e Hegel, formou-se um elo tradicional Vico-Spaventa-(Gioberti). Mas isto não significou um passo atrás com relação a Hegel? Hegel não pode ser pensado sem a Revolução Francesa e sem Napoleão e suas guerras, isto é, sem as experiências vitais e imediatas de um período histórico intensíssimo de lutas, de misérias, no qual o mundo exterior esmaga o indivíduo e o faz tocar a terra, nivela-o com a terra, no qual todas as filosofias passadas foram criticadas pela realidade de uma maneira tão peremptória. Vico e Spaventa podiam dar alguma coisa similar? (Mesmo Spaventa, que participou de fatos históricos de importância regional e provincial, em contraste com os de 1789 e 1815, que sacudiram todo o mundo civilizado de então e obrigaram a pensar "mundialmente"? Que colocaram em movimento a "totalidade" social, todo o gênero humano imaginável, todo o "espírito"? Eis por que Napoleão pôde aparecer a Hegel como o "espírito do mundo" a cavalo!) De que movimento histórico de grande importância Vico participa? Embora sua genialidade consista precisamente em ter concebido um vasto mundo a partir de um pequeno recanto morto da "história", ajudado pela concepção unitária e cosmopolita do catolicismo... Nisto reside a diferença essencial entre Vico e Hegel, entre deus e a providência e Napoleão-espírito do mundo, entre uma abstração remota e a história da filosofia concebida como única filosofia, que levará à identificação, ainda que especulativa, entre história e filosofia, entre fazer e pensar, até chegar ao proletariado alemão como único herdeiro da filosofia clássica alemã.

XI. A biografia político-intelectual de Croce não está inteiramente recolhida em *Contributo alla critica di me stesso*. No que diz respeito às suas relações com a filosofia da práxis, muitos elementos e motivos essenciais estão disseminados em todas as obras. No volume *Cultura e vita morale* (2ª edição, p. 45, mas também em outras páginas, como naquelas em que explica a origem de suas simpatias por Sorel), ele afirma que, não obstante suas tendências *naturaliter* democráticas (já que o filósofo não pode deixar de ser democrata), seu estômago recusou-se a digerir a democracia enquanto esta não ganha alguns temperos de filosofia da práxis, a qual, "coisa conhecidíssima, está embebida de filosofia clássica alemã". Durante a guerra, ele afirmou que esta é precisamente a guerra da filosofia da práxis (cf. a entrevista de De Ruggiero com Croce, publicada na *Revue de métaphysique et de morale*, as *Pagine di guerra* e a introdução de 1917 ao *MSEM*).

XII. Um dos pontos que mais interessa examinar e aprofundar é a doutrina crociana das ideologias políticas. Para isso, não basta ler os *Elementi di politica* com o apêndice, mas devem-se pesquisar as resenhas publicadas na *Critica*. (Entre outras, a resenha ao opúsculo de Malagodi sobre *Le ideologie politiche*, que tinha um capítulo dedicado a Croce; estes escritos esparsos talvez sejam coletados no III e IV volumes das *Conversações críticas*.) Croce, após ter sustentado em *MSEM* que a filosofia da práxis era apenas uma maneira de dizer e que Lange fizera bem em não se referir a ela em sua história do materialismo (sobre as relações entre Lange e a filosofia da práxis, que foram muito oscilantes e incertas, deve-se ver o ensaio de R. D'Ambrosio, "La dialettica nella natura", na *Nuova Rivista Storica*, vol. de 1932, p. 223-252), em um certo momento mudou radicalmente de ideia, fundamentando a sua nova revisão precisamente na definição do professor Stammler sobre Lange, à qual o próprio Croce, no *MSEM* (4ª ed., p. 118), assim se refere: "Assim como o materialismo filosófico não consiste em afirmar que os fatos corporais têm eficácia sobre os intelectuais, mas em fazer destes uma mera aparência irreal daqueles, também a *filosofia da práxis* deve consistir na afirmação de que a economia é a verdadeira realidade e o direito é uma aparência ilusória." [69] Presentemente, também para Croce as superestruturas são meras aparências e ilusões; mas, de resto, foi refletida essa mudança de Croce? E, principalmente, corresponde à sua atividade de filósofo? A doutrina de Croce sobre as ideologias políticas é de evidentíssima derivação da filosofia da práxis: elas são construções práticas, instrumentos de direção política, isto é, poderíamos dizer, as ideologias são meras ilusões para os governados, um engano sofrido, enquanto são para os governantes um engano desejado e consciente. Para a filosofia da práxis, as ideologias não são de modo algum arbitrárias; são fatos históricos reais, que devem ser combatidos e revelados em sua natureza de instrumentos de domínio, não por razões de moralidade, etc., mas precisamente por razões de luta política: para tornar os governados intelectualmente independentes dos governantes, para destruir uma hegemonia e criar uma outra, como momento necessário da subversão da práxis. Ao que parece, Croce se aproxima mais da interpretação materialista vulgar do que a filosofia da práxis. Para a filosofia da práxis, as superestruturas são uma realidade (ou se tornam tal, quando não são meras elucubrações individuais) objetiva e operante; ela afirma explicitamente que os homens tomam consciência da sua posição social (e, consequentemente, de suas tarefas) no terreno das ideologias, o que não é pouco como afirmação de realidade; a própria filosofia da práxis é uma superestrutura, é o terreno no qual determinados grupos sociais tomam consciência do próprio ser social, da própria força, das própriras tarefas, do próprio devir. Neste sentido, é justa a afirmação do próprio Croce (*MSEM*, 4ª ed., p. 118) de que a filosofia da práxis "é história feita ou *in fieri*". Existe, porém, uma diferença fundamental entre a filosofia da práxis e as outras filosofias: as outras ideologias são criações inorgânicas porque contraditórias, porque voltadas para a conciliação de interesses opostos e contraditórios; a sua "historicidade" será breve, já que a contradição aflora após cada evento do qual foram instrumento. A filosofia da práxis, ao contrário, não tende a resolver pacificamente as contradições existentes na história e na sociedade, ou, melhor, ela é a própria teoria de tais contradições; não é o instrumento de governo de grupos dominantes para obter o consentimento e exercer a hegemonia sobre as classes subalternas; é a expressão destas classes subalternas, que querem educar a si mesmas na arte de governo e que têm interesse em conhecer todas as verdades, inclusive as desagradáveis, e em evitar os enganos (impossíveis) da classe superior e, ainda mais, de si mesmas.

A crítica das ideologias, na filosofia da práxis, engloba o conjunto das superestruturas e afirma a sua rápida caducidade na medida em que tendem a esconder a realidade, isto é, a luta e a contradição, mesmo quando são "formalmente" dialéticas (como o crocianismo), ou seja, quando desenvolvem uma dialética especulativa e conceitual e não veem a dialética no próprio devir histórico. Veja-se um aspecto da posição de Croce, que, no prefácio de 1917 ao *MSEM*, escreve que, ao fundador da filosofia da práxis, "devemos nossa gratidão por ter ele nos ajudado a nos tornar insensíveis às graciosas seduções da Deusa Justiça e da Deusa Humanidade". E por que não da Deusa Liberdade? Aliás, a Liberdade foi deificada por Croce, tornando-se ele o pontífice de uma religião da liberdade. Deve-se notar que o significado de ideologia não é o mesmo em Croce e na filosofia da práxis. Em Croce, o significado é restrito de uma maneira indefinível, se bem que, graças ao seu conceito de "historicidade", também a filosofia adquira o valor de uma ideologia. Pode-se dizer que, para Croce, existem três graus de liberdade: o liberismo econômico e o liberalismo político [70], que não são nem a ciência econômica nem a ciência política (se bem que, com relação ao liberalismo político, Croce seja menos explícito), mas precisamente "ideologias políticas" imediatas; a religião da liberdade; o idealismo. Também a religião da liberdade, sendo (como toda concepção do mundo) necessariamente ligada a uma ética adequada, não deveria ser ciência, mas ideologia. Ciência pura seria somente o idealismo, já que Croce afirma que todos as filósofos, enquanto tais, não podem deixar de ser idealistas, queiram-no ou não.

O conceito do valor concreto (histórico) das superestruturas na filosofia da práxis deve ser aprofundado, aproximando-o do conceito soreliano de "bloco histórico". Se os homens adquirem consciência de sua posição social e de seus objetivos no terreno das superestruturas, isto significa que entre estrutura e superestrutura existe um nexo necessário e vital. Seria necessário estudar quais foram as correntes historiográficas contra as quais a filosofia da práxis reagiu no momento da sua fundação, bem como quais eram as opiniões mais difundidas naquele tempo, inclusive com relação às outras ciências. As próprias imagens e metáforas às quais recorrem frequentemente os fundadores da filosofia da práxis fornecem indicações a este respeito: a afirmação de que a economia é para a sociedade o que a anatomia é para as ciências biológicas. Deve-se recordar, também, a luta ocorrida nas ciências naturais para afastar do terreno científico os princípios de classificação baseados em elementos exteriores e frágeis. Se os animais fossem classificados pela cor da pele, do pelo ou das plumas, todos protestariam hoje. No corpo humano, certamente, não se pode dizer que a pele (bem como o tipo de beleza física historicamente dominante) seja mera ilusão, e que o esqueleto e a anatomia sejam a única realidade; todavia, por muito tempo, se disse algo similar. Valorizando a anatomia e a função do esqueleto, ninguém pretendeu afirmar que o homem (e muito menos a mulher) possam viver sem ela. Prosseguindo na metáfora, pode-se dizer que não é o esqueleto (em sentido estrito) que faz alguém se enamorar por uma mulher, mas compreende-se quanto o esqueleto contribui para a graça dos movimentos, etc.

Um outro elemento, contido no prefácio do *Zur Kritik*, deve estar certamente relacionado à reforma da legislação processual e penal. [71] Afirma-se, no referido prefácio, que, da mesma forma que não se julga um indivíduo pelo que ele pensa de si mesmo, também não se pode julgar uma sociedade pelas ideologias. Pode-se dizer, talvez, que esta afirmação esteja vinculada à reforma pela qual, nos julgamentos penais, as provas testemunhais e materiais terminaram por substituir as afirmações do acusado sob relativa tortura, etc.

Referindo-se às chamadas leis naturais e ao conceito de natureza (direito natural, estado natural, etc.) — "que, surgido na filosofia do século XVII, foi dominante no XVIII" —, Croce (p. 93 do *MSEM*) afirma que "semelhante concepção, na verdade, foi golpeada somente pelo viés da crítica de Marx, o qual, analisando o conceito de *natureza*, mostrava como ele era o complemento ideológico do desenvolvimento histórico da burguesia, uma poderosíssima arma por ela utilizada contra os privilégios e as opressões que buscava destruir". Esta observação serve a Croce para a seguinte afirmação metodológica: "O conceito poderia ter surgido como instrumento para fins práticos e ocasionais e, apesar disso, ser intrinsecamente verdadeiro. 'Leis naturais' equivale, neste caso, a 'leis racionais'; e a racionalidade e a excelência de tais leis devem ser negadas. Ora, precisamente por ser de origem metafísica, o conceito pode ser radicalmente rejeitado, mas não se pode refutar no detalhe. Ele morre com a metafísica da qual fazia parte; e, ao que parece, ele presentemente está de fato morto. Repouse em paz a 'grande bondade' das leis naturais." A passagem não é muito clara e evidente em seu conjunto. Deve-se refletir sobre o fato de que, em geral (isto é, algumas vezes), um conceito pode surgir como instrumento para um fim prático e ocasional e ser, apesar disso, intrinsecamente verdadeiro. Mas não acredito que existam muitos a sustentar que, com a modificação de uma estrutura, todos os elementos da superestrutura correspondente devam necessariamente desaparecer. Ao contrário, ocorre que, de uma ideologia surgida para guiar as massas populares — e que, portanto, não pode deixar de levar em conta alguns dos seus interesses —, sobrevivam vários elementos: o próprio direito natural, se está morto para as classes cultas, é conservado pela religião católica e está mais vivo entre o povo do que se supõe. Ademais, na crítica do fundador da filosofia da práxis, afirmava-se a historicidade do conceito, a sua caducidade, e seu valor intrínseco era limitado a tal historicidade, mas não negado.

Nota I. Os fenômenos da moderna decomposição do parlamentarismo podem oferecer muitos exemplos sobre a função e o valor concreto das ideologias. Como esta decomposição é apresentada para esconder as tendências reacionárias de certos grupos sociais, é algo do maior interesse. Sobre esses assuntos, foram escritas muitas notas esparsas em vários cadernos (por exemplo, sobre a questão da crise do princípio de autoridade, etc.), as quais, agrupadas em conjunto, devem ser remetidas a estas notas sobre Croce.

XIII. Num artigo sobre "Clemenceau" publicado em *Nuova Antologia* de 16 de dezembro de 1929, e em outro publicado em *Italia*

Letteraria de 15 de dezembro (o primeiro assinado "Spectator" e o segundo, com seu nome e sobrenome), Mario Missiroli reproduz dois importantes trechos de cartas que lhe foram enviadas por Sorel e que tratam de Clemenceau (em *Nuova Antologia*, os dois trechos são impressos como um todo orgânico; em *Italia Letteraria*, ao contrário, como textos diferentes e, entre o primeiro e o segundo, Missiroli introduz um "em outro lugar", que permite uma melhor compreensão estilística do contexto): 1) "Ele (Clemenceau) julga a filosofia de Marx, que constitui a ossatura do socialismo contemporâneo, como uma doutrina obscura, boa para os bárbaros da Alemanha, do mesmo modo como sempre o fizeram as inteligências rápidas e brilhantes, habituadas às leituras fáceis. Espíritos superficiais como o dele não conseguem compreender o que Renan compreendia muito bem, ou seja, que valores históricos de grande importância podem aparecer ligados a uma produção literária de evidente mediocridade, como é precisamente o caso da literatura socialista oferecida ao povo." 2) "Acredito que, se Clemenceau, por muito tempo, deu pouca importância ao socialismo, menos ainda devia fazê-lo quando viu Jaurès tornar-se o ídolo dos partidos socialistas. A verbosa oratória de Jaurès o irritava. Em sua 'extrema superficialidade' — a definição é de Joseph Reinach —, julgou que o socialismo não podia conter nada de sério, a partir do momento em que um professor universitário, líder reconhecido da nova doutrina, não conseguia extrair da mesma mais do que vento. Não se preocupava em saber se as massas, uma vez sacudidas pelas vazias declamações dos líderes, não seriam capazes de encontrar em seu próprio seio dirigentes capazes de conduzi-las a regiões de cuja existência os líderes da democracia não podiam sequer suspeitar. Clemenceau não acreditou na existência de uma classe empenhada em construir para si a consciência de uma grande missão histórica a realizar, missão que tem por finalidade a renovação total de toda a nossa civilização. Acredita que o dever das democracias é socorrer os deserdados que garantem a produção das riquezas materiais, que ninguém pode dispensar. Nos momentos difíceis, um poder deve fazer leis para impor sacrifícios aos ricos, destinados a salvar a solidariedade nacional. Uma evolução bem ordenada, que conduza a uma vida relativamente amena: eis o que o povo reivindicaria em nome da ciência, se tivesse bons conselheiros. Na opinião dele, os socialistas são maus pastores quando introduzem, na política de um país democrático, a noção de revolução. Como todos os homens de sua geração, Clemenceau conservou uma viva recordação da Comuna. Creio firmemente que ele ainda não perdoou ao povo de Paris a brutalidade com que os guardas nacionais sublevados o expulsaram do palácio comunal de Montmartre."

XIV. *As origens "nacionais" do historicismo crociano.* Deve-se investigar o que signifique exatamente, e como é justificada em Edgar Quinet, a fórmula da equivalência de revolução-restauração na história italiana. Segundo Daniele Mattalia ("Gioberti in Carducci", in *La Nuova Italia*, 20 de novembro de 1931), a fórmula de Quinet teria sido adotada por Carducci através do conceito giobertiano de "classicidade nacional" (*Rinnovamento*, ed. Laterza, III, 88; *Primato*, ed. Utet, 1, 5, 6, 7, etc.). Deve-se examinar se a fórmula de Quinet pode ser aproximada da de "revolução passiva" de Cuoco; elas exprimem, talvez, o fato histórico da ausência de uma iniciativa popular unitária no desenvolvimento da história italiana, bem como o fato de que o desenvolvimento se verificou como reação das classes dominantes ao subversivismo esporádico, elementar, não orgânico, das massas populares, através de "restaurações" que acolheram uma certa parte das exigências que vinham de baixo; trata-se, portanto, de "restaurações progressistas" ou "revoluções-restaurações", ou, ainda, "revoluções passivas". Seria possível dizer que se tratou sempre de revoluções do "homem de Guicciardini" (no sentido de De Sanctis), nas quais os dirigentes salvaram sempre o seu "particular" [72]: Cavour teria precisamente "diplomatizado" a revolução do homem de Guicciardini e ele mesmo se aproximava, como tipo, de Guicciardini.

O historicismo de Croce seria, portanto, nada mais do que uma forma de moderantismo político, que coloca como único método de ação política aquele no qual o progresso e o desenvolvimento histórico resultam da dialética de conservação e inovação. Na linguagem moderna, esta concepção se chama reformismo. A acomodação entre conservação e inovação constitui, precisamente, o "classicismo nacional" de Gioberti, assim como constitui o classicismo literário e artístico da última estética crociana. Mas este historicismo próprio de moderados e reformistas não é de modo algum uma teoria científica, o "verdadeiro" historicismo; é somente o reflexo de uma tendência prático-política, uma ideologia no sentido pejorativo. De fato, por que a "conservação" deve ser precisamente aquela determinada "conservação", aquele determinado elemento do passado? E por que se será "irracionalista" e "anti-historicista" se não se conservar precisamente aquele determinado elemento? Na realidade, se é verdade que o progresso é dialética de conservação e inovação, e a inovação conserva o passado ao superá-lo, é igualmente verdade que o passado é uma coisa complexa, um conjunto de vivo e morto, no qual a escolha não pode ser feita arbitrariamente, *a priori*, por um indivíduo ou por uma corrente política. Se a escolha foi realizada de tal modo (no papel), não pode se tratar de historicismo, mas de um ato arbitrário de vontade, da manifestação de uma tendência político-prática unilateral, que não pode servir de fundamento a uma ciência, mas somente a uma ideologia política imediata. O que será conservado do passado no processo dialético não pode ser determinado *a priori*, mas resultará do próprio processo, terá um caráter de necessidade histórica e não de escolha arbitrária por parte dos chamados cientistas e filósofos. E, de resto, deve-se observar que a força inovadora, enquanto ela própria não é um fato arbitrário, não pode deixar de já estar imanente no passado, não pode deixar de ser, ela mesma, em certo sentido, o passado, um elemento do passado, o que do passado está vivo e em desenvolvimento; ela mesma é conservação-inovação, contém em si todo o passado digno de desenvolver-se e perpetuar-se. Para esta espécie de historicistas moderados (e moderado é entendido aqui no sentido político, de classe, isto é, daquelas classes que atuam na restauração, após 1815 e 1848), irracional era o jacobinismo, anti-história era igual a jacobinismo. Mas quem poderá jamais provar historicamente que os jacobinos foram guiados apenas pelo arbítrio? E não é hoje uma proposição histórica banal a de que nem Napoleão, nem a Restauração, destruíram os "fatos consumados" pelos jacobinos? Ou, talvez, o anti-historicismo dos jacobinos resida no fato de que, de suas iniciativas, não se "conservaram" 100%, mas apenas um certo percentual? Não parece ser plausível sustentar isto, já que a história não se reconstrói com cálculos matemáticos e, ademais, nenhuma força inovadora se realiza imediatamente, mas sim como racionalidade e irracionalidade, arbítrio e necessidade, como "vida", isto é, com todas as debilidades e as forças da vida, com suas contradições e suas antíteses.

Fixar com precisão esta relação do historicismo de Croce com a tradição moderada do *Risorgimento* e com o pensamento reacionário da Restauração. Observar como sua concepção da "dialética" hegeliana privou esta de todo vigor e de toda grandeza, transformando-a numa questão escolástica de palavras. Croce desempenha hoje a mesma função de Gioberti e a este se aplica a crítica contida na *Miséria da filosofia* sobre o modo de não compreender o hegelianismo. E, todavia, a questão do "historicismo" é um dos pontos e dos motivos permanentes de toda a atividade intelectual e filosófica de Croce, bem como uma das razões da fortuna e da influência exercidas por sua atividade há trinta anos. Na realidade, Croce se insere na tradição cultural do novo Estado italiano e reporta a cultura nacional às suas origens, desprovincianizando-a e depurando-a de todas as escórias grandiloquentes e bizarras do *Risorgimento.* Estabelecer com exatidão a significação histórica e política do historicismo crociano significa, precisamente, reduzi-lo à sua função real de ideologia política imediata, despojando-o da grandeza brilhante que lhe é atribuída, como se se tratasse da manifestação de uma ciência objetiva, de um pensamento sereno e imparcial, que se põe acima de todas as misérias e contingências da luta cotidiana, de uma desinteressada contemplação do eterno devir da história humana.

XV. Examinar, ainda, o princípio crociano (ou aceito e desenvolvido por Croce) do "caráter volitivo da afirmação teórica" (sobre isso, cf.

o capítulo "La libertà di coscienza e di scienza", no volume *Cultura e vita morale*, 2ª. edição, p. 95 e ss.).

XVI. Deve-se ver se, a seu modo, o historicismo crociano não seria uma forma, habilmente mascarada, de história com uma meta predeterminada, como é o caso de todas as concepções liberais reformistas. Se é possível afirmar, genericamente, que a síntese conserva o que é ainda vital da tese, superada pela antítese, não é possível afirmar, sem arbítrio, o que será conservado, o que *a priori* se considera como vital, sem com isso cair no ideologismo, na concepção de uma história com uma meta predeterminada. O que, segundo Croce, deve ser conservado da tese, já que é vital? Não sendo, salvo raramente, um político prático, Croce evita cuidadosamente qualquer enumeração de instituições práticas e de concepções programáticas a serem consideradas como "intocáveis"; todavia, elas podem ser deduzidas do conjunto de sua obra. Mas, ainda que nem isto fosse factível, restaria sempre a afirmação de que é "vital" e intocável a forma liberal do Estado, isto é, a forma que garante a qualquer força política o direito de movimentar-se e lutar livremente. Mas como é possível confundir este fato empírico com o conceito de liberdade, isto é, de história? Como exigir que as forças em luta "moderem" esta luta dentro de certos limites (os limites da conservação do Estado liberal), sem com isso cair no arbitrário ou na meta preconcebida? Na luta, "os golpes não são dados de comum acordo", e toda antítese deve necessariamente colocar-se como antagonista radical da tese, tendo mesmo o objetivo de destruí-la e substituí-la completamente. Conceber o desenvolvimento histórico como um jogo esportivo, com seu árbitro e suas normas preestabelecidas a serem lealmente respeitadas, é uma forma de história com uma meta predeterminada, na qual a ideologia não se funda sobre o "conteúdo" político, mas sobre a forma e o método da luta. É uma ideologia que tende a enfraquecer a antítese, a fragmentá-la numa longa série de momentos, isto é, a reduzir a dialética a um processo de evolução reformista "revolução-restauração", na qual apenas o segundo termo é válido, já que se trata de consertar continuamente (de fora) um organismo que não possui internamente os motivos próprios de saúde. Ademais, poder-se-ia dizer que uma tal atitude reformista é uma "astúcia da Providência" para determinar uma maturação mais rápida das forças internas refreadas pela prática reformista [73].

§ 42. *Apêndice. O conhecimento filosófico como ato prático, de vontade.* Pode-se estudar este problema especialmente em Croce, mas em geral nos filósofos idealistas, já que estes insistem particularmente sobre a vida íntima do indivíduo-homem, sobre os fatos e a atividade espiritual. Em Croce, graças à grande importância que tem, em seu sistema, a teoria da arte, a estética. Na atividade espiritual e, para melhor exemplificar, na teoria da arte (mas também na ciência econômica, onde o ponto de partida para a colocação deste problema pode ser o ensaio "Le due scienze mondane — l'Estetica e l'Economia", publicado por Croce na *Critica* de 20 de novembro de 1931), as teorias dos filósofos *descobrem* verdades até então ignoradas, ou "inventam", ou "criam" esquemas mentais, nexos lógicos que *modificam* a realidade espiritual até então existente, historicamente concreta, como *cultura* difusa em um certo grupo de intelectuais, em uma classe, em uma civilização? É este um dos muitos modos de colocar a questão da chamada "realidade do mundo exterior" e da realidade pura e simplesmente. Existe uma "realidade" exterior ao pensador individual (o ponto de vista do solipsismo pode ser útil didaticamente, as robinsonadas filosóficas podem ser igualmente úteis do ponto de vista prático, se empregadas com discrição e garbo, como as robinsonadas econômicas), desconhecida (isto é, ainda não conhecida, mas nem por isso "incognoscível", numênica) em sentido histórico e que é "descoberta" (em sentido etimológico), ou não se "descobre" nada no mundo espiritual (isto é, nada se revela), mas se "inventa" e se "*impõe*" ao mundo da cultura? {B}

§ 43. *Introdução ao estudo da filosofia.* Deve-se ver, a este respeito, a obra de Vincenzo Gioberti, que se intitula precisamente: *Introduzione allo studio della Filosofia*, 2ª edição, revista e corrigida pelo autor, Bruxelas, impressa por Meline, Caus & Cia., 1844, 4 volumes, *in*-8º. Não se trata de um trabalho técnico visando a "introduzir" didaticamente ao estudo da filosofia, mas de um trabalho enciclopédico, que se propõe "revolucionar" um mundo cultural, em toda a sua complexidade, tratando de todos os assuntos que possam interessar a uma "cultura" nacional, a uma concepção do mundo nacional. A obra de Gioberti deverá ser estudada precisamente deste ponto de vista. Dados o tempo e as circunstâncias históricas e dada a personalidade de Gioberti, a sua atividade filosófica não podia se fechar em esquemas de intelectual profissional: o filósofo e pensador não podia ser destacado do homem político e de partido. Deste ponto de vista, a personalidade histórica de Gioberti pode ser aproximada à de Mazzini, com as diferenças determinadas pelas diferentes finalidades e pelas diferentes forças sociais que ambos representavam, as quais, precisamente, determinavam as finalidades. Ao que me parece, o protótipo pode ser encontrado em Fichte e em seus *Discursos à nação alemã*. {B}

§ 44. *Introdução ao estudo da filosofia*. A linguagem, as línguas, o senso comum. Posta a filosofia como concepção do mundo — e o trabalho filosófico sendo concebido não mais apenas como elaboração "individual" de conceitos sistematicamente coerentes, mas além disso, e sobretudo, como luta cultural para transformar a "mentalidade" popular e difundir as inovações filosóficas que se revelem "historicamente verdadeiras" na medida em que se tornem concretamente, isto é, histórica e socialmente, universais —, a questão da linguagem e das línguas deve ser "tecnicamente" colocada em primeiro plano. Devem-se rever as publicações dos pragmatistas a este respeito. Cf. os *Scritti* de G. Vailati (Florença, 1911), entre os quais o estudo "A linguagem como obstáculo à eliminação de contrastes ilusórios".

No caso dos pragmatistas, como em geral com relação a qualquer outra tentativa de sistematização orgânica da filosofia, nada indica que a referência seja à totalidade do sistema ou ao seu núcleo essencial. [74] Creio poder dizer que a concepção da linguagem de Vailati e de outros pragmatistas é inaceitável; todavia, parece-me que eles perceberam exigências reais e as "descreveram" com exatidão aproximativa, mesmo se não conseguiram colocar os problemas e encontrar as soluções. Parece que se possa dizer que "linguagem" é essencialmente um nome coletivo, que não pressupõe uma coisa "única" nem no tempo nem no espaço. Linguagem significa também cultura e filosofia (ainda que no nível do senso comum) e, portanto, o fato "linguagem" é, na realidade, uma multiplicidade de fatos mais ou menos organicamente coerentes e coordenados: no limite, pode-se dizer que todo ser falante tem uma linguagem pessoal e própria, isto é, um modo pessoal de pensar e de sentir. A cultura, em seus vários níveis, unifica uma maior ou menor quantidade de indivíduos em estratos numerosos, mais ou menos em contato expressivo, que se entendem entre si em diversos graus, etc. São estas diferenças e distinções histórico-sociais que se refletem na linguagem comum, produzindo os "obstáculos" e as "causas de erro" de que os pragmatistas trataram.

Disto se deduz a importância que tem o "momento cultural" também na atividade prática (coletiva): todo ato histórico não pode deixar de ser realizado pelo "homem coletivo", isto é, pressupõe a conquista de uma unidade "cultural-social" pela qual uma multiplicidade de vontades desagregadas, com fins heterogêneos, solda-se conjuntamente na busca de um mesmo fim, com base numa idêntica e comum concepção do mundo (geral e particular, transitoriamente operante por meio da emoção — ou permanente, de modo que a base intelectual esteja tão enraizada, assimilada e vivida que possa se transformar em paixão). Já que assim ocorre, revela-se a importância da questão linguística geral, isto é, da conquista coletiva de um mesmo "clima" cultural.

Este problema pode e deve ser aproximado da colocação moderna da doutrina e da prática pedagógicas, segundo as quais a relação entre professor e aluno é uma relação ativa, de vinculações recíprocas, e que, portanto, todo professor é sempre aluno e todo aluno, professor. Mas a relação pedagógica não pode ser limitada às relações especificamente "escolares", através das quais as novas gerações entram em contato com as antigas e absorvem suas experiências e seus valores historicamente necessários, "amadurecendo" e desenvolvendo uma personalidade própria, histórica e culturalmente superior. Esta relação existe em toda a sociedade no seu conjunto e em todo indivíduo com relação aos outros indivíduos, entre camadas intelectuais e não intelectuais, entre governantes e governados, entre elites e seguidores, entre dirigentes e dirigidos, entre vanguardas e corpos de exército. Toda relação de "hegemonia" é necessariamente uma relação pedagógica, que se verifica não apenas no interior de uma nação, entre as diversas forças que a compõem, mas em todo o campo internacional e mundial, entre conjuntos de civilizações nacionais e continentais.

Daí ser possível dizer que a personalidade histórica de um filósofo individual é também dada pela relação ativa entre ele e o ambiente cultural que quer modificar, ambiente que reage sobre o filósofo e, obrigando-o a uma permanente autocrítica, funciona como "professor". Compreende-se assim por que uma das maiores reivindicações das modernas camadas intelectuais no campo político foi a da chamada "liberdade de pensamento e de expressão do pensamento (imprensa e associação)", já que só onde existe esta condição política se realiza a relação de professor-discípulo no sentido mais geral, acima mencionado; e, na realidade, só assim se realiza "historicamente" um novo tipo de filósofo, que se pode chamar de "filósofo democrático", isto é, do filósofo consciente de que a sua personalidade não se limita à sua individualidade física, mas é uma relação social ativa de modificação do ambiente cultural. Quando o "pensador" se contenta com o próprio pensamento, "subjetivamente" livre, isto é, abstratamente livre, é hoje motivo de troça: a unidade entre ciência e vida é precisamente uma unidade ativa, somente nela se realizando a liberdade de pensamento; é uma relação professor-aluno, uma relação entre o filósofo e o ambiente cultural no qual atuar, de onde recolher os problemas que devem ser colocados e resolvidos; isto é, é a relação filosofia-história. {B}

§ 45. *Pontos para um ensaio sobre Croce.* Deve-se examinar, a respeito da *Storia d'Europa*, o ensaio de Arrigo Cajumi, "Dall'Ottocento ad oggi" (em *Cultura*, de abril-junho de 1932, p. 323-350). Cajumi se ocupa de Croce sobretudo na primeira das sete partes que compõem o estudo, mas referências (úteis) a Croce estão contidas aqui e ali, mesmo nos outros seis parágrafos que se referem a outras publicações recentes de caráter histórico-político. O ponto de vista de Cajumi, em suas críticas e observações, é difícil de ser resumido brevemente: é o dos principais escritores da *Cultura*, os quais representam um grupo de intelectuais bem definidos na vida cultural italiana e dignos de estudo na atual fase da vida nacional. Vinculam-se a De Lollis, seu mestre, e, portanto, a certas tendências da cultura francesa mais séria e criticamente substanciosa, mas isto significa pouco, já que De Lollis não elaborou um método crítico fecundo de desenvolvimentos e universalizações. Na realidade, trata-se de uma forma de "erudição", mas não no sentido mais comum e tradicional da palavra. Uma erudição "humanista", que desenvolve o "bom gosto" e o "requinte"; nos colaboradores da *Cultura*, repetem-se frequentemente os adjetivos "requintado", "apurado". Cajumi, entre os redatores da *Cultura*, é o menos "universitário", não no sentido de que não exista a "postura" universitária em seus escritos e em suas pesquisas, mas no sentido de que a sua atividade foi frequentemente empregada em operações "práticas" e políticas, desde o jornalismo militante até operações talvez ainda mais práticas (como a direção do *Ambrosiano*, que lhe foi dada pelo banqueiro Gualino, não certamente apenas por "mecenatismo"). [75] Sobre Riccardo Gualino, Cajumi escreveu uma nota muito forte e incisiva na *Cultura* de janeiro-março de 1932 ("Confessioni di un figlio del secolo", p. 193-195, a respeito do livro de Gualino, *Frammenti di vita*), insistindo precisamente no fato de que Gualino se servia do seu "mecenatismo" e dos empreendimentos culturais para melhor embrulhar os poupadores italianos. Mas também o Cavaleiro Enrico Cajumi (assim ele se assinava como gerente do *Ambrosiano*) recolheu algumas migalhas do mecenatismo gualinesco! {B}

§ 46. *Introdução ao estudo da filosofia*. A questão da "objetividade externa do real", na medida em que é ligada ao conceito da "coisa em si" e do "número" kantiano. Parece difícil excluir que a "coisa em si" seja uma derivação da "objetividade externa do real" e do chamado realismo greco-cristão (Aristóteles-Santo Tomás); isto pode ser visto, também, no fato de que toda uma tendência do materialismo vulgar e do positivismo deu lugar à escola neokantiana ou neocrítica. Cf., a propósito da "coisa em si" kantiana, o que é escrito em *A sagrada família.* [76] {B}

§ 47. *Pontos para um ensaio sobre B. Croce. Croce e J. Benda.* Pode-se fazer uma comparação entre as ideias e a posição assumida por Croce e o dilúvio de escritos de Benda sobre o problema dos intelectuais (além do livro sobre a *Traição dos intelectuais* de Benda, seria necessário examinar os artigos publicados nas *Nouvelles Littéraires* e talvez em outras revistas). Na realidade, entre Croce e Benda, não obstante certas aparências, o acordo é apenas superficial ou se refere apenas a alguns aspectos particulares da questão. Em Croce, existe uma construção orgânica de pensamento, uma doutrina sobre o Estado, sobre a religião e sobre a função dos intelectuais na vida estatal, que inexiste em Benda, que é sobretudo um "jornalista". É necessário dizer, também, que a posição dos intelectuais na França e na Itália é muito diferente, orgânica e imediatamente; as preocupações político-ideológicas de Croce não são as de Benda, também por esta razão. Ambos são "liberais", mas com tradições culturais e nacionais bem diversas.

Croce e o modernismo. Deve-se confrontar, na entrevista sobre a maçonaria (*Cultura e vita morale*, 2ª ed.), o que Croce diz do modernismo com o que A. Omodeo escreve na *Critica* de 20 de julho de 1932, resenhando os três volumes de Alfred Loisy (*Mémoires pour servir à l'histoire religieuse*), na p. 291, por exemplo: "Aos fáceis aliados acatólicos de Pio X, da própria república anticlerical (*e, na Itália, Croce*), Loisy lhes reprova a ignorância do que seja o catolicismo absolutista e do perigo representado por este império internacional nas mãos do papa; reprova-lhes o dano (já notado, em sua época, por Quinet) de deixar reduzir uma tão grande parte da humanidade a um estúpido rebanho vazio de pensamento e de vida moral, animado apenas por uma passiva aquiescência. Indubitavelmente, existe nestas observações uma grande parte de verdade." [77] {B}

§ 48. *Introdução ao estudo da filosofia.*

[I] *O senso comum ou bom senso.* Em que reside, exatamente, o valor do que se costuma chamar de "senso comum" ou "bom senso"? Não apenas no fato de que, ainda que implicitamente, o senso comum empregue o princípio de causalidade, mas no fato muito mais restrito de que, numa série de juízos, o senso comum identifique a causa exata, simples e à mão, não se deixando desviar por fantasmagorias e obscuridades metafísicas, pseudoprofundas, pseudocientíficas, etc. O "senso comum" não podia deixar de ser exaltado nos séculos XVII e XVIII, quando houve uma reação ao princípio de autoridade representado pela Bíblia e por Aristóteles: descobriu-se, com efeito, que no "senso comum" existia uma certa dose de "experimentalismo" e de observação direta da realidade, ainda que empírica e limitada. Também hoje, em casos similares, tem-se o mesmo juízo positivo sobre o senso comum, se bem que a situação tenha se modificado e que o "senso comum" atual seja muito mais limitado em seu valor intrínseco.

II. *Progresso e devir.* Trata-se de duas coisas diversas ou de aspectos diversos de um mesmo conceito? O progresso é uma ideologia, o devir é uma concepção filosófica. O "progresso" depende de uma determinada mentalidade, de cuja constituição participam certos elementos culturais historicamente determinados; o "devir" é um conceito filosófico, do qual pode estar ausente o "progresso". Na ideia de progresso, está subentendida a possibilidade de uma mensuração quantitativa e qualitativa: mais e melhor. Supõe-se, portanto, uma medida "fixa" ou fixável, mas esta medida é dada pelo passado, por uma certa fase do passado, ou por certos aspectos mensuráveis, etc. (Não que se deva pensar em um sistema métrico do progresso.) Como nasceu a ideia de progresso? Este nascimento representa um fato cultural fundamental, chamado a marcar época? Creio que sim. O nascimento e o desenvolvimento da ideia de progresso correspondem à consciência difusa de que se atingiu uma certa relação entre a sociedade e a natureza (incluindo no conceito de natureza o de acaso e o de "irracionalidade"), relação tal que os homens, em seu conjunto, estão mais seguros quanto ao seu futuro, podendo conceber "racionalmente" planos globais para sua vida. Para combater a ideia de progresso, Leopardi vê-se obrigado a recorrer às erupções vulcânicas, isto é, aos fenômenos naturais que são ainda "irresistíveis" e sem remédio. Mas, no passado, existiram forças irresistíveis bem mais numerosas (carestias, epidemias, etc.), que, dentro de certos limites, foram dominadas. É indubitável que o progresso foi uma ideologia democrática, bem como é também indubitável que tenha servido politicamente à formação dos modernos Estados constitucionais, etc. Igualmente é incontestável que ela já não mais está hoje em seu auge. Mas em que sentido? Não no sentido de que se tenha perdido a fé na possibilidade de dominar racionalmente a natureza e o acaso, mas no sentido "democrático"; ou seja, no de que os "portadores" oficiais do progresso tornaram-se incapazes deste domínio, já que suscitaram forças destruidoras atuais tão perigosas e angustiantes quanto as do passado (hoje "socialmente" esquecidas, mas não por todos os elementos sociais, já que os camponeses continuam a não compreender o "progresso", isto é, acreditam estar — e o estão realmente em grande medida — sob o domínio das forças naturais e do acaso, conservando portanto uma mentalidade "mágica", medieval, "religiosa"), tais como as "crises", o desemprego, etc. A crise da ideia de progresso, portanto, não é uma crise da ideia em si, mas uma crise dos portadores dessa ideia, os quais se tornaram, eles mesmos, uma "natureza" que deve ser dominada. Os ataques à ideia de progresso, nesta situação, são muito interessados e tendenciosos.

É possível separar a ideia de progresso daquela de devir? Não creio. Elas nasceram conjuntamente, como política (na França), como filosofia (na Alemanha, posteriormente desenvolvida na Itália). No "devir", procurou-se salvar o que de mais concreto existe no "progresso": o movimento, aliás, o movimento dialético (um aprofundamento, portanto, já que o progresso está ligado à concepção vulgar da evolução).

De um pequeno artigo de Aldo Capasso, publicado na *Italia Letteraria* de 4 de dezembro de 1932, cito alguns trechos que revelam as dúvidas vulgares sobre estes problemas: "Também entre nós é comum o escárnio em face do otimismo humanitário e democrático de estilo oitocentista. Leopardi não é um solitário quando se refere ironicamente aos 'fados progressistas'. Porém, inventou-se o astucioso disfarce do 'progresso', que é o 'Devir' idealista; ideia que passará à história como sendo mais italiana do que alemã. Mas que sentido pode ter um Devir que prossegue *ad infinitum*, um melhoramento que jamais será equiparável a um bem físico? Quando falta o critério de um 'último' degrau estável, falta também, ao 'melhoramento', a unidade de medida. E, por outro lado, nem mesmo poderemos nos satisfazer com a crença de que somos, homens vivos e reais, melhores do que, por exemplo, os romanos ou os primeiros cristãos, já que — sendo o 'melhoramento' entendido em um sentido inteiramente ideal — é perfeitamente admissível que nós todos sejamos hoje 'decadentes', enquanto aqueles homens eram quase todos plenos e mesmo santos. Assim, do ponto de vista ético, a ideia de ascensão *ad infinitum* — implícita no conceito de Devir — resulta igualmente injustificável, pois o 'melhoramento' ético é fato individual e, no plano individual, é possível concluir, examinando caso por caso, que toda a época recente é decadente... Então, o conceito do Devir otimista torna-se inatingível, tanto no plano ideal quanto no plano real (...). Sabe-se como Croce negava valor raciocinante a Leopardi, assegurando que pessimismo e otimismo são atitudes sentimentais, não filosóficas. Mas o pessimista poderia argumentar que a concepção do Devir idealista é um fato otimista e sentimental, já que o pessimista e o otimista (se não são movidos pela fé no Transcendente) concebem da mesma maneira a História: como o evolver de um rio sem foz; e, posteriormente, colocam o acento ou sobre a palavra 'rio' ou sobre as palavras 'sem foz', a depender do seu estado sentimental. Dizem uns: Não há foz, mas — como em um rio harmonioso — há a continuidade das ondas e a sobrevivência, desenvolvida, do ontem no hoje... E os outros: há a continuidade de um rio, mas não há foz... Em suma, não esqueçamos de que o otimismo, tanto quanto o pessimismo, é sentimento. Disto resulta que nenhuma 'filosofia' pode deixar de ter uma atitude sentimental, como pessimismo ou como otimismo", etc., etc.

Não há muita coerência no pensamento de Capasso, mas sua maneira de pensar é expressiva de um estado de espírito difuso, muito pedante e incerto, muito desconexo e superficial, e também, por vezes, sem muita honestidade e lealdade intelectual e sem a necessária logicidade formal.

A questão é sempre a mesma: o que é o homem? o que é a natureza humana? Se se define o homem como indivíduo, psicológica e especulativamente, estes problemas do progresso e do devir são insolúveis ou puramente verbais. Se se concebe o homem como o conjunto das relações sociais, entretanto, revela-se que toda comparação no tempo entre homens é impossível, já que se trata de coisas diversas, se não mesmo heterogêneas. Por outro lado, dado que o homem é também o conjunto das suas condições de vida, pode-se medir quantitativamente a diferença entre o passado e o presente, já que é possível medir a medida em que o homem domina a natureza e o acaso. A possibilidade não é *a* realidade, mas é, também ela, *uma* realidade: que o homem possa ou não possa fazer determinada coisa, isto tem importância na avaliação daquilo que realmente se faz. Possibilidade quer dizer "liberdade". A medida das liberdades entra no conceito de homem. Que existam as possibilidades objetivas de não se morrer de fome e que, mesmo assim, se morra de fome, é algo que, ao que parece, tem sua importância. Mas a existência das condições objetivas — ou possibilidade, ou liberdade — ainda não é suficiente: é necessário "conhecê-las" e saber utilizá-las. Querer utilizá-las. O homem, neste sentido, é vontade concreta, isto é, aplicação efetiva do querer abstrato ou do impulso vital aos meios concretos que realizam esta vontade. Cria-se a própria personalidade: 1) dando uma direção determinada e concreta ("racional") ao próprio impulso vital ou vontade; 2) identificando os meios que tornam esta vontade concreta e determinada e não arbitrária; 3) contribuindo para modificar o conjunto das condições concretas que realizam esta vontade, na medida de suas próprias forças e da maneira mais frutífera. O homem deve ser concebido como um bloco histórico de elementos puramente subjetivos e individuais e de elementos de massa e objetivos ou materiais, com os quais o indivíduo está em relação ativa. Transformar o mundo exterior, as relações gerais, significa fortalecer a si mesmo, desenvolver a si mesmo. É uma ilusão e um erro supor que o "melhoramento" ético seja puramente individual: a síntese dos elementos constitutivos da individualidade é "individual", mas ela não se realiza e desenvolve sem uma atividade para fora, transformadora das relações externas, desde aquelas com a natureza e com os outros homens em vários níveis, nos diversos círculos em que se vive, até a relação máxima, que abarca todo o gênero humano. Por isso, é possível dizer que o homem é essencialmente "político", já que a atividade para transformar e dirigir conscientemente os outros homens realiza a sua "humanidade", a sua "natureza humana". {B}

§ 49. *Pontos para um ensaio sobre Croce.* Da *Italia Letteraria* de 20 de março de 1932, reproduzo alguns trechos do artigo de Roberto Forges Davanzati [78] sobre a *Storia d'Europa* de Croce, publicado na *Tribuna* de 10 de março ("La storia come azione e la storia come dispetto"): "Croce é indubitavelmente um homem típico, mas típico precisamente daquela monstruosidade cultural, raciocinante, enciclopédica, que acompanhou o liberalismo político e está em bancarrota, já que é a antítese da Poesia, da Fé, da Ação crente, isto é, da vida militante. Croce é estático, retrospectivo, analítico, mesmo quando parece buscar uma síntese. Seu ódio pueril pela juventude guerreira, esportiva, é também o ódio físico de um cérebro que não sabe sair ao encontro do infinito, do eterno, que o mundo nos mostra quando se vive no mundo e quando se tem a ventura de viver na parte do mundo que se chama Itália, onde o divino se revela de modo mais nítido. Não causa surpresa, portanto, que este cérebro passado da erudição à filosofia careça de espírito criativo e, em sua inteligência dialética, não brilhe nenhuma luz de fresca, ingênua e profunda intuição; tendo passado da filosofia à crítica literária, confessou não possuir o tanto da própria poesia que é necessário para entender a Poesia; e, finalmente, ingressando na história política, mostrou e mostra não compreender a história de seu tempo, pondo-se fora da Fé e contra ela, notadamente contra a Fé revelada e custodiada pela Igreja que tem em Roma o seu centro milenar. Nenhuma surpresa há em que este cérebro esteja hoje condenado a ser sequestrado fora da Arte, da Pátria viva, da Fé católica, do espírito e do governo dos homens de seu tempo, e que seja incapaz de levar a conclusões acreditadas e impetuosas o grave processo de suas cognições, que podem ser atingidas sem que se creia nelas e as siga."

Forges Davanzati é verdadeiramente um tipo, e um tipo de farsa intelectual. Poder-se-ia delinear assim o seu caráter: ele é o "super--homem" representado por um romancista ou dramaturgo toleirão, sendo ao mesmo tempo este romancista e este dramaturgo. A vida como obra de arte, mas a obra de arte de um tolo. É notório que muitos jovens querem representar o gênio, mas, para representar o gênio, deve-se ser gênio; e, de fato, a maioria destes gênios representados são soleníssimos imbecis: Forges Davanzati representa a si mesmo, etc. {B}

§ 50. *Introdução ao estudo da filosofia.* [I.] Deve-se ver o livrinho de Paul Nizan, *Les chiens de garde*, Paris, Rieder, 1932; polêmica contra a filosofia moderna, parece que em defesa da filosofia da práxis. Sobre este pequeno livro, cf. dois artiguetes na *Critica Fascista* de 1º de fevereiro de 1933, de Giorgio Granata e Agostino Nasti. Dado que Granata escrevera que a filosofia da práxis "é derivada precisamente dos sistemas idealistas, revelando-se mais abstrata do que qualquer outra", Nasti nos faz saber que: "Se, com as palavras 'sistemas idealistas', Granata pretende aludir ao que se chama de filosofia idealista, de Hegel a Gentile, ele repete uma afirmação que atualmente alguns fazem, com a ingênua finalidade de lançar o descrédito sobre aquela filosofia", etc. "Que Marx tenha acreditado partir de Hegel pode ser verdade; mas que nós lhe devamos reconhecer, além de ter adotado como instrumento útil ou adequado às suas concepções o mecanicismo (!) lógico, puramente formal (!), da dialética de ser/ não ser/ devir (!?), também uma vinculação ou ligação substancial com a filosofia idealista, isto nos parece um despropósito absolutamente gratuito."

II. *Quantidade e qualidade.* Dado que não pode existir quantidade sem qualidade e qualidade sem quantidade (economia sem cultura, atividade prática sem inteligência, e vice-versa), toda contraposição dos dois termos é, racionalmente, um contrassenso. E, de fato, quando se contrapõe a qualidade à quantidade com todas as néscias variações no estilo de Guglielmo Ferrero & Cia. [79], contrapõe-se, na realidade, uma certa qualidade a outra qualidade, uma certa quantidade a outra quantidade, isto é, faz-se uma determinada política e não uma afirmação filosófica. Se o nexo quantidade-qualidade é inseparável, coloca-se a questão: onde é mais útil aplicar a própria força de vontade, em desenvolver a quantidade ou a qualidade? Qual dos dois aspectos é mais controlável? Qual é mais facilmente mensurável? Sobre qual dos dois é possível fazer previsões, construir planos de trabalho? A resposta parece indubitável: sobre o aspecto quantitativo. Afirmar, portanto, que se quer trabalhar sobre a quantidade, que se quer desenvolver o aspecto "corpóreo" do real, não significa que se pretenda esquecer a "qualidade", mas, ao contrário, que se deseja colocar o problema qualitativo do modo mais concreto e realista, isto é, deseja-se desenvolver a qualidade pelo único modo no qual tal desenvolvimento é controlável e mensurável.

A questão está relacionada com outra, expressa no provérbio: "*Primum vivere, deinde philosophari.*" Na realidade, não é possível destacar o viver do filosofar. Todavia, o provérbio tem um significado prático: viver significa ocupar-se principalmente com a atividade prática econômica; filosofar, ocupar-se com atividades intelectuais, de *otium litteratum*. Todavia, há os que apenas "vivem", obrigados a um trabalho servil e extenuante, etc., sem os quais determinadas pessoas não poderiam ter a possibilidade de se exonerarem da atividade econômica para filosofar.

Sustentar a "qualidade" contra a quantidade significa, precisamente, apenas isto: manter intactas determinadas condições de vida social nas quais alguns são pura quantidade, outros qualidade. E como é agradável considerar-se representantes patenteados da qualidade, da beleza, do pensamento, etc.! Não existe madame do "grande mundo" que não acredite cumprir esta função de conservar sobre a terra a qualidade e a beleza! {B}

§ 51. *Pontos para um ensaio sobre Croce.* Sobre o conceito de "liberdade". Demonstrar que, com exceção dos "católicos", todas as outras correntes filosóficas e práticas se desenvolvem sobre o terreno da filosofia da liberdade e da realização da liberdade. Esta demonstração é necessária, pois se formou na verdade uma mentalidade esportiva, que fez da liberdade uma bola para jogar futebol. Todo aquele que chega para jogar imagina a si mesmo um ditador, e o mister do ditador parece fácil: dar ordens imperiosas, assinar papéis, etc., pois se imagina que, "pela graça de Deus", todos obedecerão e as ordens verbais ou escritas tornar-se-ão ações: o verbo se fará carne. Se não se fizer, isto quer dizer que se deverá ainda esperar até que a "graça" (ou seja, as chamadas "condições objetivas") o permita. {B}

§ 52. *Introdução ao estudo da filosofia.* Estabelecido o princípio de que todos os homens são "filósofos", isto é, que entre os filósofos profissionais ou "técnicos" e os demais homens não existe diferença "qualitativa", mas apenas "quantitativa" (e, neste caso, "quantidade" tem um significado bastante particular, que não pode ser confundido com soma aritmética, porque indica maior ou menor "homogeneidade", "coerência", "logicidade", etc., isto é, quantidade de elementos qualitativos), deve-se ver, todavia, em que consiste propriamente esta diferença. Assim, não será exato chamar de "filosofia" qualquer tendência de pensamento, qualquer orientação geral, etc., e nem mesmo qualquer "concepção do mundo e da vida". O filósofo poderá ser chamado de "operário qualificado" em contraposição aos manuais, mas nem mesmo isto é exato, já que na indústria, além dos operários manuais e dos qualificados, existe o engenheiro, o qual conhece o ofício não apenas praticamente, mas também teórica e historicamente. O filósofo profissional ou técnico não só "pensa" com maior rigor lógico, com maior coerência, com maior espírito de sistema, do que os outros homens, mas conhece toda a história do pensamento, isto é, sabe explicar o desenvolvimento que o pensamento experimentou até ele e é capaz de retomar os problemas a partir do ponto onde eles se encontram após terem sofrido a mais alta tentativa de solução, etc.

Ele tem, no campo do pensamento, a mesma função que, nos diversos campos científicos, têm os especialistas. Entretanto, existe uma diferença entre o filósofo especialista e os demais especialistas, a saber, a de que o filósofo especialista se aproxima mais dos outros homens do que os demais especialistas. Foi precisamente o ter feito do filósofo especialista uma figura similar, na ciência, aos demais especialistas aquilo que determinou a caricatura do filósofo. Com efeito, é possível imaginar um entomólogo especialista sem que todos os outros homens sejam "entomólogos" empíricos, ou um especialista da trigonometria sem que a maior parte dos outros homens se ocupe da trigonometria, etc. (podem-se encontrar ciências refinadíssimas, especializadíssimas, necessárias, mas nem por isso "comuns"), mas é impossível pensar em um homem que não seja também filósofo, que não pense, precisamente porque o pensar é próprio do homem como tal (a menos que seja patologicamente idiota). {B}

§ 53. *Pontos de meditação sobre a economia.* Distribuição das forças humanas de trabalho e de consumo. Pode-se observar como, cada vez mais, crescem as forças de consumo em relação às de produção. A população economicamente passiva e parasitária. Mas o conceito de "parasitário" deve ser bem determinado. Pode ocorrer que uma função parasitária revele-se intrinsecamente necessária, dadas as condições existentes: isto torna ainda mais grave tal parasitismo. Precisamente quando um parasitismo é "necessário", o sistema que cria tais necessidades está condenado em si mesmo. Mas não apenas os puros consumidores aumentam de número; aumenta também o seu padrão de vida, isto é, aumenta a quota de bens por eles consumida (ou destruída). Se se observa bem, deve-se chegar à conclusão de que o ideal de todo elemento da classe dirigente é o de criar as condições nas quais os seus herdeiros possam viver sem trabalhar, de renda. Como é possível que uma sociedade seja sadia quando se trabalha para estar em condições de não mais trabalhar? Dado que este ideal é impossível e malsão, isto significa que todo o organismo está viciado e doente. Uma sociedade que afirma trabalhar para criar parasitas, para viver do chamado trabalho passado (que é uma metáfora para indicar o trabalho atual dos outros), destrói, na realidade, a si mesma. {B}

§ 54. *Introdução ao estudo da filosofia. O que é o homem?* É esta a primeira e principal pergunta da filosofia. Como respondê-la? A definição pode ser encontrada no próprio homem, isto é, em cada homem singular. Mas é correta? Em cada homem singular, pode-se encontrar o que é cada "homem singular". Mas não nos interessa o que é cada homem singular, o que significa, ademais, o que é cada homem singular em cada momento singular. Se observarmos bem, veremos que, ao colocarmos a pergunta "o que é o homem", queremos dizer: o que é que o homem pode se tornar, isto é, se o homem pode controlar seu próprio destino, se ele pode "se fazer", se pode criar sua própria vida. Digamos, portanto, que o homem é um processo, precisamente o processo de seus atos. Observando ainda melhor, a própria pergunta "o que é o homem" não é uma pergunta abstrata ou "objetiva". Ela nasce do fato de termos refletido sobre nós mesmos e sobre os outros; e de querermos saber, em relação com o que vimos e refletimos, aquilo que somos, aquilo que podemos vir a ser, se realmente e dentro de que limites somos "criadores de nós mesmos", da nossa vida, do nosso destino. E nós queremos saber isto "hoje", nas condições de hoje, da vida "de hoje", e não de uma vida qualquer e de um homem qualquer. A pergunta nasceu e recebeu seu conteúdo de determinadas e especiais maneiras de considerar a vida e o homem. A mais importante delas é a "religião" e uma determinada religião: o catolicismo. Na realidade, ao perguntarmos "que é o homem", qual é a importância que tem a sua vontade e a sua atividade concreta na criação de si mesmo e de sua vida, queremos dizer: "o catolicismo é uma concepção exata do homem e da vida? sendo católicos, isto é, fazendo do catolicismo uma norma de vida, erramos ou acertamos?" Todos têm a vaga intuição de que fazer do catolicismo uma norma de vida é um equívoco, tanto assim que ninguém se atém ao catolicismo como norma de vida, mesmo declarando-se católico. Um católico integral — isto é, que aplicasse em cada ato de sua vida as normas católicas — pareceria um monstro, o que é, se pensarmos bem, a crítica mais rigorosa e mais peremptória do próprio catolicismo. Os católicos dirão que nenhuma outra concepção é seguida rigorosamente, no que têm razão. Mas isto demonstra apenas que não existe de fato, historicamente, uma maneira de conceber e de agir igual para todos os homens e nada mais que isso; não há nenhuma razão favorável ao catolicismo, se bem que este modo de pensar e de agir esteja organizado há séculos com esta finalidade, o que ainda não ocorreu com nenhuma outra religião com os mesmos meios, com o mesmo espírito de sistema, com a mesma continuidade e centralização. Do ponto de vista "filosófico", o que não satisfaz no catolicismo é o fato de, não obstante tudo, ele colocar a causa do mal no próprio homem individual, isto é, conceber o homem como indivíduo bem definido e limitado. É possível dizer que todas as filosofias que existiram até hoje reproduziram esta posição do catolicismo, isto é, conceberam o homem como indivíduo limitado à sua individualidade e o espírito como sendo esta individualidade. É neste ponto que o conceito do homem deve ser reformado. Ou seja, deve-se conceber o homem como uma série de relações ativas (um processo), no qual, se a individualidade tem a máxima importância, não é todavia o único elemento a ser considerado. A humanidade que se reflete em cada individualidade é composta de diversos elementos: 1) o indivíduo; 2) os outros homens; 3) a natureza. Mas o segundo e o terceiro elementos não são tão simples quanto poderia parecer. O indivíduo não entra em relação com os outros homens por justaposição, mas organicamente, isto é, na medida em que passa a fazer parte de organismos, dos mais simples aos mais complexos. Desta forma, o homem não entra em relações com a natureza simplesmente pelo fato de ser ele mesmo natureza, mas ativamente, por meio do trabalho e da técnica. E mais: estas relações não são mecânicas. São ativas e conscientes, ou seja, correspondem a um grau maior ou menor de inteligibilidade que delas tenha o homem individual. Daí ser possível dizer que cada um transforma a si mesmo, modifica-se, na medida em que transforma e modifica todo o conjunto de relações do qual ele é o centro estruturante. Neste sentido, o verdadeiro filósofo é — e não pode deixar de ser — nada mais do que o político, isto é, o homem ativo que modifica o ambiente, entendido por ambiente o conjunto das relações de que todo indivíduo faz parte. Se a própria individualidade é o conjunto destas relações, construir uma personalidade significa adquirir consciência destas relações; modificar a própria personalidade significa modificar o conjunto destas relações. Mas estas relações, como vimos, não são simples. Enquanto algumas delas são necessárias, outras são voluntárias. Além disso, ter consciência mais ou menos profunda delas (isto é, conhecer mais ou menos o modo pelo qual elas podem ser modificadas) já as modifica. As próprias relações necessárias, na medida em que são conhecidas em sua necessidade, mudam de aspecto e de importância. Neste sentido, o conhecimento é poder. Mas o problema é complexo também por um outro aspecto: não é suficiente conhecer o conjunto das relações enquanto existem em um dado momento como um dado sistema, mas importa conhecê-lo geneticamente, em seu movimento de formação, já que todo indivíduo é não somente a síntese das relações existentes, mas também da história destas relações, isto é, o resumo de todo o passado. Dir-se-á que o que cada indivíduo pode modificar é muito pouco, com relação às suas forças. Isto é verdadeiro apenas até um certo ponto, já que o indivíduo pode associar-se com todos os que querem a mesma modificação; e, se esta modificação é racional, o indivíduo pode multiplicar-se por um elevado número de vezes, obtendo uma modificação bem mais radical do que à primeira vista parecia possível.

As sociedades das quais um indivíduo pode participar são muito numerosas, mais do que possa parecer. É através destas "sociedades" que o indivíduo faz parte do gênero humano. Por conseguinte, são múltiplas as maneiras pelas quais o indivíduo entra em relação com a natureza, já que, por técnica, deve-se entender não só o conjunto de noções científicas aplicadas na indústria como habitualmente se entende, mas também os instrumentos "mentais", o conhecimento filosófico.

É um lugar-comum a afirmação de que o homem pode ser concebido somente como vivendo em sociedade; todavia, não se extraem de tal afirmação todas as consequências necessárias, inclusive individuais: que uma determinada sociedade humana pressupõe uma determinada sociedade das coisas e que a sociedade humana só é possível enquanto existe uma determinada sociedade das coisas é também um lugar-comum. Na verdade, até agora, estes organismos supraindividuais têm recebido uma significação mecanicista e determinista (tanto a *societas hominum* como a *societas rerum*); daí a reação. É necessário elaborar uma doutrina na qual todas estas relações sejam ativas e dinâmicas, fixando bem claramente que a sede desta atividade é a consciência do homem individual que conhece, quer, admira, cria, na medida em que já conhece, quer, admira, cria, etc.; e do homem que se concebe não isoladamente, mas repleto de possibilidades oferecidas pelos outros homens e pela sociedade das coisas, da qual não pode deixar de ter um certo conhecimento. (Assim como todo homem é filósofo, todo homem é cientista, etc.) {B}

§ 55. *Pontos de meditação sobre a economia. As ideias de Agnelli.* (Cf. *Riforma Sociale*, janeiro-fevereiro de 1933.) [80] Algumas observações preliminares sobre a maneira de colocar o problema, tanto por parte de Agnelli como de Einaudi: 1) O progresso técnico não ocorre "evolutivamente", um pouco de cada vez, de modo que se possa fazer previsões além de certos limites: o progresso ocorre por impulsos determinados, em certos campos. Se assim fosse, como o crê especialmente Einaudi, chegar-se-ia à hipótese do Eldorado, no qual as mercadorias seriam obtidas sem nenhum trabalho. 2) De resto, a questão mais importante é a da produção de alimentos: não se pensa que "até hoje", dada a multiplicidade de níveis de trabalho tecnicamente mais ou menos desenvolvidos, o salário foi "elástico" apenas porque foi possível, dentro de certos limites, uma redistribuição dos alimentos, notadamente de alguns deles, os que dão o nível de vida (com os alimentos, deve-se colocar o vestuário e a habitação). Ora, na produção dos alimentos, os limites à produtividade do trabalho são mais marcados do que na produção de bens manufaturados (entenda-se "quantidade global" dos alimentos, não suas modificações mercadológicas que não aumentam sua quantidade). As possibilidades de "ócio" (no sentido de Einaudi) além de certos limites são dadas pela possibilidade da multiplicação dos alimentos como quantidade e não pela produtividade do trabalho; a "superfície da terra", com o regime das estações, etc., coloca limites férreos, embora se possa admitir que, antes de atingir tais limites, exista ainda um longo caminho.

As polêmicas do tipo Agnelli-Einaudi fazem pensar no fenômeno psicológico pelo qual, durante a fome, pensa-se na abundância de alimentos: são irônicas, para dizer o mínimo. E a discussão está psicologicamente errada, já que leva a crer que o atual desemprego é "técnico", o que é falso. O desemprego "técnico" é pequeno em relação ao desemprego geral. E mais: o raciocínio é feito como se a sociedade fosse constituída de "trabalhadores" e de "industriais" (empregadores em sentido estrito, técnico), o que é falso e leva a conclusões ilusórias. Se assim fosse, dado que o industrial tem necessidades limitadas, a questão seria realmente simples: a questão de recompensar um industrial com maiores salários ou prêmios de capacidade seria algo insignificante, que nenhum homem sensato se recusaria a levar em consideração: o fanatismo da igualdade não nasce dos "prêmios" que sejam dados aos industriais arrojados. O fato é este: que, dadas as condições gerais, o maior lucro criado pelos progressos técnicos do trabalho cria novos parasitas, isto é, pessoas que consomem sem produzir, que não "trocam" trabalho por trabalho, mas o trabalho alheio pelo "ócio" próprio (e ócio no sentido deteriorado). Dada a relação antes notada sobre o progresso técnico na produção dos alimentos, ocorre uma seleção dos consumidores de alimentos, na qual os "parasitas" são levados em conta antes dos trabalhadores efetivos e, sobretudo, antes dos trabalhadores potenciais (isto é, atualmente desempregados). É desta situação que nasce o "fanatismo" da igualdade, que permanecerá "fanatismo" — isto é, tendência extremista e irracional — enquanto durar tal situação. Observa-se que ele desaparece onde já se vê que, pelo menos, trabalha-se para fazer desaparecer ou atenuar esta situação geral.

O fato de que a "sociedade industrial" não seja constituída apenas por "trabalhadores" e "empresários", mas também por "acionistas" vagantes (especuladores), complica todo o raciocínio de Agnelli: ocorre que, se o progresso técnico permite uma maior margem de lucro, este não será distribuído racionalmente, mas "sempre" irracionalmente, aos acionistas e afins. Ademais, hoje é impossível dizer que existam "empresas sadias". Todas as empresas se tornaram malsãs, o que não é dito por prevenção moralista ou polêmica, mas objetivamente. Foi a própria "grandeza" do mercado acionário que criou a doença: a massa dos portadores de ações é tão grande que ela obedece agora às leis de "multidão" (pânico, etc., que tem seus termos técnicos especiais no *boom*, no *run*, etc.); e a especulação se tornou uma necessidade técnica, mais importante do que o trabalho dos engenheiros e dos operários.

A observação sobre a crise americana de 1929 iluminou precisamente este ponto: a existência de fenômenos irrefreáveis de especulação, que arrastam também as "empresas sadias", pelo que é possível dizer que não mais existem "empresas sadias"; portanto, pode-se usar a palavra "sadia" acompanhando-a de uma referência histórica, no sentido do "era uma vez", isto é, quando existiam certas condições gerais que permitiam certos fenômenos gerais, não apenas em sentido relativo, mas também em sentido absoluto. (Sobre muitas notas deste parágrafo, deve-se ver o livro de Sir Arthur Salter, *Ricostruzione: come finirà la crisi*, Milão, Bompiani, 1932, 398 p., 12 liras.) {B}

§ 56. *Pontos para um ensaio sobre B. Croce. Paixão e política.* Que Croce tenha identificado a política com a paixão pode ser explicado pelo fato de que ele se aproximou seriamente da política, interessando-se pela ação política das classes subalternas, as quais, "estando coagidas", "na defensiva", em situação de força maior, buscando libertar-se de um mal presente (ainda que apenas presumido, etc.), ou como se queira dizer, realmente confundem política com paixão (inclusive no sentido etimológico) [81]. Mas a ciência política, segundo Croce, deve explicar não só uma parte, a ação de uma parte, mas também a outra parte, a ação da outra parte. O que se deve explicar é a iniciativa política, seja ela "defensiva" e portanto "apaixonada", seja "ofensiva", isto é, não voltada para evitar um mal presente (ainda que presumido, já que também o mal presumido faz sofrer e, enquanto faz sofrer, é um mal real). Se se examina bem este conceito crociano de "paixão", inventado para justificar teoricamente a política, observa-se que ele, por sua vez, só pode ser justificado mediante o conceito de luta permanente, pelo que a "iniciativa" é sempre "apaixonada", já que a luta é incerta e se ataca sempre para evitar ser derrotado, e não só por isto, mas também para manter subjugado o adversário, que "poderia vencer" se não fosse continuamente persuadido de ser o mais fraco, isto é, se não fosse continuamente derrotado. Em suma, não pode existir "paixão" sem antagonismo, e antagonismo entre grupos de homens, já que na luta entre o homem e a natureza a paixão se chama "ciência" e não "política". Portanto, pode-se dizer que, em Croce, o termo "paixão" é um pseudônimo de luta social. {B}

§ 57. *Pontos de meditação sobre a economia*. Colocar o problema se é possível existir uma ciência econômica, e em que sentido. Pode ocorrer que a ciência econômica seja uma ciência *sui generis*, ou melhor, única em seu gênero. Pode-se ver em quantos sentidos é empregada a palavra ciência pelas várias correntes filosóficas, bem como se algum destes sentidos pode se aplicar às pesquisas econômicas. Parece-me que a ciência econômica é uma ciência única, já que é inegável que se trata de uma ciência, e não apenas no sentido "metodológico", isto é, não apenas no sentido de que seus procedimentos são científicos e rigorosos. Parece-me, também, que é impossível aproximar a economia da matemática, se bem que, entre as várias ciências, talvez seja a matemática a que mais se aproxime da economia. De qualquer modo, a economia não pode ser considerada uma ciência natural (qualquer que seja o modo de conceber a natureza e o mundo exterior, subjetivista ou objetivista), nem tampouco uma ciência "histórica" no sentido comum da palavra, etc. Um dos preconceitos contra os quais talvez seja ainda preciso lutar é o que afirma que, para ser "ciência", uma investigação deve agrupar-se com outras investigações em um mesmo tipo, e que este "tipo" seja a "ciência". Pode ocorrer, ao contrário, que não só este agrupamento seja impossível, mas que uma investigação seja "ciência" em um certo período histórico e não em outro: de fato, outro preconceito é o que afirma que, se uma investigação é "ciência", sempre poderia tê-lo sido e sempre o será. (Não o foi porque faltavam os "cientistas", não o objeto da ciência.) Para a economia, precisamente estes elementos críticos devem ser examinados: houve um período no qual não podia existir "ciência", não só porque faltavam os cientistas, mas porque faltavam certas premissas que criavam aquela determinada "regularidade" ou aquele determinado "automatismo", cujo estudo dá origem, precisamente, à investigação científica. A regularidade e o automatismo, contudo, podem ser de diversos tipos em diversas épocas, o que criará tipos diversos de "ciência". Não se deve crer que, tendo sempre existido uma "vida econômica", deva ter sempre existido a possibilidade de uma "ciência econômica", tal como, tendo sempre existido um movimento dos astros, sempre existiu a "possibilidade" de uma astronomia, ainda que os astrônomos se chamassem astrólogos, etc. Na economia, o elemento "perturbador" é a vontade humana, vontade coletiva, cuja atitude varia de acordo com as condições gerais nas quais vivem os homens, isto é, "conspirativa" ou organizada de maneiras diversas. {B}

§ 58. *Pontos para um ensaio sobre B. Croce. Paixão e política.* A paixão pode nascer da preocupação com o preço que pode atingir a banha de porco? Uma velha senhora que tem vinte servidores pode sentir paixão ao pensar que deve reduzi-los a dezenove? Paixão pode ser um sinônimo de economia, não no sentido de produção econômica ou de busca da utilidade, mas no sentido de contínuo esforço para que uma determinada relação não mude desfavoravelmente, ainda que o desfavor seja "utilidade geral", liberdade geral; mas, então, "paixão" e "economia" significam "personalidade humana" determinada historicamente em uma certa sociedade "hierárquica". O que é o "ponto de honra" da delinquência senão um pacto econômico? Mas não é também uma forma de manifestação (polêmica, de luta) da personalidade? Ser "depreciado" (desprezado) é o temor mórbido de todos os homens que vivem em sociedades nas quais a hierarquia se manifesta através de modos "refinados" (capilares), de minúcias, etc. Na delinquência, a hierarquia se funda sobre a força física e sobre a astúcia; ser "enganado", aparecer como tolo, deixar que uma ofensa fique sem punição, etc., são coisas que degradam. Por isto, existe todo um protocolo e um cerimonial de convenções ricos de matizes e subentendidos, nas relações recíprocas entre os comparsas; violar o protocolo é uma injúria. Mas isto não ocorre apenas entre os delinquentes: as questões de hierarquia se verificam em qualquer forma de relação, desde as que ocorrem entre os Estados até as familiares. Quem deve fazer um serviço durante um certo tempo, e não é substituído na hora exata, se enfurece e reage com atos de extrema violência (até mesmo criminosa); isto ocorre até mesmo quando, após o serviço, nada tenha a fazer e nem sequer obtenha a plena liberdade de movimentos (por exemplo, um soldado que deve servir de sentinela e que, após o seu turno, deve ainda permanecer na caserna). Que nestes episódios ocorra uma manifestação de "personalidade" significa apenas que a personalidade de muitos homens é mesquinha e estreita, mas é sempre personalidade. E é inegável que existem forças que tendem a mantê-la como tal, até mesmo a amesquinhá-la ainda mais: para muitos, ser "alguma coisa" significa apenas que outros homens sejam ainda "menos coisa" (alguma coisa menor). Que, porém, também estas pequenas coisas, estas ninharias sejam "tudo" ou "grande coisa" para alguns se depreende do fato de que tais episódios determinam reações nas quais se arrisca a vida e a liberdade pessoal. {B}

§ 59. *Notas para um ensaio sobre B. Croce.* [I] Croce como homem de partido. Distinção no conceito de partido: 1) O partido como organização prática (ou tendência prática), isto é, como instrumento para a solução de um problema ou de um grupo de problemas da vida nacional e internacional. Neste sentido, Croce jamais pertenceu explicitamente a qualquer dos grupos liberais; combateu explicitamente a própria ideia e o fato dos partidos permanentemente organizados ("Il Partito come giudizio e pregiudizio", in *Cultura e vita morale*, ensaio publicado em um dos primeiros números da *Unità* florentina) e se pronunciou em favor dos movimentos políticos que não se propõem um "programa" definido, "dogmático", permanente, orgânico, mas tendem em cada oportunidade concreta a resolver problemas políticos imediatos. De resto, entre as várias tendências liberais, Croce manifestou sua simpatia pela conservadora, representada pelo *Giornale d'Italia*. O *Giornale d'Italia* não só publicou durante muito tempo artigos da *Critica*, antes que os fascículos da revista fossem divulgados, como teve o "monopólio" das cartas que Croce escrevia, de vez em quando, para expressar suas opiniões sobre assuntos de política e de política cultural que o interessavam e sobre os quais achava necessário se pronunciar. No pós-guerra, também *La Stampa* publicou os inéditos da *Critica* (ou de escritos de Croce publicados em Atas acadêmicas), mas não as cartas, que continuaram a ser publicadas pelo *Giornale d'Italia* em primeiro lugar e depois reproduzidas pela *Stampa* e por outros jornais. 2) O partido como ideologia geral, superior aos vários agrupamentos mais imediatos. Na realidade, o modo de ser do partido liberal na Itália, após 1876, foi o de se apresentar ao país como uma "ordem dispersa" de frações e de grupos nacionais e regionais. Eram frações do liberalismo político tanto o catolicismo liberal dos populares como o nacionalismo (Croce colaborou em *Politica*, de A. Rocco e F. Coppola) [82], tanto as uniões monárquicas como o partido republicano e grande parte do socialismo, tanto os radicais democratas como os conservadores, tanto Sonnino-Salandra como Giolitti, Orlando, Nitti & Cia. Croce foi o teórico do que todos estes grupos e grupelhos, camarilhas e máfias, tinham em comum; foi o chefe de um escritório central de propaganda, do qual todos estes grupos se beneficiavam e se serviam, o líder nacional dos movimentos de cultura que nasciam para renovar as velhas formas políticas.

Como se observou em outro local, Croce divide com Giustino Fortunato este ofício de líder nacional da cultura liberal democrática

[83] De 1900 a 1914 e mesmo depois (mas como resolução), Croce e Fortunato apareciam sempre como inspiradores (como fermentos) de todo novo movimento juvenil sério que se propusesse renovar os "costumes" políticos e a vida dos partidos burgueses; foi o que ocorreu com relação a *Voce*, *Unità*, *Azione Liberale*, *Patria* (de Bolonha), etc. Com a *Rivoluzione Liberale* de Piero Gobetti, ocorre uma inovação fundamental: o termo "liberalismo" é interpretado no sentido mais filosófico e mais abstrato, e, do conceito de liberdade nos termos tradicionais da personalidade individual, passa-se ao conceito de liberdade nos termos de personalidade coletiva dos grandes grupos sociais e da emulação não mais entre indivíduos, mas entre grupos. Deve-se levar em conta este ofício de líder nacional do liberalismo se se quer compreender como Croce ampliou o círculo de sua influência dirigente para além da Itália, com base num elemento da sua "propaganda": o revisionista.

II. Como se deve entender a expressão "condições materiais" e o "conjunto" destas condições? [84] Como o "passado", a "tradição", entendidos concretamente, constatáveis objetivamente e "mensuráveis" através dos métodos de verificação "universalmente" subjetivos, ou seja, realmente "objetivos". O presente atuante não pode deixar de continuar, desenvolvendo-o, o passado, não pode deixar de estar inserido na "tradição". Mas como identificar a "verdadeira" tradição, o "verdadeiro" passado, etc.? Em outras palavras, identificar a história real, efetiva, não a veleidade de fazer uma nova história que busca no passado a sua justificação tendenciosa, de "superestrutura"? É passado real, precisamente, a estrutura, já que ela é o testemunho, o "documento" incontroverso daquilo que foi feito e que continua a subsistir como condição do presente e do futuro. Poder-se-á observar que, no exame da "estrutura", os críticos individuais podem se equivocar, afirmando como vital o que é morto, ou que não é germe de uma nova vida que deve ser desenvolvida, mas o método em si não pode ser refutado peremptoriamente. É admissível, indubitavelmente, que existem possibilidades de erro; mas será erro dos críticos individuais (políticos, estadistas) e não um erro de método. Todo grupo social tem uma "tradição", um "passado", e o considera como o único e total passado. O grupo que, compreendendo e justificando todos estes "passados", souber identificar a linha de desenvolvimento real, por isso contraditória, mas passível de superação na contradição, cometerá "menos erros", identificará mais elementos "positivos" nos quais apoiar-se para criar uma nova história.

III. Ver se o princípio de "distinção", isto é, o que Croce chama de "dialética dos distintos", foi determinado pela reflexão sobre o conceito abstrato de *homo oeconomicus*, próprio da economia clássica. Posto que tal abstração tem um alcance e um valor puramente "metodológicos", ou, até mesmo, de técnica da ciência (isto é, imediato e empírico), deve-se ver como Croce elaborou todo o sistema dos "distintos". De qualquer modo, tal elaboração — como, ademais, muitas outras partes do sistema crociano — teria tido origem no estudo da economia política e, mais precisamente, no estudo da filosofia da práxis, o que não pode deixar de significar, porém, que o sistema crociano teve uma origem e uma determinação imediatamente "econômicas". A mesma dificuldade que muitos filósofos atualistas experimentam para compreender o conceito de *homo oeconomicus* encontram para entender o significado e a importância da "dialética dos distintos". A investigação tem dois aspectos: um de caráter lógico e outro de caráter histórico. A primeira "distinção" colocada por Croce, ao que me parece, foi "historicamente" a do "momento da economia ou da utilidade", que não coincide e não pode coincidir com o dos economistas em sentido estrito, já que, no momento econômico ou da utilidade, Croce inclui uma série de atividades humanas que são irrelevantes às finalidades da ciência econômica (por exemplo, o amor).

IV. O idealismo atual faz coincidir verbalmente ideologia e filosofia (o que, em última análise, nada mais é do que um dos aspectos da unidade superficial postulada por ele entre real e ideal, entre teoria e prática, etc.), o que representa uma degradação da filosofia tradicional com relação à altitude a que Croce a tinha conduzido com a chamada dialética dos "distintos". Tal degradação é bastante visível nos desenvolvimentos (ou retrocessos) que o idealismo atual apresenta nos discípulos de Gentile: os *Nuovi Studi* de Ugo Spirito e A. Volpicelli são o mais vistoso documento deste fenômeno. A unidade entre ideologia e filosofia, quando é afirmada desta maneira, cria uma nova forma de sociologismo, que não é nem história nem filosofia, mas sim um conjunto de esquemas verbais abstratos, sustentados por uma fraseologia entediante e mecânica. A resistência de Croce a esta tendência é verdadeiramente "heroica": Croce tem uma viva consciência de que todos os movimentos do pensamento moderno conduzem a uma reavaliação triunfal da filosofia da práxis, isto é, à subversão das colocações tradicionais dos problemas filosóficos e à dissolução da filosofia entendida no sentido tradicional. Croce resiste com todas as suas forças à pressão da realidade histórica, com uma inteligência excepcional dos perigos e dos meios capazes de evitá-los. Por isso, o estudo de seus escritos do período entre 1919 e hoje tem um imenso significado. A preocupação de Croce nasce com a guerra mundial, que ele mesmo afirmou ser a "guerra do materialismo histórico". A sua posição "*au dessus*", em certo sentido, indica já esta preocupação e é uma posição de alarme (durante a guerra, ideologia e filosofia entraram em frenético conúbio). Também a atitude de Croce em face de livros como os de De Man, de Zibordi, etc., não pode ser explicada de outro modo, já que se encontra em aguda contradição com as suas posições ideológicas e práticas de antes da guerra.

Este deslocamento de Croce da posição "crítica" para uma posição tendencialmente prática e de preparação à ação política efetiva (dentro dos limites permitidos pelas circunstâncias e pela posição social de Croce) é bastante significativo. Que importância pode ter tido o seu livro sobre a *Storia d'Italia*? Alguma coisa pode ser deduzida do livro de Bonomi sobre Bissolati, do de Zibordi acima citado, do prefácio de Schiavi ao livro de De Man. De Man serve, também ele, como ponte.

Deve-se recordar, todavia, a carta de Orazio Raimondo reproduzida por G. Castellano em sua *Introduzione allo studio delle opere di Benedetto Croce*. A carta demonstra a influência que Croce exercia em certos ambientes, penetrando por canais que permaneciam incontroláveis. E trata-se de Raimondo, maçom, realmente embebido da ideologia maçônica até a medula e "francesmente" democrático, como se revela em muitos dos seus discursos, mas sobretudo naquele em que defende Tiepolo (a mulher que assassinou o ordenança Polidori), onde se manifesta o teísmo maçônico em toda a sua clareza e evidência. [85]

§ 60. *A proposição de que é preciso recolocar "o homem sobre os seus pés".* No exame da influência exercida pelo hegelianismo sobre o fundador da filosofia da práxis, deve-se recordar (levando em conta, em especial, o caráter eminentemente crítico-prático de Marx) que Marx participou da vida universitária alemã pouco depois da morte de Hegel, quando ainda devia ser muito viva a recordação do ensino oral de Hegel e das discussões apaixonadas, com referência à recente história efetiva, que esse ensinamento suscitara, discussões nas quais a concreticidade histórica do pensamento hegeliano devia se manifestar de modo muito mais evidente do que nos escritos sistemáticos. Parece que algumas proposições da filosofia da práxis devem ser consideradas como especialmente ligadas a essa vivacidade da conversação: por exemplo, a afirmação segundo a qual Hegel faz com que os homens caminhem sobre a cabeça. Hegel emprega essa expressão falando da Revolução Francesa, quando diz que, num certo momento, parecia que o mundo caminhava sobre a cabeça (verificar com exatidão). Croce pergunta (verificar em que lugar e como) de onde Marx recolheu essa imagem, como se ela não houvesse sido empregada nos escritos de Hegel. A imagem é tão pouco "livresca" que dá a impressão de ter resultado de uma conversação [86].

Antonio Labriola, no texto *Da un secolo all'altro,* escreve: "Foi precisamente o *reacionário* do Hegel quem disse que aqueles homens (da Convenção) foram os primeiros, depois de Anaxágoras, a tentar inverter a noção do mundo, apoiando esse sobre a razão" (ed. Dal Pane, p. 45).

Essa proposição, tanto em seu emprego por Hegel quanto naquele feito pela filosofia da práxis, deve ser cotejada com o paralelo feito pelo próprio Hegel e que é mencionado na *Sagrada família* entre o pensamento prático-jurídico francês e o pensamento especulativo alemão (sobre isso, deve-se cf. o caderno "Introdução ao estudo da filosofia", § 49 [87]).

§ 61. *Pontos para um ensaio crítico sobre as duas Histórias de Croce: da Itália e da Europa.* Relação histórica entre o Estado moderno francês nascido da Revolução e os outros Estados modernos da Europa continental. A comparação é de importância vital, contanto que não seja feita com base em esquemas sociológicos abstratos. Ela pode resultar do exame dos seguintes elementos: 1) explosão revolucionária na França, com mudança radical e violenta das relações sociais e políticas; 2) oposição europeia à Revolução Francesa e à sua difusão pelos "canais" de classe; 3) guerra da França, com a República e com Napoleão, contra a Europa, primeiro para não ser sufocada, depois para constituir uma hegemonia francesa permanente com a tendência a formar um império universal; 4) insurreições nacionais contra a hegemonia francesa e nascimento dos Estados europeus modernos mediante pequenas ondas reformistas sucessivas, mas não mediante explosões revolucionárias como aquela originária francesa. As "ondas sucessivas" são constituídas por uma combinação de lutas sociais, de intervenções pelo alto do tipo monarquia iluminada e de guerras nacionais, com predominância desses dois últimos fenômenos. Desse ponto de vista, o período da "Restauração" é o mais rico de desenvolvimentos: a restauração torna-se a forma política na qual as lutas sociais encontram quadros suficientemente elásticos para permitir à burguesia chegar ao poder sem rupturas clamorosas, sem o aparelho terrorista francês. As velhas classes feudais são rebaixadas da condição de "dominantes" àquela de "governativas", mas não são eliminadas, nem se tenta liquidá-las como conjunto orgânico: de classes tornam-se "castas", com determinadas características culturais e psicológicas, não mais com funções econômicas predominantes.

Esse "modelo" da formação dos Estados modernos pode se repetir em outras condições? Isso deve ser excluído em sentido absoluto, ou é possível dizer que, pelo menos em parte, podem ocorrer desenvolvimentos similares, sob a forma do advento de economias programáticas? Pode-se excluir isso para todos os Estados ou só para os grandes? A questão é de suma importância, já que o modelo França-Europa criou uma mentalidade que, por ser "envergonhada de si mesma" ou por ser um "instrumento de governo", nem por isso é menos significativa.

Uma questão importante ligada à anterior é a do papel que os intelectuais acreditaram ter nesse longo processo de fermentação político-social incubada pela Restauração. A filosofia clássica alemã é a filosofia desse período; ela dá vida aos movimentos liberais nacionais de 1848 a 1870. Sobre isso, deve-se também recordar o paralelo hegeliano (e da filosofia da práxis) entre a prática francesa e a especulação alemã. Na realidade, o paralelo pode ser estendido: o que é "prática" para a classe fundamental torna-se "racionalidade" e especulação para os seus intelectuais (todo o idealismo filosófico moderno deve ser explicado com base em relações históricas desse tipo).

[Uma questão mais ampla: se é possível pensar a história apenas como "história nacional" em qualquer momento do desenvolvimento histórico — se o modo de escrever a história (e de pensar) não foi sempre "convencional". O conceito hegeliano do "espírito do mundo" que se personifica nesse ou naquele país é um modo metafórico ou imaginoso de chamar a atenção para esse problema metodológico, a cuja completa explicação se opõem limitações de diferente origem: a "vaidade" das nações, ou seja, limitações de caráter político-prático nacional (que nem sempre são desprezíveis); limitações intelectuais (não compreensão do problema histórico em sua totalidade) e intelectuais-práticas (ausência de informações, seja porque faltam os documentos, seja porque é difícil tê-los à disposição e interpretá-los). (Como, por exemplo, fazer uma história integral do cristianismo se nela se quer compreender o cristianismo popular e não apenas o dos intelectuais? Nesse caso, somente o desenvolvimento histórico subsequente é documento do desenvolvimento anterior, mas documento parcial.)]

A concepção do Estado segundo a função produtiva das classes sociais não pode ser aplicada mecanicamente à interpretação da história italiana e europeia desde a Revolução Francesa até todo o século XIX. Embora seja certo que, para as classes fundamentais produtivas (burguesia capitalista e proletariado moderno), o Estado só é concebível como forma concreta de um determinado mundo econômico, de um determinado sistema de produção, disso não deriva que a relação de meio e fim seja facilmente determinável e assuma o aspecto de um esquema simples e óbvio à primeira vista. É verdade que conquista do poder e afirmação de um novo mundo produtivo são indissociáveis; que a propaganda em favor de uma coisa é também propaganda em favor da outra; e que, na realidade, somente nessa coincidência é que reside a unidade da classe dominante, a qual é, ao mesmo tempo, econômica e política; mas se manifesta o complexo problema da correlação de forças internas ao país em questão, da correlação das forças internacionais, da posição geopolítica do determinado país. Na realidade, o impulso no sentido da renovação revolucionária pode se originar das necessidades prementes de um determinado país, em determinadas circunstâncias, e tem-se a explosão revolucionária da França, vitoriosa também internacionalmente; mas o impulso à renovação pode ser dado pela combinação de forças progressistas escassas e insuficientes em si mesmas (mas de altíssimo potencial porque representam o futuro do seu país) com uma situação internacional favorável à sua expansão e vitória. O livro de Raffaele Ciasca sobre *Le origini del programma nazionale*, ao mesmo tempo que fornece a prova de que existiam na Itália os mesmos problemas prementes que na França do antigo regime e uma força social que representava e interpretava esses problemas no mesmo sentido francês, fornece também a prova de que tais forças eram escassas e os problemas se mantinham no nível da "pequena política". Em todo caso, vê-se então que — quando o impulso para o progresso não é estreitamente ligado a um amplo desenvolvimento econômico local que é artificialmente limitado e reprimido, mas é reflexo do desenvolvimento internacional que envia para a periferia suas correntes ideológicas, nascidas com base no desenvolvimento produtivo dos países mais evoluídos — o grupo portador das novas ideias não é o grupo econômico, mas a camada dos intelectuais; e a concepção do Estado da qual se faz propaganda muda de aspecto: ele é concebido como uma coisa em si, como um absoluto racional. A questão pode ser colocada do seguinte modo: sendo o Estado a forma concreta de um mundo produtivo e sendo os intelectuais o elemento social de onde se extraem os quadros governamentais, é próprio do intelectual não enraizado fortemente num grupo econômico apresentar o Estado como um absoluto; desse modo, é concebida como absoluta e proeminente a própria função dos intelectuais, é racionalizada abstratamente a existência e a dignidade histórica dos mesmos. Esse motivo é básico para compreender historicamente o idealismo filosófico moderno e liga-se ao modo de formação dos Estados modernos na Europa continental enquanto "reação-superação nacional" da Revolução Francesa, a qual, com Napoleão, tendia a estabelecer uma hegemonia permanente (motivo essencial para compreender o conceito de "revolução passiva", de "restauração-revolução", e para entender a importância da comparação hegeliana entre os princípios dos jacobinos e a filosofia clássica alemã).

Sobre isso, pode-se observar que alguns critérios tradicionais de avaliação histórica e cultural do período do *Risorgimento* devem ser modificados e, em alguns casos, invertidos: 1) as correntes italianas que são "etiquetadas" de racionalismo francês e de iluminismo abstrato são, ao contrário, talvez as mais aderentes à realidade italiana, na medida em que, na realidade, concebem o Estado como forma concreta de um desenvolvimento econômico italiano em devir: a conteúdo igual convém uma forma política igual; 2) ao contrário, são "jacobinas" (no sentido negativo que o termo assumiu em algumas correntes historiográficas) precisamente as correntes que aparecem como mais autóctones, na medida em que aparentam desenvolver uma tradição italiana. Mas, na realidade, essa corrente é "italiana" só porque a "cultura", por muitos séculos, foi a única manifestação "nacional" italiana. Trata-se de uma ilusão verbal. Onde estava a base dessa cultura italiana? Não estava na Itália: essa cultura "italiana" é a continuação do cosmopolitismo medieval ligado à tradição do Império e à Igreja, concebidos como universais com sede "geográfica" na Itália. Os intelectuais italianos eram funcionalmente uma concentração cultural cosmopolita; eles acolhiam e elaboravam teoricamente os reflexos da mais consistente e autóctone vida do mundo não italiano. Vê-se essa função também em Maquiavel, embora Maquiavel tente dirigi-la para fins nacionais (sem êxito e sem continuadores em número apreciável): com efeito, o *Principe* é uma elaboração dos eventos espanhóis, franceses, ingleses no empenho pela unificação nacional, unificação que, na Itália, não tem forças suficientes e nem interessa muito. Já que os representantes da corrente tradicional realmente querem aplicar à Itália esquemas intelectuais e racionais, certamente elaborados na Itália, mas com base em experiências anacrônicas e não nas necessidades nacionais imediatas, eles é que são os jacobinos no sentido negativo.

A questão é complexa, plena de contradições, e, por isso, deve ser aprofundada. De qualquer modo, no *Risorgimento*, os intelectuais meridionais revelam-se claramente como esses estudiosos do Estado "puro", do Estado em si. E, sempre que os intelectuais dirigem a vida política, segue-se à concepção do Estado em si todo o cortejo reacionário que é sua companhia necessária.

2. Dos cadernos miscelâneos

CADERNO 4 (1930-1932)

§ 64. *"História e anti-história."* "São verdadeiramente poucos aqueles que refletem e ao mesmo tempo são capazes de agir. A reflexão amplia, mas debilita; a ação revigora, mas limita." Goethe, W. *Meister* (VIII, 5).

CADERNO 6 (1930-1932)

§ 10. *Passado e presente.* Na *Critica* de 20 de novembro de 1930, num comentário de *Feinde Bismarcks*, de Otto Westphal, Benedetto Croce escreve que "a razão do favor encontrado pelos livros" de Ludwig "e muitos outros semelhantes aos seus nasce ... de um certo enfraquecimento e frivolidade mental que a guerra produziu no mundo" [1]. O que pode significar esta afirmação? Numa análise, ela não significa nada, precisamente nada. Parece-me que o fenômeno pode explicar-se de modo mais realista: no pós-guerra, no mundo da cultura e do interesse pela história surgiu um estrato social muito importante, cuja expressão literária são escritores tipo Ludwig. O fenômeno Ludwig significa progresso ou regresso intelectual? Parece-me indicar progresso, contanto que o juízo seja entendido exatamente: os leitores atuais do "beletrismo histórico" (segundo a expressão de Croce) correspondem àqueles elementos sociais que no passado liam os romances históricos, aprendiam a história nos romances de Dumas, de Hugo, etc. Por isto me parece que houve "progresso". Para que se pudesse falar de enfraquecimento mental e de frivolidade, seria preciso que tivesse desaparecido a história dos historiadores, mas isto não se deu: talvez ocorra o contrário, vale dizer, talvez hoje a história séria seja também mais lida, como o demonstra, pelo menos na Itália, a multiplicação das coleções históricas (cf. a coleção Vallecchi e a da *Nuova Italia*, por exemplo). Mesmo os livros históricos de Croce são hoje mais lidos do que antes da guerra: existe hoje mais interesse intelectual pela política e, portanto, pela história nos estratos pequeno-burgueses, que imediatamente satisfazem suas exigências com o "beletrismo histórico". Um fato, no entanto, é certo: a saber, que na organização da cultura a estatura relativa dos "historiadores sérios" diminuiu com a entrada em campo dos Ludwig & Cia.: Croce expressa o ressentimento por este fato, que representa uma "crise de autoridade" na esfera da ciência e da alta cultura. A função dos grandes intelectuais, embora permaneça intacta, encontra um ambiente muito mais difícil para afirmar-se e desenvolver-se: o grande intelectual deve também mergulhar na vida prática, tornar-se um organizador dos aspectos práticos da cultura, se quiser continuar a dirigir; deve democratizar-se, ser mais atual: o homem do Renascimento não mais é possível no mundo moderno, quando participam da história, ativa e diretamente, massas humanas cada vez maiores.

Na realidade, o fenômeno Ludwig e o "beletrismo histórico" não são novidade do pós-guerra: estes fenômenos estão contidos *in nuce* no jornalismo, no grande jornal popular: precursores de Ludwig & Cia. são os articulistas das páginas culturais, os escritores de esboços históricos, etc. Portanto, o fenômeno é essencialmente político, prático: pertence àquela série de movimentos práticos que Croce inclui sob a rubrica geral de "anti-historicismo", que, analisada deste ponto de vista, poder-se-ia definir assim: crítica dos movimentos práticos que tendem a se tornar história, que ainda não tiveram o crisma do sucesso, que ainda são episódios isolados e, portanto, "abstratos", irracionais, do movimento histórico, do desenvolvimento geral da história mundial. Muitas vezes se esquece (e, quando o crítico da história *in fieri* esquece isto, significa que ele não é historiador, mas político em ação) que em todo momento da história *in fieri* existe luta entre racional e irracional, entendido por irracional aquilo que não triunfará em última análise, não se tornará jamais história efetiva, mas que na realidade é também racional porque está necessariamente ligado ao racional, é um momento imprescindível deste; que na história, embora triunfe sempre o geral, também o "particular" luta por impor-se e, em última análise, também se impõe na medida em que determina um certo desenvolvimento do geral e não outro. Mas, na história moderna, "particular" não tem mais o mesmo significado que tinha em Maquiavel e em Guicciardini, não indica mais o mero interesse individual, porque na história moderna o "indivíduo" histórico-político não é o indivíduo "biológico", mas o grupo social. Só a luta, com seu resultado, mas nem sequer com seu resultado imediato e sim com aquele que se manifesta numa vitória permanente, dirá o que é racional ou irracional, o que é "digno" de vencer porque a seu modo continua e supera o passado.

A atitude prática de Croce é um elemento para a análise e a crítica de sua atitude filosófica: aliás, é o elemento fundamental para isso: em Croce, filosofia e "ideologia" finalmente se identificam, até mesmo a filosofia se mostra apenas um "instrumento prático" de organização e de ação: de organização de um partido, aliás de uma internacional de partidos, e de uma linha de ação prática. O discurso de Croce no Congresso de Filosofia de Oxford é, na realidade, o manifesto político de uma união internacional dos grandes intelectuais de todas as nações, especialmente da Europa; e não se pode negar que este possa tornar-se um partido importante e ter uma função não desprezível [2]. Já se pode dizer em grandes linhas que se verifica hoje, no mundo moderno, um fenômeno semelhante àquele da separação entre "espiritual" e "temporal" na Idade Média: fenômeno muito mais complexo do que o de então, na medida em que se tornou mais complexa a vida moderna. Os grupos sociais regressivos e conservadores se reduzem cada vez mais à sua fase inicial econômico-corporativa, ao passo que os grupos progressistas e inovadores se encontram ainda na fase inicial exatamente econômico-corporativa; os intelectuais tradicionais, separando-se do grupo social ao qual haviam dado até agora a forma mais alta e compreensiva e, portanto, a consciência mais ampla e perfeita do Estado moderno, na realidade efetuam um ato de incalculável alcance histórico: assinalam e confirmam a crise estatal em sua forma decisiva. Mas estes intelectuais não têm nem a organização eclesiástica nem coisa alguma que a ela se assemelhe, e nisto a crise moderna é agravada em comparação com a crise medieval, que se desenrolou por muitos séculos até a Revolução Francesa, quando o grupo social que após o século XI foi a força motriz econômica da

Europa pôde apresentar-se como "Estado" integral, com todas as forças intelectuais e morais necessárias e suficientes para organizar uma sociedade completa e perfeita. Hoje, o "espiritual" que se destaca do "temporal" e dele se distingue de modo autônomo é algo não orgânico, descentrado, uma poeira instável de grandes personalidades culturais "sem papa" e sem território. Este processo de desintegração do Estado moderno, portanto, é muito mais catastrófico do que o processo histórico medieval, que era desintegrativo e integrativo ao mesmo tempo, dado o grupo específico que era o motor do processo histórico mesmo e dado o tipo de Estado que existia depois do século XI na Europa, que não conhecia a centralização moderna e poderia ser chamado mais de "federação das classes dominantes" do que de Estado de uma só classe dominante.

Deve ver-se em que medida o "atualismo" de Gentile corresponde à fase estatal positiva, à qual, porém, se opõe Croce. A "unidade no ato" dá a Gentile a possibilidade de reconhecer como "história" aquilo que, para Croce, é anti-história. Para Gentile, a história é inteiramente história do Estado; para Croce, ao contrário, é "ético-política", vale dizer, Croce quer manter uma distinção entre sociedade civil e sociedade política, entre hegemonia e ditadura; os grandes intelectuais exercem a hegemonia, que pressupõe uma certa colaboração, ou seja, um consenso ativo e voluntário (livre), ou seja, um regime liberal-democrático. Gentile situa a fase corporativa (-econômica) como fase ética no ato histórico: hegemonia e ditadura são indistinguíveis, a força é pura e simplesmente consenso: não se pode distinguir a sociedade política da sociedade civil: existe só o Estado e, naturalmente, o Estado-governo, etc.

A mesma posição discrepante que, na esfera filosófica, se verifica entre Croce e Gentile se verifica no campo da economia entre Einaudi e os discípulos de Gentile (cf. a polêmica Einaudi-Benini-Spirito em *Nuovi Studi* de 1930) [3]; o conceito de cidadão-funcionário do Estado, próprio de Spirito, decorre diretamente da não divisão entre sociedade política e sociedade civil, entre hegemonia política e governo político-estatal; na realidade, pois, da anti-historicidade ou a-historicidade da concepção do Estado que está implícita na concepção de Spirito, apesar de suas afirmações peremptórias e seus destemperos polêmicos. Spirito não quer reconhecer que, em razão do fato de toda propriedade ser ligada ao Estado, também para os economistas clássicos o Estado intervém em todo momento na vida econômica, que é um tecido contínuo de metamorfoses da propriedade. Concretamente, a concepção de Spirito representa um retorno ao puro fato econômico, que ele censura em seus opositores.

É interessante notar que nesta concepção se contém o "americanismo", porque a América ainda não superou a fase econômico-corporativa atravessada pelos europeus na Idade Média, isto é, ainda não criou uma concepção do mundo e um grupo de grandes intelectuais que dirijam o povo no âmbito da sociedade civil: neste sentido, é verdade que a América está sob a influência europeia, da história europeia. (Esta questão da forma-fase estatal dos Estados Unidos é muito complexa, mas o cerne da questão me parece justamente este.)

§ 107. *Passado e presente.* Giolitti e Croce. [4] Pode observar-se, e será preciso documentar cronologicamente, como Giolitti e Croce, um na ordem política efetiva, outro na ordem da política cultural e intelectual, cometeram os mesmos e precisos erros. Um e outro não compreenderam para onde ia a corrente histórica e praticamente ajudaram aquilo que, afinal, queriam evitar e tentaram combater. Na realidade, assim como Giolitti não compreendeu a mudança que acarretara no mecanismo da vida política italiana o ingresso das grandes massas populares, Croce também não compreendeu, praticamente, a poderosa influência cultural (no sentido de modificar os quadros dirigentes intelectuais) que teriam as paixões imediatas destas massas. Deste ponto de vista se deve ver a colaboração de Croce na *Politica* de F. Coppola (também De Ruggiero colaborou nela no mesmo período): por que Croce, que assumira uma determinada atitude ante Coppola & Cia. no período 1914-1915, com os artigos da *Italia Nostra* e da *Critica* (e Coppola era especialmente tomado como alvo das breves notas da *Italia Nostra*, escritas, parece-me, por De Lollis), pôde em 1919-1920 dar a este grupo o apoio de sua colaboração, justamente com artigos em que o sistema liberal era criticado e circunscrito, etc.?

§ 112. *Passado e presente. A utopia crociana.* Cf. a nota em que se recorda a colaboração dada por Croce nos anos 1919-1921 (conferir) à *Politica*, de Coppola, em contradição com a atitude que em relação a Coppola, sua ideologia e sua particular *forma mentis*, assumira a *Italia Nostra* em 1915. [5] Daí se pode ver e julgar o caráter "utópico" da atividade teórica e prática de Croce; digo "utópico" no sentido de que as consequências decorrentes da atitude de Croce são contrárias a suas "intenções", assim como se inferem da atitude subsequente perante estas consequências. Croce acredita fazer "ciência pura", pura "história", pura "filosofia", mas na realidade faz "ideologia", oferece instrumentos práticos de ação a determinados grupos políticos; e aí se surpreende com o fato de que não tenham sido "compreendidos" como "ciência pura", mas "separados" de seu fim próprio que era puramente "científico". Verificar, por exemplo, no volume *Cultura e vita morale*, os dois capítulos: "Fissazione filosofica", p. 296, e "Fatti politici e interpretazioni storiche", p. 270. Na p. 296, Croce protesta contra o famoso discurso de Gentile proferido em Palermo, em 1924 [6]: "Se, num certo lugar do planeta chamado Terra, os cidadãos de um Estado, que antes tinham o costume de debater seus assuntos mediante aqueles 'modos de força' que são a crítica, a oratória, a associação, a votação e modos análogos, adotaram o outro costume de recorrer ao porrete e ao punhal, mas existem entre eles os que sentem nostalgia do velho costume e se empenham em fazer cessar o novo, que qualificam como selvagem, que papel cumpre o filósofo que, intervindo na disputa, sentencia que toda força, e por isto mesmo aquela do porrete e do punhal, é força espiritual?", etc. (a continuação é interessante e deve ser citada, se for o caso); mas ele próprio, na p. 270, havia escrito: "Fazer poesia é uma coisa, recorrer aos murros é outra, parece-me; e quem não consegue êxito no primeiro ofício não se pode excluir que o consiga perfeitamente no segundo; não se pode nem mesmo excluir que uma possível saraivada de murros seja, em certos casos, utilmente e oportunamente ministrada." Assim escreve Croce em 1925; é provável que Gentile, em 1924, tenha justamente pretendido filosofar a respeito dos termos "utilmente e oportunamente", acrescentando aos murros o porrete e, quem sabe, o punhal. Nem Croce irá deter-se só nos socos (de resto, assim também se mata e até existe uma medida de segurança pública contra quem pode esmurrar mortalmente). Gentile pôs em linguagem "atualista" a proposição crociana baseada na distinção de lógica e prática; para Croce, isto é grosseiro, mas assim sempre acontece e é muita pretensão querer ser entendido à perfeição e justificar-se por não ter sido compreendido. Pode verificar-se em outros capítulos o que Croce escreve sobre a intolerância, sobre a Inquisição, etc., e ver seus variados estados de ânimo: das manifestações enfáticas, que ele dizia serem também meios próprios da Santa Inquisição para pressionar a vontade alheia, teve de reconsiderar o porrete e o punhal, que viu ressurgirem como meios de persuasão da verdade.

§ 130. *Noções enciclopédicas. Conjuntura.* Origem da expressão: serve para compreender melhor o conceito. Em italiano = flutuação econômica. Ligada aos fenômenos do pós-guerra muito rápidos no tempo. (Em italiano, o significado de "oportunidade econômica favorável ou desfavorável" permanece na palavra "conjuntura"; diferença entre "situação" e "conjuntura": a conjuntura seria o conjunto das características imediatas e transitórias da situação econômica e, por este conceito, seria então necessário entender as características mais fundamentais e permanentes da própria situação. Portanto, o estudo da conjuntura ligado mais estreitamente à política imediata, à "tática" [e à agitação], ao passo que a "situação" liga-se à "estratégia" e à propaganda, etc.)

§ 143. Guido Calogero, "Il neohegelismo nel pensiero italiano contemporaneo" (Croce, mas sobretudo Gentile), in *Nuova Antologia*, 16 de agosto de 1930.

CADERNO 7 (1930-1931)

§ 11. *Um juízo sobre* o *"idealismo atual" de Gentile.* Da *Italia Letteraria* de 23 de novembro de 1930, artigo de Bruno Revel, *Il VII Congresso di Filosofia:* "... *o idealismo atual* nos representa ainda a história como a suprema instância de justificação. Atenção: esta *história* está impregnada de todos os valores universais e positivos em si mesmos, que outrora se pretendia isolar em um reino transcendente de essências e normas. Por isso, este idealismo imanentista, utilizando-se de tais valores, no curso do tempo sabiamente isolados e absolutizados — e válidos absolutamente só porque afirmados como transcendentes, puros —, pode se permitir pregar e ensinar moral, quase ignorando o próprio incurável relativismo e ceticismo. E, já que a evolução social caracterizada por uma crescente organização em torno da fábrica, tende a centralizações racionais férreas e bem *agencées*, também o idealismo atual não faz senão emprestar brilho ao absoluto, dignidade metafísica a tal evolução de acordo com a sua teoria do Estado. E crê conferir assim um caráter ético absoluto às contingentes necessidades industriais do Estado moderno". Embora retorcido e bêbado, vê-se aí a influência do materialismo histórico.

§ 22. *Teoria dos custos comparados* [*e decrescentes*]. A ver se esta teoria, que ocupa lugar tão grande na moderna economia oficial ao lado da outra, do equilíbrio estático e dinâmico, não é perfeitamente aderente [ou correspondente numa outra linguagem] à teoria marxista do valor [e da queda da taxa de lucros], ou seja, não é seu equivalente científico em linguagem oficial e "pura" (despojada de toda política enérgica em favor das classes produtoras subalternas).

§ 23. *O Eldorado de Graziadei*. Em seu pequeno livro *Sindacato e salari*, Graziadei [7] finalmente se recorda, 35 anos depois, de referir--se à nota sobre o Eldorado, que Croce lhe dedicou no ensaio "Recenti interpretazioni della teoria marxistica del valore" (p. 147 do volume *Materialismo Storico ecc*., 4ª edição), chamando de "um pouco grosseiro" o seu exemplo analisado por Croce. Realmente, o caso posto por Graziadei, de "uma sociedade na qual, não com o trabalho excedente, mas com o não trabalho, exista o lucro", é típico também para toda a recente produção de Graziadei, bem fazendo Rudas em citá-lo no início do seu ensaio sobre o *Prezzo e sopraprezzo*, publicado no *Unter dem Banner* de 1926 (não me lembro mais se Rudas lhe deu este valor essencial). Toda a concepção de Graziadei se baseia neste desastrado princípio de que as máquinas e a organização material (por si sós) produzem lucro, isto é, valor; em 1894 (artigo da *Critica Sociale* analisado por Croce), a sua hipótese era total (todo o lucro existe sem nenhum trabalho); agora, a sua hipótese é parcial (nem todo o lucro existe por causa do trabalho), mas a "grosseria" (gracioso eufemismo chamar apenas de "grosseira" a hipótese primitiva) permanece parcialmente. Todo o modo de pensar é "grosseiro", próprio de um leguleio vulgar e não de um economista. Com Graziadei, é necessário precisamente voltar aos princípios fundamentais da economia, à lógica desta ciência: Graziadei é mestre na pequena lógica, na arte do sofisma hábil, mas não da grande lógica, seja a da economia, seja a de qualquer outra ciência do pensamento.

O mesmo princípio de Graziadei sobre o Eldorado aparece na introdução da proteção alfandegária como elemento "criador" de margens de lucro e de margens de salário: é demonstrado, de fato (cf. literatura antiprotecionista), que, sem produzir nenhum "valor" e sem pôr para trabalhar um só operário (trabalham apenas as datilógrafas que escrevem os certificados de ações inexistentes), podem-se obter fartos "lucros", distribuir altos "dividendos" (cf. por exemplo, L. Einaudi e E. Giretti, "Le società anonime a catena", in *Riforma Sociale* de janeiro-fevereiro de 1931); deve-se ver se é a ciência econômica que se deve ocupar desta atividade "econômica" (se bem que ela seja econômica no sentido crociano, tal como a criminalidade, a máfia, etc.), ou se não é a magistratura penal quem deva fazê-lo.

Recordar uma polêmica, na *Critica Sociale*, entre Graziadei e Luigi Negro (antes de 1900, ao que me parece), na qual Negro observava que Graziadei é levado a aceitar como "exatas" e como base para a especulação científica as afirmações públicas dos industriais sobre suas atividades.

§ 27. *Graziadei e o Eldorado.* Ver no *Gog* de Papini (entrevista com Ford, p. 24) as palavras atribuídas a Ford: "Fabricar sem nenhum operário um número cada vez maior de objetos que não custem quase nada."

§ 30. *Sobre Graziadei.* Para triunfar sobre Graziadei, devem-se examinar os conceitos fundamentais da ciência econômica. 1) Deve-se fixar que a ciência econômica parte da hipótese de um mercado determinado, ou de concorrência pura ou de puro monopólio, salvo para estabelecer posteriormente que variações podem provocar nesta constante um ou outro elemento da realidade, que jamais é "pura"; 2) que se estuda a produção de nova riqueza real e não a redistribuição da riqueza existente (a menos que se pretenda estudar precisamente esta redistribuição), isto é, a produção de valor, e não a redistribuição do valor já distribuído com base na produção determinada.

Sobre Graziadei, é necessário fazer posteriormente uma cuidadosa pesquisa sobre a bibliografia política e científica. O seu livro sobre o nitrato do Chile: ele não podia imaginar a possibilidade da produção sintética do azoto, que abriu uma brecha no monopólio chileno; será interessante rever as afirmações peremptórias que ele fez sobre este monopólio. Para a sua posição política, ver a resposta de Graziadei ao inquérito do *Viandante*, em 1908-1909; Graziadei era um dos mais direitistas e oportunistas. Opúsculo sobre o sindicato: o modelo de Graziadei era o trabalhismo inglês, ele era um liquidacionista do partido. [8] Sua posição do pós-guerra é um curioso fenômeno de psicologia de intelectual, que está "intelectualmente" convencido das asneiras do reformismo político e, por isso, dele se afasta e o combate. Mas uma coisa é a esfera da inteligência abstrata, outra a da prática e da ação. No campo científico, ele encontra, após 1922, o terreno da retirada e o retorno à posição do pré-guerra. Coloca-se o problema: é leal buscar no passado de um homem todos os erros que ele cometeu para condená-lo em função de uma polêmica atual? Não é humano que ele se equivoque? Aliás, não é através dos erros que se formaram as atuais personalidades científicas? E a biografia de cada um não é, em grande parte, a luta contra o passado e a superação do passado? Se alguém é hoje a-religioso, é lícito recordar-lhe que foi batizado e que, até uma certa idade, observou as regras do culto? O caso de Graziadei, contudo, é bem diverso. Ele evitou criticar e superar o próprio passado. No campo econômico, limitou-se, durante certo tempo, a silenciar; ou sustentou, a respeito do ritmo de concentração do capital no campo, que a "prática atual" dava razão às suas teorias (sobre a superioridade da meação com relação à empresa capitalista concentrada, o que era a mesma coisa que dizer que o artesanato é superior ao sistema fabril;

ele se baseava na Romanha, ou melhor, em Ímola, para essa conclusão. Não levava em conta a quase desaparição do trabalho servil no período 1901-1910, como pode ser visto no censo de 1911; e, notadamente, não levava em conta os fatores político-protecionistas que determinavam a situação do Vale do Pó: a Itália tinha tal escassez de capitais que teria sido realmente milagroso um amplo emprego na agricultura).

Em política, ele lavou as mãos afirmando sofisticamente ter sido "historicista" ou atuado com "senso de oportunidade" (se domina o carrasco, é preciso ser seu ajudante — eis o historicismo de Graziadei), isto é, afirmou jamais ter tido princípios; no período 1895-1914, "era preciso" ser trabalhista, no pós-guerra, antitrabalhista, etc. Recordar a insistência entediante de Graziadei a respeito da afirmação "as despesas militares improdutivas", que ele se vangloriava de ter sempre combatido como estúpida e demagógica: mas vejam lá se a combatia nesta época, quando era favorável a entrar no governo. Assim, deve-se notar a sua concepção pessimista-intrigante sobre os "italianos" em bloco, todos sem caráter, velhacos, seres civilmente inferiores, etc., etc.; concepção tola e banalmente derrotista, manifestação de antirretórica que era, não obstante, uma verdadeira retórica deprimente e de falso malandro, tipo Stenterello-Maquiavel. Que na Itália exista um estrato pequeno-burguês particularmente repugnante é uma verdade incontestável; mas este estrato é a Itália inteira? Generalização idiota. Ademais, também este fenômeno tem uma origem histórica e não é de modo algum uma qualidade fatal do homem italiano: o materialismo histórico de Graziadei se assemelha ao de Ferri, de Niceforo, de Lombroso, de Sergi, e se sabe que função histórica teve esta concepção biológica da "barbárie" atribuída aos sulistas [*meridionali*] (aliás, aos "sujos" [*sudici*]) na política da classe dirigente italiana [9].

§ 41. *Economia.* Deve ser muito interessante o volume de Henryk Grossmann, *Das Akkumulations und Zusammensbruchsgestz des kapitalistischen Systems (Zugleich eine Krisentheorie), in Schriften des Instituts für Sozialforschung an der Universitat Frankfurt a. M.*, Verlag C. L. Hirschfeld, Leipzig, 1929, XVI-628 p., sobre o qual foi publicada uma resenha de Stefano Samogyi, em *Economia* de março de 1931 (p. 327-332). A resenha não é muito brilhante e talvez não se deva confiar sempre em seus resumos (Samogyi usa, indiferentemente, "tendencioso" e "tendencial", "colapso" por "catástrofe", bem como introduz afirmações pseudoteóricas dignas apenas de Gino Arias, etc.). Todavia, retirarei dela algumas indicações (com o cuidado de rever futuramente o texto de Grossmann). (Ver em seguida.) [10]

§ 79. *Passado e presente.* Sobre a questão da importância dada por Gentile a Gioberti para determinar uma linha filosófica nacional permanente e consequente, devem ver-se dois estudos sobre Gioberti: o do escritor católico francês Palhoriès, *Gioberti,* Alcan, Paris, 1929, *in*-8º, 408 p., e o do idealista Ruggero Rinaldi, *Gioberti e il problema religioso del Risorgimento*, prefácio de Balbino Giuliano, Vallecchi, Florença, *in*-8º, XXVIII-180 p. Ambos, embora partindo de diferentes pontos de vista, chegam a demonstrações semelhantes: a saber, que Gioberti não é de modo algum o Hegel italiano, mas se mantém no campo da ortodoxia católica e do ontologismo. Deve-se considerar a importância que tem no "gentilianismo" a interpretação idealista de Gioberti, que no fundo é um episódio de *Kulturkampf* ou uma tentativa de reforma católica. Deve-se observar a introdução de Giuliano ao livro de Rinaldi, porque parece que Giuliano apresenta alguns problemas de cultura postos pela Concordata na Itália, ou seja, como, tendo tido lugar o acordo político entre Estado e Igreja, possa ocorrer um "acordo" entre transcendência e imanência no campo do pensamento filosófico e da cultura.

CADERNO 8 (1931-1932)

§ 16. *Passado e presente. A filosofia de Gentile.* Selvagem ataque contra Gentile e seus discípulos desferido na *Roma Fascista* de outubro de 1931. Gentile é acusado de "alta traição", de procedimentos desleais e fraudulentos. O ataque cessou por ordens superiores, mas não parece que o atacante (G.A. Fanelli) tenha sofrido punições, apesar da extrema gravidade das acusações, evidentemente não provadas, porque Gentile permaneceu nos postos ocupados. Recordar o ataque anterior de Paolo Orano, etc. Parece que não se quer que a posição ocupada oficialmente por Gentile no campo da cultura nacional permaneça indiscutível e se reforce até virar uma instituição: a filosofia de Gentile não é reconhecida como oficial e nacional, o que significaria subordinação explícita do catolicismo e sua redução a uma missão subalterna, etc.

§ 212. *Os estudos de história econômica.* Recordar a polêmica Einaudi-Croce (Einaudi na *Riforma Sociale*) quando saiu a quarta edição do livro *Materialismo storico ed economia marxistica*, com o novo prefácio de 1917. Pode ser interessante estudar como, nos vários países, formaram-se as várias correntes de estudo e de pesquisa de história econômico-social, quais suas tendências, etc. É certo que existiu na Inglaterra uma escola de história econômica, ligada à economia clássica; mas seu desenvolvimento posterior foi ou não influenciado pelo materialismo histórico? (O livro de Seligman [*A interpretação econômica da história*], por exemplo, em que medida se insere nesta corrente e expressa precisamente a necessidade que tem esta corrente de acertar contas com o materialismo histórico?) Assim, na França, uma corrente econômico-jurídica que atuou sobre o materialismo histórico (Guizot, Thierry, Mignet), mas foi posteriormente, por sua vez, influenciada por ele (Henri Pirenne e os franceses modernos, como Henri Sée, Hauser, etc.). Na Alemanha, a corrente é mais estreitamente ligada à economia (com List), mas Sombart sofreu a influência do materialismo histórico, etc. Na Itália, é mais estreitamente ligada ao materialismo histórico (mas sofre a influência de Romagnosi e Cattaneo).

§ 216. *Breves notas de economia. Ugo Spirito & Cia.* A acusação à economia política tradicional, de ser concebida de modo "naturalista" e "determinista". [11] Acusação sem fundamento, pois os economistas clássicos não devem ter se preocupado muito com a questão "metafísica" do determinismo e todas as suas deduções e cálculos são baseados na premissa do "suposto que". O que é este "suposto que"? Jannaconne, resenhando na *Riforma Sociale* o livro de Spirito, define o "suposto que" como um "mercado determinado", o que é justo segundo a linguagem dos economistas clássicos. Mas o que é o "mercado determinado" e pelo que, precisamente, ele é determinado? Será determinado pela estrutura fundamental da sociedade em questão e, então, será preciso analisar esta estrutura e identificar-lhe os elementos que, relativamente constantes, determinam o mercado, etc., e os outros elementos "variáveis e em desenvolvimento", que determinam as crises conjunturais, até o momento em que também os elementos "relativamente constantes" sejam por estes modificados, ocorrendo assim a crise orgânica.

A economia clássica é a única "historicista", sob a aparência das suas abstrações e de sua linguagem matemática, ao passo que precisamente Spirito dissolve o historicismo e afoga a realidade econômica num dilúvio de palavras e de abstrações. Todavia, a tendência representada por Spirito e por seus colegas de grupo é um "sinal dos tempos". A reivindicação de uma "economia planificada", e não apenas em escala nacional, mas mundial, é interessante por si, ainda que sua justificação seja puramente verbal: é um "sinal dos tempos"; é a expressão ainda "utópica" de condições em via de desenvolvimento, as quais reivindicam a "economia planificada".

O interesse atual de escritores como Spirito é ainda mais acentuado pela aproximação com certos escritores de economia clássica, como Einaudi. Os artigos de Einaudi sobre a crise, especialmente os publicados em *Riforma Sociale* de janeiro-fevereiro de 1932, são frequentemente tolices. Einaudi reproduz passagens de economistas que escreveram há um século e não percebe que o "mercado" se modificou, que os "suposto que" não mais são aqueles. A produção internacional se desenvolveu em tal proporção e o mercado se tornou de tal modo complexo que determinados raciocínios revelam-se literalmente infantis. Será que, nestes últimos anos, não nasceram novas indústrias? Basta citar a de seda artificial e a do alumínio. O que Einaudi diz é genericamente justo, já que significa que as crises passadas foram superadas: 1) pela ampliação do círculo mundial da produção capitalista; 2) pela elevação do padrão de vida de determinados estratos da população, ou, relativamente, de todos os estratos. Mas Einaudi não leva em conta que, cada vez mais, a vida econômica se concentrou em uma série de produções em grande escala e que estas estão em crise: controlar esta crise é impossível, precisamente pela sua amplitude e profundidade, que atingiram tal ponto que a quantidade torna-se qualidade, isto é, trata-se de crise *orgânica* e não mais de *conjuntura*. Einaudi faz raciocínios apropriados às crises de conjuntura, pois quer negar a existência de uma crise orgânica, mas isto é "política imediata", não análise científica, é "vontade de acreditar", "medicina para as almas", exercida, ainda por cima, de uma maneira pueril e cômica.

CADERNO 15 (1933)

§ 26. *Breves notas de economia política.* Luigi Einaudi recolheu em volume os ensaios publicados durante estes anos de crise [12]. Um dos motivos sobre os quais Einaudi retorna frequentemente é o seguinte: vai se sair da crise quando a inventividade dos homens houver retomado um certo impulso. Esta afirmação não parece exata de nenhum ponto de vista. É certo que o período de desenvolvimento das forças econômicas foi caracterizado também pelas invenções; mas é exato que, neste último período, as invenções tenham sido menos essenciais ou mesmo menos numerosas? Não parece: pode-se dizer, no máximo, que elas chocaram menos as imaginações, precisamente porque foram precedidas de um período do mesmo tipo, embora mais original. Todo o processo de racionalização não é senão um processo de "inventividade", de aplicação de novas descobertas técnicas ou organizativas. Ao que parece, Einaudi entende por invenção apenas as que conduzem à introdução de novos tipos de mercadoria, mas, também deste ponto de vista, talvez a afirmação não seja exata. Na realidade, porém, as invenções essenciais são aquelas que determinam uma diminuição nos custos, alargando consequentemente os mercados de consumo, unificando massas humanas cada vez maiores, etc. Deste ponto de vista, que período foi mais "inventivo" do que aquele da racionalização? Inventivo até demais, ao que parece, chegando-se à "invenção" da venda a prazo e à criação artificial de novas necessidades no consumo popular. Na verdade, parece quase impossível criar "necessidades" novas essenciais a serem satisfeitas através de novas indústrias completamente originais, capazes de determinar um novo período de civilização econômica correspondente ao do desenvolvimento da grande indústria. Ou, então, estas "necessidades" são próprias de estratos da população socialmente não essenciais, cuja difusão seria doentia (cf. a invenção da "seda artificial", que satisfaz à necessidade de um luxo aparente das camadas médias burguesas).

§ 36. *Passado e presente.* Na *Critica* de 20 de março de 1933, aparece uma breve anotação de Croce: "O mundo caminha para..." Mas parece que Croce não mostrou todos os aspectos da fórmula, que é essencialmente uma fórmula política, de ação política. Conseguir convencer que "o mundo caminha" numa certa direção significa, apenas e tão somente, conseguir convencer sobre a inelutabilidade da própria ação e obter o consenso passivo para sua explicitação. Como esta convicção se forma é certamente uma questão interessante: que para ela contribua a "covardia" e outras formas de baixeza moral é indiscutível: mas também o fato de que tanta "covardia" e tanta baixeza estejam difundidas é um fato político que deveria ser analisado e cujas origens concretas seria preciso encontrar. Desta análise talvez surgisse a conclusão de que a própria atitude de Croce perante a vida é uma das origens desta difusão. Não querer empenhar-se a fundo, distinguir entre o que deve fazer um intelectual e o que deve fazer um político (como se o intelectual também não fosse um político, e não só um político da... Intelectualidade) e, no fundo, toda a concepção histórica crociana estão na origem desta difusão. Vê-se que ser partidário da liberdade em abstrato não conta nada, é simplesmente uma posição de homem de gabinete que estuda os fatos do passado, mas não de homem atual participante das lutas de seu tempo.

Esta fórmula do "mundo que caminha" para a esquerda ou a direita, ou para um compromisso, etc., começou a difundir-se na Itália em 1921, e era um sinal evidente da desmoralização que atingia amplos estratos da população. Pode reconstruir-se este movimento intelectual quase com uma data certa. Que a fórmula em si não significa nada é verdade. Desde logo, é cômoda a expressão de um "mundo" sólido que vai para algum lugar. Trata-se de uma "previsão", que não é nada além de um juízo sobre o presente interpretado do modo mais leviano, para reforçar um determinado programa de ação com a atração dos imbecis e dos medrosos. Mas, se a tarefa do intelectual é vista como mediação entre dois extremismos e esta tarefa de mediação não é confiada ao próprio desenvolvimento histórico, o que faz o intelectual senão colaborar com o ator do drama histórico que tem menos escrúpulos e menos sentido de responsabilidade? Parece ter sido esta a atitude de Croce. Não seria mais honesto intelectualmente aparecer em cena no verdadeiro papel de aliado "com reservas" de uma das duas partes, em lugar de querer aparecer como superior às misérias passionais das próprias partes e como encarnação da "história"? Como se observou outras vezes, este "papel" de arbitrária mediação dialética tem uma longa e desafortunada história: Proudhon, na França, por quem Napoleão III não escondeu suas simpatias (o livro de Sainte-Beuve) [13]; Gioberti, na Itália, que pode com justiça ser considerado como símbolo da desordem intelectual e política de 1848, etc.

Sobre este nexo de problemas, deve-se ver o artigo de Ugo Spirito na *Italia Letteraria* de 13 de novembro de 1932 ("Storicismo rivoluzionario e storicismo antistorico"). É notável o fato de que também Spirito relaciona a atual polêmica sobre o "historicismo" com a polêmica acontecida no século passado em torno da fórmula *natura non facit saltus*. Mas Spirito não sabe ir além da superfície dos fatos e das ideias; e, embora afirme, como o anti-Proudhon, ser necessário que os termos dialéticos se explicitem em toda a sua força como "extremismos" contrapostos, não consegue ver que sua própria posição é uma mediação ou superação arbitrária, na medida em que se baseia na supressão violenta da antítese e na proposição como antítese, exatamente, de uma tentativa de mediação inteiramente intelectualista, viva apenas no cérebro de poucos intelectuais de estatura menor. Também Spirito deve ser contado entre os teóricos (mais ou menos inconscientes, uma vez que em seus escritos, especialmente na *Critica fascista*, aparece a preocupação de "ceder alguma coisa para não perder tudo"; deve-se ver a este respeito um artigo escrito depois do seminário de Ferrara sobre corporações e a exposição da tese da "corporação proprietária") da "revolução passiva ou revolução-restauração", e não, como ele pretende, entre os "extremistas" de uma qualquer dialética ideal ou real. Se o erro de Croce é querer parecer diferente daquilo que realmente é, no mesmo erro incorre Spirito e seu grupo; e, no fundo, os dois erros praticamente se identificam: trata-se de irmãos siameses em litígio porque excessivamente unidos.

§ 43. *Breves notas sobre economia.* Na *Riforma Sociale* de março-abril de 1933, está contida uma resenha, assinada por três asteriscos, sobre *An Essay on the Nature and Significance of Economic Science, by* Lionel Robbins, professor de economia na Universidade de Londres (Londres, Macmillan and Co., 1932, XII-141 p.). Também o resenhista se coloca o problema de "o que é a ciência econômica?", em parte aceitando, em parte retificando ou complementando os conceitos expostos por Robbins. Ao que parece, o livro corresponde à exigência colocada por Croce, em seus ensaios anteriores a 1900, sobre a necessidade de antepor aos tratados de economia um prefácio teórico no qual sejam expostos os conceitos e os métodos específicos da própria economia; mas a correspondência deve ser entendida com reservas: ao que parece, Robbins não tem o rigor filosófico exigido por Croce, sendo antes um "empirista" e um lógico formal. O livro pode ser interessante como o mais recente ensaio desta linha de investigações, dependente da insatisfação que frequentemente se observa por parte dos economistas a respeito das definições de sua ciência e dos limites que a ela se costumam colocar. Também para Robbins a "economia" termina por ter uma significação "amplíssima e generalíssima", que dificilmente coincide com os problemas concretos que os economistas realmente estudam, coincidindo antes com o que Croce chama de uma "categoria do espírito", o "momento prático" ou econômico, isto é, a relação racional entre meio e fim. Robbins "examina quais são as condições que caracterizam a atividade humana estudada pelos economistas, chegando à conclusão de que elas são: 1) a diversidade dos fins; 2) a insuficiência dos meios; 3) a possibilidade de usos alternativos. Em consequência, define a economia como a ciência que estuda o modo de comportamento dos homens como relação entre os fins e os meios escassos que tenham usos alternativos".

Ao que parece, Robbins quer libertar a economia do chamado princípio "hedonista" e separar nitidamente a economia da psicologia, "refutando os últimos resíduos do que foi a associação passada entre utilitarismo e economia" (o que, provavelmente, significa que Robbins elaborou um novo conceito do útil, diverso e mais compreensivo do que o tradicional).

Deixando de lado qualquer apreciação sobre o mérito da questão, deve-se sublinhar o fato de que os economistas modernos dedicam estudos atentos ao aperfeiçoamento contínuo dos instrumentos lógicos de sua ciência, tanto que se pode dizer que uma grande parte do prestígio desfrutado pelos economistas é devido ao seu rigor formal, à exatidão da expressão, etc. A mesma tendência não se verifica na economia crítica, que se vale com excessiva frequência de expressões estereotipadas, expressando-se num tom de superioridade ao qual não corresponde o valor da exposição: a impressão que fica é a de uma arrogância entediante e nada mais; por isso, parece ser útil sublinhar este aspecto dos estudos econômicos e da literatura econômica. Na *Riforma Sociale* são sempre registradas as publicações do tipo desta de Robbins, pelo que não será difícil obter uma bibliografia a respeito.

Deve-se ver se a colocação que Robbins faz do problema econômico não seja, em geral, uma demolição da teoria marginalista, ainda que ele diga, ao que parece, ser possível construir sobre a análise marginal "o conjunto da teoria econômica, de uma maneira perfeitamente unitária" (isto é, abandonando completamente o dualismo ainda afirmado por

Marshall nos critérios de explicação do valor, ou seja, o duplo jogo da utilidade marginal e do custo de produção). De fato, se as avaliações individuais são a única fonte de explicação dos fenômenos econômicos, que significa a afirmação de que o campo da economia foi separado do campo da psicologia e do utilitarismo?

No que diz respeito à necessidade de uma introdução metodológico-filosófica para os tratados de economia, recordar o exemplo dos prefácios ao primeiro volume da *Economia crítica* e ao volume da *Crítica da economia política*: são ambos, talvez, muito breves e sucintos, mas o princípio é seguido; ademais, no corpo dos volumes, encontram-se muitas referências metodológico-filosóficas.

§ 45. *Breves notas sobre economia* (cf. supra, caderno 15, § 43). Não se soube manter a relação entre a economia política e a economia crítica em suas formas orgânicas e historicamente atuais. Em que as duas correntes de pensamento se distinguem na colocação do problema econômico? Distinguem-se atualmente, nos termos culturais atuais, e não mais nos termos culturais de oitenta anos atrás? Nos manuais de economia crítica, isso não aparece (por exemplo, nos *Précis*); e, contudo, este é o ponto que interessa de imediato aos principiantes e que dá a orientação geral para toda a pesquisa posterior. Em geral, este ponto é dado não só por conhecido, mas por aceito sem discussão, nenhuma das duas coisas sendo verdade. Desta forma, ocorre que só os espíritos gregários e que fundamentalmente não se interessem pela questão são introduzidos no estudo dos problemas econômicos, com o que se torna impossível qualquer desenvolvimento científico. O que espanta é o seguinte: como um ponto de vista crítico, que requer o máximo de inteligência, de ausência de preconceitos, de vivacidade mental e de inventividade científica, tornou-se o monopólio de ruminações de cérebros limitados e mesquinhos, que só pela posição dogmática conseguem manter um lugar, não na ciência, mas na bibliografia marginal da ciência. Uma forma de pensar fossilizada é o maior perigo nestas questões: é de preferir uma certa impetuosidade desordenada à defesa filistina das posições culturais constituídas.

NOTAS AO TEXTO

PROJETOS DE GRAMSCI PARA OS *CADERNOS*

1. Gramsci refere-se ao seu ensaio "Alguns temas da questão meridional", que estava redigindo em outubro de 1926, pouco antes de ser preso. Cf. A. Gramsci, "Alguns temas da questão meridional", in Id., *A questão meridional*, Rio de Janeiro-São Paulo, Paz e Terra, 1987, p. 135-165.

I. INTRODUÇÃO AO ESTUDO DA FILOSOFIA

1. Caderno 11

1. Antonio Labriola (1843-1904), importante filósofo marxista italiano, ao qual Gramsci se referirá várias vezes nos *Cadernos*, concedeu em 1902 (e não em 1903) uma entrevista na qual justificava a ação colonial italiana na Líbia, afirmando que ela contribuía para levar a civilização a um povo atrasado.

2. Quando foi ministro da Instrução Pública no regime fascista, o filósofo neo-hegeliano Giovanni Gentile (1875-1944) — autor ao qual Gramsci retorna frequentemente nos *Cadernos* — justificou o caráter obrigatório do ensino religioso na escola primária alegando que a religião era algo próprio da "infância da humanidade". Liberal em sua juventude, Gentile tornou-se mais tarde um dos principais ideólogos do fascismo.

3. Bertrando Spaventa (1817-1883) foi o mais importante expoente da chamada "escola hegeliana de Nápoles". Foi deputado por três legislaturas e defendeu, em sua atuação filosófica e política, propostas liberais progressistas. Teve um importante papel na formação filosófica do seu sobrinho Benedetto Croce (1866-1952), um dos mais importantes interlocutores de Gramsci nos *Cadernos*.

4. Referência a uma passagem do jovem Marx: "Uma escola [a escola histórica do direito] que legitima a vilania de hoje com a vilania de ontem; uma escola que considera um ato de rebeldia todo grito do servo contra o cnute [chicote] quando este é um cnute carregado de anos, tradicional, histórico" (Karl Marx, "Crítica da filosofia do direito de Hegel — Introdução" [1844], in *Temas de ciências humanas*, São Paulo, Grijalbo, vol. 2, 1977, p. 3).

5. Alusão às experiências do "Exército do Trabalho", realizadas nos primeiros anos da Rússia soviética.

6. A citação de Andler está em francês no original.

7. Em várias passagens dos *Cadernos*, Gramsci refere-se a outras notas de sua autoria, remetendo sempre à numeração das páginas que ele próprio estabelecera no interior de cada caderno. Para não sobrecarregar o nosso próprio aparato de notas, adotamos o critério de remeter em alguns casos, no próprio texto de Gramsci, aos números do caderno e do parágrafo tal como estabelecidos na edição Gerratana (A. Gramsci, *Quaderni del carcere*, Turim, Einaudi, 1975, a seguir citada como *QC*) e retomados em nossa presente edição.

8. Com a expressão "idealismo atual", Gramsci refere-se, aqui e em várias outras passagens dos *Cadernos*, à chamada "filosofia do ato puro", elaborada por Giovanni Gentile.

9. Em 1864, a Cúria Romana publicou um elenco de supostos "erros" em matéria religiosa e moral. Conhecido como *Sillabo*, ou catálogo, esse documento é expressão das posições mais reacionárias da Igreja Católica.

10. "Rerum Scriptor" é o pseudônimo de Gaetano Salvemini (1873-1957). Inicialmente colaborador do *Avanti!*, jornal do Partido Socialista Italiano, Salvemini torna-se, entre 1911 e 1920, um dos editores do semanário *Unità*, empenhado na luta contra o protecionismo e no debate da chamada "questão meridional". Exilado no período fascista, foi um dos fundadores do movimento liberal-socialista *Giustizia e libertà*.

11. Inicialmente colaborador do jornal fascista *Il popolo d'Italia*, Giuseppe Rensi se afasta desse movimento após a Marcha sobre Roma, em 1922, que culmina com a nomeação de Mussolini para a chefia do governo. O VI Congresso Nacional de Filosofia (Milão, 28-30 de março de 1926),

suspenso pelas autoridades, significou uma manifestação pública de antifascismo. Depois dele, Gentile ironiza a nova orientação "liberal" de Rensi.

12. Aqui, como em muitas notas subsequentes, Gramsci alude ao específico conceito de "religião" de Benedetto Croce, que — no parágrafo "Croce e a religião" (cf., infra, caderno 10, I, § 5) — ele resume do seguinte modo: "Para Croce, a religião é uma concepção da realidade com uma moral conforme a essa concepção, apresentada em forma mitológica. Portanto, é religião toda filosofia, ou seja, toda concepção do mundo na medida em que se tornou 'fé', isto é, em que é considerada não como atividade teórica [...], mas sim como estímulo à ação."

13. Como em outras passagens dos *Cadernos*, Gramsci usa aqui positivamente o termo "totalitário". Dado o sentido negativo que essa expressão assumiu posteriormente, é importante ressaltar que, para ele, "totalitário" significa algo unitário e que tem dimensão universal.

14. Trata-se do artigo de Dimitri Petrovitch Sviatopolski-Mirski, "Bourgeois History and Historical Materialism", in *The Labour Monthly*, julho de 1931.

15. A revista *Nuovi Studi di Diritto, Economia e Politica*, em vários números entre 1931 e 1932, publicou a primeira edição em italiano do conhecido ensaio de Max Weber. O livro de Bernard Groethuysen, citado a seguir, chama-se *Origines de l'esprit bourgeois en France, I: L'Église et la bourgeoisie*, Paris, 1927.

16. Por causa de sua enfática defesa da Revolução Russa de 1917, Gramsci foi acusado pelos reformistas — em particular por Claudio Treves — de ser "bergsoniano" e "voluntarista". Ele se defendeu dessas acusações num famoso artigo, intitulado "O nosso Marx", publicado em *Il Grido dei Popolo* de 4 de maio de 1918. Em seguida, o texto menciona episódios menos claros. Enrico Presutti, depois do assassinato de Mateotti em 1924, participa com Gramsci do parlamento "aventiniano". Mas não se conhece o teor do diálogo entre eles. Quanto ao líder socialista G. M. Serrati, ele polemiza publicamente, no *Avanti!*, com Gramsci e o grupo de *L'Ordine Nuovo*, mas não foi possível encontrar em tal polêmica a comparação entre Gramsci e Giuseppe Giulietti, líder sindical dos trabalhadores marítimos, que adere posteriormente ao fascismo.

17. Na Câmara dos Deputados, em 30 de março de 1920, Treves pronuncia o chamado "discurso da expiação", criticado imediatamente por Gramsci como "manifestação do pensamento oportunista". Treves dizia aos deputados liberais: "A crise consiste justamente nisso: os senhores não mais podem nos impor sua ordem e nós ainda não podemos impor-lhes a nossa." A desordem do pós-guerra e a impossibilidade de resolvê-la, num ou noutro sentido, eram precisamente a expiação do crime cometido: a aventura bélica. Na prática, como acentua Gramsci, Treves indicava a inviabilidade de uma solução socialista.

18. Com *Ensaio popular*, Gramsci refere-se sempre ao livro de Nikolai Bukharin, *A teoria do materialismo histórico. Manual popular de sociologia marxista*, publicado em Moscou, em 1921. Há uma tradução francesa de 1927, com base na 4ª. edição russa. Ao que tudo indica, foi a essa edição (*La théorie du matérialisme historique. Manuel populaire de sociologie marxiste*, traduction de la 4ème. édition, suivie d'une note sur la "Position du problème du matérialisme historique", Paris, Éditions Sociales Internationales) que Gramsci recorreu para seus comentários. Existe uma edição brasileira do livro: N. Bukharin, *Tratado de materialismo histórico*, Rio de Janeiro, Laemmert, 1970.

19. Em francês no original.

20. Com toda probabilidade, Gramsci refere-se aqui, como em muitas outras passagens dos *Cadernos*, aos seguintes trechos de Marx: 1) "É certo que a arma da crítica não pode substituir a crítica das armas, que o poder material tem de ser derrocado pelo poder material, mas também a teoria transforma-se em poder material logo que se apodera das massas" (K. Marx, "Crítica da filosofia do direito de Hegel — Introdução", cit., p. 8); 2) "Ao adquirir a ideia da igualdade humana a consistência de uma convicção popular é que se pode decifrar o segredo da expressão do valor, a igualdade e a equivalência de todos os trabalhos, porque são e enquanto são trabalho humano em geral" (K. Marx, *O Capital. Crítica da economia política*, Rio de Janeiro, Civilização Brasileira, Livro 1, vol. 1, 1998, p. 81-82; em nossa tradução, seguindo Gramsci, preferimos "crença" a "convicção").

21. Cf. caderno 1, § 99, no vol. 6 da presente edição.

22. "Subversão da práxis" [*rovesciamento della praxis*] é a fórmula com que se tornou conhecida na Itália, a partir de uma não muito feliz tradução de Gentile, a expressão "*unwälzende Praxis*", presente na versão engelsiana da III Tese de Marx sobre Feuerbach, que seria melhor traduzida como "práxis subversora". (No original de Marx, está simplesmente "*revolutionare Praxis*", ou "práxis revolucionária".) Em sua tradução desse texto de Marx feita no cárcere (cf. *QC*, p. 2.356), Gramsci segue Gentile e usa também "*rovesciamento della praxis*". Por isso, optamos por manter sempre a versão do próprio Gramsci.

23. Sobre Thomas B. Macaulay e a oralidade da cultura grega, cf. caderno 16, § 21, no vol. 4 da presente edição.

24. Para evitar a censura carcerária, que se acentua a partir de 1931, Gramsci usa quase sempre "fundador da filosofia da práxis" para se referir a Marx. Em outras notas, usa também "principal fundador" ou "corifeu da filosofia da práxis". No plural, a expressão se refere a Marx e Engels.

25. Gramsci alude ao ensaio de Bukharin, "Theory and Practice from the Standpoint of Dialectical Materialism", incluído no livro *Science at the Cross Roads*, Londres, Kniga, 1931. Este livro contém as contribuições soviéticas ao II Congresso Internacional de História da Ciência e da Tecnologia, realizado em Londres entre 29 de junho e 3 de julho de 1931.

26. Cf. F. Engels, *Ludwig Feuerbach e o fim da filosofia clássica alemã* [1886], in Marx-Engels, *Obras escolhidas*, Rio de Janeiro, Vitória, vol. 3, 1963, p. 171 e ss.

27. Engels, na verdade, dirigiu cartas a dois estudantes, ambas publicadas em 1895 pelo *Sozialistische Akademiker*, endereçadas respectivamente a Joseph Bloch, em 21.10.1890, e a Heinz Starkenburg, em 25.11.1894. Amplos excertos dessas cartas estão traduzidos em Marx-Engels, *Obras escolhidas*, cit., vol. 3, p. 284-286 e 298-300. É difícil estabelecer com precisão a que frase das mesmas Gramsci se refere. Ele volta a se referir a tais cartas em infra, caderno 11, § 25.

28. Achile Loria (1857-1943), professor de economia em Siena, Pádua e Turim, defende em sua volumosa obra uma espécie de "economicismo histórico", com influência de versões vulgares do marxismo, misturadas a um positivismo acrítico e a uma mentalidade cientificista. No prefácio ao Livro III de *O Capital*, Engels trata Loria como um caso

de "charlatanismo científico" (cf. K. Marx, *O Capital*, ed. cit., livro 3, 1974, p. 18-22). Gramsci, por seu turno, cunha a expressão "lorianismo" para caracterizar não apenas a obra de Loria, mas a de todo um bizarro conjunto de intelectuais "progressistas" destituídos de rigor científico e de seriedade intelectual, que pululavam na cultura italiana da época. O caderno 28, incluído no vol. 2 da presente edição, é inteiramente dedicado ao "lorianismo".

29. G. V. Plekhanov, *Osnovnye voprosy marksisma*, São Petersburgo, 1908. Na edição brasileira, o livro recebeu o título *Questões fundamentais do marxismo*, Rio de Janeiro, Vitória, 1956.

30. Gramsci cita livremente, como o fará em várias outras passagens dos *Cadernos*, o seguinte trecho do célebre "Prefácio" escrito por Marx em 1859: "Nenhuma formação social desaparece antes que se desenvolvam todas as forças produtivas que ela contém, e jamais aparecem relações de produção novas e mais altas antes de amadurecerem no seio da própria sociedade antiga as condições materiais para sua existência. Por isso, a humanidade se propõe sempre apenas os objetivos que pode alcançar, pois, bem vistas as coisas, vemos sempre que esses objetivos só brotam quando já existem, ou, pelo menos, estão em gestação as condições materiais para a sua existência" (Karl Marx, "Prefácio" à *Contribuição à crítica da economia política*, in Marx-Engels, *Obras escolhidas*, ed. cit., vol. 1, 1956, p. 335).

31. No texto de Bukharin apresentado ao congresso londrino de 1931 (cf., supra, n. 25), não há referência ao *Ensaio popular*. Isso pode ter gerado em Gramsci a falsa impressão de que Bukharin, neste momento já afastado da direção do Partido e do Estado soviéticos, houvesse repudiado seu livro de 1921.

32. Michel Bréal, *Essai de sémantique (science des significations)*, Paris, Hachette, 1897.

33. Cf. caderno 6, § 20, vol. 6 da presente edição.

34. Provável referência ao *Tratatto di sociologia generale*, no qual o elitista Vilfredo Pareto (1848-1923) busca diferenciar a linguagem científica da linguagem vulgar; a primeira seria objetiva, universal, imutável, enquanto a segunda seria subjetiva e mutável.

35. A referência pode valer para dois livros de Henri De Man, *A superação do marxismo* ou *A alegria do trabalho*, traduzidos e publicados na Itália, com grande sucesso, respectivamente em 1929 e 1930, o que explica por que Gramsci lhes dedica muitos parágrafos dos *Cadernos*, todos duramente críticos. Marxista na juventude, De Man obteve grande notoriedade na Europa após a publicação de *A superação do marxismo*, cuja edição original, com o título *Zur Psychologie des Sozialismus*, é de 1926. Líder do Partido Trabalhista belga, De Man perderia completamente a credibilidade política ao apoiar a capitulação de Leopoldo II a Hitler, no início da Segunda Guerra. De Man morreu em 1953, refugiado na Suíça desde 1941 e condenado em seu país por traição.

36. Não se trata aqui, evidentemente, do subtítulo abreviado do livro de Bukharin, empregado quase sempre por Gramsci, "Ensaio popular", mas do título original, *Teoria (ou Tratado) do materialismo histórico*.

37. Cf. caderno 2, § 75, no vol. 3 da presente edição.

38. Otto Bauer, *Le socialisme, la réligion et l'Eglise*, Bruxelas, 1928.

39. Como se pode constatar pelo confronto com a primeira versão (texto A) dessa nota, a expressão aludida aqui por Gramsci é "materialismo histórico" (cf. caderno 4, § 11, in *QC*, p. 433). Nessa primeira versão, com efeito, pode-se ler: "Em tal expressão, 'materialismo histórico', deu-se maior peso ao primeiro membro, quando deveria ter sido dado ao segundo: Marx é essencialmente um 'historicista', etc."

40. Foi usada a tradução portuguesa contida em Marx-Engels, *Obras escolhidas*, ed. cit., p. 334-335.

41. Nesse artigo, Loria sustenta que o desenvolvimento da aviação derrubaria o protecionismo comercial e as barreiras nacionais, além de liquidar a dependência do operário em relação ao capitalista. O operário poderia dispor de alimentação abundante e gratuita, obtida com as aves presas no visgo posto na parte externa dos aviões.

42. Trata-se de uma afirmação errônea de Gramsci: o livro de Bukharin reproduz integralmente, ainda que subdividido em três partes, o mencionado trecho do "Prefácio" de Marx à *Contribuição à crítica da economia política*.

43. "Economia crítica" é o modo pelo qual Gramsci se refere não só a *O Capital* (ele usa ainda, para isso, *Crítica da economia política*), mas também, na maior parte das vezes, à economia marxista em geral.

44. K. Marx, *O Capital*, ed. cit., Livro 1, cap. XII: "Divisão do trabalho e manufatura", p. 389 e ss.

45. Gramsci refere-se, certamente, ao conhecido ensaio de Lenin, "As três fontes e as três partes integrantes do marxismo", publicado em 1913 (cf. V. I. Lenin, *Obras escolhidas*, São Paulo, Alfa-Ômega, 1980, vol. 1, p. 13-24). Cf. também, infra, caderno 10, II, § 9.

46. Embora com grafia errada (*z* em vez de *s*), Gramsci refere-se aqui, sem nenhuma dúvida, a Georg Lukács (1885-1971) e, em particular, ao seu conhecido livro *Geschichte und Klassenbewusstsein* [*História e consciência de classe*], que — publicado em 1923 — provocou intensas polêmicas, nas quais o filósofo húngaro foi acusado de "revisionismo". A formulação cautelosa de Gramsci indica que ele não conhecia diretamente o livro de Lukács. É provável, porém, que conhecesse a versão italiana de alguns dos ensaios que depois, modificados, passaram a compor o livro lukacsiano; é o caso, em particular, do ensaio "Rosa Luxemburg marxista", publicado em três números (14, 15 e 16) de *Rassegna comunista*, em 1921. De resto, Lukács foi também citado em *L'Ordine Nuovo* (cf., por exemplo, ano II, nº 5, 12 de junho de 1920, p. 40). É quase certo, além disso, que Gramsci tomou conhecimento do duro ataque que Zinoviev, então presidente da Internacional Comunista, desfechou contra Lukács em junho de 1924, bem como do artigo do filósofo soviético A. M. Deborin em polêmica com as teses lukacsianas, publicado na revista *Arbeiterliteratur*, 1924, nº 10. De resto, merece registro o fato de que a parte final deste parágrafo gramsciano, que contém uma crítica a Engels, foi suprimida na chamada "edição temática" dos *Cadernos*.

47. Giuseppe A. Borgese, professor de estética, antifascista e anticrociano, em seu livro *Escursione in terre nuove* (Milão, 1931), comentando a afirmação de Eddington, afirma o seguinte: "Mas, afinal, é certo que em última análise aquela migalha resista e exista? Não se pode supor que um novo exame, um meio de pesquisa mais penetrante, façam desaparecer no vazio até mesmo esse resíduo extremo de elemento positivo? A matéria abandona o universo."

48. No artigo "Il socialismo contro la scienza", publicado em *L'Ordine Nuovo*, em julho de 1919, com um comentário de Palmiro Togliatti, Mario Missiroli afirma: "A ciência é uma concepção essencialmente burguesa e é um privilégio de classe. [...] É o escudo e a espada com os quais a burguesia se defende e ataca."

49. Extraído de um comentário de Adolfo Omodeo, historiador de orientação crociana, sobre o livro de Alfred Loisy, *Mémoires pour servir à l'histoire réligieuse de notre temps* (Paris, 1931). Loisy é um dos representantes do modernismo religioso na França. Cf., infra, caderno 10, II, § 47.

50. Para outra referência significativa a Dom Ferrante, personagem do romance *I promessi sposi*, de Alessandro Manzoni (1785-1873), cf. caderno 14, § 25, no vol. 4 desta edição.

51. Com as expressões "Vilitch", "Ilitch" ou "o maior teórico moderno da filosofia da práxis", Gramsci refere-se sempre a Lenin (pseudônimo de Vladimir Ilitch Ulianov). Também nesse caso, buscava escapar da censura dos dirigentes da prisão. Em seguida, Gramsci menciona o fato de que Lenin considerou "excessivamente russa" a resolução sobre a questão organizativa dos partidos comunistas, aprovada no III Congresso da Internacional Comunista, realizado em 1921. No ano seguinte, por ocasião do IV Congresso, ele observou: "A resolução é excelente, mas é quase inteiramente russa. [...] Esse é seu lado bom, mas também seu lado mau, já que estou convencido de que quase nenhum estrangeiro poderá lê-la."

52. Gramsci menciona muitas vezes Luigi Einaudi (1874-1961), economista e político italiano de orientação liberal. Depois da Segunda Guerra, Einaudi tornou-se o primeiro Governador do Banco da Itália e, alguns anos depois, presidente da República (1948-1955).

53. Em vários pontos dos *Cadernos*, Gramsci refere-se ao seguinte trecho do livro de Marx e Engels, *A sagrada família*, publicado em 1845, e que ele havia lido em tradução francesa (Paris, Costes, 1928): "Queira o sr. Edgar [Bauer] comparar por um momento a 'igualdade' francesa com a 'consciência de si' alemã e perceberá que o segundo princípio exprime 'à alemã', isto é, no pensamento abstrato, o que o primeiro diz 'à francesa', quer dizer, na linguagem da política e do pensamento intuitivo. A consciência de si é a igualdade do homem consigo mesmo

no pensamento puro. A igualdade é a consciência que o homem tem de si mesmo no domínio da política."

54. No texto de Engels que conclui o *Ludwig Feuerbach e o fim da filosofia clássica alemã* (ed. cit., p. 207) e ao qual Gramsci se refere com frequência, não se fala em "povo", mas em "movimento operário", tal como aparece nas demais referências gramscianas.

55. Depois do *Risorgimento,* já no Estado italiano unificado, os principais grupos políticos se identificavam como "*Destra*" e "*Sinistra*", ou "Direita" e "Esquerda", embora essa distinção não correspondesse exatamente ao que hoje entendemos com esses termos.

56. Menção à passagem do "Prefácio à *Contribuição à crítica da economia política*" (ed. cit., p. 334), na qual Marx afirma: "A anatomia da sociedade civil precisa ser procurada na economia política."

57. Cf., supra, n. 20.

58. Em Milão, na epidemia do século XVII, acreditava-se que os untadores, que deveriam prevenir o contágio, usavam, ao contrário, substâncias infecciosas para propagar a peste.

59. Trata-se do opúsculo "Documentos para a revisão do programa do Partido", publicado em junho de 1917. A menção a Lavoisier, na verdade, está presente nas notas explicativas da parte sobre a reforma da instrução pública, notas redigidas por Nadejda Krupskaia, como o próprio Lenin informa no prefácio.

60. A passagem aqui mencionada ("Prefácio" à *Contribuição,* ed. cit., p. 335) é a seguinte: "Ao mudar a base econômica, revoluciona-se, mais ou menos rapidamente, toda a imensa superestrutura erigida sobre ela. Quando se estudam essas revoluções, é preciso distinguir sempre entre as mudanças materiais ocorridas nas condições econômicas de produção e que podem ser apreciadas com a exatidão própria das ciências naturais, e as formas jurídicas, políticas, religiosas, artísticas ou filosóficas, numa palavra, as formas ideológicas em que os homens adquirem consciência desse conflito e lutam para resolvê-lo."

61. A referência (que retornará adiante) remete ao escrito de Rosa Luxemburg, "Stillstand und Fortschritt im Marxismus" [Estagnação e progresso no marxismo], publicado em *Vorwärts,* 14 de março de 1903.

62. Robert Michels, *La teoria di Karl Marx sulla miseria crescente e le sue origini. Contributo alla storia delle dottrine economiche*, Turim, Bocca, 1922.

63. A remissão é ao livro de G. Sorel, *Matériaux d'une théorie du proletariat*, Paris, 1921. Sobre Sorel, cf., infra, nº 62, parte II, 1.

64. Edouard Berth, *Les méfaits des intéllectuels*, Paris, 1914.

65. Guglielmo Oberdan, que se empenhou na luta por libertar as regiões italianas (particularmente Trento e Trieste) ainda sob domínio austríaco, foi condenado à morte e executado em 1882, acusado de tramar um atentado contra Francisco José, monarca do Império Austro-Húngaro. Em uma carta a Croce datada de 1914 e só publicada em 1929, Sorel deplora as manifestações italianas favoráveis a Oberdan, que, a seu ver, não passava de um regicida de espírito simplório.

66. Já em 1928, Croce comentava elogiosamente a edição francesa do livro de Henri de Man (*Au-delà du marxisme*, 1927) e recomendava sua tradução e difusão na Itália, o que ocorre no ano seguinte.

67. A dúvida de Gramsci é infundada. Não se trata, como é evidente, do austromarxista Max Adler (1873-1937), mas sim de Alfred Adler (1870-1937), um dos primeiros discípulos de Freud, que criou mais tarde uma escola própria de psicanálise.

68. Bronstein é o verdadeiro sobrenome de Trotski. Em outras passagens, Gramsci usará também Leão Davidovitch, valendo-se nesses casos do patronímico do revolucionário russo.

69. As notas sobre "Jornalismo" estão agrupadas no caderno 24 ou dispersas em diferentes cadernos miscelâneos. O leitor encontrará todas elas no vol. 2 da presente edição.

2. Dos cadernos miscelâneos

1. K. Marx, "Crítica da filosofia do direito de Hegel — Introdução" ed. cit., p. 5.

2. *La Critica Sociale*, periódico dirigido por Filippo Turati (1857-1932), um dos principais expoentes do socialismo reformista italiano, teve por muito tempo como subtítulo "Revista quinzenal de socialismo

científico". A crítica de Gramsci se baseia no fato de que Turati, embora se declarasse marxista, era na verdade um positivista.

3. Cf., supra, n. 20, parte I, 1.

4. Cf., supra, caderno 11, § 52. Ver também, supra, n. 30, parte I, 1.

5. E. Bernheim, *Lehrbuch der historischen Methode*, Leipzig, Dunkler und Humboldt, 1908. Gramsci conheceu esse livro numa versão italiana parcial (*La storiografia e la filosofia della storia*, Milão-Palermo-Nápoles, Sandron, 1907), utilizando-o, quando estudante universitário, como texto didático.

6. "Pressupomos o trabalho sob forma exclusivamente humana. Uma aranha executa operações semelhantes às do tecelão, e a abelha supera mais de um arquiteto ao construir sua colmeia. Mas o que distingue o pior arquiteto da melhor abelha é que ele figura na mente sua construção antes de transformá-la em realidade. No fim do processo de trabalho aparece um resultado que já existia antes idealmente na imaginação do trabalhador" (K. Marx, *O Capital*, ed. cit., Livro 1, p. 211-212).

7. Cf. Karl Radek, *L'evoluzione del socialismo dalla scienza all'azione* (*Gli ammaestramenti della Rivoluzione russa*), Milão, Soco. Ed. Avanti, 1920.

8. Gramsci colocou esta nota, aqui referida com (*), no rodapé do caderno. Sobre Antonio Graziadei, cf., infra, n. 7, parte II, 2.

9. Trata-se de Amadeo Bordiga, um dos fundadores do Partido Comunista da Itália, contra cuja orientação "esquerdista" Gramsci combateu duramente entre 1923 e 1926.

10. B. Souvarine, "Prospectives de travail", in *La critique sociale*, março de 1931, ano 1, nº 1. Liefscitz é o verdadeiro nome de Boris Souvarine, nascido na Ucrânia e naturalizado francês em 1906. Ele foi o representante do Partido Comunista da França no Executivo da Internacional Comunista; em 1924, contudo, foi expulso do Partido.

11. Alusão a um suplemento do *The Economist*, de 1º de novembro de 1930, dedicado ao primeiro plano quinquenal soviético. Gramsci dispunha desse suplemento na prisão e havia sido informado por Tatiana Schucht, em carta, de que seu autor era Mikhail S. Farbman, correspondente

de vários jornais ocidentais em Moscou durante os primeiros anos do regime soviético.

12. Gramsci publicara esse artigo de Trotski ("Professor Masaryk über Russland" [O professor Masaryk sobre a Rússia]), com uma introdução de sua autoria, inicialmente em *Il Grido del Popolo*, em 1918, e depois em *L'Ordine Nuovo*, 19 de junho de 1920.

13. Cf., supra, n. 27, parte I, 1. Deve-se observar que este primeiro parágrafo da presente nota é um texto A, retomado em supra, caderno 11, § 19.

14. Referência a uma passagem que o próprio Gramsci traduziu (na parte do caderno 7 dedicada a "exercícios de tradução"), com base numa antologia de textos de Marx publicada pela Editora Reclam, Leipzig, s.d. Embora atribuído a Marx na referida antologia, a passagem mencionada é na verdade extraída de um artigo de Engels, publicado na *Deutsche-Brusseler-Zeitung*, de 18 de novembro de 1847.

15. São conhecidas como *Teses de Roma* as "teses sobre a tática", escritas por Amadeo Bordiga e apresentadas no II Congresso Nacional do Partido Comunista da Itália (Roma, 20-24 de março de 1922). Por seu caráter extremamente sectário, elas foram combatidas na época até pela direção da Internacional Comunista.

16. A expressão (reproduzida por Gramsci em outras passagens) é recolhida da I Tese de Marx sobre Feuerbach, onde se lê: "[Em Feuerbach], a práxis é percebida e fixada apenas em sua forma de manifestação sordidamente judaica [*schmutzig jüdischen*]."

17. Em *A sagrada família*, não se encontra, exatamente, a fórmula mencionada por Gramsci. No prefácio, Marx e Engels falam em "humanismo real"; pouco antes, nos *Manuscritos econômico-filosóficos de 1844*, que Gramsci não conheceu, Marx considerava o comunismo como "humanismo positivo".

18. É interessante observar que o próprio Freud, que só leu Schopenhauer quando já havia elaborado a sua teoria, registrou essa aproximação entre o seu conceito de "libido" e a "Vontade" schopenhaueriana: "O alto grau em que a psicanálise coincide com a filosofia de Schopenhauer — ele não somente afirma o domínio das emoções e a suprema importância da sexualidade, mas também estava até mesmo cônscio do mecanismo

da repressão — não deve ser remetido à minha familiaridade com seus ensinamentos. Li Schopenhauer muito tarde em minha vida" (Sigmund Freud, "Um estudo autobiográfico" [1925], in Id., *Obras completas*, Rio de Janeiro, Imago, vol. XX, 1984, p. 75). É quase certo que Gramsci desconhecia essa declaração de Freud.

19. Com a expressão "eventos alemães", Gramsci se refere aqui à tomada do poder pelo nazismo na Alemanha, em 1933, e à consequente afirmação do racismo como ideologia oficial do novo regime.

20. Na *Filosofia do direito*, diz Hegel: "Essa [a economia política] é uma das ciências que surgiram na época moderna como seu terreno. O seu desenvolvimento mostra o aspecto interessante de como o *pensamento* (veja-se Smith, Say, Ricardo) descobre e extrai da multidão infinita de singularidades que, inicialmente, estão diante dele, os princípios simples da coisa, o entendimento que nela opera e rege" (G.W.F. Hegel, *A sociedade civil-burguesa*, trad. de M. L. Müller, Campinas, IFCH-UNICAMP, "Textos didáticos" 21, março de 1996, p. 21).

II. A FILOSOFIA DE BENEDETTO CROCE

1. Caderno 10

1. Cf., infra, no início do caderno 10, II, a nota "Alguns critérios metodológicos gerais", sem número de parágrafo.

2. Este parágrafo e os seguintes, numerados de 1° a 12°, constituem os respectivos sumários das notas que, com igual numeração (§§ 1 a 12), ocupam o restante da parte I do caderno 10, que se completa com as "Notas" que formam o § 13.

3. Trata-se da passagem que se inicia, depois dos colchetes, com as palavras "Sobre os 'resíduos' ou sobrevivências..." e que completa o item 11°, infra

4. Croce funda a revista *Critica* em 1903 e a mantém até sua morte, em 1952; nela publica grande parte dos seus trabalhos, muitas vezes depois recolhidos em livro.

5. Cf., infra, caderno 10, II, § 41.XIV.

6. Stenterello é uma máscara do teatro florentino, que representa o falso esperto. A contraposição entre Maquiavel e Stenterello já surge nos

escritos de juventude e se repete em muitas páginas dos *Cadernos* (cf., *inter alia*, caderno 9, §§ 25 e 27, ambos intitulados "Temas de cultura. O maquiavelismo de Stenterello", no vol. 3 desta edição). Uma quadra de Giuseppe Giusti está na origem desta constante referência gramsciana: "No fundo da cova / de Maquiavel / jazem os ossos / de Stenterello."

7. Com "modernismo", aqui como em outros lugares, Gramsci refere-se ao movimento de renovação progressista ocorrido no interior da Igreja Católica, no início do século XX, que buscava conciliar a fé com o progresso científico e com outras conquistas do mundo moderno. O movimento, definido como herético, foi duramente combatido pela cúpula da Igreja.

8. Cf., infra, caderno 6, § 107.

9. Em *L'Humanité* de 14 de março de 1922, Jacques Mesnil indicava a influência de Croce nas *Teses de Roma*, escritas por Amadeo Bordiga. Cf., supra, caderno 9, § 63.

10. Em francês no original.

11. A primeira edição de *Teoria e storia della storiografia* data de 1916.

12. Na *Storia dell'Italia* (Bári, Laterza, 1928), Croce denuncia "aquela impetuosa corrente de irracionalismo que, a partir da vida, insinuara-se na filosofia da época e a perturbava. Tão impetuosa que o diretor da *Critica* [ou seja, o próprio Croce] viu subitamente surgir a seu lado uma forma de idealismo irracionalista, por parte de um seu colaborador [Gentile]". Gramsci designa como "Storia e antistoria" o texto apresentado no VII Congresso Internacional de Filosofia de Oxford, em 1930, e recolhido depois em *Punti di orientamento della filosofia moderna. Antistoricismo*, Bári, Laterza, 1931. (Cf., infra, caderno 10, § 41.IX.) Como anti-historicismo, Croce designa todas as correntes discrepantes do liberalismo: o imperialismo e o nacionalismo, o socialismo marxista, a formulação gentiliana do "Estado ético", a reação católica e clerical, etc.

13. Ivanoe Bonomi, *Leonida Bissolati e il movimento socialista in Italia*, Milão, 1928; e Id., *Le vie nuove del socialismo*, Palermo, 1907. Tanto Bissolati quanto Bonomi foram expoentes do socialismo reformista. Expulsos do Partido Socialista em 1912, tiveram participação em vários

gabinetes antes do advento do fascismo. Bissolati morre em 1920, mas Bonomi volta a desempenhar funções públicas no segundo pós-guerra, presidindo o Senado de 1948 até sua morte, em 1952.

14. Benedetto Croce, *Storia d'Europa nel secolo decimonono,* 2ª ed., Bári, Laterza, 1932.

15. Croce ocupou alguns cargos públicos: senador em 1910 (na época, os senadores italianos eram nomeados pelo rei), foi ministro da Instrução Pública em 1920-1921, no último dos gabinetes Giolitti, período a que se refere a crítica gramsciana. Croce voltaria a ser ministro sem pasta em 1943-1944, já depois da queda de Mussolini.

16. Gramsci alude a uma nota publicada em *La città futura*, número único editado pela Federação Juvenil Socialista de Turim, em 11 de fevereiro de 1917, inteiramente editado e redigido por ele. A nota mencionada servia precisamente como introdução ao citado texto de Croce. Na verdade, porém, o problema aqui mencionado por Gramsci — isto é, o eventual papel da filosofia de Croce numa retomada do marxismo — não é abordado nessa nota juvenil. Registrando tal fato no aparato crítico alusivo a este apontamento carcerário, Gerratana (*QC*, p. 2.867) observa, contudo, que "a colocação desse problema podia estar implícita no 'tendencial crocianismo' de Gramsci naquele período".

17. Alusão à resenha de Croce (cf. *La Critica*, 20 de setembro de 1926, p. 289-291) do livro de René Fülop-Miller, *Geist und Gesicht des Bolsche vismus. Darstellung und Kritik des kulturellen Lebens in Sowiet-Russland* [*Espírito e face do bolchevismo. Apresentação e crítica da vida cultural na Rússia Soviética*], Viena, Amalthea Verlag, 1926.

18. Em francês no original

19. Cf., supra, n. 30, parte I, 1.

20. Ugo Spirito, que Gramsci menciona também em várias outras notas, era um gentiliano "de esquerda", que buscava interpretar a "economia corporativista" proposta pelo fascismo como uma forma de superação do capitalismo.

21. Cf., em particular, supra, caderno 11, §§ 46-49.

22. Cf., supra, caderno 10, I, § 11.

23. Cf., supra, n. 40, parte I, 1.

24. Cf., particularmente, a seção "Batalha crítica contra o materialismo francês", escrita por Marx e incluída no capítulo "Terceira campanha da Crítica Absoluta", in Marx-Engels, *A sagrada família. Crítica da crítica crítica*, Lisboa, Presença, s.d., p. 187 e ss.

25. Pronunciado em 24 de maio de 1929, o discurso de Croce, "La Conciliazione e la politica scolastica", foi depois recolhido em *Pagine sparse*, Nápoles, 1943.

26. Cf., supra, caderno 10, II, § 7.

27. Trata-se aqui, provavelmente, de uma referência específica ao artigo de Ugo Spirito, "Politica ed economia corporativa", publicado nos *Nuovi Studi di Diritto, Economia e Politica*, em janeiro-fevereiro de 1932. Nele, a propósito do conceito de "*homo oeconomicus*", Spirito polemiza com o ponto de vista liberal, representado por B. Croce, P. Jannacone e L. Einaudi.

28. Gramsci remete, na verdade, a um texto A do caderno 8, § 204. Esse texto foi reelaborado em supra, caderno 11, § 12.

29. Trata-se, na realidade, de duas polêmicas entrelaçadas. A primeira, nos *Nuovi Studi di Diritto, Economia e Politica*, em 1930, envolve o demógrafo e economista Rodolfo Benini, o liberal Luigi Einaudi e o corporativista Ugo Spirito. O objeto da polêmica é a afirmação inicial de Benini, segundo a qual "a repugnância que experimentam não poucos economistas para aceitar [...] o conceito de Estado como fator de produção" implica uma separação injustificada entre *homo oeconomicus* e *civis*, entre sujeito econômico e sujeito político. Einaudi, numa carta aberta, responde a Benini, o que motiva uma intervenção de Spirito. A segunda polêmica ocorre nas páginas da einaudiana *Riforma Sociale*, em 1931, entre o próprio Einaudi e Benini.

30. Cf., supra, caderno 11, § 48.

31. A afirmação engelsiana está no prefácio de 1894 ao Livro III de *O Capital*: "Não é mister grande esforço de inteligência para perceber que essa explicação 'econômica vulgar' do lucro do capital leva praticamente aos mesmos resultados a que chega a teoria da mais-valia de Marx: na concepção de Lexis, os trabalhadores estão exatamente na mesma 'situação

desfavorável'; são do mesmo modo depenados, pois o não trabalhador pode vender acima do preço, mas o trabalhador não. É possível construir na base dessa teoria um socialismo vulgar pelo menos tão plausível quanto o que se constituiu na Inglaterra, fundamentado na teoria do valor de uso e da utilidade marginal de Jevons-Menger. Chego a pensar mesmo que, se George Bernard Shaw conhecesse bem essa teoria do lucro, seria capaz de agarrá-la com ambas as mãos, despedir-se de Jevons e de Karl Menger e reerguer sobre essa rocha a igreja fabiana do futuro" (in K. Marx, *O Capital*, Livro III, ed. cit., p. 12).

32. Temos aqui o único caso de um texto A presente em um caderno especial. Gramsci retoma esse texto em supra, caderno 11, § 12.

33. Cf., supra, caderno 10, I, § 1.

34. Num trecho da *Storia d'Europa,* Croce menciona o caráter dessacralizador do regicídio de Carlos I, na Inglaterra, e de Luis XVI, na França, em relação à teoria da origem divina da monarquia. Ugo D'Andrea, na *Critica Fascista* de 1º de maio de 1932, pergunta: "Será que Croce não percebe o mal de afirmações desse tipo, lançadas do alto de sua cátedra de filósofo e de escritor?"

35. Publicado em 1926, o livro de Guido Miglioli, *Una storia e un'idea*, baseia-se em documentos recolhidos pelo autor, conhecido dirigente de organizações camponesas católicas, durante uma viagem de estudos à União Soviética. Cf. caderno 5, § 6, no vol. 2 desta edição.

36. No léxico gramsciano, "neomalthusianismo político" é um termo que se esclarece num artigo publicado em *L'Ordine Nuovo*, em setembro de 1921, onde Gramsci diz: "O neomalthusianismo aplicado à política também pode ter, enfim, seus teorizadores na Itália. Aliás, a Itália pode ser considerada o berço dessa outra espécie de neomalthusianismo. Dar início a uma ação, a um movimento, e impedir-lhe os efeitos, as consequências, é neomalthusianismo." A alusão a Francesco Guicciardini, escritor florentino contemporâneo de Maquiavel, é igualmente muito significativa: a "*virtu*" guicciardiniana, ao contrário da de Maquiavel, é uma capacidade meramente reativa e se dobra, de modo inevitável, "à esmagadora força da '*fortuna*'". Por isso, Gramsci aproxima Guicciardini — que, por considerar impossível modificar efetivamente a estrutura

do mundo, defende o *"particulare"*, o homem privado — do tema cristão da salvação da própria alma, embora o pensamento de Guicciardini se vincule ao humanismo. O "homem de Guicciardini" — título de um ensaio do crítico literário Francesco De Sanctis (1817-1883), um liberal de formação hegeliana e ativo participante na vida política — sempre aparece em Gramsci com essa conotação de ceticismo e pessimismo a respeito das possibilidades da ação política.

37. Referência ao manual soviético de economia política de I. Lapidus e K. Ostrovitianov, que Gramsci conheceu em edição francesa: *Précis d' économie politique* (*L'économie politique et la théorie de l'économie soviétique*), Paris, Editions Sociales Internationales, 1929. Ele volta a falar desse livro em infra, caderno 10, II, § 37.II.

38. Alusão à "emulação socialista" entre os trabalhadores soviéticos, também conhecida, na época de Stalin, como "stakhanovismo", do nome de um trabalhador soviético (Stakhanov) que teria superado amplamente todas as metas de produção fixadas no primeiro Plano Quinquenal.

39. Em francês no original.

40. A referência é às *Teorias da mais-valia*, de Marx, também conhecidas como o Livro IV de *O Capital*. Na edição francesa que Gramsci conhecia (Paris, Costes, 1924-25), o livro se chama *Histoire des doctrines économiques*.

41. Sobre Maffeo Pantaleoni, cf., infra, caderno 10, II, § 30.

42. Para um juízo sobre o livro de Alfredo Oriani, *La lotta politica in Italia: origini della lotta attuale*, publicado em 1892 e valorizado somente muito tempo depois pelos nacionalistas e fascistas, cf. caderno 8, § 165, no vol. 6 desta edição.

43. A primeira parte do manual de Pantaleoni, "Teoria della utilità", define a atividade econômica, em termos utilitaristas, como fuga da dor e busca do prazer.

44. Essa crítica a Croce e à sua abordagem "filosófica" da economia se encontra em várias outras passagens dos *Cadernos*: cf., por exemplo, infra, caderno 10, II, § 41.VI.

45. "Sob esse aspecto (ou seja, restringindo a afirmação à doutrina da consciência), poder-se-ia falar, com Labriola, de um materialismo histórico como 'filosofia da práxis', ou seja, como um modo particular de conceber e resolver, ou, melhor, de superar o problema do pensamento e do ser" (B. Croce, *Materialismo storico ed economia marxistica*, 4ª ed., Bári, Laterza, 1921, p. 109; a edição original é de 1900).

46. No ensaio "Le teorie storiche del Prof. Loria", incluído em *Materialismo storico ed economia marxistica* (Laterza, Roma-Bári, 1973, p. 31), Croce observa: "Rigorosamente, a teoria proposta por Ricardo e aperfeiçoada por Marx não é uma teoria geral do valor, ou seja, não é precisamente uma teoria do valor. Essa teoria do valor, ao contrário, é o tema da escola hedonista ou austríaca. O que é, pois, a concepção do valor em *O Capital* de Marx? É a determinação daquela formação particular de valor que tem lugar numa dada sociedade (capitalista), *na medida em que diverge* da que se daria numa dada sociedade hipotética e *típica*. É, em suma, *a comparação entre dois valores particulares*. Esta *comparação elíptica* constitui uma das principais dificuldades para a compreensão da obra de Marx". Logo abaixo, Gramsci se refere a outro ensaio de Croce incluído em *Materialismo storico*, intitulado, precisamente, "Uma objeção à lei marxista da queda tendencial da taxa de lucro" (ed. cit., p. 139-150).

47. A primeira edição deste livro de Pantaleoni é de 1889. É provável, porém, que Gramsci tenha tido acesso à edição de 1931. Cf., supra, caderno 10, II, § 30.

48. Trata-se da carta de Luigi Einaudi já mencionada em outros locais. Cf., supra, caderno 10, II, § 20.

49. Gramsci refere-se aqui à "Parte Quarta" ("A produção de mais-valia relativa") de *O Capital* (ed. cit., Livro 1, p. 359 e ss.)

50. O primeiro livro citado é o de Fritz Sternberg, *Der Imperialismus*, Berlim, 1926. Enrico De Negri, um dos adeptos do "corporativismo integral" defendido pela revista de Ugo Spirito, *Nuovi studi*, dele se ocupa em "Recenti studi tedeschi sul marxismo", publicado em janeiro de 1928. A obra de Henryk Grossmann, citada em seguida, chama-se *Das Akkumulations- und Zusammenbruchsgesetz des kapitalistischen Systems* [*A lei da acumulação e do colapso do sistema capitalista*]. Sobre

Grossmann, importante economista ligado àEscola de Frankfurt, cf. também, infra, caderno 7, § 41.

51. Gramsci refere-se particularmente aos capítulos XVII e XVIII, "Il materialismo storico e il risveglio della storiografia filosofica" e "La storiografia economico-giuridica come derivazione del materialismo storico", in B. Croce, *Storia della storiografia italiana nel secolo decimonono*, Bári, Laterza, 1921.

52. Gramsci toma conhecimento da nova edição crítica das obras de Marx e Engels, organizada por D. Riazanov, através de um comentário de Croce na *Critica*, nº 6, 1930.

53. Com a sigla *MSEM*, Gramsci se refere, aqui e em seguida, ao livro de B. Croce, *Materialismo storico ed economia marxistica*.

54. Antes da prisão, Gramsci tinha os oito volumes das *Theorien über den Mehrwert*: K. Marx, *Histoire des doctrines économiques*, editada por K. Kautsky e traduzida por J. Molitor, Paris, Costes, 1924-25. Essa obra póstuma de Marx foi publicada em alemão entre 1905 e 1910.

55. Cf., supra, caderno 10, II, § 18.

56. A *Riforma Sociale* era a revista de Luigi Einaudi e de sua corrente de economistas liberais.

57. Essa referência à *Sagrada família* de Marx e Engels, retomada em seguida em infra, caderno 10, § 46, é na verdade pouco clara e dificilmente identificável. Talvez se trate de uma interpretação pessoal do segundo parágrafo ("O mistério da construção especulativa") do capítulo V do livro.

58. Em 1919, o padre siciliano Luigi Sturzo funda o Partido Popular. Suprimido em 1926 pelo fascismo, o Partido Popular é o antecessor da Democracia Cristã do segundo pós-guerra. Na recente reestruturação do sistema partidário italiano, uma ala da extinta Democracia Cristã voltou a adotar o nome de Partido Popular Italiano.

59. Cf., supra, n. 48, parte I, 1.

60. Citado repetidas vezes não só nos cadernos 10 e 11, mas também em outros cadernos, Mario Missiroli (1886-1974), que às vezes se assinava

"Spectator", foi jornalista e comentarista político extremamente ativo. Editor de vários jornais italianos, passa de uma posição inicial favorável ao liberalismo e ao sindicalismo à de simpatizante do fascismo. Cf. caderno 5, § 126, no vol. 2 da presente edição.

61. Cf., supra, caderno 10, II, § 11.

62. Em Georges Sorel (1847-1922), pensador socialista mas não marxista, o conceito de "bloco histórico" — reiteradamente empregado por Gramsci, embora num sentido bastante diverso daquele soreliano — está ligado ao de "mito". Com efeito, pode-se ler na "Introdução" ao mais famoso livro de Sorel, *Reflexões sobre a violência* (Petrópolis, Vozes, 1993): "Os homens que participam dos grandes movimentos sociais representam suas futuras ações, para si mesmos, sob a forma de imagens de batalha, para assegurar o triunfo de sua causa. Propus chamar de 'mitos' essas construções, cujo conhecimento tem uma importância tão grande na história: a greve geral dos sindicalistas e a revolução catastrófica de Marx são mitos. Como exemplos notáveis de mitos, dei aqueles construídos pelo cristianismo primitivo, pela Reforma, pela Revolução, pelos mazzinianos; o que queria mostrar é que não é preciso tentar analisar um tal sistema de imagens do mesmo modo que um objeto se decompõe em seus elementos, *mas que é preciso tomá-los em bloco como forças históricas.*"

63. Cf., infra, caderno 10, II, § 41.XIII.

64. Sobre o neoguelfismo, ou seja, a corrente liberal moderada de Vincenzo Gioberti, cf. caderno 19, § 3, no volume 5 da presente edição.

65. Pio X, cujo pontificado se estende de 1903 a 1914, condena o modernismo religioso com o decreto *Lamentabili* e com a encíclica *Pascendi dominici gregis*, ambos de 1907.

66. Sobre o discurso de Paolo Orano e a polêmica contra os gentilianos em geral, cf. caderno 6, § 82, no volume 3 desta edição.

67. Cf., supra, caderno 10, II, § 28.II.

68. "Marx, como sociólogo, não nos deu, certamente, definições sutilmente elaboradas da 'sociabilidade', tal como podem ser encontradas nos livros de alguns sociólogos contemporâneos [...]; mas ele nos ensina, apesar

de suas proposições aproximativas no conteúdo e paradoxais na forma, a penetrar naquilo que é a sociedade em sua realidade efetiva. Aliás, sobre isso, surpreende-me que ninguém tenha pensado até agora em chamá-lo, a título de honra, de o 'Maquiavel' do proletariado" (B. Croce, *Materialismo storico ed economia marxistica*, cit., p. 112).

69. Cf., supra, caderno 10, II, § 34, onde o mesmo texto é citado mais amplamente e sem a substituição, operada aqui por Gramsci, de "materialismo histórico" por "filosofia da práxis". Algumas linhas acima, quando Gramsci afirma que, para Croce, "a filosofia da práxis era apenas uma maneira de dizer", a sua afirmação se tornaria mais clara se a expressão usada fosse "materialismo histórico".

70. Na terminologia das ciências sociais na Itália, há uma sensível distinção entre "liberismo" (a defesa da liberdade econômica ou de mercado) e "liberalismo" (a afirmação dos valores do liberalismo político). Foi precisamente Croce, num texto publicado em 1928 e intitulado "Liberalismo e liberismo", um dos principais responsáveis pelo fortalecimento dessa distinção (cf. B. Croce e L. Einaudi, *Liberismo e liberalismo*, Nápoles, Ricciardi, 1957, p. 59 e ss.). Na presente nota, Gramsci parece registrar essa distinção terminológica.

71. Cf. caderno 16, § 20, no vol. 4 da presente edição.

72. Sobre o "homem de Guicciardini", cf., supra, n. 36, parte II, 1.

73. Neste parágrafo, são textos B os itens VIII, IX, XV e XVI.

74. Para um comentário geral sobre o pragmatismo, cf., supra, caderno 17, § 22.

75. Cf. caderno 6, § 42, no vol. 6 da presente edição. Em ambos os textos, porém, Gramsci supõe erradamente que Arrigo Cajumi e o Cavaleiro Enrico Cajumi eram a mesma pessoa.

76. Cf., supra, caderno 10, II, § 40.

77. A frase em itálico, entre parênteses, é de Gramsci. O modernista francês Alfred Loisy, historiador das religiões e estudioso da Bíblia, foi excomungado em 1908. A posição de Croce diante do modernismo, expressa na entrevista mencionada um pouco acima, pode ser assim resumida: somente em poucos casos o movimento modernista refletiria

a genuína perplexidade de espíritos divididos entre a fé e o pensamento. Seria expressão de diletantes e desocupados sem escrúpulos, em luta por poder dentro da Igreja. Ao condenar os modernistas, a Igreja estaria simplesmente livrando-se de gente indigna de confiança. Ao mesmo tempo, Croce supõe que a Igreja Católica está sendo corroída pelo mundo moderno (não pelo modernismo) e, desse modo, condenada a se tornar, aos poucos, tal como o paganismo em seus últimos tempos, uma mera superstição popular.

78. Roberto Forges Davanzati (1880-1936), sindicalista convertido ao nacionalismo e ao fascismo, tornou-se membro do Grande Conselho Fascista.

79. Guglielmo Ferrero, cuja obra de historiador sublinha o fator econômico de modo determinista e positivista, é alvo polêmico de Gramsci desde 1918. Sobre G. Ferrero e suas relações com o "lorianismo", cf. caderno 28, § 12, no vol. 2 da presente edição.

80. Trata-se de uma troca de cartas entre o proprietário da FIAT, Giovanni Agnelli, e o economista liberal, Luigi Einaudi, que tem por objeto a proposta de Agnelli no sentido de reduzir o horário de trabalho a fim de evitar o desemprego decorrente do progresso técnico. Nessa troca de cartas, o liberal Einaudi afirma que "a máxima vantagem foi obtida quando a redução das horas de trabalho e o simultâneo aumento do salário se deram gradualmente, de modo que os operários não foram beneficiados por ócio e pagamentos excessivos".

81. Em *Contributo alla critica di me stesso* (Bári, Laterza, 1926, p. 329), Croce afirma a respeito de seu período de estudos marxistas: "O contato com a literatura marxista e o acompanhamento das revistas e jornais socialistas alemães e italianos, a que me dediquei por algum tempo com íntima disposição, abalaram-me inteiramente e suscitaram em mim, pela primeira vez, um traço de paixão política [...]. Naquele fogo, deixei também queimar meu moralismo abstrato e aprendi que o curso da história tem o direito de arrastar e esmagar os indivíduos."

82. Francesco Coppola (1878-1953) foi um dos fundadores da Associação Nacionalista Italiana, que em 1923 fundiu-se com o Partido Fascista. Junto com Alfredo Rocco, esteve à frente da revista *Politica*, que editou de 1919 até 1943. Em infra, caderno 6, § 107, Gramsci mostra-se

perplexo com o fato de Guido De Ruggiero (1888-1948) — um liberal antimarxista muito próximo política e filosoficamente de Croce — ter colaborado com a revista de Coppola e Rocco.

83. Cf. caderno 19, § 24, no vol. 5 desta edição. Mas o papel conservador de Croce e Fortunato já havia sido abordado por Gramsci em seu famoso ensaio pré-carcerário "Alguns temas da questão meridional" (cf. A. Gramsci, *A questão meridional*, cit., p. 135 e ss.)

84. Também aqui, Gramsci alude ao famoso "Prefácio" de Marx à *Contribuição à crítica da economia política*: "Na produção social de sua vida, os homens contraem determinadas relações necessárias e independentes de sua vontade, relações de produção, que correspondem a uma determinada fase de desenvolvimento das suas forças produtivas materiais. O conjunto dessas relações forma a estrutura econômica da sociedade" (ed. cit., p. 334).

85. Neste parágrafo, os itens I, II e III são textos B.

86. No posfácio à segunda edição de *O Capital*, Marx afirma: "A mistificação por que passara a dialética nas mãos de Hegel não o impediu de ser o primeiro a apresentar suas formas gerais de movimento, de maneira ampla e consciente. Em Hegel, a dialética está de cabeça para baixo. É necessário pô-la de cabeça para cima, a fim de descobrir [sua] substância material dentro do invólucro místico" (ed. cit., Livro 1, p. 29). A ideia de Hegel segundo a qual a Revolução Francesa transformara o pensamento e a noção de direito em fundamento da realidade está em suas *Lições sobre a filosofia da história*; ela chega a Gramsci, provavelmente, através de uma direta referência de Engels em "Do socialismo utópico ao socialismo científico" (Marx-Engels, *Obras escolhidas*, cit., vol. 3, p. 305).

87. É importante registrar que, nesta remissão ao caderno 11, Gramsci lhe dá um título, "Introdução ao estudo da filosofia", o que não fizera no próprio caderno. Foi precisamente este o título adotado na edição Gerratana, retomado em nossa presente edição. Por outro lado, a remissão, no caderno 10, a um parágrafo do caderno 11 revela que este último foi o primeiro dos dois a ser concluído, o que justifica em parte a ordem de apresentação adotada em nossa edição.

2. Dos cadernos miscelâneos

1. Croce refere-se a Emil Ludwig (1881-1948), popular autor de biografias de grandes personalidades, como Goethe, Napoleão e Stalin. Gramsci conhece e cita o seu livro sobre Guilherme II. Cf. caderno 19, § 28, no vol. 5 da presente edição.

2. O texto de Croce para o VII Congresso de Filosofia de Oxford está publicado, com o título "Antistoricismo", no mesmo número da *Critica* que traz o comentário sobre Emil Ludwig.

3. Cf., supra, caderno 10, II, § 20.

4. Giovanni Giolitti (1842-1928), muitas vezes mencionado por Gramsci, foi primeiro-ministro da Itália, quase sem interrupções, entre 1903 e 1913, favorecendo uma política industrialista e de pequenas concessões aos trabalhadores fabris. Retorna à cena política em 1919, voltando a ser primeiro-ministro em 1920-1921. Giolitti subestima, como se depreende da crítica de Gramsci, a ameaça fascista, acreditando poder domesticá-la nos quadros do Estado liberal. Depois do assassinato do deputado Giacomo Mateotti, em 1924, Giolitti colocou-se em clara oposição ao governo mussoliniano.

5. Cf., supra, caderno 6, § 107.

6. Gramsci alude ao discurso proferido por Gentile em Palermo, em 31 de março de 1924, no qual ele declara: "Toda força é força moral, já que interpela sempre a vontade; e seja qual for o argumento usado, da oratória ao porrete, sua eficácia só pode ser aquela que, em última instância, estimula interiormente o homem e o leva a consentir." Essa posição de Gentile foi definida como "filosofia do porrete".

7. Antonio Graziadei (1873-1953), ao qual Gramsci se refere também em outras passagens dos *Cadernos*, foi deputado e dirigente do Partido Socialista Italiano. Publicou vários trabalhos de economia, nos quais propunha explicitamente uma "revisão" das teorias de Marx. Apesar disso, foi um dos fundadores, em 1921, do Partido Comunista da Itália. No PCI, colocou-se em aberta oposição tanto à direção de Bordiga quanto àquela de Gramsci, sendo — juntamente com Angelo Tasca — um dos principais líderes da chamada "fração de direita". Em 1928, foi expulso do PCI.

8. A opinião de Graziadei, publicada no *Viandante* de 12 de dezembro de 1909, era a seguinte: "Não creio de modo algum que a participação dos representantes dos socialistas no governo se choque, em princípio, com o espírito e os méritos da luta de classes. A luta de classes e a cooperação de classes não são termos absolutamente incompatíveis entre si, um dos quais deva sempre, em qualquer terreno, excluir o outro. São, antes, termos complementares."

9. Os personagens evocados são todos cientistas sociais de orientação "progressista", mas que, em função do seu extremado positivismo biologista, terminaram por estimular objetivamente posições racistas: os juristas e criminologistas Enrico Ferri (1856-1929) e Alfredo Niceforo (1876-1960), o psiquiatra e antropólogo criminal Cesare Lombroso (1835-1909), o antropólogo Giuseppe Sergi (1841-1936). Na trilha desse positivismo, o socialista reformista Camillo Prampolini, de Reggio Emilia (cidade situada no Norte da Itália), chegou a afirmar que "a Itália se divide entre *nordici* (nortistas) e *sudici*" (cf., sobre isso, A. Gramsci, "Alguns temas da questão meridional", cit., p. 153). Na sequência de sua crítica a Graziadei, Gramsci reage contra esse trocadilho racista, difundido até hoje na Itália do Norte, feito com o uso equívoco da palavra *Sud* (Sul). "*Sudici*" poderia parecer "sulistas", mas na verdade quer dizer "sujos", "fedorentos", etc. "Sulista", em italiano, é "*meridionale*".

10. Nos *Cadernos*, Gramsci não mais pôde rever a obra de Grossmann. Há apenas uma rápida e segunda menção ao seu livro em supra, caderno 10, II, § 33.

11. Trata-se da recorrente acusação dos teóricos do corporativismo, agrupados em torno de Gentile, contra o liberalismo econômico, cujo método seria "abstrato" e "separado da vida". O livro de Ugo Spirito — que, como Gramsci menciona a seguir, será criticado pelo liberal Pasquale Jannaccone em *Riforma Sociale*, a revista de Luigi Einaudi, em dezembro de 1930 — chama-se precisamente *La critica della economia liberale* (Milão, Treves, 1930).

12. Luigi Einaudi, *Saggi*, Turim, La Riforma Sociale, 1933.

13. Charles-Augustin Sainte-Beuve, *P.-J. Proudhon, sa vie et sa correspondance*, Paris, 1872.

ÍNDICE ONOMÁSTICO

Adler, Alfred, 465
Adler, Max, 221, 463
Agnelli, Giovanni, 384, 417, 478
Agosti, Héctor P., 36
Alberti, Leon Battista, 308
Andler, Charles, 89, 213-214, 385, 456
Angeli, Diego, 156-157
Ardan, Michel, 224
Ardigò, Roberto, 87, 133-134, 235
Arias, Gino, 446
Aristóteles, 140
Ascoli, G. I., 79
Aveling, Edward, 356

Babelon, André, 236
Baggesen, Jens, 190
Baratono, Adelchi, 90
Barbagallo, Corrado, 91, 92, 288, 312
Barbaro, Umberto, 220
Barbera, Mario, 210
Barrès, Maurice, 249, 310
Bauer, Otto, 154, 190, 226, 461
Benda, Julien, 374, 404
Bendiscioli, M., 337
Benedetto, Donatella di, 31
Benini, Rodolfo, 187, 330, 349, 471
Bergson, Henri, 231, 235
Bernheim, E., 240, 466
Bernstein, Edward, 213-214, 281, 287, 314
Berth, Edouard, 465
Bertoni, Giulio 146
Bismarck, Otto von, 249
Bissolati, Leonida, 288, 426, 469-470
Bloch, Joseph, 459
Boffito, G., 140
Bonaparte, Napoleão, 156-157, 388, 397, 428, 431, 451, 480
Bonomi, Ivanoe, 288, 426, 469-470
Bontempelli, Massimo, 245
Borchardt, Julian, 356
Bordiga, Amadeo, 23, 51, 466-467, 469
Borgese, Giuseppe A., 170-171, 173, 224, 462
Borghese, Lucia, 29
Botero, Giovanni, 335-336, 372, 386
Bottai, Giuseppe, 243
Bourget, Paul, 209, 267
Brandes, G. M. C., 235
Bréal, Michel, 146, 460
Bresciani, Antonio, 11, 79-80
Brucculeri, Angelo, 222
Bruers, Antônio, 119-120
Bruno, Giordano, 155, 158, 199, 441
Brunschvicg, Léon, 117
Bukharin, Nikolai, 16, 25, 63-64
Buonajuti, Ernesto, 376
Buttigieg, Joseph A., 9, 30, 40, 45

Cafiero, Carlo,356
Cajumi, Arrigo, 402-403, 477
Cajumi, Enrico, 403, 477
Calderoni, M., 272
Calogero, Guido, 284, 314, 441
Camis, Mario, 171-173, 184
Cammett, J.M., 8
Cannan, Edwin, 336
Cantillon, Richard, 335-336, 340
Capasso, Aldo, 406, 408
Caprioglio, Sergio, 23
Caramella, Santino, 266
Carducci, Giosue, 189, 191, 306, 395
Carlini, Armando, 265
Casotti, Mario, 137
Castellano, Giovanni, 287, 289, 311, 426
Cattaneo, Carlo, 88, 447
Cavour, conde de, 395
Cesarò, duque de, 159
Chamberlain, A. N., 274
Chesterton, G. K., 248
Chiappelli, Alessandro, 88
Chiocchetti, Emilio, 89, 291, 369
Ciasca, Raffaele, 430
Ciccotti, Ettore, 90, 91
Clemenceau, Georges, 216, 363, 373, 393-395
Comte, Auguste, 242
Condillac, Etienne Bonot de, 209
Consiglio, Franco, 40
Constant, Benjamin, 134
Coppola, Francesco, 423, 439-440, 479
Cosmo, Umberto, 13, 49, 71
Coutinho, Carlos Nelson, 10, 15, 31, 33, 35, 43
Crémieux, Benjamin, 289
Croce, Benedetto, 14-15, 23-25, 36, 51, 277, 279, 311, 327, 426, 435, 455, 457, 468, 470
Cuoco, Vicenzo, 282, 293, 395
Cuvier, Georges, 338

D'Ambrosio, Renato, 389
D'Amelio, Mariano, 378
D'Andrea, Ugo, 332, 472
D'Annunzio, Gabriele, 155, 213, 369
Dante, Alighieri, 13, 90
Dantzig, Tobias, 180
Davanzati, Roberto Forges, 409-410, 478
De Bernardi, Mario, 90, 335
De Lollis, Cesare, 403
De Man, Henri, 149-150, 209, 212, 218-224, 226, 242-243, 284, 288, 306, 336, 426, 461, 461, 465
De Negri, Enrico, 474
De Pietri-Tonelli, Alfonso, 234
De Ruggiero, Guido, 90-91, 134, 220, 270, 336, 345-346, 364, 389, 439, 479
De Sanctis, Francesco, 191, 282, 360, 395, 473
Deborin, A. M., 462
Delbos, Victor, 88
Descoqs, Pedro, 268
Destutt de Tracy, Antoine, 209
Deville, Gabriel, 356-357
Diderot, Denis, 140, 236
Dimítrov, G., 21, 22, 25
Domingos, São, 102
Dorso, Guido, 364
Dostoiévski, F. M., 250
Dreyfus, Alfred, 309
Driesch, Hans, 337
Dumas, Alexandre, 435

Eddington, A. S., 169-170, 224, 462
Einaudi, Luigi, 9, 23-25, 27, 32-33, 187-189, 288, 326, 328-330, 335-336, 348-349, 360-361, 417-418, 438, 443, 447-449, 456, 463, 471, 474-475, 477-478, 481
Einstein, Albert, 144
Ekehorn, Gösta, 171-172
Engels, Friedrich, 25, 59, 134, 136-137, 140, 147, 164, 167-168, 181-182, 190, 231, 237, 253, 262, 312, 320, 330, 343, 459-464, 467, 471, 475, 479
Erasmo de Roterdã, 295, 364-365, 375

Fabietti, Ettore, 356
Fanelli, G. A., 377, 446
Farbman, Mikhail S., 467
Fausti, Luciano, 18
Feiler, Arthur, 345
Ferrabino, Aldo, 282, 292
Ferrara, Francesco, 324-325, 330, 452
Ferrari, Giuseppe, 88, 272
Ferrero, Guglielmo, 91, 411, 478
Ferri, Franco, 9-10, 27, 31-35, 445, 481
Feuerbach, Ludwig, 122, 130, 190, 235, 245, 266, 320, 341-344, 372, 459, 464, 467
Fichte, Johann Gottlieb, 190, 232, 270, 400
Fiorani, Mario, 32
Flora, Francesco, 311
Ford, Henry, 172, 219, 243, 353, 383, 443
Fortunato, Giustino, 281, 359, 423-424, 479
Foscolo, Ugo, 79
Francioni, Gianni, 28-31, 38
Francisco José I, imperador da Áustria, 465
Francisco, de Assis, são, 102
Freud, Sigmund, 209, 231, 243, 267, 273, 336, 465, 467-468
Freund, Michael, 271
Frosini, Fabio, 40, 46
Fubini, Elsa, 23
Füllop-Miller, René, 312
Fustel de Coulanges, Numa-Denis, 297

Galileu, 289, 368
Galliffet, Gaston, 271
Gazzaneo, Luiz Mário, 33, 45
Gemelli, Agostino, 282
Gentile, Giovanni, 86-87, 89-90, 92, 117-120, 166, 183, 189, 191, 199, 208, 232, 265, 270, 273, 290-291, 307, 312, 320, 322-323, 332, 360, 366, 368-370, 375-278, 387-388, 410, 426, 438, 440-441, 446-447, 455-457, 459, 469, 480-481
Gerratana, Valentino, 9-11, 14-15, 18, 22, 26-31, 36, 38-43, 46, 456, 470, 479
Gide, André, 382
Gigli, Lorenzo, 273
Gioberti, Vincenzo, 268, 270-271, 293, 388, 395-397, 399, 446, 451, 476
Giolitti, Giovanni, 311, 366, 375, 423, 439, 470, 480
Giordani, Pietro, 156-157
Giretti, Edoardo, 443
Giuliano, Balbino, 232, 446
Giulietti, Giuseppe, 114, 457
Giusti, Giuseppe, 119, 469

Gobetti, Piero, 55, 235, 361-362, 364, 424
Gobineau, conde de, 273-274
Goethe, Johann Wolfgang, 9, 137, 169, 208, 248, 253-256, 301, 435, 480
Gouhier, Henri, 117
Govi, Mario, 178-179
Granata, Giorgio, 410
Graziadei, Antonio, 57, 244, 358, 442-445, 466, 480-481
Grimm, Irmãos, 9, 29, 236
Groethuysen, Bernard, 108, 457
Grossmann, Henryk, 351, 445-446, 474-475, 481
Gualino, Riccardo, 403
Guicciardini, Francesco, 395, 437, 472, 477
Guilherme II, imperador da Alemanha, 480
Guizot, François, 273, 447

Halévy, Daniel, 215-216
Hauser, Henri, 447
Hegel, Georg Wilhelm Friedrich, 85, 88-89, 159, 181, 189-191, 199, 205, 214, 232, 262, 265-268, 270, 272, 275, 283, 302, 314-315, 319-320, 338, 344, 365, 385, 387-388, 410, 427-428, 446, 456, 458, 465, 468, 479
Heine, Heinrich, 189
Helvétius, Claude-Adrien, 209
Herr, Lucien, 88-89, 262
Hitler, Adolf, 461

James, William, 231, 242, 271-272
Jannaccone, Pasquale, 481
Jaurès, Jean, 394
Jemolo, A. C., 346
Jodl, Federico, 269-270
Joyce, James, 231
Jullian, Camille, 274

Kant, Immanuel, 169, 189-192, 202-203, 270, 283, 306, 362
Kautsky, Karl, 356-357, 475
Konder, Leandro, 33, 35, 45
Korff, H. A., 253
Krupskaia, Nadejda, 464

Labanca, Baldassare, 180
Labriola, Antonio, 85-90, 130, 159, 225-227, 252, 284, 287, 313, 342, 427, 455, 474
Lange, F.A., 129-130, 370, 389
Lapidus, I., 356-357, 473
Laurat, Lucien, 351
Lavoisier, Antoine-Laurent, 207, 464
Lenin, (Ulianov, Vladmir Ilitch), 25, 51, 53, 55-56, 59, 63, 462-464
Léon, Xavier, 88
Leopardi, Giacomo, 406-407
Leopoldo II, grão-duque da Toscana, 461
Levi, Alessandro, 87, 88
Liberatore, Matteo, 179
Liguori, Guido, 8, 25, 30, 46
Lippert, Pietro, 337
List, Friedrich, 447
Livio, Tito, 199
Locke, John, 270
Loisy, Alfred, 182, 376, 404, 463, 477
Lombroso, Cesare, 445, 481
Loria, Achile, 139, 158-160, 187, 308, 328, 360-361, 459-461, 474
Lovecchio, Antonino, 90
Ludwig, Emil, 435-436, 459

Luís Filipe, rei dos franceses, 273
Luís XVI, rei da França, 274
Lukács, Georg, 168, 462
Lutero, Martinho, 364-365
Luxemburg, Rosa, 211, 226, 462, 464

Macaulay, Thomas, 125, 183, 459
Maccari, Mino, 323
Madame d'Epinay, 236
Maeterlinck, Maurice, 219
Manacorda, Gastone, 27
Manuílski, D. Z., 19-20
Manzoni, Alessandro, 79, 201, 209, 289, 463
Maquiavel, Nicolau, 16-17, 24, 32-35, 66, 79-80, 89, 92, 199, 286, 371-372, 386, 432, 437, 469, 472, 477
Marchesini, G., 133, 235
Marinetti, Filippo Tommaso, 245
Marquardt, Joachim, 92
Marshall, Alfred, 454
Marx, Karl, 9-10,16, 38, 48, 50, 52, 59, 70, 90, 119, 155, 187, 191, 213-214, 226, 232, 235, 239-240, 242, 244, 256, 291-292, 312, 341-342, 351, 369, 392, 394, 410, 427, 456-467, 471-476, 479-480
Masaryk, Tomás, 250-251, 346, 467
Masi, Ernesto, 332
Masoero, Arturo, 242-243
Mateotti, Giacomo, 457, 480
Mattalia, Daniele, 395
Mazzini, Giuseppe, 90, 127, 400
Mesnil, Jacques, 287, 469
Michels, Robert, 149, 153, 214, 465
Miglioli, Guido, 472
Mignet, François, 273, 447
Milano, Paolo, 220-221
Mill, John Stuart, 187
Mirski, D. S., 106, 114, 457
Missiroli, Mario, 133, 177, 212-213, 216, 224-225, 232, 235, 321, 323, 364, 367-368, 375-377, 394, 463, 476
Mommsen, Theodor, 92
Mondolfo, Rodolfo, 87, 90
Mussolini, Benito, 57, 62, 64, 71, 456, 470

Napoleão III, 156, 451
Napoleão, Carlota, 156
Nasti, Agostino, 410
Negro, Luigi, 443
Niceforo, Alfredo, 445, 481
Nitti, Francesco Saverio, 423
Nizan, Paul, 410
Nogueira, Marco Aurélio, 31, 45

Oberdan, Guglielmo, 217, 465
Olgiati, Francesco, 244, 265, 270, 291, 369
Omodeo, Adolfo, 182, 376, 404, 463
Openheimer, Franz, 351
Orano, Paolo, 377, 447, 476
Oriani, Alfredo, 339, 364, 473
Orlando, Vittorio Emmanuele, 423
Ostrovitianov, K., 356-357, 473

Palhoriès, F., 446
Pantaleoni, Maffeo, 337, 340, 347, 473-474
Papini, Giovanni, 282, 292, 443
Pareto, Vilfredo, 146, 183, 188, 460
Pavolini, Corrado, 323
Pellizzi, Camillo, 323-325
Peternolli, Ernesto, 337

Petty, William, 335
Pio X, 404, 476
Pirandello, Luigi, 65, 77
Pirenne, Henri, 447
Pirou, Gaëtan, 233-234, 251
Platão, 153, 233
Platone, Felice, 22, 24
Plekhanov, G. V., 130, 141, 180, 225-226, 247, 370, 460
Poggi, Alfredo, 90
Presutti, Enrico, 114, 457
Prezzolini, Giuseppe, 49, 147, 183, 188, 222, 375-376
Proudhon, Pierre-Joseph, 187, 190, 212, 214-218, 224, 282, 293, 451, 481
Proust, Marcel, 231

Racca, Vittorio, 359
Radek, Karl, 244, 466
Raimondo, Orazio, 288, 426-427
Ravà, Adolfo, 190
Reinach, Joseph, 394
Reinhold, K. L., 190
Renan, Joseph-Ernest, 394
Rensi, Giuseppe, 92, 269-270, 456
Revel, Bruno, 441
Riazanov, D., 475
Ricardo, David, 187, 196-198, 317, 319-320, 347, 358, 381-382, 468, 474
Richter, Julius, 254, 255
Rigola, Rinaldo, 328, 361
Rinaldi, Ruggero, 446
Rist, Charles, 382
Robbins, Lionel, 452-453
Robespierre, Maximilien, 189, 191-192, 283, 306, 320
Rocco, Alfredo, 62, 423, 478-479
Rodin, Auguste, 310
Romagnosi, G. D., 447
Rops, Daniel, 263
Rosmini, Antonio, 90, 209
Rudas, Lazlo, 442
Russell, Bertrand, 138, 179, 237
Russo, Luigi, 199, 359
Rutherford, Ernest, 173

Sainte-Beuve, Charles-Augustin de, 451, 481
Salandra, Antonio, 423
Salter, Arthur, 419
Salvemini, Gaetano, 49, 51, 456
Samogyi, Stefano, 446
Santucci, Antonio A., 7, 23
Say, Jean-Baptiste, 468
Schaumann, J. C. G., 191
Schelling, F. W. J., 189-190, 202, 270
Schiavi, Alessandro, 220
Schingnitz, Werner, 337
Schopenhauer, Arthur, 208, 273, 344, 467-468
Schucht, Tatiana, 7, 10, 14, 18-19, 21, 57, 61, 65, 77-78, 466
Sée, Henri, 447
Seligman, E. R. A., 447
Sergi, Giuseppe, 445, 481
Serrati, G. M., 51, 53, 56, 60, 63, 114, 457
Shaftesbury, conde de, 254
Shaw, George Bernard, 472
Silveira, Ênio, 31-36, 45
Simionatto, Ivette, 31
Smith, Adam, 187, 468
Soffici, Ardegno, 360
Sombart, Werner, 134, 447

Sonnino, Sidney, 423
Sorel, Georges, 53, 177, 212-218, 224-225, 233-234, 251, 262, 271, 281, 287, 314, 363, 365, 368, 372-373, 378-380, 387-388, 394, 465, 476
Souvarine, Boris, 466
Spaventa, Bertrando, 86-87, 89, 191, 294, 388, 455
Spencer, Herbert, 242-243
Spirito, Ugo, 89-90, 166, 187-189, 317, 324-325, 329-330, 340, 426, 438-439, 447-448, 451-452, 470-471, 474, 481
Spriano, Paolo, 19-20
Sraffa, Piero, 18-19, 59, 65-66, 71-74
Stalin, 25, 63-64
Stammler, Rudolf, 125, 351-352, 389
Starkenburg, Heinz, 459
Steed, H. W., 103
Stendhal, (Beyle, Henri), 209
Sternberg, Fritz, 474
Stirner, Max, 344
Sturzo, Luigi, 475
Sue, Eugène, 274
Svevo, Italo, 231

Taine, Hyppolite, 209, 235
Tansillo, Luigi, 155
Tarozzi, Giuseppe, 90
Tasca, Angelo, 49-50, 52, 54, 56, 58, 480
Tertuliano, 267-268
Thierry, Augustin, 273, 447
Tiepolo, Maria, 427
Tilgher, Adriano, 160, 232-233
Togliatti, Palmiro, 18-27, 49, 52-53, 55, 57-60, 62-63, 67, 69, 463
Tolstoi, L. N., 132-133, 185, 202, 316
Tomás de Aquino, Santo, 201, 269, 404
Tommaseo, Niccoló, 155
Treves, Cláudio, 52, 114, 340, 457-458, 481
Trivelli, Renzo, 31-32
Trotski (Bronstein, Leão Davidovitch), 57, 63-64, 69, 465, 467
Trozzi, Mario, 114
Turati, Filippo, 237, 465-466

Vacca, Giuseppe, 19-21, 27, 31
Vailati, Giovanni, 187, 330, 400
Varisco, Bernardino, 133
Vauvernagues, Marquês de, 201
Veblen, Thorstein, 242-243
Verne, Jules, 224
Vico, Giambattista, 85, 91, 199, 201, 300, 388
Vigo, Pietro, 302
Vincenti, Leonello, 253, 255-256
Volpicelli, Arnaldo, 89, 426
Volpicelli, Luigi, 237-238

Walzel, Otto, 254
Weber, Max, 108, 457
Weiss, Franz, 241
Westphal, Otto, 435

Zibordi, Giovanni, 220, 426
Zinoviev, G. E., 462

O texto deste livro foi composto em Minion Pro, em corpo 11,5/15,5.

A impressão se deu sobre papel off-white pelo Sistema Cameron da Divisão Gráfica da Distribuidora Record.